外交と移民

冷戦下の米・キューバ関係

上 英明 著
Hideaki Kami

名古屋大学出版会

外交と移民——目　次

凡　例

一、本書ではアメリカ合衆国とキューバ共和国については、それぞれ「米国」と「キューバ」という通称を用いている。ただし、「米国」については「合衆国」という名称も適宜用いている。また、「ラテンアメリカ」については「中南米」という呼称も併用した。便宜的に、米国政府をワシントン、キューバ政府をハバナ、在米キューバ人社会をマイアミと置き換えたところもある。マイアミ以外にもキューバ人の移民社会は存在したわけだが、ディアスポラの中心は常にマイアミであったためである。

一、引用文中の（　）は引用者による補足である。また、引用文中の傍点は引用者による。

一、本書では以下の略号を用いる。

AIPAC　アメリカ・イスラエル公共問題委員会（American Israel Public Affairs Committee）
CANF　全米キューバ系米国人財団（Cuban American National Foundation）
CIA　中央情報局（Central Intelligence Agency）
CORU　革命組織連合指令部（Comando de Organizaciones Revolucionarias Unidas）
DFS　連邦調査局（Dirección Federal de Seguridad）
FBI　連邦捜査局（Federal Bureau of Investigation）
FEMA　連邦緊急管理庁（Federal Emergency Management Agency）
FLNC　キューバ民族解放戦線（Frente de Liberación Nacional de Cuba）
FMLN　ファラブンド・マルティ民族解放戦線（Farabundo Martí National Liberation Front）
NSC　国家安全保障会議（National Security Council）
NSPG　安全保障計画グループ（National Security Planning Group）

PD　大統領指令（Presidential Directive）
PIP　政治的影響力増進プラン（Plan de Influencia Política）
RECE　亡命キューバ人代表団（Representación Cubana del Exilio）
RIG　限定省庁横断グループ（Restricted Interagency Group）
SALT　戦略兵器制限交渉（Strategic Arms Limitation Talks）
SCC　特別調整委員会（Special Coordination Committee）
VOA　ボイス・オブ・アメリカ（Voice of America）

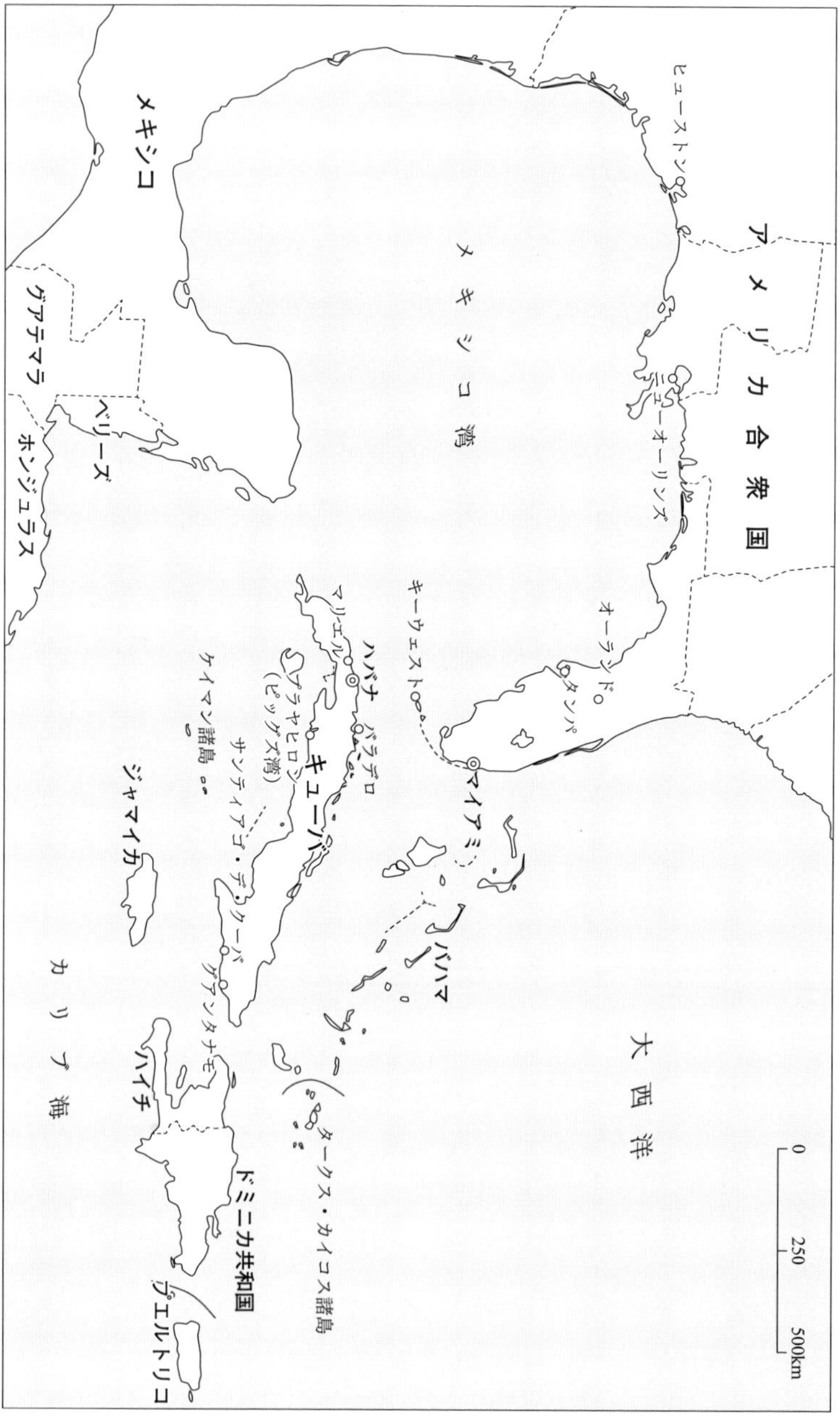

メキシコ
グアテマラ
ベリーズ
ホンジュラス
メキシコ湾
アメリカ合衆国
ヒューストン
ニューオーリンズ
オーランド
タンパ
キーウェスト
マイアミ
マリエル
ハバナ
プラヤヒロン
（ピッグズ湾）
バラデロ
キューバ
サンティアゴ・デ・クーバ
グアンタナモ
ケイマン諸島
ジャマイカ
バハマ
タークス・カイコス諸島
ハイチ
ドミニカ共和国
プエルトリコ
大西洋
カリブ海
0
250
500km

地図

序章

二〇一四年一二月一七日、アメリカ合衆国とキューバ共和国に「変化」の波が押し寄せた。米国大統領バラク・オバマ（Barack Obama）とキューバ革命評議会議長ラウル・カストロ（Raúl Castro）が、過去半世紀にわたる両国の対立を乗り越え、国交正常化交渉の開始を宣言したのである。この発表は瞬く間に歓喜の渦を巻き起こした。両国の歴史的決定を伝える記事や映像、ツイートが世界中で飛び交うなか、高揚感に胸を躍らせたキューバ人たちは、二つの国家の旗を掲げ、街を歩いた。屋内で暖をとる多くの米国市民たちは、カリブ海の白い砂浜で、甘酸っぱいモヒートを口にする情景を想い浮かべたに違いない。発表直後の世論調査によると、キューバでは国民の九七％が、米国でも回答者の六三％が国交回復を支持している[1]。

米・キューバ関係の歴史的転換に反対の声がなかったわけではない。フロリダ州選出のキューバ系上院議員マルコ・ルビオ（Marco Rubio）は、共産主義政権との「宥和」によって、キューバ市民の「自由」が犠牲にされたと合衆国の政策転換を厳しく糾弾した。二〇一六年大統領選挙の共和党予備選に立候補していたジェブ・ブッシュ（Jeb Bush）、さらには共和党執行部の面々もルビオに同調し、競うようにキューバの「自由」を唱え、オバマを批判した[2]。ルビオもブッシュも、フロリダ州マイアミを地盤とする政治家である。そのマイアミでは、キューバ政府を敵視し、体制転換を目指す反革命勢力が多く集まり、長らくキューバとの国交正常化については、合衆国が追求するキューバの「自由」とは矛盾するものと捉えられてきた。

しかし、時の流れは確実に動き始めていた。オバマは翌年一月の一般教書演説において、旧来の政策を「時代遅れ」と評し、反対意見を一蹴した。「五〇年間も上手くいかなかったのですから、今こそ新しいことを試すべきです」[3]。中南米諸国がこのような変化の訴えに賛同を示すと、四月の南北アメリカ首脳会議では米国大統領として初めてキューバ首脳との会談が実現し、翌月には一九八二年以来初めて、国務省のテロ支援指定国家リストからキューバが外されている。米国連邦議会で多数派を占める共和党は、一九六〇年以来つづくキューバへの経済制裁の解除を説くオバマの要請を無視した。にもかかわらず、二〇一五年七月、米・キューバ両政府は五四年ぶりに国交を正常化させ、それぞれの首都に大使館を開くことに合意した。経済制裁や人権問題といった懸案については、協議を継続することが決められている。

本書の意図——人の移動と外交

合衆国とキューバの国交回復が事なく進んだことは、なぜ同じことがもっと早く起きなかったのか、という重大な問いを提起する。そもそもオバマ政権が公に認めた対キューバ政策の「失敗」は、数十年も前から国内外で広く知られていた。冷戦下の一九五九年以来、米国政府はフィデル・カストロ（Fidel Castro）が率いる革命政権と衝突し、対キューバ包囲網を敷いた。ところが、革命政権がソ連の支持を得ながら国内の権力基盤を固めると、さすがの超大国も策に窮し、経済制裁を維持しながらも、その有効性への疑いを深めていく[4]。冷戦の終結は、かえって米・キューバ関係の特異性を際立たせた。合衆国は、中国やヴェトナムといった共産主義国との経済関係を深める一方、わずか九〇マイル（一四五キロ）先のキューバには一段と厳しい制裁を科し、米国市民の渡航を妨げた。なぜ合衆国は、隣国のキューバだけを特別に扱ってきたのか。

この点について注目を集めたのが、前述のルビオをはじめとするキューバ系米国人たちの存在である。たしかにキューバ系人口は、二世や三世を含めても二〇〇万人程度であり、全米人口に占める割合が一%を超えたことはない。しかし、合衆国に移り住んだ人々の多くがキューバ政府を批判し、政治参加への高い意欲を示してきたことも事実である。定説によれば、ワシントンで登場したエスニック・ロビーの力は強大であり、米国外交にも重大な影響を及ぼしてきた。また、キューバ系の多くが、米国大統領選挙の帰趨を決める上で最も重要な州の一つであるフロリダ州に集まり、しばしば彼らの動向は有力政治家たちの注意も引いてきた(5)。世代交代や新規移民の流入によって移民社会の雰囲気が大きく変わったのは、あくまで最近のことであった。

こうした議論を踏まえれば、米・キューバの歩みを振り返る際、これまでの外交史とは異なる手法を用いることは十分に正当化されうる。そもそも両国の対立は、米ソ超大国を軸とする東西冷戦に加え、既存の国際秩序を守る覇権国家に新興の革命政権が反抗するという南北紛争の側面も併せもっていた。しかも、米国に渡ったキューバ移民たちが国際政治に頻繁に介入したために、政府間外交は、在米キューバ人社会の動向とも密接に連動していたのである。したがって、本書は冷戦期、そしてそれ以降もつづく米・キューバの対立の構図を解明するために、政府間外交の枠組みに移民社会の視点を取り入れ、外交と人の移動の関係を分析する。米国政府（ワシントン）、革命政権（ハバナ）、そして移民社会（マイアミ）で新たに入手が可能となった膨大な一次史料を読み解き、得られた知見を整理し、体系的に提示していく。

その上で、本書は半世紀にも及ぶ米・キューバの膠着について、「移民管理」と「移民政治」という、二つの矛盾する政策の潮流に焦点を当てる。すなわち、米国政府は冷戦期における度重なる移民危機、とりわけ一九八〇年のマリエル危機を経て、政策の優先順位を変更し、キューバ政府との提携を模索するようになった。移民管理を国家「安全保障」の最重要目標に据えたことにより、隣国との対立の緩和が図られたわけである。ところが、この「移民管理」が促す政府間協力の論理と真っ向から衝突したのが、「移民政治」の力学であった。キューバ政府と敵対する在米キューバ人勢力の政治的台頭によって、米国政府は国交正常化交渉の前に、抜本的な体制転換をキューバ政府に要求し始めた。ここにおいて、米国の対キューバ政策は自己撞着に陥ったといえる。

本書が着目する国家間外交と人の移動の連関は、米・キューバ関係にとどまらず、米国と世界の関係を考察する上でも、重要な示唆を有する。あの合衆国を世界屈指の超大国へと押し上げた第二次世界大戦から数十年を経て、移民管理は米国政府にとって核心的利益に関わる問題となり、ホワイトハウスや連邦議会、そして米国世論の過剰ともいえる注意を引くものとなった。と同時に、地方都市マイアミをラテンアメリカとの関係が最も深い国際都市の一つへと変容させたのも人の移動であった。本書は、移民こそが国民（nation）を形作り、移民こそが米国外交の最も重要な決定要因であると説くものではない(6)。とはいえ、長期的な視座に立って歴史の流れを俯瞰するのであれば、人口動態の変化が国民構成を再編し、国益（national interest）を再定義していく過程を無視することはできない。

要するに、世界の変革の発信源と目されていたアメリカ合衆国みずからも、人の移動を通じ、世界から押し寄せる圧倒的な変化の波に曝されていたのである。多民族・多人種国家である合衆国において政策決定者たちは、移民、外国出身の市民、そして多岐にわたるトランスナショナルな政治運動に加わる人々との間でたえず交渉を行ってきた。家族の呼び寄せ、テロ、人権擁護、広報といった様々な活動をめぐり、衝突と妥協をくり返してきたのである。本書はこうした視点から、外交と人の移動が出会う場を探究し、ますます複雑な様相を呈する合衆国と世界の関係に光を当てるものである(7)。

本書の研究視角と手法――先行研究を超えて

本書が依拠する先行研究は、大別して国際関係史、北米研究、そして中南米研究という三つの分野にまたがる。まず、二つの国家中枢であるワシントン（米国政府）とハバナ（キューバ革命政権）の対立については、国際関係史における新しい動向が参照されるべきである。旧来の研究において、冷戦はあくまで欧米を舞台の中心とする米ソ超大国の対立として捉えられ、周縁の紛争が等閑視されてきた。しかし近年においては、冷戦を東西陣営の睨み合いにとどまらず、「第三世界」（アジア、アフリカ、ラテンアメリカ）の紛争に参じる多様な中小国家や非国家主体を巻き込んだ「グローバル冷戦」として捉えるのが学術研究の主流である。[8] ここで注目を集めたのがキューバであった。人口規模が一千万に満たず、資源も乏しいこの国こそが、アフリカやラテンアメリカに介入し、しばしば米国外交に重大な挑戦を突きつけたからである。[9]

しかし、米・キューバの対立を煽ったのは、このグローバルな冷戦だけではない。両国の軋轢は、少なくともキューバの「独立」まで遡って検討されるべきものである。一八九八年のいわゆる「米西戦争」を経て、合衆国の事実上の保護国となったキューバは、政治経済から文化の表象に至るまで、あらゆる面で北の大国の影響下に置かれることになった。一九五九年のキューバ革命は、まさにその過去との決別を謳ったのであり、このときに見られたナショナリズムの発揚は、否応なく米国の覇権政策との間で緊張を高めた。グローバル冷戦の根底には、既存の国際秩序を守る覇権国家アメリカ合衆国と現状打破を唱える革命国家キューバが争う南北対立の伏流がある。この東西対決と南北問題が絡みあうことによって、両国の抗争は熾烈を極めるものとなった。[10]

そして米・キューバ関係をさらに複雑にしたのが、ワシントン（米国政府）とマイアミ（移民社会）の関係である。この点に関し、たしかにこれまでの外交史の研究は、メディア報道や政府高官とのインタビューを基に、在米キューバ人社会の役割に一定の評価を下してきた。とはいえ、こうした研究は、概して移民社会の視点から問題を捉えなおそうとはせず、表向きの米国政府との利害やイデオロギーの親近性ばかりを強調し、非刊行史料から浮かび上がる意見の対立を捨象してきたのである。[11] この重大な欠点は、まず米国政府の英語史料に加え、移民社会のスペイン語史料を比較・考量することによって補われなければならない。その上で、政府官僚組織内の議論にとどまらず、無数の在野の人々の声を通して国家の対外政策を分析する「新外交史」（New Diplomatic History）の視角と手法も参考にすべきである。この意味で本書は、外交史に向けられる「ある官僚が誰に何を言ったか（の記述にすぎ

ない)」という揶揄に応答するものである。(12)

とりわけ本書が、移民史、およびエスニック・ヒストリーに学ぶことは大きい。しばしば移民社会は、(総じて中央政府の権力行使に懐疑的な)「社会史」の文脈で、米国社会への同化・非同化に関する問題を中心に、ミクロの視点から捉えられてきた。それに対し、近年ではトランスナショナルな視角から、積極的により大きな国際政治の展開と結びつけて移民社会の動向を捉える研究が登場しつつある。そこでは移民による米国社会への統合が、決して一方向的、不可避的なプロセスではないことが論じられ、米国と故国の間で生じる政治や文化の混淆、さらには移民の「対外活動」が脚光を浴びつつある。(13)本書はこうした研究を参照しつつ、国際政治と人の移動の連関を分析していく。あくまで政府間外交を中心に据えながらも、それに逆らう人々の移動との交錯を実証的に解明し、人の移動に起因する国益や国際政治の変化に主眼を置く。(14)

幸い、キューバ系移民については、すでに歴史学者や社会学者、文化人類学者、政治学者らによる多くの研究蓄積がある。初期の研究では、なぜキューバ人たちが合衆国に来たのか、あるいはどのように彼らがマイアミやその近郊で新しい社会に適応したのかという問いが取り上げられた。(15)つづいて、移民社会とそれを取り巻く環境の変容に注目した研究が登場し、黒人や非ヒスパニック系白人(アングロ)との対立や文化紛争が研究の対象となった。(16)マリア・クリスティーナ・ガルシアを筆頭に、さらに若い世代の学者たちは、マイアミのキューバ系社会内部におけるイデオロギーの多様性を認め、アイデンティティの差異や故国に対する態度の変化についても論じている。移民社会と米国政府の関係を問う上では、こうした知見を基に議論を進めることが望ましい。(17)

さて、本書のもう一つの特徴は、ワシントンとハバナの対立、およびワシントンとマイアミの関係に加え、ハバナ(革命政権)とマイアミ(反革命勢力)の抗争を考察する点である。この国境をまたぐ二つの都市の抗争については、近年における中南米研究の動向を参照しよう。従来、中南米の冷戦といえば、米国政府による度重なる介入とその是非を問うのが専らであった。この米国中心史観において、中南米は「舞台」となり下がり、そこに住む人々の声や役割は過小に評価されてきたのである。こうした反省を踏まえ、近年では中南米の史料を用い、「革命と反革命」という主題に沿って冷戦を再解釈する研究が登場しつつある。[18] 革命勢力は、植民地支配に由来する封建制度の遺産と向き合い、より平等で、より公正な社会を希求した。一方、反革命勢力は変革よりも社会秩序の安定を優先し、既存の体制を擁護しつづけた。この二つの勢力が死闘を演じたために、中南米の冷戦は流血を伴う「熱戦」と化し、甚大な人的被害がもたらされたというわけである。[19]

この「革命と反革命」という対立の構図は、どこまでキューバの事例に当てはまるのだろうか。たしかにほかの多くのラテンアメリカ諸国の場合と同じく、一九五九年のキューバ革命は、社会の劇的な変革を推進する革命勢力と、それに抵抗し、自らの生活への影響を最小限に食い止めようとする反革命勢力を生み出した。[20] ところが、キューバの場合には、権力闘争に敗れたはずの反革命勢力が、合衆国に移って残存するという特異な事象も現れた。すなわちキューバにおける革命と反革命の「内戦」は、地理空間的には国境を越えて拡散され、時間的には当事者たちの想像をはるかに超えて延長されてしまったのである。もはや反革命勢力から米国市民へと転じた彼らキューバ系米国人たちの越境的な物語は、北米の覇権とそれに抗う中南米の主体性という単純な二項対立でも捉え切れない。そのことは、相互依存を深める南北アメリカにおいて、北米の覇権と中南米の主体性が、必ずしも相互排他的ではないことを示唆している。[21]

しかし、キューバの例外性をこのように認めるにしても、「革命と反革命」というアナロジーが全く無意味ということにもならない。見逃すべきでないのが、内戦に勝利した革命勢力も、敗北した反革命勢力も、単に互いを忌み嫌うだけでなく、互いの存在を抹消することを渇望してきたことである。両者はフロリダ海峡を挟み、それぞれ互いを更生不能な「悪」として捉えていた。[22] もちろん、革命に反対したすべての人が反革命勢力となったわけではない。また、反革命勢力を批判するすべての人々が革命を支持したわけでもない。しかし、米国の反カストロ団体が長らくキューバ政府の対抗権力として振る舞ったことは、間違いなく一九五九年のキューバ革命、そしてそれに付随した「革命と反革命」の衝突に起因する。反革命勢力は「亡命者」を名乗り、「独裁者」の排除と故国の「解放」を訴えた。革命政権に代わる「唯一の正統な反対勢力」を自負したこともある。[23]

一方、キューバ政府の在外キューバ人社会への視線については、さらに注意深い観察が求められる。キューバにおいて「移民」は長らくタブーであり、研究がきわめて難しい分野であった。とりわけ敵対する合衆国への移住は、ほぼ一律に「反革命」的行為と目されたのである。もちろん、現在のキューバでは、より客観的な見方が示され、人の移動を自国史の一部として是認する動きもある。かつてフロリダのキューバ移民たちは建国の父ホセ・マルティ（José Martí）に従い、一八六八年から九八年まで断続的につづいた独立戦争を支援した。さらに遡れば、一九世紀半ば、合衆国で傭兵を雇ったナルシソ・ロペス（Narciso López）が、のちにキューバ国旗となる旗を掲げ、キューバ遠征に乗り出している。武器、弾薬、兵士たちは、いずれにおいても秘密裏にフロリダ海峡を渡り、その量は一九五六年に始まる革命戦争において頂点に達した。キューバとフロリダの歩みを完全に切り離すことは不可能である。

とはいえ、革命を経て、キューバから合衆国への移住は冷戦、米国外交、そしてキューバによる新しい国家建設の要請と絡みあい、特別な政治的含意を伴うものとなった。革命政権は合衆国への移住を故国への「裏切り」とみなし、国家安全保障の主要な関心事項として扱った。移民管理は外務省ではなく、治安維持を司る内務省の管轄下に置かれたのである。国外移住者の財産と市民権は剥奪され、彼らの一時帰国は人道的な事由を除いて厳しく禁じられた。国にとどまったキューバ市民たちでさえ、国外の親類や友人と手紙を交わすことについて忠誠の欠如を疑われたぐらいである。革命政権が移民政策を見直し始めるのは、ようやく一九七〇年代以降である。[24]しかし、その後の展開も決して直線的なものではなく、ハバナとマイアミの関係は「三角関係」の他の二辺、すなわちワシントンとハバナの関係、そしてワシントンとマイアミの関係によっても左右されたのである。

このように米・キューバ関係は、国際関係史、北米研究、そして中南米研究が重なる地点において論究されるべきものである。では、これまでの研究においては、なぜこうしたアプローチがとられてこなかったのだろうか。これについてまず指摘すべきは、南北アメリカを隔てる「壁」である。壁は必ずしも英語圏とスペイン語圏という言語や文化の違いに拠るものではない。それはアメリカとラテンアメリカ、アメリカとアジア、アメリカとヨーロッパというように、常に「アメリカ」を世界の他の地域から切り離して特別視する「アメリカ例外論」によっても強化されてきた。こうしたアメリカ中心主義は、積極的に克服されなければならない。なぜなら、本書の中心的主題である人の移動と国民国家のせめぎ合い、そしてネイションと国益《ナショナル・インタレスト》の揺れ動きは、この人為的に区切られた地域の境界を越えて観察されるべき事象だからである。壁をまたいで南北アメリカを俯瞰しなければ、そもそも問題を適切に扱うことができないのである[25]。

また米・キューバ関係について言えば、史料の制約もあった。国内外を問わず、ほぼすべての研究は、二国間対立が継続したことそれ自体が障害となり、十分な実証的分析がなされてこなかった。たとえば、米・キューバ関係史を包括的に扱ったラース・シュルツの著作は、ほぼ英語文献のみに依拠し、一九七〇年代以降については一次史料に基づく分析さえ見られない。米・キューバ政府が秘密裏に行った交渉を検証したウィリアム・レオグランデとピーター・コーンブラーの著書も、同様にキューバ側の視点を欠き、米側の史料をより細かく検討する点は評価できるものの、議論は依然として一方向的である[26]。より優れたものとしては、一九七〇年代の米・キューバ関係に着目したキューバ人研究者エリエル・ラミレス・カニェードとエステバン・モラレスの共著が一点ある。米側の史料に加え、キューバ側の史料を用いた点で、米・キューバ関係の研究は初めて本格的になったともいえる。しかし、同じく米・キューバの対話に注目するとはいえ、在米キューバ人社会の視点を取り入れる本書とは、問題関心や研究手法、対象時期を同じくするものではない[27]。

実証的研究が乏しいのは、何も米・キューバ関係だけではない。たとえば、合衆国における移民集団の政治活動、いわゆるエスニック・ロビーを扱う研究においても、信頼に足る証拠に基づく議論はむしろ稀であった。この主題はしばしば政治学者たちの間で活発な論争を呼び起こしてきたものの、あまりに多くの研究がロビー団体の史料を読まずに、その目的と戦術を語り、その成果の評価を誤るたびに、刹那的な関心と断片的な情報によって創られた虚像を焼き直してきたのである。(28) まず歴史研究において求められるべきは、移民社会の史料を精読し、状況によって変わりゆくロビー団体の意図や力を正確に把握することである。その上で、政府史料を繙き、ロビーに対応する行政府や議会の動きを読み取らなければならない。移民社会と米国外交を同時に分析することは、過熱しがちなこの問題を客観的に論じる上で必須である。それは国内政治と対外政策の連関を解読し、「国益」の形成過程を批判的に検証するという外交史本来の目的にも適うものである。(29)

要するに、人の移動と外交という本書の主題を研究する上で障害となっていたのは、地域研究の壁であり、史料の制約であり、持続的な関心の欠如であった。それはおそらく国家や国家間関係を重視する旧来の外交・国際関係史研究では扱いづらく、ミクロな視点で移民社会の動態を分析する米国移民研究でも等閑視されがちであった。本書はこのような問題意識に従い、まず米国政府と在米キューバ人社会の史料の双方を広く参照する。政策提言書や指令書、議事録、電信記録、報告書、諜報分析書など、近年開示された数万頁を超える機密指定史料は、米国外交の考察に必須である。一方、移民社会の新聞や雑誌、ニューズレターといった刊行史料、さらには手紙や手記、議事録、日誌、インタビュー原稿、回顧録など、マイアミでのみ入手が可能な史料は、移民たちの目線から国際関係を見つめ直す上でも役立ちうる。

そして忘れてはならないのが、新たに入手可能となったキューバの史料である。これまで米・キューバ関係に関する国内外のほぼすべての研究は、英語史料のみに依拠し、キューバ側の事情について踏み込んだ議論を提示してこなかった。この意味で、本書が使用した史料は米・キューバ関係について、新たな事実を明らかにするだろう。(30) なかでも、マイアミのキューバ系米国人ロビーが、ハバナの「政治的影響力増進プラン」(*Plan de Influencia Política* : PIP) と直接的な競合関係にあったことは、革命政権の史料と反革命勢力の史料を比較・検討して判明したことである。エスニック・ロビーとＰＩＰのいずれも、味方陣営の優位を目指し、敵側の信用を失墜させ、合衆国の内部から対キューバ政策に影響力を行使することを目的としていた。実は米国の外交政策は、この米国有権者の支持をめぐるマイアミとハバナの抗争のなかで形成されていたのである。

なお、本書は米国やキューバの史料だけでなく、イギリス、カナダ、日本、メキシコといった第三国の史料も分析に加える。これらの国々は親米国といわれながら、キューバとの国交を維持し、米・キューバ関係について米国とは異なる観点を有していた。また、それぞれの国の外交官たちは、キューバの政府高官との意見交換を通して、米国政府が得ていない情報も多く入手している。(31) 以上とは別に、ソ連の史料も有益であった。その多くはいまだに入手不可能であるが、公開されたものやソ連大使の回顧録などは、キューバ側の認識についての貴重な情報源となっている。

本書の構成

本書は七章で構成される。第1章は米・キューバ関係の歴史的背景を取り上げつつ、人の移動と外交という本書の主題を論じていく。そこではキューバ革命による劇的な社会の変化、革命に反抗して国外に逃れる反革命勢力の動向、さらには革命に反対し、反革命勢力と結託した米国政府の思惑を詳述する。その上で、キューバの人口がフロリダ海峡を境に二つに割れ、マイアミに巨大なキューバ人社会が形成されたことを踏まえ、革命後の米・キューバ関係を再評価する。

第2章では、反革命勢力の武力闘争とその展開に光を当てる。一九七〇年代半ば、故国に帰れなくなった在米キューバ人移住者たちの多くは、米ソ緊張緩和や南北対立の激化を背景にジェラルド・フォード（Gerald Ford）政権が始めたキューバとの関係改善の動きに憤り、米国政府への幻滅を深めた。絶望し、過激化した武装勢力のなかには、テロに訴え、米国政府の意向を無視して活動するものもあった。ここでは一九七六年一〇月の「バルバドスの悲劇」に至る暴力の系譜を追う。

第3章の主題は、その後に動き出したワシントン、ハバナ、マイアミの三角対話である。人権を重視するジミー・カーター（Jimmy Carter）がテロの取り締まりに動くと、フィデル・カストロは対米政策と対移住者政策の同時転換を準備した。ところが、米ソ冷戦の緊張が再び高まるなか、こうした政策は思わぬ帰結を生み出し、とうとう合衆国史上最悪の移民危機とも呼ばれるマリエル危機が勃発する。

このマリエル危機を分析するのが第4章である。一九八〇年一〇月までに、一二万五千人を超えるキューバ人たちが一斉に出国し米国に向かったことは、米・キューバ双方の社会にとって一大事件となった。ここでは出国者たちの動機や米国社会の受け入れ態勢を視野に入れつつも、人の移動をめぐる米・キューバの激烈な外交闘争に焦点を当てる。

次の二つの章では、マリエル危機後の米・キューバ関係を扱う。第5章では、まずロナルド・レーガン（Ronald Reagan）の対キューバ政策と在米キューバ人社会における集票運動をそれぞれ扱い、この時期における外交と移民の連関を明らかにする。その上で、キューバ政府を敵視し、反革命勢力を支持するレーガンが、なぜ移民管理の必要を優先し、革命政権との移民交渉を迫られていくのかについて考察する。第6章でもひきつづき外交政策と国内政治の齟齬に注目する。ここでは在米キューバ人社会の政治参加と革命政権の政治工作の競合について説明しつつ、移民合意によって交わされた政府間協力の約束が、どのように移民政治の台頭によって破られたのかを問う。

第7章では、米・キューバにおける膠着状態が冷戦以後の時代へと持ち越されていく過程を追う。反革命勢力の意を汲むジョージ・ブッシュ（George H. W. Bush）は、キューバとの国交正常化交渉の前提条件として体制転換を要求した。にもかかわらず、米国政府は反革命勢力とは違い、武力による政権転覆に反対し、移民危機の再発を防ぐためにも革命政権との協力を模索していた。このように対立と共存の間に揺れる冷戦終結後の米・キューバ関係においても、人の移動がきわめて重要な役割を担っていたわけである。

終章では各章での考察を踏まえ、人の移動に揺れる米国外交の矛盾を浮き彫りにし、現代への示唆を導きたい。

本書が語る歴史は、人の移動と外交に関するものである。それは米・キューバ関係において、地政学的対立やイデオロギーの齟齬の重要性を否定するものではない。むしろ本書は、様々な要因が互いに補完しあう形で、複雑なタペストリーが織り上げられてきたことを示すだろう。アフリカ南部や中米をめぐる米・キューバの地政学的紛争についての言及は最小限にとどめる。国際経済や金融システムをめぐる両国のイデオロギー的対立や、革命キューバにおける人種・ジェンダー、宗教、政治文化の変容、あるいは第二次世界大戦以後における北米社会の変容も、あくまで本書の叙述の周縁にとどまる。これらに関心のある読者は、必要に応じて別の書籍や論文を参照していただきたい。

本書の狙いは、既存の物語に欠ける空白のピースを埋めることにある。キューバから合衆国への人の移動が、どのように米・キューバ関係に影響を及ぼしたのかという問いは、長らく北米研究、中南米研究、そして国際関係史の三つの分野の狭間で埋もれ、十分に吟味されてこなかった。本書はこの欠落を埋め、史料分析に基づき、ますます流動化する国際関係の再解釈を試みるものである。二一世紀に入り、人の移動はますます激しくなっている。それぞれ固有の歴史を背負い、故国との間に何らかのつながりをもとうとする人々の移動によって、既存の国民国家体制にはどのような挑戦が突きつけられるのか。人の移動によって国民社会、あるいは国家と国家の関係は、具体的にどう変わっていくのだろうか。

こうした問いに向き合うならば、世界情勢の絵図はいっそう複雑なものとならざるをえない。本書は外交史研究として、国境の内側における権力と文化の源泉をにらみつつ、国境の外側に生起し、外交政策に影響を与える変化を捉えようと試みる。また南北アメリカ研究としては、それぞれの社会の政治や文化の変容が、二つの大陸にまたがって起きるだけでなく、大陸の内部においても進行することを積極的に是認するものとなる。そして外交と人の移動に着目する本書は、冷戦期の米・キューバ関係を実証的に分析する。その目指すところは、国家と国家の関係にとどまらず、それぞれの主権空間の内外で紡ぎ出される人間と人間の関係について、考察を着実に積み重ねていくことにある。

第1章　革命と反革命

——ワシントン、ハバナ、マイアミの三角関係

米国の元外交官として名高いジョージ・F・ケナン（George F. Kennan）は、キューバ系移民を招かれざる異邦人として見ていたようである。一九七七年に著書『危険な雲』を発表したケナンは、合衆国のキューバ政策を「不毛」と評し、その責任をキューバ系移民に押しつけた。彼に言わせれば、反共、反カストロを唱えるキューバ系移民たちは、一九五九年のキューバ革命以来、合衆国社会の「単純かつ硬直した思考回路」につけこみ、「われわれを利用してきた」のである。キューバ系移民は必ずしも「悪い人々」ではない。しかし、「彼らの目的」は「われわれの目的」とは本質的に「異なる」のであり、米国政府は今こそキューバ系移民との「不可解な」関係を断ち、「行動の自由」を回復すべきなのである(1)。

このケナンの提言は完全に無視されたと思われる。それから時が流れ、移民政治の重要性が増すにつれ、米国政府はキューバ系移民との関係を断つどころか、逆に深めていったからである。とはいえ、ここで目を向けるべきは、そもそもケナンが描いた米国政府とキューバ系移民の関係が、大方において歴史の事実に反していたことである。米国政府は決してキューバ系移民による陰謀の被害者ではない。米国政府こそ、彼らの出国を促し、軍事作戦を練り、雲行きが怪しいと分かったときに彼らを見放したのである。革命政権によって投獄され、刑務所で十数年も過ごすことになった何千人もの同胞たちの安否を気遣うマイアミのキューバ人たちから見れば、「裏切られた」のは

彼らの方であった。

本章では、米国政府、革命政権、そして反革命勢力が織りなす三角関係の歴史を振り返る。そもそも米国政府と反革命勢力の同盟関係を、移民による政略に帰するのはあまりに単純すぎる。それはむしろ、革命以前のキューバにおける合衆国の圧倒的な影響力、フィデル・カストロが率いるキューバ革命の性格、さらには反革命勢力の合衆国への大規模な流入に由来するものである。三角関係を分析する上では、これらの主題を時系列に照らして理解する必要がある。というのも、キューバから米国への人の移動は、革命勃発の当初から、米・キューバの政府間外交と密接に連動していたからである。そして人の移動は、キューバの「内紛」を地理的に拡大し、さらには時間的にも延長することによって、以後の米・キューバ関係の展開を形作っていくのである。

革命という名の過去との決別

カリブ海最大の島キューバは、一四九二年のクリストファー・コロンブス（Christopher Columbus）の「発見」を経てスペインが約四〇〇年にわたり支配したところである。スペイン人たちはこの島をメキシコやペルーの攻略の拠点とし、金銀を持ち出す際にはここで船団を組み、海流に乗って欧州に向かった。一九世紀に入り、キューバはハイチ革命を逃れたプランテーション農場主たちを迎え入れるなどして、砂糖生産の一大拠点となる。砂糖生産は、キューバに経済的繁栄をもたらすと同時に、労働力としての黒人奴隷の輸入を拡大させ、根強い人種対立をこの地に育みつつ、砂糖を購入する諸外国への経済的・政治的依存を深めた。キューバが他の中南米諸国よりも長くスペイン帝国にとどまったのも、そのような地政学的・社会経済的要因によるところがある。

しかし、そのキューバでもナショナリズムの高揚は不可避であった。一八六八年に独立を求めて決起したキューバ人たちは、以後三〇年にわたり、スペインとの熾烈な攻防を演じている。キューバ史の大家ルイス・ペレスによれば、一八七八年までつづく「十年戦争」では二〇万人が、また一八九五年から再開された「独立戦争」では四〇万人が犠牲となり、まさにこの戦乱のなかで、多くのキューバ人男女が民族自決の理想を抱き、国家の独立を強く希求するようになった。独立運動の英雄ホセ・マルティが唱えた国民の平等と民主政治の夢は、人種・階級・ジェンダーの壁を越えて共有され、故国の大義に奉仕することは、キューバ人がキューバ人として認められるための道徳的要件となる。国家は主権の獲得を願う人々にとって、特別な存在となったのである。(2)

ところが一八九八年、独立戦争が終盤を迎えたところ、北の隣国アメリカ合衆国が介入し、キューバを事実上の保護国とした。米国はトマス・ジェファソン（Thomas Jefferson）以来、キューバを経済および安全保障の要衝として捉え、モンロー政権期の国務長官ジョン・クインシー・アダムズ（John Quincy Adams）にいたっては、「木から落ちるりんごは必ず地面に落ちる」と記し、併合を科学的原則のごとく当然視した。こうした覇権思考に突き動かされ、スペインを打ち負かした米国政府は、直ちにキューバを占領し、その占領軍を撤退させる条件として悪名高き「プラット修正条項」を新共和国に押しつけた。キューバの外交活動が制限されただけではない。「有事」と認められれば、米軍が直接介入することも許された。このときには、米軍が島の東部グアンタナモの港湾地帯を半永久的に「租借」することも決められている。

キューバ人たちが得たのは主権なき「独立」であり、民族自決なき「自治」であった。圧倒的な合衆国の影響の下に置かれた新共和国は、政治が混乱するたびに、米軍の介入（一九〇六年から〇九年、一九一二年、そして一九一七年から二二年）を招いたわけである。このようにキューバ人たちが民族自治に値する人々として認められなかった背景には、当時の人種的・ジェンダー的言説だけでなく、「米西戦争」という「物語」の存在もあった。(3)この筋立てによると、「か弱き」キューバ人民を植民地主義の軛から「解放」したのは、スペインとの死闘を強いられたキューバ軍ではなく、セオドア・ルーズヴェルト（Theodore Roosevelt）率いる屈強な男たち、すなわち「ラフ・ライダーズ」である。民族自決と社会正義を求めて立ち上がり、推定六〇万人の犠牲を出しながらも戦い抜いた無数のキューバ人男女の存在は、合衆国では見事に忘却されたのである。(4)

一九三四年には、「善隣外交」を唱えた米国大統領フランクリン・ルーズヴェルト（Franklin D. Roosevelt）が、プラット修正条項を撤廃する。とはいえ、キューバの政体が劇的に変わることはなかった。グアンタナモ基地は米軍に使用されたままであり、新たに結ばれた互恵通商条約なども、結果的には経済の対米依存を強めた。米国政府が決定するキューバ糖の輸入量によって、その年のキューバの命運が文字通り左右されたからである。都市の白人エリートたちや米系企業で働く人々であれば、このように不釣り合いな米国との関係にも満足しただろう。彼らは消費活動に特徴づけられるアメリカ的生活様式を積極的に受け入れ、留学や旅行、あるいは週末の買い物のために、渡米をくり返していた。一方、その恩恵に浴せない大多数の人々の間では、現状への不満が募っていく。経済発展の裏では、白人と非白人、都市と地方、そして富める者と貧しい者の格差が広がっていた。[5]

そして革命以前のキューバの政治体制は、このような社会の構造的弊害を前にして無力であった。世界恐慌の打撃を受けたキューバでは、一九三三年に「革命」が起こり、当時の抑圧的な政治指導者ヘラルド・マチャド（Gerardo Machado）が追放された。ところが、新たに発足した政権は、米国政府の承認を得られず、短命に終わっている。改革派はその後も活動をつづけ、一九四〇年には普通選挙、司法の独立、土地所有への規制、さらには労働者の権利を定める革新的な新憲法が発布された。しかし、第二次世界大戦が勃発し、砂糖ブームが訪れると、キューバ政治は目を覆いたくなるほどの腐敗にまみれ、政治不信が広がった。軍人フルヘンシオ・バティスタ（Fulgencio Batista）がクーデターを起こし、選挙を中止しても、国民の反発が低調であったのはそのためである。[6] 以後、独裁者バティスタは、米国の資本を頼みに、観光や賭博、売春産業を推進している。[7]

ここで登場したのが、若き革命家フィデル・カストロである（図1-1）。一九二六年にスペイン・ガリシア出身の地主の長男として生まれ、東部オリエンテ州で育ったカストロは、特権階級の子弟が通うイエズス会系の学校で教育を受けたあと、ハバナ大学の法曹養成学校に進学した。そこでは政治活動に没頭し、社会正義、腐敗撲滅、そして国家経済の独立といったナショナリズムの綱領を掲げるオルトドクソ（正統）党に加わり、頭角を現している。

また早くから海外情勢に関心を寄せたカストロは、独裁国家ドミニカ共和国への侵攻作戦に参画したあと、帝国主義に抗議する学生たちを応援するためにコロンビアの首都ボゴタを訪れ、そこで民衆の蜂起（ボゴタソ）を目撃した。一九五二年、カストロは国会議員選挙に立候補したものの、バティスタが選挙を中止すると、現状打破のためには暴力に訴えるしか手段がないことを悟る。

一九五三年七月二六日、フィデルは弟ラウルら一一一名の同志とともに、東部サンティアゴ・デ・クーバの要衝モンカダ兵営を襲撃した。作戦は大失敗に終わったものの、その後の裁判で「歴史は私を許すだろう」という演説を行ったフィデルは、次第に盛り上がりを見せることになる革命運動の若き旗手として台頭することになる。一九五五年、恩赦を受けたカストロ兄弟は、メキシコに難を逃れ、エルネスト・チェ・ゲバラ（Ernesto "Che" Guevara）たちと合流した。革命戦争は翌年一二月、グランマ号の到着をもって再開される。彼らが勝利を収めるのはそれから二年後、一九五九年一月一日のことであった(8)。

図1-1　フィデル・カストロ

キューバ革命とアメリカ合衆国

米国政府がフィデル・カストロを革命以前から警戒していたことは、よく知られている。旧来からのキューバとの不平等な関係に満足していた合衆国の政府高官は、カストロが唱えるキューバ社会の変革を忌み、内戦の終結と速やかな秩序の回復を望んでいた。そのためバティスタには武器の禁輸を科す一方、武力闘争を望まない中道勢力と和し、潔く政界から身を引くよう促したのである。しかし、独裁者というのは権力にしがみつくものである。バティスタは米国政府の助言を無視し、反抗的な市民への弾圧をエスカレートさせ、かえって革命運動を勢いづかせた。革命運動の勝利が目前に迫ると、米国政府は慌てて独裁と革命のどちらにも与しない第三勢力を探し始めた。しかし、この土壇場の策謀も、独裁政権が突如崩れたことによって空転する。(9)

カストロが、このようにキューバの主権に無頓着な米国政府の態度を承知していたことは間違いない。革命勝利からまもなく、「今回こそは一八九八年のように、北米の人間をわれわれの国の支配者にさせてはならない」と観衆の前で宣言したぐらいである。(10) カストロは新しい社会正義のビジョンを語り、大衆を動員し、既存の法的制約を超越する規模と速さで変革を進めた。新政権が最初の九ヶ月で発表した指令や新法は一五〇〇にも上る。家賃や公共料金が値を下げ、労働者の賃金が上がり、失業者への手当が厚くなった。売春や賭博が廃され、私有ビーチが一般の人々に開放される一方、戦争犯罪への関与が疑われた前政権関係者ら数百名が粛々と銃殺された。一九五九年五月には農地改革が発表されている。改革は地方の小作人たちを喜ばせる一方、大土地所有者であった米国人地主や企業経営者たちを怒らせ、米国政府からの猛反発を引き起こした。(11)

それでも国民から圧倒的な支持を得たのは、米国政府ではなく、カストロの方であった。地方の労働者や小作人、あるいは失業者たちは、革命政権が推進した識字運動や社会福祉の充実によっても恩恵に浴していた。国民の相当数を占める黒人の間では、教育、雇用、公共施設における人種隔離の撤廃も高く評価された。白人中間層の圧倒的多数もカストロを称賛した。彼らは前政権関係者の逃亡や公開処刑を喜び、不当に蓄えられた資産を強制徴収する「横領物品回復省」の活動に喝采を送った。男性だけではない。革命運動に加わった多くの女性たちも、変革を唱え、様々な奉仕活動に加わっている。こうした革命の高揚感のなかで、カストロは演説を重ね、国民の歴史記憶を喚起した。革命と国家が同一であること、革命こそが一九世紀より実現が待ち望まれながら頓挫していた未完の国家プロジェクトであることを強く訴えたのである。(12)

革命がキューバ国内で集めた圧倒的な支持を前にしては、さすがの米国政府も、情勢を注意深く見極めざるをえなくなった。一九五九年四月、合衆国を訪れたカストロを副大統領リチャード・ニクソン（Richard Nixon）が応対したのはそのためである。当初、革命の特質を摑めていなかった米国政府は、いずれ革命政権の内部で親米「穏健派」が力をつけ、米国との共存へと軌道修正を図るだろうと高をくくっていた。このような見立ては、水泡のごとく消えていく。カストロが歴史記憶を喚起すればするほど、国民主権への渇望はますます制御し難いものとなった。農地改革で損失を蒙った地主や投資家たちが「共産主義」の影響を騒ぎ立てると、これに触発された米国政府は、キューバの新政権に懸念を伝えた。すると、カストロと彼の支持者たちは逆に合衆国の「内政干渉」を糾弾し、激しく反発した(13)。

米・キューバ間で批判の応酬がくり返されるなか、合衆国のドワイト・アイゼンハワー（Dwight Eisenhower）大統領が政権転覆の検討を命じたのは、早くもその年の夏のことである。そのときに注視されたのが、次に挙げる反革命勢力の動向であった。

同時進行する反革命運動

中南米の革命において必ず現れるのが、反革命勢力である。キューバ革命では、旧政権とつながりのある政治家、軍人、元政府役人たちが、最初に反旗を翻した。革命によって地位や権勢を奪われたことを恨み、カストロへの報復を誓ったわけである。そこに加わったのが、労働者や貧困層を優遇する革命政策に不満を募らせた大小の地主や財産所有者たちであった。彼らの多くも合衆国に渡り、まるで米国の介入を促すかのように、「共産主義の陰謀」を騒ぎ立てた。なかには隣国ドミニカ共和国の独裁者ラファエル・トルヒーヨ（Rafael Trujillo）を頼る者もいた。一九五九年八月には、トルヒーヨの支援を受ける反革命勢力が、最初の国外からの軍事介入を企てている。その計画は、キューバ中央にそびえるエスカンブライ山脈で決起し、三千名程度の「外国部隊」を招き入れるというものであった(14)。

その後に離反したのが、かつて革命政権を支持しながらも途中で翻意した「穏健派」である。心変わりの理由は様々である。ある者は、戦争犯罪を疑われた元政府関係者たちの公開処刑に関し、司法手続き（due process）の不備を指摘した。別の者は、政権の主要官職についた共産主義者たちを忌み嫌い、革命の進路を案じていた。農地改革それ自体には同意しても、改革の規模と速度を抑え、米国との決裂を回避するよう訴える者もいた。カストロがこうした意見を斥け、弟ラウルや盟友ゲバラらを重用し、迅速かつ抜本的な社会変革を遂行すると、彼らは次々と職を辞している。合衆国に逃れ、「共産主義による乗っとり」を声高に証言する彼らのなかには、とうとうフロリダ州に点在する無人滑走路から飛行機を飛ばし、キューバへの爆撃を始める者も現れた(15)。

反革命勢力による軍事攻撃が、キューバ人たちの政治的分裂を深めたことは間違いない。カストロによれば、革命とは、すべての国民が献身すべき未完の国家プロジェクトである。それに対して暴力を用いて反抗するということは、いかなる理由であれ、国家への反逆にほかならない。すなわち革命の防衛は、国家の安全保障と同一視された。こうして国民の団結と統制が要請され、従わない者は厳しく、そして容赦なく罰せられることになった。革命を熱烈に支持しなければ、あるいはその政策への献身を十分に示さなければ、それだけで個々人の精神と人格が疑われ、キューバ人であることを否定されたのである。誰もが革命か反革命かの選択を迫られた。すべての国民は、味方か敵か、愛国者か売国奴か、そしてキューバ人か反キューバ人（anti-Cubans）かに区別された(16)。

革命と反革命の対立の激化は、一九五九年一〇月、米・キューバ関係のさらなる悪化にも一役買った。まず、反革命勢力による空爆がつづくなか、米国政府がイギリスによる革命政権への戦闘機の売却に反対したことが暴露された。つづいて中部カマゲイ州の指揮官ウベル・マトス（Huber Matos）が、革命政権内における共産勢力の伸張に抗議し、突然辞任した。カストロがマトスを反逆罪のかどで逮捕すると、今度は反革命勢力の飛行機がハバナ上空を旋回し、反政府ビラをばらまいた。このときには飛行機を撃墜するはずの砲弾が逸れ、市民二名が命を落とし、四五名が負傷している。カストロの我慢はここで限界に達した。一〇月二六日の演説では、「なぜ奴らはわれわれを攻撃するのか、なぜ米国当局はこれを容認するのか」と米国政府の責任が公に追及された[17]。まもなく革命政権は国家防衛の名の下に、市民的自由を制限する措置を取り始めている[18]。

アイゼンハワーが政権転覆計画の準備を命じたのは、まさにこの時期であった。米国政府は単に農地改革に反対していただけではない。カストロの政治手法や革命のレトリック、そして懸念を表明するたびに増幅される米国政府への批判を嫌悪し、対外関係全般への悪影響を懸念していたのである。革命政権内では頼るべき穏健派も力を失っており、もはや様子見をする必要もなくなっていた。そして上記のカストロ演説である。それまでカストロが共産主義者であるのか否かを見極めようとしていた米国政府は、いずれにしろ反米主義者に違いない、という判断を下した。カストロ演説の翌週、アイゼンハワーは「統一的な反抗勢力（coherent opposition）」を「段階的に育成する」ことを決定している。なお、大統領が正式に中央情報局（Central Intelligence Agency : CIA）のキューバ侵攻計画を承認したのは、翌年三月である。このときカストロは、八〇名超の犠牲者と三〇〇名超の負傷者を出したフランス籍船舶ラ・クーブル号の爆破について、米国の関与を糾弾していた[19]。

米・キューバ関係は、米ソ冷戦という国際政治の展開とも絡みあっている。当初、西半球を合衆国の勢力圏とみなすソ連は、カストロを共産主義者と認めず、キューバ革命にも大した興味を示さなかった。そもそも遠く離れた中南米をめぐって合衆国と衝突することは避けたかったのである。ところが、一九五九年秋頃を機に、ソ連はキューバに急接近した。キューバ側がソ連の支援を仰いだだけではない。カストロの演説に満足したソ連首脳ニキータ・フルシチョフ（Nikita Khrushchev）は、若きカストロにかつてのソ連の革命家たちの姿を重ね、キューバの防衛に特別な使命感を抱きつつあった。また仮にそのカストロを見殺しにすれば、共産圏の指導権を争う中国からの批判に曝され、ソ連の威信も揺らぎかねなかった。こうして一九六〇年二月、ソ連は第一副首相アナスタス・ミコヤン（Anastas Mikoyan）をキューバに遣わし、石油の廉価販売を軸とする新しい貿易条約を結ばせている[20]。

こうなると米・キューバ関係は悪化の一途をたどるほかなかった。まず、米国政府はキューバに残る米系石油企業に対し、ソ連製石油の精製を拒むよう命じた。すると、革命政権は対抗措置として石油企業を接収し、米国政府がキューバの砂糖輸入枠を削ると、今度はソ連が砂糖の購入とキューバ防衛を約束した。このときフルシチョフは、（欧州勢力による西半球への介入に反対した）モンロー・ドクトリンの「死」まで宣言している。一連の展開は、一九六〇年米国大統領選挙の動向とも連動した。民主党候補ジョン・F・ケネディ（John F. Kennedy）に「キューバ喪失」の責任を追及されると、共和党候補の副大統領ニクソンは、経済制裁をキューバに科すようアイゼンハワーを説き伏せた。カストロは報復措置として、残っていた米系資産に加え、キューバ人が所有する農地以外の資産を接収している。一九六一年一月三日、合衆国はついにキューバとの国交を断つ[21]。

十数年後、この時期の米・キューバの衝突を振り返ったカストロは、米側が革命の勃発に動揺したことに加え、キューバ側が「（米側の）あらゆる類いの敵意の表れに敏感に反応した」ことを率直に認めている。では、なぜキューバは、合衆国の振る舞いに神経質になっていたのか。ここで考慮すべきは過去の記憶である。合衆国は一八九八年以来キューバに軍事介入をくり返し、キューバ革命前夜にも、カストロの権力掌握を阻むために策謀をめぐらせていた。また中米の隣国グアテマラに目を転じれば、米国政府はキューバ革命のわずか五年前にも、反革命勢力と結託し、革命政権を転覆していたのである。このような過去に照らして見れば、米国政府が度々表明した共産主義への懸念や、米国に逃れた反革命勢力による武力行使は、米側の想像以上に重大な脅威の認識をキューバ側にもたらしたと考えられる[22]。

相手の意図が見えづらい国際政治では、概して客観的現実よりも主観的認識が重要であり、相互不信は何かと深まりやすい。このことは、米側の一挙一動がキューバの不信を高めたという事象だけにとどまらない。米国政府が政権転覆に動くのではないかと疑うキューバの防衛行動が、かえって米国政府の警戒を高めさせ、反革命支援に駆り立てたという可能性も、完全には否定できないのである。

米国政府と反革命勢力の「同盟」

より確かなことは、米・キューバの衝突が、西半球における前代未聞の一大事件となったことである。キューバの動向は瞬く間に中南米各地に伝播し、同じく革命を志す勢力を奮い立たせ、米国政府の加護をあてにする現地の寡頭支配層を震え上がらせた。各地の革命家たちがキューバへと向かい、軍事訓練を受ける一方、カストロは第一次ハバナ宣言を発表し、「抑圧されたすべての人々と連帯する義務」を説いている[23]。米国政府が「第二のキューバ」を恐れたことに疑いの余地はない。新たに発表した「進歩のための同盟」は、総額二〇〇億ドル規模と謳われた手厚い経済支援によって、キューバとは異なる発展の道を中南米諸国に示し、革命の再発防止を目指すものであった。と同時に、米国政府は新たに革命のモデルと目されたキューバの信用を失墜させるため、情報機関やメディアを使った宣伝攻撃を仕掛けていく[24]。

高まるキューバ移民の波に注目が集まったのはこのためであった。革命後、最初に出国したのはバティスタ政権の関係者である。つづいて革命政策の急進化、共産主義の台頭、そして米国との衝突を案じた白人中産階級の一部が国を去った。最初の数年間で、数千を超える人々がキューバを離れたことになる。そのなかには、共産主義を嫌うカトリック司教や学生信者たち、さらには親によって送り出された一万四千名の孤児たちもいた。米国政府にとって、こうした出国者たちは敵の敵であり、革命政権の評判を貶める道具でもあった。キューバ政府がすべての移民たちを「自発的」出国者とみなしたのとは対照的に、米国政府はすべてのキューバ人入国者たちを「亡命者」、あるいは「難民」と呼んだ。冷戦下において、人の移動の象徴的意味が重視されることは半ば必然であった[25]。

ただし、当時の米国政府がキューバ移民を優遇したことについては、より実利的な動機も働いていた。たとえば、革命が最も必要とした時期に、医者、学者、エンジニアなど、数千もの有能な人材を敵国から奪うという目的である。また移住が一時的なものと想定されたことも重要である。米国政府は旧バティスタ派、反共カトリック諸派、革命以前の政党・利益団体、そして革命の進展に幻滅した急進左派など、雑多な反革命勢力を糾合し、革命政権の受け皿となるべき首脳組織を発足させた。またＣＩＡは、およそ一五〇〇名の反革命勢力から成る第二五〇六部隊を組織し、中米グアテマラのキャンプ場で、直々に軍事侵攻に向けた訓練を施していた。首尾よく革命政権を倒せば、入国者の多くを故国に戻せると考えていたのである。[26]

米・キューバの緊張は、一九六一年四月一七日、前任者から計画を引き継いだ米国大統領ジョン・Ｆ・ケネディが、反革命勢力の軍隊をキューバのピッグズ湾（Bay of Pigs、スペイン語は「プラヤ・ヒロン」）に上陸させたことによって頂点に達する。このピッグズ湾侵攻は米側の大失敗に終わった。そもそも第二五〇六部隊は訓練も武器も人員も不足していた。その上、自国の関与を隠蔽することに固執したケネディは、土壇場で上陸地点を変え、軍事侵攻を支援する事前空爆の規模を縮小し、侵攻軍の勝利をさらに難しくした。何より致命的だったのは、米国政府がキューバ政府とキューバ人民の反応を完全に読み誤ったことである。ＣＩＡが想定した反革命の大衆反乱はとうとう起きなかった。一方、カストロは介入の場所と時期を知らなかったものの、侵攻からわずか三日足らずで侵攻者たちを一網打尽にした。以後、すでに「社会主義」を公に唱えていたカストロは、権力基盤を固め、支援を増額する東側陣営を頼っていく。[27]

敗北に衝撃を受けたケネディは、ますます革命政権の転覆に意欲を燃やした。キューバには一段と厳しい経済封鎖を敷き、米国市民による渡航や金融取引を禁じ、米国国内のキューバ資産をすべて凍結した。キューバは米州機構から追放され、アジア、欧州、中南米の国々は、キューバとの国交や交易関係を断つよう米国から執拗に要請された。悪名高い「マングース作戦」も始まった。マイアミに作戦本部を置いたＣＩＡは、何百もの米国人職員と何千ものキューバ人工作員を雇い、米軍侵攻の前座として、キューバ社会の不安定化を画策した。数百万ドルの予算がつぎ込まれ、数えきれないほどの破壊工作、プロパガンダ、サボタージュが行われたのである。[28] キューバ要人暗殺計画には、カストロに賭博場を接収されたことを恨むマフィアのボスたちまで動員された。ＣＩＡの実験室では、毒殺用の特殊なボールペンや葉巻、ダイビングスーツなどが次々と開発されている。[29]

これに対し、革命政権は挙国一致を唱え、国防を強化し、国内に残存する反革命勢力との激烈な戦争を遂行している。カストロはすべての革命勢力を結集し、キューバ共産党の前身となる統一政党を発足させた。革命軍は次の軍事侵攻に備えて兵の調練を急ぎ、ソ連や東欧諸国から輸入した銃器、戦車、ヘリコプター、レーダー、魚雷船、ミグ戦闘機、ＩＬ-28小型爆撃機を各部隊に配備した。ＣＩＡが後方支援する国内の反革命勢力については、内務省が対応した。革命に忠誠を誓う市民たちで構成される革命防衛委員会も、近隣に監視の目を光らせている。中部エスカンブライ山脈では、革命政権が「山賊」と蔑視する勢力との抗争が長引いた。ここでは三〇〇を超える小規模な反乱グループが、革命が求める生活様式の変化を拒み、粘り強く抵抗していた。一九六五年に終結するこの内乱では、何百もの人命が失われている[30]。

あの世界を核戦争の恐怖に陥れた一九六二年キューバ・ミサイル危機も、このように合衆国が露骨にキューバに干渉したことに端を発している。ソ連は米国との核戦力不均衡を是正するためだけに、核ミサイルをキューバに運び入れたわけではない[31]。近年の冷戦研究において強調されるのは、最高指導者フルシチョフが見せたキューバ革命への特別な思い入れであり、社会主義陣営の盟主の座をめぐる中国との争い（中ソ紛争）において、新興の革命国家キューバが有していた象徴的重要性である。そして米国の攻撃が続いたからこそ、フルシチョフは遠く離れたこの国を守る手段として、核兵器を配置する案をカストロに提示できたのである。実際、ソ連は核戦争の間際になって手を引いたものの、米国政府から「キューバに侵攻しない」という言質を引き出すことに成功している。この不侵攻誓約は、以後数十年にわたり、キューバの安全保障を基礎づけるものとなる[32]。

とはいえ、核危機は革命政権にとって、ある種の後遺症をもたらしている。そもそもカストロが核ミサイルを受け入れたのは、自国の防衛だけでなく、自国を救援した社会主義陣営の利益を考慮したからである。また搬送をわざわざ隠したのは、度重なるソ連の強い要請に基づくものであった。にもかかわらず、秘密が暴露され、核危機が勃発すると、状況の制御不能化を恐れたソ連は、対米交渉を優先し、キューバを蚊帳の外に追いやった。キューバとの事前協議なしに、核兵器の撤去に関する合意を合衆国との間で結んだのである。一方、米国は核兵器撤去のためにキューバが提示した五つの条件（経済封鎖の解除、破壊工作の終了、反革命勢力による攻撃の阻止、領空・領海侵犯の停止、そしてグアンタナモ基地の返還）を完全に無視した。以後、いずれの超大国にも不信感を募らせたカストロは、ソ連の支援を仰ぎつつも、東西対立の枠に縛られない独自の外交路線を模索していく。[33]

核危機の帰結には、故国への帰還を望むマイアミのキューバ人たちも憤っている。彼ら反共主義者たちの多くは、カストロが社会主義を唱え、一党体制を敷き、ソ連へと接近していくのを見て、自らの主張の正当性を確信した。ところが、絶大の信頼を寄せていた米国政府が、いつの間にかキューバへの侵攻を諦め、革命政権の存続を黙認したのである。こうして核危機は、ピッグズ湾侵攻に次ぐ、米国政府の「裏切り」として捉えられた。カストロと同じく反革命勢力も、自らの運命が彼らの関知しないところで決定されたことに、異議を唱えたわけである。[34]

イデオロギー闘争への戦術的変更

米ソ冷戦の分水嶺となった核危機も、米・キューバ関係を好転させるには至らなかった。二ヶ月後、ケネディは五三〇〇万ドル相当の食糧と医薬品を送る見返りに、革命政権から、ピッグズ湾侵攻で捕虜となった軍人たちの身柄を引き取った。その後、マイアミで行われた帰還式典（図1-2）に登場した大統領は、第二五〇六部隊の旗を受け取り、「解放されたハバナで、この旗はこの部隊に引き渡されるでしょう」と宣言している[35]（図1-3）。

とはいえ、ケネディというのは複雑な人物である。たしかに大統領は、元ピッグズ湾兵士たちを米国陸軍に入隊させ、再び訓練を施した。司法長官である弟ロバートには、キューバに対する秘密戦争の再開を命じ、サボタージュや「当て逃げ」攻撃を繰り返す反革命団体を後方支援させている。[36] 加えて、ケネディはキューバの例に触発された中南米各地のゲリラ勢力の撲滅を目指し、現地政府への軍事支援を増額した。以後、パナマ運河地帯で拡張されたアメリカ陸軍の「米州学校」（School of the Americas）には、各国の将校が対ゲリラ訓練のために集められている。

ただし、ケネディはこうした手を打ちながらも、キューバに革命政権が存在するという現実は受け入れていた。暗殺される前には、カストロとの対話も秘密裏に模索されている[37]。

次の大統領リンドン・ジョンソン（Lyndon B. Johnson）は、ケネディほどキューバには執着していない。一九六三年一一月、米国政府はベネズエラでキューバ製の武器が発見されたという報を受け、キューバによる「革命の輸出」を批判し、メキシコを除く米州機構の加盟国すべてに、キューバとの外交と通商を断たせた。一方、こうした動きを「帝国主義者たち」と「右翼軍事独裁者たち」による「恥知らずな反革命の煽動」と非難するカストロは、

図 1-2　ピッグズ湾兵士帰還式典

図 1-3　ピッグズ湾兵士帰還式典において第 2506 部隊の旗を受け取るケネディ大統領

サンティアゴ宣言を発表し、自国に内政干渉するすべての国家で革命運動を支持する構えを見せた。西半球における米・キューバの対立がエスカレートするなか、ジョンソンは一九六四年三月、ブラジルの左翼政権を転覆した軍部を支持した。その翌年には「第二のキューバ」を防ぐという名目で、政局が混乱したドミニカ共和国に海兵隊二万二千名を上陸させている。(38)

にもかかわらず、ジョンソンは反革命勢力への関与を徐々に見直している。当時、米国政府が肩入れしていたのは、マヌエル・アルティメ（Manuel Artime）が率いる革命反乱運動など、事前に決められた「約束事」を遵守する御用団体であった。いずれも資金や武器の調達で便宜を受ける代わりに、合衆国の関与を隠蔽するため、合衆国の領土・領海・領空の外からキューバへの攻撃を仕掛けたのである。(39)では、このような小手先のからくりに騙される国はあったのか。一九六四年九月にアルティメの組織が誤ってスペイン籍貨物船シエラ・アランサス号を爆破すると、スペインとキューバは激怒し、アルティメに基地を貸したニカラグアとコスタリカは報復の恐れに震え、不侵攻誓約の遵守を求めるソ連は米国に抗議した。米国政府はこの外交スキャンダルのあと、武装する反革命勢力への支援を打ち切った。過熱化するヴェトナム戦争へと注意を集中させたのである。(40)

反革命運動への米国政府の支援に陰りが見えたことについては、実は革命政権の側も暗黙のうちに了解している。キューバ内務省の機密文書に基づいて作成された記録によれば、キューバ国内で広範な諜報ネットワークを誇る米国政府は、革命社会の成功を阻むため、工場や農場を対象とする破壊工作を徹底的に行う一方、国内に残存する反革命勢力に武器や物資を供給し、キューバの沿岸では違法な人の出入りを助けていた。ところが同じく内務省によると、このように国外から操作される反革命活動は、一九六四年以降には低調となった。革命政権による官民総動員の抵抗が功を奏し、ＣＩＡは二重スパイを恐れ、反革命勢力の支援を渋り始めた。ひとまず、米軍による侵攻やＣＩＡによる軍事作戦の危険が遠のいたというわけである。(41)

しかし、国交を断ち、経済制裁を維持する米国政府が、依然として政権転覆を諦めていないことは明白であった。

米国はキューバ社会の外側からではなく、次は内側から革命の転覆を図るのではないか。強力な情報発信能力を駆使する米国政府は、キューバ国内で社会主義にそぐわない考えを広め、人心を惑わし、革命社会の弱体化を狙うのではないか。このような疑いを基に新たな脅威として想定されたのが、「イデオロギーの錯乱工作」（*diversionismo ideológico*）である。この考えによると、精神的に未熟な知識人は無意識に操られ、青年たちはブルジョワ的思考に染まり、堕落した「反社会分子」が増えるはずであった。そうなれば国内の社会統制が弛み、経済発展は妨げられ、安全保障上の脅威が増すというわけである。(42) こうして超大国アメリカと対峙するキューバにおいて、社会や文化の多元性（*diversidad*）は極度に危険視されることになる。

内務省は革命政権の意向に従わない人々を一様に「反社会分子」とみなし、「再教育」のために労働収容所へと送った。共産党はカトリック教会が反革命勢力を支援したと説き、教区学校を閉鎖した。革命社会においても人種・ジェンダーの問題は残存していたが、活動家たちは、政府による団結の要求を優先しなければならなかった。そして同性愛が反革命的な犯罪として糾弾されても、国民の団結という名の下に、抗議の声は黙殺されたのである。減じつつある国内外の脅威によって、社会統制の必要は正当化されつづけた。革命政権がこうした不寛容な政策を修正するまでには、実に長い年月が費やされている。

国境をまたぐ革命運動

合衆国が政権転覆を諦めていないと判断したキューバ政府は、国外に活路を求め、米国を中心とする国際秩序への挑戦を試みている。米州機構が合衆国の意に沿う形でキューバの孤立を図る一方、キューバは南米やアフリカのゲリラ勢力と手を結び、思想教育や軍事訓練の面で力を貸した。革命家に言わせれば、既存の国家・政府は絶望的なほどに腐敗し、もはや選挙や法廷闘争による変革は不可能であった。武力闘争だけが正しい変化を導く唯一の道なのである。第二次ハバナ宣言で「革命家の義務は革命を起こすことである」と訴えたカストロも、「南北アメリ

図 1-4　チェ・ゲバラ

カ大陸、そして世界で革命は勝利するだろう」と断言した。内務省の諜報員たちは各地に飛び、戦況分析を本国へ送った。キューバの国営通信社プレンサ・ラティーナは、革命に有利な情報を流し、味方を鼓舞した。こうした革命政権の活動も米国政府の反感を否応なく強めている(43)。

国外における革命運動の先鋒に立ったのは、チェ・ゲバラである（図1-4）。アルゼンチンに生まれ、医者としてキューバ革命に加わったゲバラの夢は、ボリビアで戦線を開き、南米大陸全体へと広がる革命運動の足がかりを築くことであった。貧困、低開発、不正にあえぐ民衆に手を差し伸べ、革命勢力を糾合し、米国支配の鎖から大陸を解き放つことを唱えたのである。彼の著作『ゲリラ戦争』では、たとえ革命の成功に必要な客観的条件が揃わずとも、不屈の闘志をもつ少数精鋭の革命家たちが大衆を勇気づけ、正しい方向へと導けば、道が拓けるという考えが示されている。しかし、この理論には重大な誤りがあった。いくら志が高くとも、米国政府の手厚い支援を受けた現地の精鋭部隊を前にしては、力不足であった。ゲバラ自身も一九六七年、ボリビアで命を落としている(44)。革命運動がようやく中米ニカラグアで成功を収めるのは、一九七〇年代後半のことである。

革命運動は大西洋を越え、アフリカ大陸にも飛び火した。キューバの革命家たちは、ここでも自らの活動が、植民地支配とその遺産に苦しむ人々の手助けになると信じていた。西半球では厳しい米国の監視の目も、大西洋を渡れば緩まざるをえない。またある歴史家に言わせれば、アフリカ大陸は奴隷黒人を先祖にもつキューバの多くの人々にとって起源の地であり、彼らは欧州帝国との戦いを強いられたアフリカ各地の独立運動に強い共感を寄せたのである。一九六二年一月、キューバはアルジェリアの民族解放戦線のために軍事顧問を派遣し始めた。アルジェリアが独立を果たし、フランス人医師が出国すると、今度は現地社会の復興を支えるために医師や看護師を送っている。革命政権はその後もコンゴ、ギニア・ビサウ、アンゴラ、そしてエチオピアに軍事介入し、さらに多くの国と地域に向けて医療・教育の支援を展開していく(45)。

キューバの関心は中南米・アフリカにとどまっていない。一九六六年には、アジア・アフリカ・ラテンアメリカ三大陸人民連帯会議を主催し、五〇〇名を超える活動家たちをハバナに招いている。ここでアジア・アフリカ・ラテンアメリカ人民連帯機構を設立すると、その翌年の会議ではゲバラが「二つ、三つ、またはそれ以上のヴェトナム」を書簡で訴え、つづいてカストロもヴェトナム戦争を念頭に、帝国主義との徹底抗戦を呼びかけた。国連では、米国自治領プエルトリコの独立も唱えられた。キューバの革命家たちにとって、ともにスペインからの独立を目指した同島の独立は、ホセ・マルティ以来の悲願であった。キューバの革命外交は、民族自決、南南協力、独自外交を唱える非同盟諸国運動においても際立ち、同盟国ソ連との間に深刻な軋轢を生むほどまでに徹底していた。キューバ危機の後、ソ連は脱植民地化の支援よりも、米国との平和共存を優先していたからである(46)。

国際社会の目を引いたのは、革命政権の積極外交だけではない。ここで忘れるべきでないのが、発展途上国の新しい社会モデルとして、当時のキューバが脚光を浴びていたことである。革命政策の成果は、とりわけ教育、医療、格差是正といった面で顕著であった。たとえば、一五歳以上の国民のうち四分の一程度しか学校教育を受けていなかったキューバにおいて、成人人口の識字率は、革命から三年後の一九六二年までに九割を超えた。また国民福祉の向上にも目を見張るものがあり、革命政権の発足から一九八〇年代半ばまでに、乳児死亡率は大幅に下がり、国民平均寿命は七四歳にまで伸びている。社会の格差も急激に是正された。最も貧しい者でも最低限の生活が送れるよう、食料が無償で配られ、家賃が切り下げられ、社会保障が手厚く拡充されたのである(47)。

こうしてキューバ社会は、他の貧しい友好国から称賛を浴びる一方、反共主義を唱える敵国からはイデオロギー的に危険な存在として恐れられた。さらに、国内の成功経験が、医療や教育を柱とする革命政権の途上国支援を強力に支えたこともある。国内で育て上げられた何千人もの医者、教師、エンジニアたちは、国際的「連帯」を旗印にアフリカや中南米の最貧国に赴き、現地住民の公共福祉のために奉仕した。逆に貧困国からは留学生が招かれ、地域の発展に欠かせない新たな人材も育成されている。このように卓越した支援活動は、キューバの国際的評価を著しく高めた(48)。一九七六年には、キューバは非同盟諸国運動の議長国に選出されている。

経済封鎖と人の移動――一九六五年カマリオカ危機

ただし、革命政策のすべてが上手くいったわけではない。キューバは一九六二年から六三年にかけて、深刻な経済不況に見舞われているが、これは必ずしも米国の政策のみに起因するものではなかった。たしかに経済制裁による損失は甚大であり、莫大な外貨が失われたことは否定できない。工場の稼働に要する米国製の機械部品が輸入できなくなったこと、腕利きの技術者たちが米国へと流出したこともある。しかし、ある経済学者が指摘するように、革命政権が策定した経済計画にも原因があった。工業化政策はあまりに野心的で、外貨の収入源であった砂糖生産からの脱却をあまりに性急に進めた上、事業経営の多くを、革命への忠誠は強いが経験も知識もない役人たちに任せるものであった。結局、資源の浪費と需給バランスの悪化に直面した革命政権は、六五年に路線を修正し、再び砂糖生産に力を入れている(49)。

では、経済的苦境が継続したにもかかわらず、なぜキューバの政情は比較的安定していたのか。これについては、キューバ側の内政事情に加え、一九六五年に発生したカマリオカ移民危機のことも振り返る必要がある。この事件の発端は、キューバ・ミサイル危機の後、米・キューバ間の飛行機の往来が禁じられたことにある。米国政府は合法的な出国ルートを塞ぐことによって、経済制裁で不満を高めたキューバ国民が留まり、革命政権への圧力が増幅されることを望んでいた。このため合衆国への移住を目指すキューバ人たちは、第三国を経由するか、ボートを漕いでフロリダ海峡を渡るか、あるいは東部グアンタナモの米軍基地に駆け込むかを選択せざるをえなくなり、最終手段として、船舶のハイジャックなど、危険な違法行為に及ぶことも強いられたのである。その上、米国政府はこうした不法出国を共産主義の失敗を強調する宣伝材料として利用した。国外へと逃れる人々の勇気と自由への渇望が称賛されたわけである。

　カストロも黙ってはいなかった。六五年九月、観光地バラデロの西に位置するカマリオカ港を開いた革命政権は、米国政府への対抗措置として、出国規制の一斉解除を発表した。国外の移住者たちに、希望する家族を直接引き渡すことを宣言したのである。[50] こうして無数の船舶がフロリダからキューバへ押し寄せると、さすがに大量の移民が無秩序に連れ込まれることを望まなかった米国政府は、革命政権との間に秘密交渉の場を設け、家族再結合（family reunification）を原則とする人の移動を協議した。その結果として始まったのが、一九六五年一二月から七三年四月まで二六万人以上のキューバ人たちを輸送したバラデロ—マイアミ間の特別運行便である。米国の主要メディアは、運行便を「フリーダム・フライト」（freedom flight）と呼び、まるですべての乗客たちが政治目的だけで出国したかのように報じた（図1-5）。キューバから米国への移住は、依然として政治の色を帯びていた。[51]

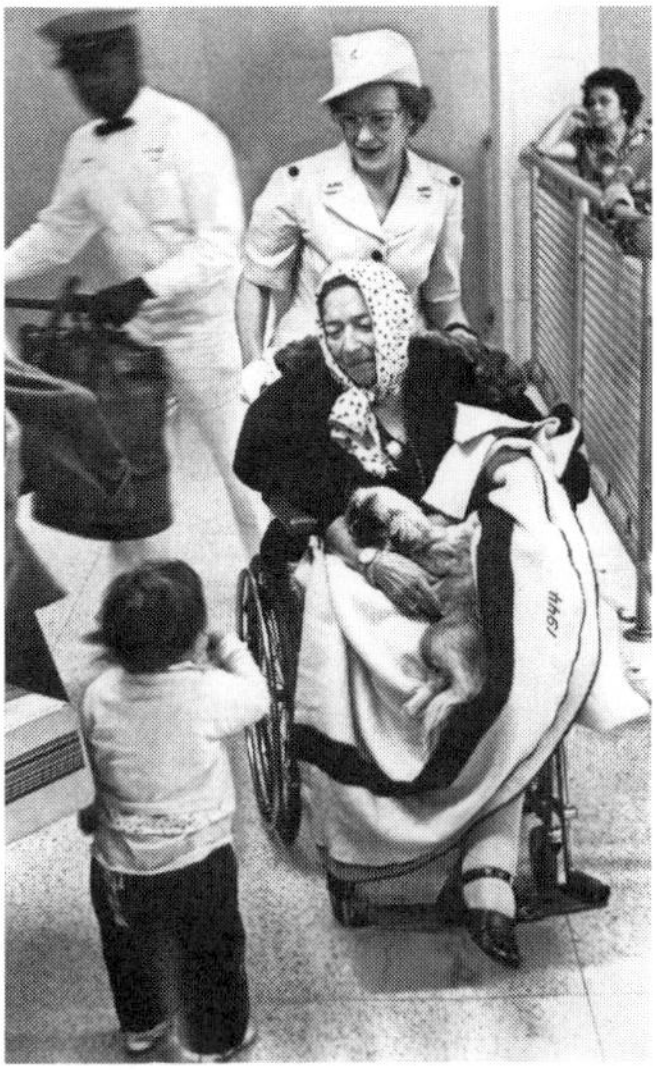

図 1-5　フリーダム・フライト

　このように収束したものの、カマリオカ移民危機は、米国の対キューバ政策に潜む根源的な矛盾を露わにした。すなわち、キューバ・ミサイル危機を経て、米国の政策決定者たちは、もはやソ連を巻き込むような形でフロリダ海峡の対立が先鋭化することを望まなかった。そのため軍事侵攻ではなく、経済封鎖を行い、人民の不満を煽ることによって、革命が内部瓦解することを期待したわけである。ところが、キューバから米国への人の移動は、この政策の失敗をほとんど宿命づけていた。経済封鎖で増殖したはずの不満分子が移住によって外に排出されるかぎり、期待された大衆反乱は、永久に実現しないからである。[52] 大量移住によって反革命組織の支持基盤が「かなりの程度において縮小された」ことは、前述のキューバ諜報機関の機密報告においても認識されている。[53] つまり、人の移動はすでにこの時期から、国際政治の影響を蒙りつつも、重要な政治的帰結を伴っていたのである。

マイアミにおける移民社会の形成

以上に見る人の移動と国際政治の連環は、やがてマイアミで台頭する移民政治によっても強められている。一九五九年以前のマイアミ（マイアミ市を含む現在のマイアミ・デイド郡）は、退職したユダヤ人たちや、ゲットーに隔離された黒人たち、新しい成功の機会を嗅ぎつけた白人たちが暮らす田舎街であった。それ以外に目立ったのは、冬の寒さを逃れて年に数ヶ月を過ごす一時滞留者ぐらいである。ところが、フロリダ海峡の対岸でキューバ革命が起きると、街の空気が一変した。数万ものキューバ人たちがなだれ込み、この地に新しい文化や生活様式を持ち込んだのである。キューバ系社会が成長すると、マイアミはさらに多くのスペイン語話者たちを引き寄せた。マイアミが全米諸都市に先駆けて「ラテン化」したことは、米・キューバ関係にも重要な影響を与えることになる。[54]

多くのキューバ人たちにとって、移住は一時的なものであるはずだった。合衆国はあまりに近く、移住は不都合な政局の変化を乗り切る手段として、過去にもくり返されてきた。ところが、一九五九年の革命のあとは、勝手が違った。革命政権が予期に反して存続したために、移住者の滞在は数ヶ月から数年へと延び、故国に帰れなくなった移住者たちの数も増加の一途をたどったのである。革命直前には二万人であったマイアミ在住のキューバ人の数は、一九八〇年代前半までに六〇万人に急増した。[55] 移住者たちは独特な世界観と生活様式を保ち、自らを「移民」ではなく「亡命者」と呼び、キューバ人でありながらアメリカ人であるという二重のアイデンティティを育んだ。歴史家マリア・クリスティーナ・ガルシアに言わせれば、「マイアミは合衆国のハバナとなった」のである。[56]

移民社会の多様性も、本国ほどではないとはいえ、より豊かになった。特権階級や中産階級が多くを占める革命直後の移住第一波と比べ、第二波となったバラデロ－マイアミ特別運行便には、より多くの非熟練労働者、主婦、自営業・小売業従事者が含まれていた。全体的な数が少ないとはいえ、一九六八年の「革命攻勢」（革命政権によって五万七千もの自営業が接収された）によって押し出された華僑やユダヤ系もいた。また、兵役年齢に近い男子の出国が許されなかったために、女性や高齢者の割合が高いことも一つの特徴となった。逆に比較的少なかったのは、革命政権の支持基盤となった黒人や青少年、農民である。なお、黒人の出国が極端に少なかったことについては、単に忠誠の問題だけでなく、家族再結合を奨励する米国の移民政策の影響も働いていた。すでに出国していた白人移住者の家族が、まるで芋づるのように優遇されたのである。[57]

合衆国に入ったキューバ人移民の状況が他の中南米系移民の場合と大きく異なるのは、連邦政府から多大な支援を受けたことである。「難民支援」という名目で、まず食事や居住、所得手当が提供され、つづいて職業訓練、教育ローンの優遇、健康保険の加入、成人教育、そして保護者がいない児童のための養護サービスも行われた。ある学者の算定によると、一九七三年までの支援総額は九億五七〇〇万ドル近くに達したという。また一九六六年一一月、米国議会は「キューバ人資格調整法」(Cuban Adjustment Act) を可決した。以後、米国に入国したすべてのキューバ人は、一年と一日滞在するだけで、永住権の申請が認められた。[58] 当然、この特別待遇には反対の声も上がっている。地元住民の声を代弁する『マイアミ・ヘラルド』紙は、英語を話せず、所得の低い移民が増えれば、生活様式が変わり、住宅価格が下がり、教育の質が落ちると訴えた。連邦政府は南フロリダの負担を軽くするため、一九七四年までに支援プログラムに登録した四六万一三七三名のキューバ人のうち、二九万九三二六名を別の地域に移している。[59]

それでも数万人ものキューバ人たちは、マイアミの「リトル・ハバナ」にとどまった。ここでは多くの近隣組織や相互扶助組織、芸術教室が活動し、キューバの歴史を教える民間学校が子どもたちを集めた。また、数百ものスペイン語の新聞やタブロイド、ニューズレター、雑誌、書物が刊行され、故国のニュースを伝え、懐かしい音楽を流すラジオ放送局も登場した。学校や公園、記念碑、街路、商店の看板には、ホセ・マルティをはじめ、キューバ独立戦争の英雄たちの名前が記され、伝統料理や季節の祝祭、社交儀礼も続けられた。慈悲の聖母（Our Lady of Charity）をときどき訪れるカトリック信者もいれば、プロテスタントやユダヤ教、サンテリア（アフリカの民俗信仰とキリスト教の混淆）を信じる者もいた。[60] 全米各地へ分散させられた多くのキューバ人たちも、仕事や友人、文化の紐帯、そして温暖な気候を求め、しだいにマイアミに戻ってきた。

キューバ系の経済活動は、このリトル・ハバナを拠点に発展したといわれる。同胞たちの零細企業で最初の職を得たマイアミのキューバ人たちは、自立して新規事業を立ち上げると、今度は後続の移民たちを雇用した。彼らの創意工夫と安い賃金で働く豊富なバイリンガル労働力の存在は、南北アメリカを結ぶマイアミの地理的特性と相まって、地域経済を活性化させた。マイアミが西半球における貿易、金融、航空運輸の中心地となり、一時は「中南米の首都」と評されたのもそのためである。[61] キューバ系には、メキシコ系やプエルトリコ系など、他のラティーノよりも高い教育を受け、高い収入を稼ぐ傾向があった。[62] 合衆国における平均居住期間が著しく短いにもかかわらず、キューバ系米国人は一九九〇年初頭までに、おおよそ全米平均と肩を並べるほどの経済水準を達成している。

こうした経済的成功を糧に、キューバ系が共産主義に対する優越感を抱いたのも不思議ではない。とはいえ、移民社会の話は必ずしも薔薇色ではなかった。言語の障壁や、職住環境の劇的な変化のために、社会的地位の下降を挽回できない者もいた。高齢者のなかには、頼るべき身内もなく、貧困にあえぐ者も多かった。またきわめて少数ではあるが、麻薬取引に手を染め、犯罪組織で暗躍する者もいた。[63] 以上のことと並んで重要だったのは、異なる政治的意見への不寛容である。革命政権を絶え間なく批判するマイアミのキューバ系メディアにとって、革命政権への反対は道徳的問題であり、「大義」であった。カストロは必ず「独裁者」なのであり、彼に反抗した者は誰しもが「英雄」なのである。このような同調志向に着目した社会学者たちは、マイアミのキューバ系社会を「道徳共同体」(moral community) と呼んでいる[64]。

それでも滞在が長引けば、米国の生活にも注意が向けられていくものである。有資格者に占める米国市民権の取得率は、一九七〇年の時点で二五%にとどまっていたものの、一九八〇年までに五五%に上昇している[65]。新しい専門職能団体も現れ、ラテン系商工会議所やキューバ系医師会などは、それぞれの分野で集団の利害を代表した。雇用や社会保障、言語教育といった問題に取り組む非営利組織としては、全米キューバ系計画会議や「差別に反対するスペイン語系米国人連盟」が、また女性の権利と民族少数派としての権利を同時に追求するものとしては、全米キューバ系米国人女性会議などが登場している。地方政治に参加し、公職に就く者も出てきた。一九七三年には元ピッグズ湾退役軍人のマノロ・レボーソ (Manolo Reboso) とアルフレド・デュラン (Alfredo Durán) が、それぞれキューバ系として初めて、マイアミ市の市会議員とデイド郡の教育委員になっている。

キューバ系の票をめぐり、合衆国の二大政党が競争を始めたのもこの時期である。もともとフロリダを牙城とする南部民主党は、地区レベルから州レベルまで、ほぼすべての主要ポストを独占していた。ところが、フロリダの人口が増え、大統領選挙における重要性が高まるにつれ、共和党は民主党に対抗し始め、新しい有権者であるキューバ系米国人たちへの働きかけを強めていった。有能な集票運動家が起用され、エドガルド・ブターリ (Edgardo Buttari) やマヌエル・ギベルガ (Manuel Giberga) たちは、ピッグズ湾侵攻の失敗について、ケネディの民主党を徹底的に批判した[66]。まもなく民主党も反撃を開始し、移民社会が抱える社会経済問題の解決を訴え、政府の役割を強調し、一九七六年には前述のデュランをフロリダ州党委員長に選出している[67]。こうした集票競争の結果、一九八〇年代初めまでに、キューバ系米国人の支持は二大政党の間で拮抗することになった。

移住者と故国

キューバ系住民が米国での生活に目を向けたことは、必ずしも故国の忘却を意味していない。米国が軍事支援を止めたあとも、武装闘争を続ける集団は残っており、なかには標的を広げ、キューバに就航するソ連やイギリス、日本、スペインの船舶を攻撃するものもあった。そこで米国政府が手のひらを返して履行したのが、一九一七年中立法である。合衆国を拠点にして「交戦状態にない」キューバに攻撃を加えること、また、それを幇助することは、そもそも禁じられていたのである。しかし、反革命勢力は諦めず、なかには中立法を迂回してイギリス領バハマに秘密基地を作り、そこを足がかりに本土急襲を試みる者も現れた。遠征は常に失敗に終わっている。マイアミに潜伏する諜報員たちによって、彼らの行動はキューバ内務省に筒抜けとなっていた[68]。

追いつめられた武闘派は、より過激な戦術に訴えるようになる。米国政府の「裏切り」に失望したフェリペ・リベロ・ディアス（Felipe Rivero Díaz）は、「世界戦争」なるものを提唱し、国境を問わず、キューバの外交官や政府施設、キューバに寄港する外国籍商船、さらにはキューバ籍の旅客機や船舶に攻撃を仕掛けるよう呼びかけた[69]。こうした考えを実際に行動に移したのが、元小児科医のオーランド・ボッシュ（Orlando Bosch）である。米国司法省の記録によると、ボッシュは一九六一年から六八年の間に、三〇を超える破壊工作を手がけた。イギリス籍商船グラムウッド号や日本籍商船あさか丸を爆破したあと、マイアミ港に就航したポーランド籍船舶ポラニカ号に向けてM18-五七ミリ無反動砲を発射させている[70]。

自らを「自由戦士」と名乗るボッシュに言わせれば、テロは状況に応じて正当化されるものであった。また中立法については、「(ピッグズ湾侵攻を行った) CIAやケネディも破っている」と開き直っていた[71]。こうした言動に共感する多くの移住者たちはボッシュを英雄として称賛し、無償で裁判の弁護を名乗り出る者も後を絶たなかった[72]。しかし米国当局にとって、ボッシュはやはり「テロリスト」なのであり、彼に関する情報は他国の治安機関とも共有された。たとえば一九六七年五月、メキシコの諜報機関である連邦調査局（Dirección Federal de Seguridad : DFS）は、ボッシュがキューバに就航するイギリス商船の爆破を企んでいることを米国連邦捜査局（Federal Bureau of Investigation : FBI）から知らされている[73]。なお、米国当局はその半年後、ボッシュをポラニカ号爆撃の件で逮捕した。この男が執行猶予の規定を破り、行方をくらますのは、それから六年後のことである。

故国解放を唱え、政治活動に加わったのは男性だけではない。ハバナの革命諸団体と同じく、マイアミの反カストロ団体も女性たちを積極的に動員し、「大義」への貢献を求めた。ピケを張り、集会に加わり、寄付活動を行う女性たちのなかには、フィデルの実妹であるファニータ・カストロ（Juanita Castro）のように、反革命勢力の顔としてメディアに登場する者も現れた。あるキューバ系団体の婦人部は、自身や家族の窮状を説き、合衆国のファースト・レディーに手紙を宛てている。「女性として、母親として、人間として、教育者として、そして共産主義に反対する者として、どうかキューバで投獄された男女の境遇に胸を痛めてくださらないでしょうか(74)」。

故国への思いを断てなかったのは何もこうした大人たちだけではない。キューバに生まれながらも、幼い頃に親によって米国に連れてこられた「一・五世」の青年たちでさえ、自らのルーツを意識し、キューバに特別な関心を寄せた。とりわけ、彼らを中心に発足した中道左派のアブダラ（Abdala）は、ナショナリズムと反共を唱え、合衆国の権威にへつらう親世代を批判している(75)。一方、合衆国内の公民権運動や反戦運動に感化された左派の学者や学生たちもいた。社会学者ルーデス・カサル（Lourdes Casal）は、雑誌『アレイト』（*Areíto*）を編集し、在米キューバ人社会の人種差別や格差、疎外感を取りあげる一方、キューバ革命の功績を賞賛し、革命政権との対話を呼びかけた。『アレイト』は瞬く間に移民社会で苛烈な反応を引き起こし、テロの脅迫も受けたものの、その後も表現の自由を追求し、やがて米・キューバ関係においても一役買うことになる(76)。

なお、少なくとも過半数に近い人々は、このように対立か対話かの二択では割り切れない態度を示していた。この点に関し、『マイアミ・ヘラルド』紙が一九七五年一二月に報じた世論調査は特に興味深い。そこでは回答者の五三％が米・キューバ関係の正常化への反対を表明しながら、四九・五％が故国への渡航規制の解除を支持したのである(77)。このときマイアミの移民社会は、建前として関係正常化に反対するキューバ系住民の多くが、実は島を訪問することを望んでいると発言した、ヒスパニック問題担当大統領特別顧問フェルナンド・デ・バカ（Fernando De

にしたといえる。(78)

Baca）をめぐり、論争の渦中にあった。世論調査はデ・バカの発言を裏づけ、移民社会に渦巻く複雑な感情を露わにしたといえる。(78)

「テロ」の意味——ハバナからの視線

マイアミのキューバ人たちがもう一つ微妙な問題を抱えていたとすれば、それは故国における彼らの評判であった。革命政権の転覆を目指す多くの活動家たちは、愛国者であることを自認し、そのように振る舞っていた。しかし、描かれた自画像は、彼らがテロという形で民間人を襲った瞬間に矛盾をきたすことになった。キューバの暴力の記憶は痛ましいものである。キューバ外務省史料館が保管する「テロの年表」という名の文書には、一九五九年から二〇〇一年まで、キューバを襲った爆撃、殺人、奇襲攻撃が五三頁にわたって記録されている。それによると、一九五九年には二六件の事件で市民四名が死亡し、五四名が負傷した。一九六〇年には一二二件のテロによって、一二四名が犠牲となっている。犠牲者の数は一九六一年に二四六名を数えた後に減り始め、一九六五年には二名となった。その後、この数字は一九七五年まで、〇から一三の間で推移している。(79)

こうした数字に疑問符をつけることは容易である。ほとんどの場合において、キューバ政府は加害者を特定していない。また、用いられた「テロ」の定義は広く、犠牲者の数には（革命政府が反革命勢力と衝突した）ピッグズ湾侵攻の死傷者の分まで含まれている。しかし、革命政権の主張を完全には受け入れられないとしても、以下の例にみる生々しい事件の描写には、心を揺さぶられざるをえない。

一九六〇年一二月二六日、ハバナ。フロガル・デパートのカフェテリアが爆発。幼児を含め、一五名が負傷。

一九六二年七月二日。農業従事者三名が殺害される。うち一名は女性。一〇歳の少女とその母親は殴打されたあと、背後からの凶弾を走って逃れる。

一九六五年一一月一三日、ハバナ。ミラマル通りの沖合に浮かぶ船が三〇ミリと五〇ミリの機関銃を乱射。女性一名が負傷。

そして文書に目を通せば分かるように、こうした事件は氷山の一角にすぎなかったのである。

移住者の多くは、国境の反対側でくり返されるテロを是認しなかっただろう。それでもボッシュのような人物を称賛し、テロを阻止しなかったことは、犠牲者の遺族の感情を逆撫でするだけであった。反革命勢力の間では、逆にカストロが国内問題から国民の注意を逸らすために、不必要に騒ぎ立てていると見る向きもあった。しかし、これはあまりに都合のよい解釈である。そもそもカストロはテロについて、米国政府に責任があると本気で考えていた。米国政府が秘密作戦の存在を認めなかった以上、それがいつ終わるのかをキューバ側が知ることはできない。CIAによる容赦なき攻撃を受けた後、自分たちに向けられたすべての攻撃について、米国政府の関与を疑ったとしても、やむをえないのである。前述の機密報告でも、一九七〇年に浮上した反革命勢力の本土侵攻計画をニクソンが助けたと主張されているが、それもキューバの文脈においては、必ずしも荒唐無稽ではなかったといえよう。(80)

おわりに

一九五九年のキューバ革命は、キューバという国家の将来と、アメリカ合衆国との関係を劇的に変えるものであった。革命政権は、現代ラテンアメリカ史において最も徹底した社会変革を遂行し、主権と独立を唱え、米国の覇権との決別を宣言したのである。以後、キューバは米国政府が形成した革命包囲網の中で、厳重な経済制裁と執拗な反革命勢力の攻撃に堪えつつ、より平等な社会の建設を目指し、教育・医療・福祉の向上に努めている。数十万のキューバ人たちが国外へと移動するなか、数百万人のキューバ人たちは国に残り、世界各地の脱植民地化運動との連帯を訴え、奉仕活動に精を出した。この強烈な過去の経験と記憶を踏まえれば、米国とキューバの対話に困難が伴ったとしても全く不思議ではない。求められたのはイデオロギー対立の緩和や利害関係の再調整だけではなかった。過去を清算するための努力と並々ならぬ忍耐を要したのである。

キューバから合衆国への人の移動は、このようにフロリダ海峡をまたいで展開された二つの国家中枢の闘争と密接な関係を持っていた。一九五九年以降、米国政府がすべてのキューバ移民たちを無条件で受け入れたのは、必ずしも人道的理由のみによるのではない。大量出国は国際社会における革命政権の評判を貶める宣伝材料として、あるいは貴重な人材を奪い、CIAが進める政権転覆を助ける手段として、奨励されたのである。他方、革命政権は、移住を決断した人々から市民権を剝奪し、土地や財産を接収した。敵国への移住は、故国に対する裏切りとして、そして残された人々に対する犯罪として扱われたわけである。そして人の移動は、このように両国の対立によって定義されながらも、重要な政治的役割を担っていた。米国政府の経済制裁によって増殖した不満分子は、米国の移民政策によって排出され、かえって革命統治の安定に寄与したからである。

人の移動と外交の連関については、もう一つ付け加えるべき点がある。それは移民人口の地理的集中、めざましい経済発展、そして独特の歴史経験に根ざす政治的・文化的アイデンティティの存続によってもたらされた、マイアミのキューバ系社会の成長である。そこで生き抜く多くの人々は、米国政府によって「裏切られた」と感じていた。彼らを「難民」として受け入れ、革命政権の打倒を約束した米国政府が、ピッグズ湾事件やマングース作戦では捨て駒のごとく彼らを扱ったのである。解放されたハバナで旗を返すというケネディの約束はどうなったのか。なぜ米国政府は突然思い出したかのように中立法を履行したのか。反革命勢力にとって、米国の外交政策は理不尽であった。不満を募らせた移住者たちのなかには、現状打破を唱え、テロに訴える者もいた。そして暴力の遺産は、米国政府が意図せぬ形で、次の時代に引き継がれたのである。

第2章　暴力の遺産
——米・キューバ関係とカリブ海のテロリズム[1]

国外に逃れたキューバ人反体制派の指導者ホセ・ミロ・カルドナ（José Miró Cardona）は、ピッグズ湾侵攻によって革命政権が転覆された暁には、その後釜となる暫定政権を率いるはずであった。米国政府の力を借り、カストロを排し、「解放された」故国への凱旋を夢見ていたのである。ところが、侵攻作戦は失敗し、それから一五年の月日が流れても、帰還への道は閉ざされていた。ミロ・カルドナの怒りの矛先は、彼が「カストロの擁護者」と呼ぶ米国政府に向けられた。ピッグズ湾では自由戦士たちを見放したではないか。キューバ・ミサイル危機ではソ連の前に腰砕けとなったではないか。この男はもはや絶望していただろう。「われわれが孤独であるとすれば、全くの孤独であるとすれば、進むべき道は一つしかない。暴力？　そう、暴力だ。われわれにはその選択肢しかない[2]」。

ミロ・カルドナはまもなく帰らぬ人となったが、暴力の是認は、残された人々にとって不吉な道標となる。当時、ソ連とのデタント（緊張緩和）を進めていた米国政府は、武装解除を拒む反革命勢力（武闘派）の取り締まりに動き、キューバとの国交正常化を秘密裏に検討していた。これに対し、抵抗する武闘派はテロに訴え、米国を含む二三カ国で起こした事件の数は、一九七四年からわずか三年間で二〇二件となった。ミロ・カルドナの声明を引用し、テロを正当化する者も現れている[3]。一九七六年一〇月六日には、カリブ海の島国バルバドスの沖合で、乗客乗員七三名を乗せたクバーナ航空の旅客機が爆破された。九・一一以前のものとしては西半球史上最悪の航空機テロだったにもかかわらず、首謀者とみなされたオーランド・ボッシュとルイス・ポサダ・カリレス（Luis Posada Carriles）は、ついに司法の裁きを受けていない。(4)

本章は、米国政府がどのように暴力の遺産と向き合ったのかを問う。政府間外交に焦点を当てる従来の米国外交史研究は、これまで反カストロ勢力によるテロ活動を分析の対象としてこなかった。被害者の多くが自国市民でなかったということもあり、一九七〇年から七六年にかけて活性化したマイアミの武装活動について、包括的に議論してこなかったのである。(5) 逆にこの問題に強い関心が寄せられてきたキューバでは、様々な書籍が刊行されてきた。とはいえ、歴史文書に基づく分析には乏しく、ほぼすべてのテロ事件について、米国政府の意図と関与が示唆されることになった。(6) 一方、在米キューバ人社会に関する移民研究は、暴力を生み出す政治環境や個々の集団の動機、またテロに関する反応を叙述してきた。しかし、分析の地理的射程が狭いために、国境横断的な安全保障の問題としてフロリダ発のテロを捉えてこなかった。(7)

本章では、新たに機密解除された史料を体系的に分析し、米国政府が反革命勢力の支持を撤回するだけでは過去の清算としては不十分であったことを主張する。そもそもフォード政権の国務長官ヘンリー・キッシンジャー（Henry Kissinger）は、米国の対キューバ政策を見直す際、マイアミのキューバ人たちの声に全く耳を貸さなかった。ところが、外交政策の転換は、米国政府の「裏切り」に激高するキューバ系有権者からの反発を招くだけでなく、武闘派によるテロの嵐も引き起こした。テロの頻発は特に被害を蒙ったカリブ海諸国を激しく動揺させ、米国政府の関与を疑う見方まで浮上している。キッシンジャーが慌てて否定したにもかかわらず、人々の脳裏には、かつての秘密戦争の記憶が甦っていた。こうして米国政府はキューバとの国交正常化を模索するにあたり、歴史を直視し、道義的責任を引き受け、暴力を取り締まる必要に迫られたのである。

キューバ革命、成熟と安定へ

一九六八年以降、キューバはようやく同盟国ソ連との関係を改善し、発展への道を歩んでいる。キューバ・ミサイル危機を機に高まった両国の相互不信は、外交路線をめぐる意見の齟齬を生み出し、とりわけ米国との平和共存を重視するソ連は、キューバが中南米で推進したゲリラ戦争を強く否定した。一九六七年六月、ソ連首相アレクセイ・コスイギン（Alexei Kosygyin）は、合衆国でリンドン・ジョンソン大統領と面会した後にキューバに立ち寄り、外交路線の違いを理由に経済支援を打ち切る可能性にも言及している。キューバとソ連の対立は悪化し、ソ連が石油の搬送を停止すると、カストロはキューバ共産党から親ソ派を追放した。とはいえ、さすがのカストロも、アメリカ合衆国という目の前の脅威を前に、ソ連との完全な決裂を望んでいなかった。翌六八年の夏、ソ連がチェコスロバキアに侵攻すると、カストロはこれを不承不承ながらも支持し、対ソ関係を好転させている。(8)

キューバ・ソ連関係が改善したもう一つの要因は経済である。一九六九年、カストロは「新しい人間」（*hombre nuevo*）という革命概念を支持し、一千万トンの砂糖生産計画を発表した。キューバのような低開発国でも、全国民が革命家として覚醒すれば、資本主義という名の移行期を一気に飛び越え、高次の「共産主義」へと躍進できると説いたのである。ここで第一に求められたのは、資源でも科学でもなく、国家への無私無欲の奉公であった。この無限の無償労働によって一千万トンの砂糖が収穫され、多額の外貨が舞い込めば、驚異的な経済発展と産業化が同時に達成されるというのである。(9) この構想はあまりにも野心的すぎた。翌年の砂糖収穫量は史上最高の八五〇万トンを記録したものの、目標の一千万トンには及ばず、しかも砂糖以外の生産は滞り、経済運営はいっそう厳しくなった。面目を失ったカストロは、のちに「理想主義の過ち」を認めている。(10)

こうして外交と経済における政策の見直しを機に始まったのが、ソ連の社会体制を自主的に模倣する「ソ連化」であった。新しく採択された経済モデルでは、所得の完全平等が否定され、収益と効率に応じて労働者の賃金が調整されることになった。政治制度も改編され、カストロは国民議会にあたる「人民権力」（*Poder Popular*）を発足させた。少なくとも行政権限については、この人民権力と閣僚評議会、州議会、そして地方議会に分有させている。地方議会に限っては直接選挙も認められた。一連の改革は、一九七五年に開催された第一回全国共産党大会、一九七六年に発布された新憲法、そして新憲法の規定に従って実施された人民選挙に結実している。イギリスの著述家リチャード・ゴットに言わせれば、「数年にわたる革命の動乱を経て、キューバはいよいよ堅固で、よく統制され、よく防備された共産主義国となった」のである(11)。

キューバの対外環境も激変した。まず、ソ連や東側諸国との関係が緊密となり、一九七二年には、共産主義圏の経済協力機構（コメコン）への加入が認められた。ソ連との特別な通商合意により、債務返済を先送りにしながら低金利の融資を受け、貴重な石油を低価格で入手しつつ、主要産品の砂糖を高値で売ることも可能になった(12)。また、砂糖の国際価格が高騰したことも有利に働いた。一九七〇年に三・七五セントであった一ポンドあたりの砂糖価格は、一九七四年までに二九・九六セントに跳ね上がり、莫大な外貨収入が産み出された。キューバはこれを追い風に工業化を進め、科学技術や資本財を日本や西欧諸国から輸入し、米国の孤立化政策をますます形骸化させた。カナダ、アルゼンチン、メキシコでは、米国政府が第三国の米系子会社によるキューバとの交易を禁じていることに、反発の声が高まっていた(13)。

もちろん、ソ連化と砂糖輸出に問題がなかったわけではない。ソ連化は詩人のエベルト・パディージャ（Heberto Padilla）をめぐる事件に見られるように、知識人の自由な思考をさらに制限した。反ソ連、反革命の意図を疑われたパディージャは、表現の自由を認められず、自省を促され、それまで革命を高く評価していた国外の知識人たちに衝撃を与えている(14)。また、砂糖輸出が主導する産業化と経済成長の夢は短命に終わった。一九七〇年代後半に砂糖価格が暴落すると、再び非社会主義諸国との交易は滞り、革命政権は新たな発展モデルの模索を迫られていく。しかし、それも歴史の後知恵にすぎない。生活水準の向上により、当時のキューバ社会はある種の高揚感を漂わせていた(15)。そして、革命政権がソ連との関係を深め、米国主導の包囲網を破り、国内の安定を達成したことは、一時的とはいえ、米国政府に外交政策の見直しを迫ったのである。

軍事侵攻の狼煙

対キューバ政策の転換は、すでにジョンソン政権の末期には、国務省内で真剣に検討されている。当時の国務長官ディーン・ラスク（Dean Rusk）は、ヴェトナム戦争に忙殺されるなか、キューバの元宗主国であるスペインから、カストロと秘密協議を行うよう促されていた。ラスク自身、もはや革命政権の転覆に興味を抱いておらず、内部文書では、「キューバの国内政治に干渉するつもりはない」と本音を漏らしていた。国交正常化への道は、「キューバによる他の中南米諸国への干渉やゲリラ活動」、および「キューバ領におけるソ連の武器の存在」の二点が片付けば、拓けるかもしれない。対キューバ政策の再検討は、このような展望のもとに進められた。一四ヶ月後に完成した国務省の報告書では、関係改善に向け、米国とキューバの双方が互いに歩を進め合うこと（step-by-step approach）が提案されている(16)。

しかし、一九六九年に米国大統領に就任したリチャード・ニクソンは、対キューバ政策の転換に強く反対した。たしかにソ連、中国という二つの巨大な共産主義国家との間で緊張緩和（デタント）を進めたニクソンには、同じく共産主義国家であるキューバとの関係改善への期待が寄せられていた。だが、ニクソンがキューバに見せた態度は、現実主義という形容にはそぐわないものである。最重要側近のヘンリー・キッシンジャーが話を切り出すと、大統領は渋々考える素振りを見せながら、議案を放置し、仕舞いには、「私が生きているかぎり、カストロに対する政策を変えるつもりはない」と言い放っている(17)。キッシンジャーの回顧録によると、ニクソンはカストロに個人的な敵意を抱いていた。また大統領は、同じくカストロを嫌うキューバ系の親友チャールズ・べべ・レボーソ（Charles “Bebe” Rebozo）にも耳を傾けていた(18)。

にもかかわらず、そのニクソンでさえ、キューバに関する問題について冷静に判断を下す場面があった。まず取り上げるべきは、ソ連潜水艦をめぐる論争である。米ソ両国は一九七〇年五月から一〇月にかけ、ソ連潜水艦のキューバ寄港が、八年前のキューバ・ミサイル危機で交わされた「ケネディ＝フルシチョフ了解」に反するか否かを争った。このとき米国政府は、ソ連による潜水艦の引き揚げと引き換えに、了解を踏襲し、あらためてキューバへの不侵攻を誓約している。[19] 次に、米国国内で頻発していた旅客機ハイジャック事件への対策である。乗客乗員の安全確保に頭を悩ませた米国政府は、ハイジャック犯がしばしば逃亡先として選んだキューバに取り締まりの協力を求めた。こうして両国政府は秘密交渉を始め、一九七三年二月、合意文書に署名した。合意の有効期間は五年と定められ、再交渉によって更新されることになっていた。[20]

そして見逃すべきでないのが、武装闘争を継続する反革命勢力への対応である。すでに米国政府は、彼ら武闘派に価値を見いだせなくなっていた。事実、一九六九年四月に報告書を作成した国務省は、一九六一年から六七年までに敢行された四〇〇もの秘密作戦が、ただ革命政権への支持をキューバ国内で掻き立てるだけに終わった、と論じていた。[21] それでも一発逆転を狙う三つの武闘派組織は、本国への軍事侵攻を準備していた。上述した砂糖一千万トン生産計画の失敗が、またとない好機として捉えられたのである。このうち亡命キューバ人代表団（Representación Cubana del Exilio : RECE）は、ラム酒の醸造で有名なバカルディ社を経営するホセ・ペピン・ボッシュ（José “Pepín” Bosch）の出資を受けて発足し、幾多の中小団体を傘下に収めていた。ＲＥＣＥの訓練キャンプは中米にあった。第三国を経由すれば、米国の中立法を回避できると踏んでいたのである。[22]

二つ目のグループは、企業家ホセ・エリアス・デ・ラ・トリエンテ（José Elias de la Torriente）が率いていた。この男は、キューバへの軍事侵攻を一九七〇年までに行うことを公約し、移民社会の内外で大々的に支持を呼びかけていた。国務省マイアミ部署のマシュー・スミス・ジュニア（Matthew D. Smith Jr.）と面談した彼は、強気の姿勢を全く崩していない。革命政権と革命軍の内部に「カストロに反対する多くの愛国者がいる」ことを強調し、「九割」のキューバ人が亡命者の帰還を待ち望んでいると見栄を張ったのである。この大胆だが根拠のない見通しにスミスが疑義を挟むと、機嫌を損ねたトリエンテは反論を試みた。彼によると、ピッグズ湾事件の際にキューバ国民の革命政権への反感を過大評価したCIAが、今回は逆にそれを過小評価しているという。(23)軍事侵攻の準備は、こうした希望的観測に沿って着々と進められていた。(24)

軍事侵攻を企んだ三つ目の団体は、アルファ66（Alpha 66）という名の武装勢力である。一九六一年に六六名のメンバーを集めて発足したこの団体は、米国政府とは一線を画し、ゲリラ戦争をキューバ国内で展開した。リーダー格のトニー・クエスタ（Tony Cuesta）が革命政権に拘束されると、同じくゲリラ戦を展開していたエロイ・グティエレス・メノーヨ（Eloy Gutiérrez Menoyo）が加わり、武装抵抗を継続した。一九六四年には、ドミニカ共和国の拠点から出撃し、キューバ国民の蜂起を促そうと試みた。そしてこれも例のごとく失敗すると、捕まったメノーヨも投獄されている。アルファ66はその後も民間人への被害を厭わず、奇襲攻撃をくり返した。英領バハマを経由する作戦が中立を守るイギリス政府によって妨害されると、怒り心頭に発した戦闘員たちは、イギリス海軍にも攻撃を加えている。(25)

戦闘員たちにとって、政権転覆という約束を守ることは、個々人の名誉の問題でもあった。革命軍の圧倒的優位を前に、成功の見込みが皆無に近くとも、少なからぬ数の男たちが、途中でやめて恥をかくよりも、突入して「殉教」することを選んだのである。その潔さが、絶望を深めるマイアミの同胞たちから支持を集めることはあった。しかし実のところ、彼らの行動は本当に理解されていたのだろうか。国務省のスミスはある日、移民社会のスポークスウーマンとして活躍していたファニータ・カストロから電話を受け、次の軍事作戦が行われる前に、アルファ66の戦闘員たちを捕えるよう催促された。そうすれば、「無意味でロマンチックなジェスチャー」のために、「勇敢な男たち」を死なせなくて済むということであった。(26)

イギリス、アルファ66と対峙する

一九七〇年四月、武闘派への対応は重要な外交問題となった。きっかけは、キューバ東部の町バラコアに上陸したアルファ66の戦士たちが革命軍兵士五名を殺害したことである。この出来事はまもなく世界中に伝わり、戦闘員の身柄を拘束したキューバ政府は、合衆国が「傭兵」を差し向けたと主張した。(27) 米国の立場は苦しく、キッシンジャーの側近ヴァイロン・ヴァッキー（Viron Vaky）は、「(武闘派の) 現在の活動は米国の（中立）法と国際法に反します」と説き、取り締まりの強化を促した。問題を放置すれば、キューバ以外の国々まで、米国政府の関与を疑いかねないのである。しかし、この提言はほかならぬニクソンが却下した。「正式な行動はとらない」と応答したキッシンジャーは、「大統領と話をつけている」と書き残した。つまり、ニクソンは武闘派を野放しにしたのである。(28)

奇襲事件が再発したのは、それからわずか一週間後であった。キューバ沖合で二隻のキューバ漁船が爆破され、一一名の漁師が連れ去られたのである。アルファ66は人質の解放と引きかえに、獄中のメンバーの釈放を求め、それが叶わないと分かると、漁師たちをバハマに放置した。革命政権は猛烈な反発を見せ、米国政府に抗議する数千人のキューバ人たちが、国交のない米国の代わりに、キューバにおける米国政府の利益を代表していたスイス大使館を取り囲んでいる。このときには、国民の目を砂糖一千万トン生産計画の失敗から背けている、と発言したスイスの外相にも批判の矛先が向けられた。「この国が漁師たちの誘拐を期待するなど馬鹿げている」と声を荒げたカストロは、「もうたくさんだ」と吐き捨てた。「スイスの不真面目なブルジョワどもは、ワシントンの小賢しい連中がねつ造し、CIAが流した虚言を信じこんでいる」。(29)

巻き添えをくったのはスイスだけではない。アルファ66が中継基地を置いたバハマを治めるイギリスも、治安維持を怠ったとして、キューバから責任を問いつめられていた。英領バハマ総督によれば、そもそも五万平方マイルに散らばる七〇〇ものバハマの島々を警備することは物理的に不可能であり、本国が財政難に陥っているからにはなおさらであった。ところが、この説明を聞き入れなかったカストロは、総督を「嘘つき」呼ばわりし、バハマに軍事介入を行う意図まで示唆した。もしイギリスが植民地の領土・領海を警備できないのであれば、「少なくとも傭兵軍を討伐するために、われわれは喜んで島々の管理を申し出るだろう」と述べたのである。[30] 発言はイギリスの駐キューバ大使を当惑させた。「口喧嘩にはキューバ人が必ず勝ちます」と大使は本国に報告している。「わが政府が口にするのも憚る汚い言葉を使ってくるからです[31]」。

にもかかわらず、イギリス外務省は、キューバ側の事情にも一定の理解を示していた。革命政権の反応に困惑した駐キューバ大使でさえ、革命政権の怒りが本物であることは認めていた。逆に大使に言わせれば、奇襲攻撃の責任を完全に否定する米国政府の言い分は、まるで趣味の悪い「冗談」のようであった。武闘派が合衆国を拠点に活動していることは、火を見るよりも明らかなのである。状況を案じた大使は、「キューバの漁船を容易に攻撃できることに気づいたアルファ66が、同じ行為をくり返す恐れがあります」と本国に打電した。「次はすぐ先かもしれません。このことをアメリカ人にも強く訴えられないでしょうか[32]」。カストロに罵られたバハマ総督も同様の意見を述べ、警備の増援を本国に要請する際に、合衆国への不満を露わにしている。[33]

イギリス政府は早急に対策を講じた。結局、警備の増援は実現しなかったものの、バハマ総督はバハマ政府と協力し、部外者による領土・領海の軍事利用を抑止するため、刑法を修正した。[34] またイギリスの外交官たちは、反革命勢力の武力行使についての懸念を米側に伝えた。「再発すれば全員が恥をかく」ことを強調したという。[35] さらに八月上旬には、英海軍西インド艦隊の上級司令官が、初めてキューバに派遣された。この異例の表敬訪問では、「バハマ警備に関し、われわれ（イギリス）の意図に関する誤解」を解くことが企図されていた。[36] 駐キューバ大使は任務の成功を本国に伝えている。キューバを訪れた司令官は、内相と外相の二人に迎えられ、歓待を受けた。以後も反革命勢力による奇襲攻撃は続いたものの、イギリスが革命政権から公に批判されることは稀になった。[37]

米国政府の変心

一方、米国政府も全くこの問題に手をつけなかったわけではない。一九七〇年五月の誘拐事件の後、反革命勢力をこれ以上好き勝手にさせるわけにもいかなくなっていた。奇襲攻撃は単に無意味であるばかりか、スイスやイギリスのような友好国を当惑させるものであった。その上、望まれない武力行使は、カストロに合衆国を辱める機会を与え、合衆国の「法治国家としての信頼」を傷つけるものとしても捉えられるようになった[38]。こうして国務省は、一九一七年中立法を拡大適用することを発表した。以後、「第三国を経由したか否かにかかわらず、米国国内で軍事遠征を目的とする活動を行ったことが十分に立証されれば」、米国当局による取り締まりの対象となった[39]。発表の数日後、さっそくFBIはアルファ66の公開立ち入り捜査を行っている[40]。

米国政府の変心はマイアミの反革命勢力を憤慨させた。国務省マイアミ部署のマシュー・スミス・ジュニアから通達を受けたRECEの有力幹部ホルヘ・マス・カノーサ（Jorge Mas Canosa）は、合衆国の方針転換を「歴史的矛盾」と評している。中立法を履行する米国政府自体が、過去にはキューバへの軍事侵攻を支援し、同じ法律を破らせていたことを指摘し、「あなたがたは今になって、合衆国の支援の有無にかかわらず、米国領内において同じような軍事遠征を計画することを認めないと言うのか」と抗弁したのである。「しかし、なぜ政策を変えるのか。米国政府は共産主義にキューバを差し出すつもりなのか」。マス・カノーサはこう述べると、政策転換に在米キューバ人社会が反発するだろうと警告した。そして彼自身、カストロ政権の打倒を諦めることはない、と言い残している[41]。

一方、マス・カノーサとは異なる反応を見せたのが、同じく軍事侵攻を企んでいたホセ・エリアス・デ・ラ・トリエンテである。この男は通達を意に介さず、まるで米国政府との間に利害の対立が存在しないかのように振る舞っていた。軍事侵攻の準備はそのまま進められ、訓練キャンプが開かれ、米国在住のキューバ人たちに軍歴を問う「国勢調査」も配られた。キューバ系医師会から四万五千ドルを受け取るなど、資金調達も続けられている。七月上旬、国務省のスミスに連絡を入れたトリエンテは、米国の法律を「守る」ことを約束した。だが、疑念を深めたスミスは、「現在の状況は強い警告を要します」とワシントンに報告した。「キューバへの軍事侵攻に向け、米国領内で人員を募集すること」は、拡大解釈された中立法に反する行為であった。(42)

自己欺瞞は長くは続かない。八月、中南米周遊から戻ったトリエンテは、スミスを訪れ、頼まれてもいないのに計画の進捗状況を報告した。彼に言わせれば、「中南米の過半数の世論」がいまや彼の味方なのであり、対する革命政権は、砂糖一千万トン生産計画の失敗を機に求心力を失っていたのである。これを機にキューバに乗り込み、ソ連の施設や船舶を攻撃すれば、情勢はさらに有利になるはずだ。こうした絵空事を聞かされたスミスは、従来以上に厳しい口調で警告した。すると、さすがのトリエンテも正気を取り戻したのか、目に涙を浮かべ、米国の政策が「誤っている」と抗議した。そして、米国政府が邪魔立てするのであれば、「武力をもって抵抗するほかない」と述べ、「あなたたちが味方であろうが、敵であろうが、われわれはカストロと戦う」と居直っている。(43)とはいえ、彼の計画は結局実行に移されていない。

なお、ここで当時の米ソ関係にも触れておこう。反革命勢力に対する米国政府の態度の変化には、前述したソ連潜水艦のキューバ寄港をめぐる論争も絡んでいたからである。キッシンジャーの回顧録によれば、この寄港問題は（キッシンジャー本人の）巧みな外交によって、何の代償も伴わずに解決されたはずである。(44)ところが歴史文書によると、米国政府はこのとき一九六二年のケネディ＝フルシチョフ了解、すなわちキューバ不侵攻誓約を確認しただけでなく、その一環として、反革命勢力の取り締まりに動くことについても、暗黙のうちに同意していた。事実、革命政権の要請を受けたソ連は、マイアミの侵攻計画についての懸念をくり返し表明し、一九六二年了解に「厳密に従う」よう米側に要求していた。(45)そしてこの一九六二年了解は、キッシンジャーがトリエンテ計画の不支持を中米三カ国に伝える際にも、その決定を正当化する彼の顧問たちによって引き合いに出されていた。(46)

もちろん、どれほど反革命勢力を落胆させたとはいえ、米国の政策が、キューバ政府を決して満足させるものではなかったことにも留意すべきである。米国政府は一九七三年二月、前述のハイジャック取締合意をキューバ政府と結ぶ際、「航空機や船舶に対する暴力行為」の防止に努めることにも同意した。[47]この時までに、「米国領内からキューバに軍事攻撃を仕掛ける亡命者集団を阻止すること」は、かつてキューバにおける反革命戦争を主導していたCIAでさえ認めていたからである。[48]ただし、こうして盛り込まれた努力目標には限界があった。一九七六年四月、武装組織がキューバ漁船二隻を沈め、一名を殺害すると、激怒したカストロは取締合意の破棄を示唆した。米国政府が同様の侵略行為を阻止しなければ、合意を守る意味がないと発言したのである。[49]米国政府がこの警告をまともに取り合うまでには、さらに長い月日が経つことになる。

フィデル、PIPを始動する

米国政府は反革命勢力との関係を見直す際、ひきつづきキューバ孤立化政策を堅持する意向を表明している。武闘派を取り締まるからといって、それが必ずしも対キューバ政策全般の路線修正を意味するわけではない、とあらためて強調したわけである。ところが、この米国の決意も、南北アメリカに押し寄せた新しい変化の波によって揺らぐことになる。一九六〇年代後半から七〇年代にかけ、西半球の情勢は流動化し、米・キューバ関係は過渡期に入った。キューバが関係改善を求めて米国社会への働きかけを強めるなか、合衆国は政策転換の検討を強いられるのである。

キューバ革命から一〇年が経ち、南北アメリカをとりまく政治環境は大きく変化しつつあった。第二次世界大戦から続く合衆国の「黄金時代」は過ぎ去り、ヴェトナム戦争の泥沼化、ブレトン=ウッズ体制の崩壊、そして石油危機といった出来事が、パクス・アメリカーナと呼ばれる米国中心の世界秩序を大きく揺るがした。一方、中南米諸国は急速な経済成長とナショナリズムの高揚に自信を深めていた。改革派の軍事将校たちは、国内の寡頭支配層と対峙しつつ、旧来の外交路線を修正し、合衆国の覇権に挑戦する動きも見せていた。大学教授たちは「従属理論」を学生に教え、米国主導の国際経済秩序こそが中南米の低開発、貧困、社会格差の原因であると説いた。カトリック司教たちは「解放の神学」に従い、聖書を再解釈した。貧しき者、搾取されし者、不正にあえぐ者に寄り添い、変革を唱え、政治運動に加わったのである[50]。

キューバのカストロも、このように激変する地域情勢に巧みに適応した。たしかに大陸革命の夢は潰えたわけではなかった。しかし、ゲバラの死によってゲリラ戦争の限界が示されたあと、当面の目標として、非共産主義国家との平和共存が選択的に模索された。一九六八年一〇月、ファン・ベラスコ（Juan Velasco）将軍とオマール・トリホス（Omar Torrijos）大佐がそれぞれペルーとパナマで権力を掌握すると、カストロは軍主導の社会改革を評価し、両国との関係強化に動いている。また新たに冷戦の主戦場となったチリでは、選挙による平和的な革命移行を目指す指導者サルバドール・アジェンデ（Salvador Allende）をカストロは助け、ソ連共産党に従う諸組織とも提携した。キューバは、米国とブラジルが共謀してアジェンデ政権を転覆したあとも、武力報復に訴えていない。再び革命の機が熟すまで、辛抱強く待つことにしたのである[51]。

こうしてキューバが現実主義路線へと舵を切り、少なくとも表向きにはゲリラ勢力への軍事支援を控えたことは、各国がキューバに抱く脅威認識を和らげ、米国主導の反キューバ包囲網に異議を唱える左派勢力を後押しした[52]。中南米の非共産主義国家は、米国の意向に逆らい、競うようにキューバ政策を転換した。一九七四年までに、チリ、ペルー、アルゼンチン、パナマ、ベネズエラ、そしてコロンビアがキューバとの外交関係を相次いで回復し、旧英領植民地のバルバドス、ガイアナ、ジャマイカ、およびトリニダード・トバゴも同様の動きを見せた。こうした国々の多くは、キューバとの連帯を唱え、（一九六四年に米州機構が採択した）集団制裁の撤回も呼びかけた。米・キューバの対立において、中南米の同胞国家であるキューバを支持することは、国内で高まるナショナリズムとも相性が良かったはずである。

中南米の離反は、米国世論にも影響を及ぼしている。一九七四年一月、米国との対話の可能性を問われたキューバの駐メキシコ大使は、その唯一の条件として対キューバ経済封鎖の解除を要求した。すると、全米メディアはこの発言を大々的に報じたばかりか、相次いで好意的な社説を出したのである。(53) 民主党の有力議員ウィリアム・フルブライト（J. William Fulbright）が率いる連邦上院外交委員会も、事務局長パット・ホルト（Pat M. Holt）を派遣し、キューバを視察させた。帰国したホルトが対キューバ経済制裁の失敗を認め、関係改善に動くことを進言すると、今度は共和党上院議員ジェイコブ・ジャヴィッツ（Jacob Javits）と民主党上院議員クレイボーン・ペル（Claiborne Pell）がキューバを訪れ、同じく政策の転換を支持している。(54) 合衆国の経済界は発奮した。全米製造業者協会は、「キューバのボイコットが撤回されるかもしれない」と期待を表明し、キューバへの視察渡航を革命政権に申し出ている。(55)

合衆国で反共主義が下火になったことを受け、キューバ政府は「政治的影響力増進プラン」（*Plan de Influencia Política*：PIP）という極秘プロジェクトを新たに始動させている。このPIPは、合衆国の官民への働きかけを強め、米国外交の転換を目指すものであった。陣頭指揮をとったのは、一九七四年に外務省に新設された「合衆国PIP担当局」である。この部局は外務省内でも特異な位置を占めた。局長アルフレド・ラミレス（Alfredo Ramírez）は、内務省の諜報記録を扱い、外相の頭越しに、カストロに直接報告することを許された。PIPの効果は当初の想定以上であった。三年後、後述するキューバ利益代表部がワシントンに開設されたとき、ラミレスはそれまでの成果として、合衆国の行政府、議会、メディアの内部で築いた有力者たちとの人脈を誇示した。彼によれば、こうした人脈は、経済封鎖の解除や反革命勢力によるテロ活動の防止など、米・キューバ関係の「最重要主題」の議論にも「影響を及ぼしうる」のである。(56)

ただし、PIPは軌道に乗るまでに時間を要するものであった。そこで用いられたのが、カストロへのインタビューを合衆国のメディアに許すことである。カストロは一九六二年の国連演説以来、合衆国のビデオカメラの前に姿を現したことはなく、当時インタビューのリクエストを最も多く受けていた著名人の一人であった。そのなかでカストロが最初の相手に選んだのが、フランク・マンケウィクス（Frank Mankiewicz）とカービー・ジョーンズ（Kirby Jones）の二名である。彼らはリベラル色が強く、対キューバ経済制裁に反対し、一九七二年大統領選挙では民主党指名候補ジョージ・マクガバン（George McGovern）の顧問も務めていた。十時間に及んだ独占インタビューは、のちにテレビ番組や雑誌記事、書籍となる。革命政権が達成した教育や医療の成果、さらには合衆国についてのカストロの考えが好意的に紹介されたのである[57]。

キッシンジャー、秘密協議を開始する

一方、米国国務長官ヘンリー・キッシンジャーは、関係改善の機運の高まりに苛立っていた。一九七四年四月下旬の国務省スタッフ会議において、対キューバ政策を変えない意向を強調した彼は、自身の見解に批判的な米国メディアを罵った。「なぜタイムズ紙の編集者どもを満足させるためにそれ（対キューバ政策）を葬るのか。われわれは一歩一歩引きずられ、あとでそのツケを払わされるだろう」。またキッシンジャーには、革命政権との友好を目的に関係改善に動く気も一切なかった。「カストロの好意を得るためにはやらない。そんなものは必要ない[58]」。

ところが、キッシンジャーには別の顔があった。カストロへのインタビュー企画について、例のマンケウィクスと密かに連絡をとっていたのである。「君がやろうとしていることは（これからの動きに）とても上手くはまるかもしれない[59]」。こう述べたキッシンジャーは、マンケウィクスにカストロへの覚書を託し、まもなく始まることになる秘密協議の口火を切っている。それでは、なぜキッシンジャーは心変わりしたのか。彼の発言を真に受ければ、国内世論も、キューバとの友好も、さして重要ではなかったはずである。そこで注目すべきが、第二期ニクソン政権が打ち出したラテンアメリカとの「新対話」政策である。

「新対話」政策は、一言でいえば、西半球で低下しつつある合衆国の威信の回復を企図していた。ラテンアメリカで高まるナショナリズムを懐柔し、懸案のパナマ運河返還やキューバ問題を協議しつつ、貿易や経済、科学技術

の交流を主導しようというものであった。結局、この政策はかけ声倒れに終わったが、少なくともメキシコシティ（一九七四年二月）とワシントン（同年四月）で開かれた二つの米州外相会談の前後において、「新対話」は米国外交の基軸を形成していた。[60] そして米国政府は、南北対話にキューバを巻き込むことを期待する中南米政府から執拗な働きかけを受けたのである。メキシコ外相エミリオ・ラバサ（Emilio Rabasa）は、そうでもしなければ「われわれは合衆国の道具だと言われます」と自らの立場を弁解した。「私の民族的プライドが傷つくのです」[61]。

結局、キッシンジャーはニクソンよりも現実主義者であった。たしかに四月上旬、「（米州外相）会談がキューバと結びつけられればおしまいだ」と国務長官はスタッフ会議で発言し、中南米諸国の圧力に不快感を示していた。[62] ところがその三ヶ月後、次の外相会談にキューバを招くよう訴えるアルゼンチンへの対応について協議した際、突然、「私は政策を変えることにやぶさかではない」と本音を打ち明けた。キッシンジャーの考えでは、超大国アメリカが、近隣の弱小国家に「押し込まれることは駄目」なのであった。「もし誰かがそこ（米州外相会談）にカストロを連れて行くのであれば、それは私たちでなければならない」。国務省の幹部は、この発言を冗談と捉えたのだろう。議事録には「（笑）」という語句が入り、「私は真剣だ」という長官の戒めがつづく。「われわれの政策として、それをやろうではないか。私はキューバについて自由に考えている[63]」。

合衆国がソ連や中国といった強大な共産主義国との関係を改善できるのであれば、キューバとも同じことができるはずである。上手くいけば、南北アメリカの懸案が一つ解消し、この地域も少しは落ち着くだろう。ウォーターゲート事件をめぐる報道が過熱し、ニクソンの政治生命が絶たれようとしていたとき、キッシンジャーは、大体このような考えをキューバに対して抱いていた。対話への扉は、とりあえず開かれたのである。

自負と偏見

一九七五年三月一日、テキサス州ヒューストンに降り立ったキッシンジャーは、米州関係について重要な演説を行った。ラテンアメリカとの「新対話」を唱え、パナマ運河、キューバ、経済関係という三つの主要課題に取り組む意志を表明したのである。このうちキューバについては、安全保障上の脅威の低下を背景に、米州機構の国々が（一九六四年に採択した）対キューバ集団制裁の見直しに動いていることが言及された。キッシンジャーの見立てでは、米州機構は近いうちに集団制裁を解くはずであり、米国政府としても、キューバとの関係を変えざるをえない。「米・キューバの永続的な対立には価値を見いだせない」ということである。[64] 演説は、カストロと敵対するマイアミのキューバ人たちをはじめ、全米各地の反共活動家たちから猛烈な反発を招いた。しかし、キッシンジャーは国内の政治情勢を全く意に介さなかった。

というのも、キッシンジャーは演説に先立ち、すでにカストロとの秘密交渉を始めていたからである。遡って一九七五年一月、ニューヨークのラガーディア空港の飲食店で開かれた最初の極秘協議には、米側からキッシンジャーの腹心ローレンス・イーグルバーガー（Lawrence Eagleburger）が、キューバ側から特使ラモン・サンチェス・パローディ（Ramón Sánchez-Parodi）と国連キューバ代表団のネストル・ガルシア・イツルベ（Néstor García Iturbe）がそれぞれ参加した。また七月の第二次協議には、国務次官補ウィリアム・ロジャーズ（William P. Rogers）も加わっている。会談では、懸案の経済制裁や米系接収資産への補償、政治囚の処遇、在米キューバ人家族の一時訪問、そして諸々の外交問題について意見が交わされた。なお、直後にコスタリカの首都サンホセで開かれた米州機構の会議では、対キューバ集団制裁の解除が、加盟国の三分の二の支持を得て決議されている。米国政府はこれを受け、経済制裁を一部緩和し、第三国の米系子会社がキューバと交易することを認めた。[65]

ところが、米・キューバの対話はそこから完全に行き詰まっていく。秘密協議において、キッシンジャーはマイアミの反革命勢力と違い、キューバの政治体制にはほとんど関心を示していない。むしろ「合衆国がキューバの国内制度に干渉しないこと」と引き換えに、ソ連との同盟を解消し、第三世界における外交政策を根本的に転換するようキューバに迫っていた。[66] しかし、いくら体制が保障されたからといって、当時のカストロがこの条件を呑むことはなかった。合衆国による内政干渉を許すことはもちろん、米・キューバ関係を改善するためだけに、ソ連や各地の革命勢力との関係を断つことなど、考えてもいなかったのである。合衆国の要求は、カストロの目に、小国の主権を軽視する大国の傲慢と映っていた。キューバが同等の政策転換を米側に求めていないときに、米側がキューバ外交の抜本的見直しを求めたことは、一方的で、不公平なのであった。[67]

加えて、米国政府が秘密協議の開始後も、対キューバ経済制裁を堅持したことがある。米側の狙いは、経済制裁の圧力をかけつづけることによって、キューバ側からの譲歩を引き出すことにあったが、キューバ側はただ反発を強めるだけであった。革命政権に言わせれば、米側が経済制裁を外交の道具として用いることは、「ナイフを首に突きつけながら」話し合うことに等しかった。キューバ側は正式な正常化交渉を始める前に、ナイフの位置をずらすこと、すなわち米側が経済制裁を部分的にでも「緩和」し、少なくとも食糧や医薬品をその対象から外すことを求めていた。ところが、米国政府は譲らず、対話の芽は摘み取られてしまう。[68] なお、空前絶後の砂糖価格の高騰によって、当時のキューバ経済は好調であり、革命政権としても、無理に合衆国との関係を改善する必要はなかったといえよう。[69]

第二次協議のあと、米・キューバ両政府の姿勢の違いは一層際立つことになる。両政府はまずプエルトリコ独立問題をめぐって対立し、その後キューバのアンゴラ介入について、激しい議論を戦わせている。当時、旧ポルトガル領であったアンゴラは、独立を前に、三つ巴の内戦に陥っており、アゴスティーニョ・ネト（Agostinho Neto）の率いるアンゴラ人民解放戦線（ＭＰＬＡ）が、ホールデン・ロベルト（Holden Roberto）のアンゴラ民族解放戦線（ＦＮＬＡ）、そしてジョナス・サヴィンビ（Jonas Savimbi）のアンゴラ全面独立民族同盟（ＵＮＩＴＡ）と戦っていた。三組織のうち最も強かったのは、キューバとの関係を深めるＭＰＬＡであり、首都ルアンダに新政権を発足させていた。一方、米国政府はＭＰＬＡの勝利を阻むため、ＣＩＡを通してＦＮＬＡとＵＮＩＴＡに数百万ドルを投入した。そのような行為を禁じた国内法（クラーク修正条項）は、都合良く「迂回」されている。[70]

アンゴラ内戦は一九七五年一〇月、劇的な展開をみせる。まず、米国の暗黙の了解のもと、数千もの南アフリカ軍が、突如アンゴラに侵攻した。南アフリカの白人政権は、自国のアパルトヘイト体制に批判的なＭＰＬＡが隣国で勝利することを恐れ、最新兵器を用いる精鋭部隊を送ったのである。こうなると、ＦＮＬＡとＵＮＩＴＡに対しては優位に戦いを進めていたＭＰＬＡも、絶体絶命の危機に陥った。ネトが慌ててカストロに救援を要請し、カストロがこれに快く応じたのはそのためである。長年アフリカの独立運動を支持してきたキューバは、今回もソ連との事前協議なしに介入し、南アフリカの侵攻軍を食い止めた。ところが、キューバの介入に不意を打たれた米国政府は、ソ連が背後で動いたのではないかと疑心暗鬼になり、米ソ緊張緩和の崩壊まで懸念しなければならなくなった。アンゴラの地域紛争は、瞬く間にグローバル冷戦の舞台として再定義されたのである。[71]

米国政府はキューバをソ連の傀儡と糾弾し、国際紛争を引き起こした責任をカストロになすりつけた。また、キューバ軍の支援を受けたＭＰＬＡが勢いを盛り返すと、今度は周辺各国への影響も警戒し始めた。アンゴラで暇をもてあましたキューバ兵が、有色人種の解放を唱え、周辺各国へと進軍するのではないか。このとき米国政府は、キューバへの海上封鎖や軍事攻撃などの懲罰措置も検討している。[72] アンゴラの衝撃は海を越え、南米大陸にも伝わった。一九七六年二月、中南米周遊に出たキッシンジャーは、ベネズエラやコロンビアの首脳たちと意見を交わし、現地の人種関係への影響を案じる発言に耳を傾けている。[73] 米国政府はそのベネズエラと共同で、アフリカに向かうキューバ軍に空輸経由地を提供しないよう、カリブ海諸国に要請した。キッシンジャーは、曖昧な態度をとったガイアナの外相フレッド・ウィルズ（Fred Wills）に対し、苛立ちを露わにしている。「私は彼らがあなたがたの飛行場を使っていると言っているのです[74]」。

フォード、キューバ票をとりこぼす

米・キューバ関係と絡んでいたのは、アフリカにおける地政学的衝突だけではない。一九七六年大統領選挙が近

図 2-1　フォード（右）とキッシンジャー（左）

づくと、ニクソンの後を継ぎ、それまでキッシンジャーに外交政策を委任していた米国大統領ジェラルド・フォード（図2-1）が、在米キューバ人社会の動きを気にして、口を挟むようになった。そもそもフォードは、比較的数の少ないキューバ票の獲得をあまり重視しておらず、深刻になっていたキューバ系共和党員たちの派閥争いにも無頓着であった[75]。ところが、共和党指名選挙の最大のライバルとなるロナルド・レーガンがフロリダに乗りこむと、状況が一変した。一九七六年までに、米国に帰化し、参政権を得たキューバ人たちの数は、フロリダ州最大のデイド郡（のちのマイアミ・デイド郡）だけで数万に達していた[76]。大統領はフロリダ予備選をレーガンと激しく競り合うなかで、この新規有権者たちの存在に目を向け始めたのである。

もちろん、マイアミのキューバ系社会においても、キッシンジャーに従い、キューバとの関係改善の動きを容認する人々はいた。政治囚の解放を待ち望む家族や友人たちの間では、政府間交渉の議題として、人道的問題が取り上げられることを望む声もあった[77]。また多くの人々は、米・キューバ関係が変化すれば、長年会えていない故国の家族を再訪できるのではないかと考えていた。国交のないキューバに代わり、米国でキューバの利益を代表するチェコ大使館には、領事サービスを求める数千もの問い合わせが、在米キューバ人たちから届いている。その多くは、キューバのパスポートを取得することのメリットや税関手続きの詳細、外貨をキューバ・ペソに替える方法、あるいはメキシコやジャマイカ、バルバドスを経由してキューバに入る飛行便に関するものであった[78]。

とはいえ、歴史家マリア・クリスティーナ・ガルシアが認めたように、移住者の大半は、米・キューバの国交正常化を「カストロの共産主義を是認すること」と考えていたようである。キューバとの対話を示唆したキッシンジャーに対する反発は強烈であり、路上デモを行い、署名を集めた者もいれば、ホワイトハウス宛てに手紙を送る者も多かった。これらのほとんどは大統領の手に届かず、現在では束になって史料館の保管ファイルに眠っている。米州機構が対キューバ集団制裁を解除する前にも、抗議の声が米国政府に多く寄せられた。その一部によれば、この措置は、カストロがこれまで収めたなかでも「最大の政治的勝利」を意味するのであった。[79] こうした訴えがことごとく無視されると、前述したRECEのマス・カノーサは、米国連邦議会へのロビー活動の必要も唱えている。ただし、いわゆる反カストロ・ロビーが政治的影響力を発揮するのは、まだ先のことである。

さて、フォードがキューバへの態度を変えていくのは、移民社会からの手紙に目を通したからではない。大統領選挙で共和党指名を争うレーガンが、重要州フロリダで、効果的な選挙キャンペーンを展開したからである。レーガンとその支持者たちは、ソ連との緊張緩和を進めるフォードら共和党内の穏健派を批判し、共産主義勢力との対話の可能性を断固否定していた。当然、ここで格好の攻撃材料として利用されたのが、かつてキッシンジャーが主導したキューバとの交渉であり、この傾向は、キューバのアンゴラ介入を経てますます顕著となった。[80] 守勢に立たされたフォードは、過去の政策を正当化する必要に迫られた。米国政府は一九七六年一月、人道的観点から、在米キューバ人による故国訪問を認めるようカストロに促している。このときアフリカ問題で対立を深めていたキューバ政府は、最低限の譲歩として、数十名程度の故国訪問のみを許した。[81]

するとフォードは再び手のひらを返し、共和党フロリダ予備選の直前に、猛烈なキューバ批判を自ら行っている。演説の舞台は、米国国籍を新たに取得したキューバ系米国人たちが集うマイアミの帰化式典であった。大統領は突然ここに姿を現すと、「あなたたちは私たちに多くのことを教えてくれます」と聴衆に語りかけた。フォードによれば、キューバ系移民たちは「アメリカを所与のものと考える人々」と異なり、過去に革命に直面し、困難を経験したからこそ、合衆国で享受する自由が「いかに特別であるか」を理解するのである。そして彼らが敵対するカストロについては、アンゴラに介入したことを責め、「国際的な無法者」と断じた。「現政権はフィデル・カストロのキューバとは一切関係をもちません」と宣言し、会場を沸かせたのである。[82] これが選挙目当てのパフォーマンスであったことは、誰の目にも明らかであった。[83]

にもかかわらず、フォードはマイアミのキューバ系票を取り損ねた。報道によると、デイド郡（マイアミ）在住のキューバ系共和党員のうち、実に七割近くがレーガンに票を投じたのである。[84] この結果に誰よりも激しく憤ったのが、地元の共和党系活動家リリアン・ギベルガ（Lillian Giberga）である。彼女に言わせれば、フォードの集票運動は大失敗であり、ホワイトハウスは歴史的背景の異なるキューバ系を他のラティーノ集団と同様に扱い、しかも「役立たずの」ライバル派閥を官職任用の面で重用したのだという。[85] この分析の妥当性を判断することは容易ではない。しかし、少なくともキューバ票の新規獲得において、共和党が民主党に遅れをとっているという彼女の指摘は的確であった。[86] 選挙直前のパフォーマンスには限界がある。キューバ系有権者たちの多くは、フォードの共和党を疑いの目で見ていたのである。

テロリズム・メイド・イン・アメリカ

レーガンがマイアミの反カストロ勢力を再び共和党に取り込むのは、それから四年後のことである。その間、フォード＝キッシンジャー外交に失望していた人々は、行き場を失ったかのようであった。なかにはミロ・カルドナが唱えたように、暴力だけが残された道だと信じる者もいた。過激派によるテロの嵐が、カリブ海で吹き荒れたのである。

米・キューバの緊張緩和に反発し、テロ行為に手を染めた組織は数多い。たとえば、キューバ民族解放戦線（Frente de Liberación Nacional de Cuba : FLNC）という名の集団は、爆弾を郵便物に忍び込ませることを得意とし、一九七二年三月から一九七六年八月までに、米国、メキシコ、コスタリカ、コロンビアなどで、少なくとも三九回のテロを敢行している。[87] FLNCがマイアミのラジオ局に送った声明文には、被害者への懺悔は全く見られない。そこではキューバ政府の正統性が否定され、政府関係者の殺戮が奨励され、船舶・航空会社の建物など、キューバと何かしら関わりのある商業施設や運輸手段が「軍事標的」として宣告されていた。[88] FLNCはこうした活動に「栄光」と「自由への渇望」を見いだし、「国際化された反共闘争」を称揚した。[89]

同じくメキシコ、パナマ、ベネズエラ、フランスなどで多くのテロ活動を行ったのが、アクシオン・クバーナである。その頭領であるオーランド・ボッシュは、ポーランド籍の船を砲撃した件で刑務所に入ったあと、執行猶予の規定を破って出国し、指名手配されていた。彼に言わせれば、暴力こそが故国解放への「唯一の道」であり、悪いのは自分ではなく、そのような状況を生み出したカストロ政権の「圧政」と米国政府の「裏切り」というわけである。[90] このように自らの暴力を正当化しようとする武装グループは、ほかにも登場した。オメガ7（Omega 7）という名の秘密団体は、資金集めという名目で、麻薬の密売にさえ手を出している。チリの軍事独裁政権と提携したのは、キューバ民族運動である。この団体は反共を旗印に、敵とみなした人物を襲った。一九七六年九月には、アジェンデ政権下で外相を務めたオルランド・レテリエル（Orlando Letelier）が、亡命先の首都ワシントンで殺害されている。[91]

こうした反共国際テロの増加は、標的とされた国家の治安当局にとっては頭痛の種となった。一九七四年四月、FLNCの工作員が米国フロリダ州南部から侵入しているという情報を入手したメキシコの諜報機関DFSの局長は、出入国管理の厳重化を各方面に呼びかけた。中南米系の姓を有する米国パスポート所持者がキューバ出身であるか否かを確かめた上で、該当者の携帯品を徹底的に調べ、「手紙型爆弾」として使用されるような物品をその場で没収するよう命じたのである。[92] それでもFLNCは、翌月、ユカタン州メリダのキューバ領事部を爆破した。[93] 同年一一月には、さらに一三の爆弾が三つの都市を襲った。また翌々月にも別の爆発騒ぎが起こり、五人の犠牲者と二七人の負傷者を出している。FLNCの下部組織が「恐怖によってメキシコの観光産業を妨害しよう」とプエルトリコの新聞紙面で呼びかけると、数日後にキューバ外交官の車がメキシコシティで爆破された。この件について、DFSはアクシオン・クバーナの関与を疑っている[94]。

テロリズムは、米国の治安当局にとっても深刻な問題となった。一九七四年から七六年五月までに、マイアミだけでも五五回の爆発事件が発生した。また、かつてキューバへの軍事侵攻計画を企みながら、それを実行しなかったトリエンテをはじめ、何名かの指導者たちも暗殺された。移民社会は恐怖に襲われ、一九七六年四月、地元スペイン語ラジオ局の人気パーソナリティであったエミリオ・ミリアン（Emilio Milián）がテロを批判すると、彼自身も爆弾で攻撃され、両足を失っている。米国当局の対応は後手に回った。たしかに翌月、革命政権の諜報基地と勘違いして地元ポルノ店に爆弾を仕掛けたアントニオ・デ・ラ・コバ（Antonio de la Cova）ら三名が逮捕された。また米国政府は、FBIのマイアミ支部をはじめ、八つの公共施設を爆破したロランド・オテロ（Roland Otero）を起訴し、オテロがチリに逃げると、チリ政府に身柄を送還させている。しかし、それ以外の事件については、立件の目処さえ立たなかった[95]。

爆発事件やその脅迫があまりに頻繁に起こったため、米国連邦上院司法委員会は、「マイアミ地域におけるテロリズム」と題する特別公聴会を一九七六年五月に開いている。このとき地元デイド郡の警察は、在米キューバ人社会におけるテロの取り締まりが困難を極めていることを証言した。その理由として、規制が甘いフロリダ州では爆発物が容易に調達できること、テロ集団が高度に組織化されていること、そしてCIAの訓練を受けた過去をもつゆえに、実行犯の爆破能力がきわめて高く、隠蔽工作においても優れていることが挙げられた。加えて、地元警察はテロ対策に取り組む治安当局間の連携不足も指摘した。FBIは人員を十分に配置せず、CIAは守秘義務を盾に、情報提供さえ拒んでいた。マイアミの「ラテン系コミュニティで起きていることを把握する」作業は、「非常に難しい」とのことである[96]。

のちに米国国務省は、こうした言い分を認め、米国のテロ取締体制が「緩かった」と結論づけている。国務省政策企画本部のアンソニー・レイク（Anthony Lake）は、一九七七年七月、国務省、司法省、FBI、および国家安全保障会議のスタッフを対象に、この件に関する聞き取り調査を行った。その結果、テロ対策の主眼が米国国外から米国を狙うテロの防止に置かれ、逆に米国国内から国外の標的を狙うテロについては、通常の犯罪と同様に扱われていたことが判明した。また、後者の取り締まりにあたる司法省においては、関連業務が税関、銃所持登録、外国利益の代理登録といった複数の縦割り部門の間で分割されていた。そしてFBIにいたっては、容疑者を追跡する人員を欠くばかりか、そもそも追跡を実行する法的権限の有無さえ不明瞭であったという。[97] つまり、米国の対キューバ政策には重大な欠陥があった。テロを取り締まる姿勢が打ち出されても、実際に取り締まる力は十分に発揮されなかったのである。

席巻する反革命テロ

米国政府が武闘派の反革命テロを抑えこめないことは、キューバにとっても由々しき事態であった。一連のテロで、キューバの外交官ら数名が犠牲となり、各国に置かれた大使館や領事部も相次いで爆破されたのである。一九七二年四月四日、カナダのモントリオールでの爆発はキューバ政府の貿易事務所を破壊して一名を殺害し、七名を負傷させた。一九七四年一月二一日には、手紙型爆弾によって、アルゼンチンのキューバ大使館に勤務する職員一名が重傷を負った。攻撃はエスカレートし、一九七六年三月三日、小包型爆弾によって国連キューバ代表団のメンバーが負傷した。翌月二二日には、ポルトガルのキューバ大使館の敷地内で爆発があり、職員二名が命を落とした。未遂で終わったものもあったが、テロリストは基本的にやりたい放題であり、誰一人として逮捕されなかった。[98]

六月六日、ニューヨークの国連キューバ代表部の近くでも爆発が起きると、それまでテロを刺激しないよう自制していたカストロは、ついに怒りをぶちまけた。反革命の武闘派たちを「革命の破壊を夢見る虫けらども」と酷評し、「怯える者、義務を怠る者、任務から逃げ出す者はいない」と政府関係者たちを鼓舞したところで、感情の抑制が効かなくなった。「もしテロリストに対してテロで応酬するなら、われわれは優秀なテロリストになる」という衝撃的な観測も口にしたのである。その後、さすがに言い過ぎたことに気づいたカストロは、「すぐに実行しようと提案するつもりはない」と発言を修正し、米国政府を念頭に、「テロの活動拠点となっている国の政府がそれぞれ必要な措置をとることを願おう」と付け足している。[99]

キューバ政府は一連のテロについて、合衆国の歴史的責任を追及した。CIAが直接手を下していないことを認めながらも、かつてテロリストたちに「爆発物の扱い方を教えた」ことを問題視していた。[100] また、米国政府からテロに関する情報が全く届かなかったこともある。米国当局は一九七六年七月、ドミニカ共和国の拠点に集まったFLNCやアクシオン・クバーナ、キューバ民族運動などの五つの武闘派グループが、革命組織連合指令部（Comando de Organizaciones Revolucionarias Unidas：CORU）という名の連合組織を結成したことを把握していた。その会議では、キューバ外交官の誘拐や航空会社の爆破について、さらには合衆国での活動をカモフラージュするフロント組織の設立についても話し合われていた。米国国務省はこの情報をいくつかのカリブ海諸国に提供したが、キューバにはそれを行っていなかった。[101]

すなわち、その後に起こったCORUによる恐るべき無差別暴力の行使は、米国政府の監視の下で行われたのである。ジャマイカの空港では、離陸五分前のクバーナ航空旅客機の荷台が爆発した。バルバドスでは、ブリティッシュ・ウェスト・インディアン航空のオフィスが爆破された。メキシコのユカタン州メリダでは、領事部で働くキューバ人外交官の誘拐を試みた工作員たちが、警備員一名を殺害している。メキシコ当局DFSに捕まった工作員の供述によると、仮に彼らが外交官の誘拐に成功していたならば、被害者をすぐに殺害し、遺体をどこかに埋め、死んだはずの外交官の「釈放」と引き換えに、政治囚の解放を革命政権に要求するつもりであったという。この話には続きがあった。犯行グループは、ユカタン州の騒ぎによってメキシコ警察を陽動した上で、首都メキシコシティのキューバ大使館の爆破も狙っていた。[102]

ＣＯＲＵのテロはこの後も続いた。八月九日、アルゼンチンのキューバ大使館に勤めていたキューバ人二名が誘拐され、行方不明となった。同月一八日には、パナマのクバーナ航空のオフィスが爆破された。工作員を拘束したメキシコ当局も、九月一日、テロリストからの報復を受けた。グアテマラの首都グアテマラ・シティで、メキシコ大使館が爆破被害に遭ったのである。[103] 爆弾はガイアナのキューバ大使館でも見つかったが、これはガイアナの政治指導者たちを特に不安にさせた。というのも、キューバと良好な関係を結んでいるという理由で、首相フォーブズ・バーナム（Forbes Burnham）と外相フレッド・ウィルズの双方が、匿名の殺害脅迫を受けていたからである。米国政府は、ベネズエラの米国大使館に駐在する法律顧問ジョー・レオ（Joe Leo）をガイアナの首都ジョージタウンに派遣し、テロへの関与を否定した。ウィルズ外相は、この配慮に謝意を表している。[104] 米国政府は数日後、テロ組織の監視を継続し、必要に応じて法を履行する旨をガイアナ政府に伝えた。[105]

バルバドスの犯罪の余波

ＣＯＲＵが関与したテロ事件のなかで最も悪名高いのが、一九七六年一〇月六日に起きたクバーナ航空旅客機四五五の爆破である。離陸九分後に着火した時限爆弾によって、キューバ人五七名、ガイアナ人一一名、北朝鮮人五名を含む、乗客乗員七三名全員が、バルバドス沖で命を失った。これだけの規模のテロ事件である。発生の直後から、北中米カリブ海諸国による情報収集が始まった。トリニダード・トバゴ当局はフレディ・ルゴ（Freddy Lugo）とエルナン・リカルド（Hernán Ricardo）の二名を実行犯として逮捕した。ベネズエラ当局は事件への関与を疑い、ＣＯＲＵの指導者オーランド・ボッシュ、そして元ＣＩＡ工作員でベネズエラの諜報機関にも勤務したことがあるルイス・ポサダ・カリレスの身柄を拘束している。[106]

キューバでは怒りと悲しみが全土を包んだ。一〇月一五日、ハバナの革命広場で開かれた全国追悼式には、一〇〇万を超える数の人々が集まっている。犠牲者の多くはフェンシングのキューバ代表チームに属する青年たちであり、若い無実の命が突然に奪われたことのショックは甚大であった。追悼演説に立ったカストロは、米国政府がそれまで見せてきた「不可解な行動」を一つずつ挙げた。反革命勢力との歴史的な関係、情報提供の欠如、爆破事件に対する沈黙。こうした「状況証拠」を踏まえて提示されたカストロの結論は明白であった。「一連のテロが、信じ難いほど野蛮なキューバ民間航空機の破壊に発展した」ことの責任は、「米国政府にある」というのである。カストロは、一九七三年に米・キューバ政府が締結したハイジャック取締合意の凍結を宣言した。米国のテロ対策が不十分であることに抗議し、半年後に控えていた合意の更新を拒絶したのである。(107)

この演説は、キッシンジャーの目には単なる反米宣伝と映っていた。国務長官は強い不快感を示し、旅客機爆破テロへの米国政府の関与を匂わす発言は「全くの偽りである」と切り捨てている。(108) ところが、そのキッシンジャーは、カストロの追悼演説に先立ち、自らの見解をキューバ側に伝えることを頑に拒んでいた。一〇月一二日に開かれた国務省のスタッフ会議において、外交文書を通じて米国の態度を通知する、という国務次官補ハリー・シュロードマン（Harry Shlaudeman）の提案を「絶対に駄目だ」と却下したのである。通知は、カストロの批判のトーンを和らげるためにも、そして「記録のためにも」必要であった。しかし、「カストロに通知を出すことは無駄だ」と国務長官は取り合わず、「やつはキャンペーンを始めるだけだ」と突き放したのだった。(109)

なぜキッシンジャーはこのような考えに至ったのか。ここで興味深いのが、情報管理の中枢を担うホワイトハウス・シチュエーションルームの分析である。それによると、カストロの怒りは演技であり、追悼演説の真の目的は、「一九七〇年五月と同様、国民の目を厳しい国内経済の困難から逸らす」ことであった。また、旅客機爆破テロへの米国政府の関与を疑うことによって、カストロは「米国とカリブ海諸国との間に楔を打つ」ことも計算していたはずだという。(110) 要するに、カストロはテロを政治目的で利用する独裁者なのであり、米国政府としては、まともに彼の相手をしないことが賢明だということであった。なお、キッシンジャーは、シュロードマンと以下のやりとりをしている。

キッシンジャー：この事件にわれわれやＣＩＡは関与しているのか。
シュロードマン：何もありません。何人かの人間（実行犯）とは接触がありました。
キッシンジャー：法律顧問だったらしいな。
シュロードマン：そうです。しかし、法律の助言はしていません。
キッシンジャー：わかった。ほかに議題はあるのか。

この実行犯と接触のあった法律顧問が、ベネズエラの米国大使館に駐在するジョー・レオである。押収された実行犯一名の手帳にたまたま名前が残っていたことから、事件への何らかの関与が疑われていたのである。キッシンジャーはこの陰謀の真偽を確かめたのち、議論を終わらせた。おそらく、テロをめぐる騒ぎもすぐに収まると考えたのだろう。(111)

ところが、バルバドスの余波はなかなか引かなかった。抑制された米国政府の事件への反応は、かえって近隣諸国の心証を悪くしたのである。ガイアナのバーナム首相は、犠牲となった自国市民を追悼する式典で、「どうして合衆国ほどの力をもつ国が、キューバ系移民団体ごときの動きも察知できないのか」と苛立ちを露わにした。「合衆国はつい最近まで彼らを援助し、支持し、厚遇してきたではないか」(112)。こうして米国の関与を匂わす憶測がカリブ海諸国で広まると、トリニダード・トバゴの米国大使館は、事件への対応を改めるよう本国に要請した。「通常であれば、無実の命が失われたテロに迅速に反応する合衆国が」、今回の事件には「比較的目立たない反応」をとったために、カリブ海諸国の不安を不必要に高めたというのである。(113)

それでもキッシンジャーは譲らず、「本当の問題は、この地域の責任ある人々がどこまでキューバの宣伝を信じるか否かである」と駐ベネズエラ大使に訓電していた。しかし、そのベネズエラでさえ、疑心暗鬼に陥った大統領カルロス・アンドレス・ペレス（Carlos Andrés Pérez）が、米国大使を呼び出し、事件直後にオーランド・ボッシュの身柄引き渡しを申し出た米国の意図を疑っては、その「真意」を何度も問いただしていた。[114] 結局、米国政府に向けられた疑念を晴らすため、国務省とFBIの合同チームがベネズエラ、および他のカリブ海諸国へと派遣されることになった。[115] 合同チームは、「カストロは一九六〇年代前半と現在の出来事を混同することによって、カリブ地域の世論をわれわれに敵対させようとしている」と主張した。また、「反カストロ・テロリストたちもこの混同を利用している」と付け加えている。[116]

結局、米国政府と反革命勢力の蜜月を忘却させせることは、キッシンジャーには荷が重すぎた。たしかに、国務長官は一九七〇年五月の奇襲事件を経て、武闘派組織の取り締まりを強化してきた。ところが、中南米におけるキッシンジャーの評判は、一九七三年九月のチリ・クーデタへの関与によって傷つき、今回の件でも、チリの場合と同様の破壊工作が行われたのではないかと疑われたのである。[117] また、アンゴラ介入をめぐる米・キューバの対立が激化していたこともある。キューバに空輸拠点を提供しないよう執拗に迫られていたカリブ海諸国は、米側が何らかの形で報復措置をとるのではないかと危惧していた。[118] そしてバーナムが指摘したように、米国政府はテロの取り締まりにあまりに消極的であった。それまで幾多の軍事介入によって圧倒的な力の差を見せつけられてきた中南米諸国にしてみれば、移民団体の暴力さえも封じられないという米国の話は到底信じ難いものであった。

要するに、米国政府は旅客機爆破に直接関与してはいなかったものの、過去への感受性を全く欠いていたがゆえに、まるで大きな問題の一部であるかのように目されたのである。

フィデル、対話継続のシグナルを送る

以上を踏まえれば、米国の学者たちが導き出したように、テロが米・キューバの対話を阻害したと結論づけるのも無理はない。[119] ところが、この解釈は正確ではない。緊張が一時的に高まったとはいえ、テロリストの目論みどおりに、政府間対話が妨害されたわけでは必ずしもなかったからである。事実、革命政権は、好転したアフリカ南部

の戦況を睨みつつ、ワシントンとの対話を一一月の米国大統領選挙の後に再開することを考えていた。すでにカストロは、スウェーデン首相オロフ・パルメ（Olof Palme）を介し、キューバ軍の撤退を一九七六年末から開始すること、それを一九七七年末までに完了させることをキッシンジャーに伝えていた。このときキッシンジャーは、キューバ兵がアフリカから撤退すれば、対話を再開する見込みがあると応じている[120]。

また、キューバ側の動機として同じく重要だったのが、砂糖価格の暴落である。一九七四年一一月に一ポンドあたり六五・五セントであった国際取引価格は、一二ヶ月後には七・五セントにまで急落した。さすがのカストロも、この変動には「本当に身震いする」と肩を落とすほかなかった。砂糖価格の下落は、キューバが交易によって獲得できる外貨を減らし、輸入を停滞させ、国家の産業化を足止めすることになった[121]。予定されていた経済五カ年計画の発表は延期され、消費財の購入は控えられ、キューバ人たちが愛好するコーヒーまで配給の対象となった。キューバ国民は不安に襲われている、と報告したのは日本の駐キューバ大使である。何年もの辛抱の後、やっとのことで生活水準を向上させた一般市民の「ショックはあまりにも大きい」という。この点、メキシコの駐キューバ大使も同様の見解を本国に伝えていた[122]。

経済の低迷が革命外交に与えた影響は甚大である。キューバは飛躍的な経済成長を遂げつつあり、砂糖で稼いだ外貨によって日本やカナダ、西欧諸国から大量の機械部品や科学技術を輸入していた。革命政権の計画では、こうした輸入によって国家の工業化を促進すれば、国民の生活水準を高め、革命の成果を一段と深化させ、国家経済の自立という悲願も実現されえたのである。砂糖価格の暴落は、このように描かれたシナリオを突然に、そして容赦なく粉砕した。一次産品の価格はその後数十年にわたって低迷し、交易条件の悪化から、ソ連についで重要な貿易相手であった日本との経済関係は先細りとなった[123]。一九七五年からの四年間で、非社会主義諸国とのキューバの貿易量は半減している[124]。一九八〇年代半ばまでに、カストロは国際経済システムそのものに幻滅し、それこそが貧困国を不利な立場に追いやっていると主張するようになる。

とはいえ、一九七〇年代半ばにおいては、カストロはあくまで経済を再活性化させる方策を練りつづけていた。この姿勢が、キューバの対米政策に影響を及ぼしたことは間違いない。一九七六年六月下旬、カナダ大使と面会したカルロス・ラファエル・ロドリゲス副大統領は、米国大統領選挙後の展望についての見解を述べている。もし共和党現職のフォードが勝てば、キッシンジャーが続投し、再びキューバとの対話に舵を切るだろう。もし対立候補である民主党のジミー・カーターが勝てば、予測が難しいとはいえ、中南米情勢を踏まえれば、やはり国交正常化に動くのではないか。この分析に興味を抱いたカナダ大使は、キューバの対応を尋ねた。するとロドリゲスは、まず国交正常化の悪影響に言及し、国交が回復すれば、キューバは対米批判を控えざるをえず、政治的な不都合が生じると述べた[125]。

にもかかわらず、合衆国から関係改善を促されれば、それを拒むことはできないとロドリゲスは断言した。米国との国交を回復すれば、対米貿易を再開させ、他の西側諸国との経済関係も強化できる。そして交易の拡大は、間違いなく工業化と国家経済の自立に寄与するのであり、それゆえに革命政権としては、ソ連や他の社会主義国との関係を維持しながら、米国との関係を発展させることが、最も望ましかったわけである。このときロドリゲスはさらに踏み込んで、米側による経済制裁の「緩和」を対話への重要な意思表示として捉えることも示唆した。大統領が主要品目を規制対象から外し、それ以外については議会の承認に委ねる、というシナリオを描いてみせたのである[126]。後日、カナダ大使は、一連の発言を米国政府に伝達するべきか否か、ロドリゲスに問い合わせた。すると、副大統領はカストロと相談したあと、「私見」という形での伝言を許している[127]。

驚くべきは、このように機微に富むキューバ政府からのシグナルが、旅客機爆破テロのあとも続いたことである。一〇月下旬に米側に届けられたメッセージによると、カストロの追悼演説でさえ、実は意図的に抑制されたものであった。ハイジャック取締合意の凍結は、米国政府が公に事件を批判しなかったことを問題視したキューバ政府が、あくまで抗議の意思を示すために発表したものである。キューバは米国との関係改善を拒まないだろう。ただし、再び対話を始める際には、「テロを終わらせ、米国政府がこの点に関する態度を表明する」ことを求めるという。[128]同様のメッセージは、数週間以内に複数のルートを通じて米国政府に届けられた。いずれも両国政府が共にテロと戦うことを関係正常化への最初の一歩として位置づけていた。革命政権が関係改善を模索している、と米国政府が結論づけたのも当然である。[129]

大統領選挙が終わると、とうとうキッシンジャーも一つ手を打った。一一月一三日、外交ルートを通じ、テロに反対する意向を直接ハバナに伝えたのである。メッセージの内容は依然として厳しかった。それは旅客機爆破テロの責任を合衆国に押しつけようとするキューバの行為について、「人命が失われた悲劇を政治的に利用し、合衆国の友好国に疑念を持たせようとする試み」である、と不快感を露わにするものであった。それでもメッセージを受け取った外相ラウル・ロア（Raúl Roa）は、米側が見せた態度の変化に気づいた。抗議の内容にかかわらず、とにかくキッシンジャーは、初めて自らの見解をキューバ側に説明したのである。フォードが再選に失敗し、自身の下野が確実となって、国務長官の頭も少し冷えたのかもしれない。[130]

おわりに

一九七〇年代に反革命勢力の一部が過激化したことは明白である。米国政府が武力による革命政権の転覆を諦めたあとも、平和を憎む勢力は活動を続けていた。アルファ66が合衆国からキューバへの奇襲攻撃をくり返したことは、国際的スキャンダルに発展した。そして、米国当局が武闘派の取り締まりに乗り出すと、今度はマイアミの移民社会から、公然たる反発を受けた。マス・カノーサが指摘するように、かつてピッグズ湾侵攻を敢行した米国政府が中立法を履行するというのは、歴史的な矛盾である。またトリエンテが悟ったように、そもそも米国政府と反革命勢力の利害が完全に一致することはなかった。フォード政権が革命政権との交渉に乗り出したことは反革命勢力を憤慨させ、なかでも孤立を深めた武闘派は、まるでミロ・カルドナの遺言に従うかのように、次々とカリブ海に面する国々を襲ったのである。

こうした歴史的文脈に照らすならば、キッシンジャーのテロへの対応は決して適当ではなかったといえる。たしかに米国政府は、一九七六年一〇月の旅客機爆破テロに直接関与していなかった。にもかかわらず、テロに加わった人々との過去の関係のために、完全に責任を否定することも難しかった。バルバドスの事件の後、キッシンジャーは、カストロの怒りに正当な根拠があることを認めなかった。カストロの追悼演説は、あくまで米国の評判を貶めるための宣伝工作か、国内の不満を外に向けるための日和見な行動として捉えられていた。それでもテロへの反応を意図的に抑え、関係各国にキューバの主張を無視するよう求めたことは、明らかに逆効果であった。米国がかつてキューバに秘密戦争を仕掛けたこと、そしてキッシンジャー自身がチリの政権転覆に加担したことは公然の秘密であった。カリブ海諸国が米国の振る舞いに疑問を抱くのも不思議ではない。

ただし、テロが期待通りに国際情勢を動揺させたと結論づけることには注意が必要である。そもそも旅客機爆破テロは、それ自体、多くの無実の人々の命を奪った大惨事である。人道的関心を有する大多数の人々は、立場の違いを超え、テロの正当性を否定していた。だからこそキューバ政府も、事件の余韻が消えぬうちに、国交正常化への最初の一歩として、共同でこの問題に取り組むことを米国政府に提案したわけである。米国では一九七七年一月、フォードを破ったジミー・カーターが大統領に就く。そしてこのカーターが過去に鑑み、キューバの提案に応じたことによって、米・キューバの対話は冷戦期において最も目覚ましい進展を見せていく。旅客機爆破テロは、恐るべき犯罪であり、無垢の若者たちの命を奪った悲劇であった。しかし、その事件はテロを支持した人々の思惑に反し、米・キューバ関係に新しい対話の機運を生み出したのである。

第3章　対話の機会

――ジミー・カーターとフィデル・カストロ

見知らぬ土地で最愛の家族なく日々を送ることは辛いものである。革命以来、何千ものキューバ人たちは、夫や妻、親や子ども、祖父母や孫、あるいは親族を残し、アメリカ合衆国へ旅立った。月日が流れ、残した家族のことを忘れようとした者もいただろう。しかし、故国への想いを断てず、家族との再会を希求する者も多かった。なかには、米・キューバ関係の膠着を嘆き、キューバ政府に陳情を申し立てる者もいた。「われわれは反革命活動に参加したことはありません」と同情を訴える手紙には、「家族と離れ離れになったことを毎日悔いております」という告白もある。「われわれが愛する家族との再会を熱望するのは当然です。何年も会えていないのです(1)」。

在米キューバ人たちの家族再結合への希求は、国家間外交と絡み、複雑な力学を生み出すことになる。長年、米国政府はキューバの革命政権と敵対し、キューバ人たちの国外流出を助けてきた。ところが、その米国政府が革命政権との対話に舵を切ると、在米キューバ人たちの一部は人道的問題の解決を求め、国境をまたいで分断されていた家族の再結合、そして反政府活動に関わったとして投獄された政治囚の解放を訴え始めた。米国政府が人権外交の名の下にその主張を認めると、今度はキューバ政府も移住者との関係に特別な関心を寄せ始める。そもそも革命政権によれば、移住者の問題はキューバの「内政事項」であり、米国政府との協議においても「交渉の対象外」であった。にもかかわらず、移住者との関係の見直しは、ほかならぬ対米関係の改善という文脈において、秘密裏に模索されたのである。

本章は一九七〇年代後半の米・キューバ関係について、米国政府、革命政権、そして移民社会が織りなす複雑な三角関係を明らかにする。これまで米国の外交史家たちは、移民社会と革命政権の動きを等閑視してきた。米国政府の文書に依拠するばかりで、刻々と変わりゆくキューバ問題の文脈を捉えてこなかったのである(2)。逆に外交史料を扱わない移民研究者たちは、変幻する政府間外交の機微を見過ごしていた。これでは移民社会で渦巻く感情の満ち引きが、どのように政府間交渉に影響したのかを知ることは難しい(3)。米国政府と移民社会の動向に加え、革命政権の事情についても分析が必要である。これについてはキューバ外務省の史料に加え、数百頁に及ぶ政府間協議の議事録、キューバ側の交渉窓口役を務めたホセ・ルイス・パドロン(José Luis Padrón)の証言記録、そして仲介役として活動した企業家ベルナルド・ベネス(Bernardo Benes)の回顧録が役に立つ(4)。

このようにワシントン、ハバナ、マイアミの三角関係が描き直されれば、米国とキューバがこの時期に行った「対話」の構図も、より鮮明に浮かび上がる。すなわち、革命政権との対話に乗り出した米国政府は、単に政府間外交の転換を準備するだけでなく、反革命勢力との関係も見直し始めた。すると、この動きを察知したキューバの最高指導者フィデル・カストロも、米国政府とだけでなく、移民社会との和解を進めたのである。この三角対話はまもなく、アフリカ冷戦をめぐる意見対立とそれに伴う政府間対話の遅滞のために、歪な形をとる。地政学的対立が両国政府の衝突を煽る一方、革命政権と移民社会の「対話」はそのまま進行し、政府間の協力体制が整わないまま、大規模な人の移動が刺激されていった。こうして次章で扱うマリエル移民危機は、この国家間外交と人の移動の相克によって準備されていくのである。

フィデルからカーターへの伝言

ジミー・カーターが大統領に就任したあとも、カストロは関係改善のシグナルを合衆国に送りつづけていた。一九七七年二月、米国民放テレビCBSのビル・モイヤーズ（Bill Moyers）がキューバを訪れると、カストロは彼と面談し、国交正常化への意欲をあらためて表明している。もちろん、その前に解決すべき問題があった。たとえば、カストロはテロの件について、「(米国政府は）反対すべきである」と述べ、キューバ側の視点からこの問題を捉えるよう呼びかけていた。「考えてみるがいい。もしわれわれが合衆国に侵攻したら、もし大統領の暗殺を試みたら。もし政府を転覆するために、ならず者たちをけしかけたとしたら（あなたがたはどう思うだろうか）」。[5]

問題はテロだけではない。対キューバ経済封鎖のことも重要であった。「必要なすべての機械と部品がたった九〇マイル先（の米国）にありながら」、キューバは、「ロシアからブルドーザーを、チェコスロバキアからトラックを、日本から機械を、ポーランドからトラクターを買うよう強いられた」のである。人権問題についての発言もあった。カストロは反革命運動に関わった政治囚の解放について、「交渉の目的ではなく、交渉の帰結でなければならない」と論じている。さらにモイヤーズによると、カストロは、アフリカからのキューバ兵の撤収に意欲的であった。アンゴラを「われわれのヴェトナム」と呼び、早期撤収への希望を述べていたという。[6]

その上で、カストロは中南米情勢に触れ、相互不干渉の原則を説いている。かつて中南米各地で行われた「破壊工作」は、あくまで革命転覆を主導した米国への「反撃」であった。今後については、周辺国がキューバに干渉しないかぎり、キューバも他国に干渉しない。また、「米国が決して社会主義国にならないことを受け入れる」と述べたカストロは、米国も「キューバが永久に社会主義国である」ことを認めるべきであると説いた。カストロによれば、米国とキューバのどちらも「過ち」を犯したことを認め、将来に目を向けるべきなのである。もしカーターと直接話す機会があれば、「今わたしが言ったことをそのまま話す」ということであった。[7]

最後に、カストロは米国との関係改善に向け、前向きな姿勢を見せた。もちろん、通商条件で優遇されているソ連との交易は続けるつもりである。しかし、「ケネディがキューバ不侵攻に同意したあと、軍事的にはソ連を必要としなくなった」というのがカストロの見解であった。「米国からのテロが止まれば、（ソ連軍は）ますます用をなさない」のである。キューバが望むのは、米ソ冷戦に囚われず、あらゆる諸国との交易を拡大することである。「交易に関しては、ロシア人よりもアメリカ人を相手にするほうがずっといい」。こう述べたカストロは、輸送費用の安さを念頭に置いてか、あるいは文化的・歴史的な関係を踏まえてか、「あなたたちはあまりに近い」と付け加えた。米国とキューバには、「よい関係を望む多くの理由がある」はずであった。(8)

会談の記録がどこまで正確だったのかは不明である。そもそもモイヤーズが訪問した理由は、反カストロ勢力による「テロ戦争」について、特集ドキュメンタリーを組むことであった。彼の個人的関心はどこまで会談の内容に影響を及ぼしたのか。また、カストロがアンゴラを「われわれのヴェトナム」と呼んだことは疑わしく、のちにキューバの外交官が、そのようなアナロジーを明確に否定することもあった。この形容表現は、かつてジョンソン政権の報道官を務めたモイヤーズによって勝手に用いられたのだろうか。ほかにもカストロの真意を測る上で、確認が必要な点が多くある。仮に米国との交易が始まったとしても、キューバは比較的高価な米国製品をどうやって購入するのか。米ソの対立が再び激化した場合、キューバは対米貿易と親ソ外交のバランスをどう保つのか。

それでもこの不完全な記録は、米・キューバ関係の進展において重大な役割を担うことになった。のちにキューバ政府は、このときのカストロ発言が政府の「公式」見解であることを米側に通達した。(9)また、モイヤーズ報告は、カーターの国務長官として対キューバ外交の転換を検討していたサイラス・ヴァンス（Cyrus Vance）の興味を強く引きつけた。モイヤーズから数時間にわたる聞き取りを行ったヴァンスは、この報告を「慎重に検討」し、「キューバ政府との議論を始めるために推奨可能なタイムテーブルとシナリオを速やかに送ります」とカーターに伝えたのである。(10)

カーター、対話外交に着手する

カーター政権は、カストロ・モイヤーズ会談に先立ち、すでにキューバとの国交正常化を模索していた。国務長官ヴァンスは、連邦上院議会の指名承認公聴会に立った際、キューバ軍がアンゴラから撤兵することを待たずに、キューバとの対話を始める意図を表明した。またヴァンスは、キューバ領空内でのＳＲ71型偵察機による飛行を停止し、海上国境と漁業権に関するキューバとの交渉も始めている。政府間対話への積極的姿勢は、「国家は互いの意思疎通なしに問題を解決できない」というカーターの基本的外交理念に沿うものであった。[11] 選挙期間中、人権を旗印に新外交を唱え、必ずしも東西対決の枠組みに囚われない政策運営を提唱していたカーターは、キューバを含め、長年対立してきた国々との対話を強く望んでいた。「もしこうした国家が反応すれば、私はそれに応えるため、相応以上に歩み寄るだろう」と大統領は日記に綴っている。[12]

それでもキューバは、カーターにとって複雑な問題であった。カーター政権は当初、キューバ問題を対中南米政策の文脈において捉えていた。パナマ運河を返還し、キューバとの対話を進め、中南米諸国に新しい米国の態度を印象づけるよう提言したリノウィッツ委員会という私的グループからは、パナマ運河返還交渉の責任者となるソル・リノウィッツ（Sol Linowitz）や財務長官マイケル・ブルーメンソル（Michael Blumenthal）など、多くの政府高官が輩出されていた。[13] しかし、キューバ問題には、中南米の文脈には収まらない側面もあった。革命政権がアフリカに介入するかぎり、対キューバ政策は、中南米とアフリカの二つの地域にまたがる事案なのである。早くも二月下旬、カナダ首相ピエール・トルドー（Pierre Trudeau）と面会したカーターは、「アンゴラの軍隊をより早く縮小させるという（カストロの）意思表示」について、相談をもちかけている。[14]

アフリカ冷戦の文脈を最も重視したのは、大統領補佐官ズビグネフ・ブレジンスキー（Zbigniew Brzezinski）である。ポーランド外交官の家に生まれ、ソ連を忌み嫌うブレジンスキーには、局地紛争を米ソ冷戦の文脈で捉えたがる癖があり、ソ連と同盟を結ぶキューバとの対話には、最初から及び腰であった。[15] 三月九日の政策検討委員会では、ヴァンスとの温度差がよく表れている。ここではキューバとの国交正常化を目指すこと、経済制裁を維持し、外交政策と人権における譲歩を革命政権に求めることが決定された。このときヴァンスがモイヤーズの記録に言及し、キューバ軍のアンゴラ撤退の可能性に触れると、ブレジンスキーは、「ひょっとするとナイーヴなアメリカ人（モイヤーズ）を相手にカストロが話したことなど信用できない」と受け流そうとした。それに対してヴァンスは、「たしかにそのとおりかもしれない」と応じつつ、「それを証明する唯一の方法は話し合いを始めることだ」と切り返している。[16]

ほかにも注目すべき点として、米国政府がすでにこの時点で、キューバ社会との関係を深め、米国の存在感を高めようと企図していたことがある。たとえば、国務省が準備した政策検討文書には、「ソ連とキューバの関係を弱める」という意図が盛り込まれていた。孤立化政策を放棄すれば、その恩恵に浴した米国人観光客がキューバに流れこみ、キューバ国民の間では「アメリカの商品や価値観への誘惑」が再び高まるだろう。そうなれば、米国の生活様式がキューバの革命社会よりも優れていることが白日の下にさらされ、「社会主義の構築という骨の折れる事業」も阻害されうるというわけである。[17] 対キューバ政策の変更を承認したカーターは、数日後、米国市民に対するキューバ、ヴェトナム、カンボジア、北朝鮮への渡航規制を解いた。ここに対話と関与によって革命社会を変容させようとする目論みが働いていたことは明白である。まさか数年後に移民危機が勃発することなど、誰も予測していなかったのである。

マイアミの人道問題

革命政権との対話を模索するカーターは、当面における対キューバ政策の目標として、五つの項目を掲げている。そのうち三つは旧来と変わらず、キューバの対外軍事活動を抑止すること、ソ連とキューバの政治・軍事関係を断つこと、そして革命後に接収された米系資産への補償を支払わせることである。この点、アプローチの仕方が変わったとはいえ、米国の目的は、基本的には変わらなかったと言える。ただし、カーターはそれら三つに、「テロとの戦い」と「人権」という二つの項目を新たな政策目標として加えていた。[18] いずれも在米キューバ人社会に関わる事柄である。一九八〇年四月までに、合衆国には八〇万人のキューバ人およびキューバ系米国人たちが暮らしていた。当時における彼らの政治力は後年に見るほどではない。にもかかわらず、米国市民権を取得するキューバ人たちが増えるにつれ、米国政府は移民社会の動向を考慮し始めたのである。[19]

問題は、在米キューバ人社会の意見も一枚岩ではなかったことである。くり返しになるが、一九七〇年代に入り、移民社会の政治的意見は分裂の様相を強めていた。武闘派や強硬派が革命政権の転覆を主張したのに対し、少数ながらも存在感を増す左翼の学生たちや知識人たちは、革命政権との対話を呼びかけていた。この右翼と左翼の間に埋もれていたのが「中間派」である。中間派は、革命政権に敵意を抱きつつも、政治囚の解放や家族の再結合といった人道的問題の解決を優先し、対話の必要を認めていた。とはいえ、こうした人々の多くは、公には態度を表明せず、過激化した武闘派のテロと暗殺の嵐が過ぎ去るのを静かに待っていた。匿名の場合においてのみ口を開いたのである。[20]

こうした事情をカーターに伝えたのが、当時フロリダ民主党を率いていたキューバ系政治家アルフレド・デュランである。デュランは一九七六年大統領選挙の民主党予備選において、人種主義者のアラバマ州知事ジョージ・ウォラス（George Wallace）に反対し、カーター支持をいち早く打ち出した。キューバについては、アフリカからのキューバ軍の撤退とキューバ人政治囚たちの解放が実現するまで、国交正常化交渉に応じるべきではないと考えていたという。[21] 一方、民主党指名選挙を戦うカーターは、フロリダ予備選の勝利を重視し、この州に何度も足を運んだ。[22] 移民社会の「中間派」の意見を代弁する雑誌『レプリカ』（*Réplica*）には、カーターがデュランたちと面会する写真が掲載されている。将来の大統領は、この時点で外交政策について明言することはなかったものの、然るべきときに、キューバ系米国人たちの意見に耳を傾けることを約束した。[23]

カーターはその言葉通り、政権発足の翌週、デュランをホワイトハウスに招いている。このときデュランは、まず移民社会の意見が分裂していることを強調した。国交正常化を米国政府の裏切りと捉える者もいれば、家族との

図 3-1　カーター（左）とデュラン（中央）

再会を実現する手段として期待する向きもある、と大統領に伝えたのである。その上で、移民社会で巻き起こっていたテロを抑え込むこと、さらに接収された米系資産への補償よりも人道的問題の解決を優先し、キューバ政府との交渉を道義的な観点から正当化することが提案された。元ピッグズ湾兵士であるデュランは、刑務所で長い年月を送ることになった数千人の同胞たちのことを気にかけ、米国政府の積極的な働きかけを要請したわけである。概ねデュランに好印象を抱いた大統領は、文書の余白に、「彼はよい男だ」と書き残している[24]（図 3-1）。

つまり、在米キューバ人社会が関心を寄せる人道的問題は、このような過程を経て、米国政府の政策目標に盛り込まれたわけである。ヴァンスは二月下旬、デュランを含めたマイアミのキューバ系指導者六名と会談したものの、革命政権との交渉について、事前に支持をとりつけることに失敗した[25]。ところが、すでにカーター自身は、キューバに関する声明において、アフリカからの軍の撤退だけでなく、人権を重視する意向をくり返し表明していた。事実、経済制裁を解除するタイミングを問われた大統領は、「キューバが基本的人権を回復しようとするまでは」急がないと公言している[26]。発言がカストロの反発を招いたことは言うまでもない。まもなく米国政府には、自身の暗殺を試みた米国政府に人権問題を諭される筋合いはない、というカストロのメッセージが届いている[27]。

とはいえ、カストロの姿勢も以前に比べれば柔軟であった。カストロは「挑発的な公開説諭」の代わりに、人道的問題を二国間協議で扱うことを提案したのである。こうして三月末、ニューヨークにて海上国境と漁業権の協議を開始した両国政府の使節団は、人道的問題についても意見を交わした。ここで米側を代表する国務次官補テレンス・トッドマン（Terence Todman）は、政治囚の解放、米国市民権をもつ住民の米国への移住、そして別離状態にあるキューバ人家族の再会を、「合衆国のキューバ系コミュニティにとって最も重要な問題」として取り上げた。[28] 翌月末、ハバナで開かれた第二次協議においては、さらに踏みこんだ内容の提案がなされた。トッドマンは、革命政権が人道的問題で重要な譲歩をすれば、食料品と医薬品を経済制裁の対象から外すことを示唆したのである。[29]

米国の提案に対し、キューバ外相イシドロ・マルミエルカ（Isidro Malmierca）は、人道的問題の歴史的背景に触れた。そもそもの問題として、米国政府が反政府活動を支持してきたこと、そして大規模な国外移住を奨励してきたことに抗議したのである。とはいえ、そのマルミエルカも、人道的問題に関し、個々の事例については調査を行うことを約束した。[30] 意外にも前向きな反応に驚いたトッドマンは、革命政権の姿勢を好意的にヴァンスに報告している。[31]

マイアミのテロ問題

人権に加え、デュランがもう一つ取り上げたのが、テロの問題である。前章で見たように、この問題は連邦政府の介入を要していた。デュランの要請を受けたヴァンスは、直ちに司法長官グリフィン・ベル（Griffin Bell）に調査の開始を求めた。ベルが態度をはぐらかすと、ヴァンスは「あなた自身がそれを調査するのです」と語気を強めている。[32] テロの防止は、キューバとの関係改善だけの問題ではなかった。カーター自身、非人道的なテロを嫌悪していた。モイヤーズが編集したＣＢＳドキュメンタリーを視聴した大統領は、「テロ活動の拠点として合衆国の領土が使われていることに唖然とし」、二度と反カストロ武闘派の活動を認めてはならないとＣＩＡ長官に「厳命」した。[33] 後日、大統領は武闘派のテロ活動について報告を受けると、「その脅威に屈することはできない」とヴァンスに発破をかけている。[34]

米国政府は一九七六年一〇月の旅客機爆破テロのあと、もはやテロを他人事として放置できなくなっていた。

ＣＩＡでさえ、米国の利益を脅かす「最も活発かつ破壊的なテロ集団」として反カストロ武闘派を認知したぐらいである。[35] ところが、テロ対策を指揮するはずのベル司法長官は、消極的な姿勢をなかなか崩さず、ブレジンスキーへの調査報告では取り締まりの障害ばかりが強調された。特定の法律を破らなければ容疑者を起訴できないこと、それでも起訴しようとすれば表現の自由に抵触すること、さらには在米キューバ人社会への不当な集団的差別（いわゆるレイシャル・プロファイリング）となることへの懸念まで表明された。[36] このとき国家安全保障会議（National Security Council : NSC）の中南米問題担当顧問ロバート・パスター（Robert Pastor）は、司法省が対策に「熱心ではない」と愚痴をこぼしている。[37] 政府の対応が定まらないなか、テロ事件はつづいた。七七年五月には、キューバへの就航再開を最初に発表した航空会社のオフィスが爆破されている。[38]

こうして人権につづき、テロ問題も米・キューバの政府間協議で扱われることになった。前述した七七年三月のニューヨーク会議では、（有効期限が翌月に迫った）ハイジャック取締合意を更新するよう米側がキューバ側に迫る一幕があった。このとき米側の要求を拒んだキューバ副外相ペレグリン・トーラス（Pelegrín Torras）は、旅客機爆破テロの件を持ち出し、「こういったことはわれわれの国民には理解しがたく、わが政府も国民感情を無視することはできない」と主張している。[39] 翌月のハバナ会議でも意見の溝は埋まらなかった。米側がテロを公に批判することを申し出ると、外相マルミエルカは言葉ではなく、より具体的な取り締まりの行動を要求した。すると、「いかなる過去があったとしても、（武闘派との）関係はもう存在しない」と釈明した米側は、ＦＢＩの調査報告を手渡し、反カストロ武闘派の関与が疑われたオルランド・レテリエル暗殺事件の捜査のために、キューバ側に情報提供を要請している。[40]

さて、米国政府による武闘派の取り締まりは、七七年夏に佳境を迎えた。奇襲攻撃の計画を察知したカーターは、すぐに関係省庁を動員し、襲撃者たちが燃料と武器を蓄えているバハマだけでなく、襲撃の対象となるキューバにも警告を通知した。この素早い対応によって、計画の実行は見送られたのだが、ヴァンスはこの成果に満足せず、直ちに省庁横断型の作業部会を設け、対策手順を再検討させている。「情報共有だけでは緊急を要する場合には間に合いません」と説くヴァンスは、「(米国政府の)適当な機関が主導し、情勢を見極めた上で、勧告を出すべきです」という提案も行った。「それに着手しなければならない」と応じたカーターも、翌日、「合衆国を拠点とするキューバ系テロリストたちを止めるために何をしているのか」とブレジンスキーに問いかけた。このとき、大統領への応答文書を用意したパスターは、「(対策は)不十分です」と書き残している。[41]

ここで支援を名乗り出たのがカストロである。国連のキューバ代表団は七月、マイアミのテロに関する口頭覚書を米国政府に届けている。この覚書には、奇襲攻撃の首謀者の名前や居住地、使用予定の武器や船舶、資金ルート、さらには共謀者たちの詳しい情報が含まれていた。[42] 革命政権は、米国国内で周到な諜報活動を行っていることを自ら暴露してでも、テロ対策でカーターと協力することを優先したわけである。カストロは後日、上院議員フランク・チャーチ（Frank Church）を介し、ハイジャック取締合意が失効した後も、米国政府と対テロで協力することを約束した。また、かつてＣＩＡから訓練を受けた反革命勢力を「モンスター」と呼び、その「制御が大変難しい」ことにも理解を示した。[43] 一〇月下旬には、キューバ内務省の幹部ホセ・ルイス・パドロンとアントニオ・デ・ラ・グアルディア（Antonio de la Guardia）が合衆国を訪れ、ＦＢＩと意見を交わしている。[44]

テロの取り締まりは徐々に成果をあげていく。八月中旬、米国政府はマイアミの地元当局と協力し、奇襲攻撃を企てた元ピッグズ湾兵一名の身柄を拘束した上で、攻撃に使用されただろう小型ボート三隻と自動小銃を押収している。[45] 当然、この程度で武闘派が押し黙ることはなく、ＦＢＩには危惧すべき情報がその後も次々と寄せられた。しかし、対キューバ政策の転換によって増加すると見込まれていたテロの発生件数は、結局その年の一一月までに、前年の二三件から八件へと減少した。この点に関し、ＦＢＩは自らの対策を自賛し、過去の事件に関する捜査を「積極的に」行ったことや、人員と資源を大幅に増加させたことを司法長官に報告した。[46] とはいえ、キューバ政府は米側の姿勢をそれほど高くは評価していない。海洋の安全に関する翌年五月の二国間協議において、誰一人として容疑者が投獄されなかったことをキューバ側は指摘している[47]。

それでもカーター政権のテロ対策は、マイアミの移民社会を動揺させることになった。RECEのホルヘ・マス・カノーサら強硬派だけでなく、やがて政府間交渉で重要な役割を担うベルナルド・ベネスのような中間派からも、異議の声が上がった。彼らが言う「テロ」は、そもそも米国政府やキューバ政府が定義するものとは異なっていた。それまで移民社会の一部では、革命政権を転覆するという目的が認められれば、ある種の「奇襲攻撃」も正当化されていたからである[48]。マイアミ市長モーリス・フェーレ（Maurice Ferrer）は、政権の対応が移民社会で「大混乱」を引き起こしたと訴えた。米国政府と移民社会の橋渡しを企図したデュランにとっても、これは由々しき事態であった[49]。一〇月下旬、デュランはマス・カノーサを含め、若手の指導者たちをブレジンスキーに引き合わせた[50]。会談後、ブレジンスキーは「彼らの不安を宥めました」とカーターに伝えたが、それは真実ではなかった[51]。

不十分なものであったとはいえ、米・キューバ両政府が対テロで協力したことには重要な歴史的意義が認められる。一九六〇年代、米国政府はＣＩＡを中心に、革命政権の転覆を目指し、反革命勢力を支援した。一連の秘密作戦を主導したことにより、引き継がれた暴力の遺産への責任を有することになったわけである。カーターは、それまでの合衆国大統領とは違い、この歴史的遺産の清算に自ら乗り出した。連邦政府を動員し、革命政権と協働し、抜本的な態度の転換を反革命勢力に迫ったのである。こうしてテロの取り締まりは、人権の訴えと同様、移民社会に大きな変化をもたらしていく。そのことは革命キューバの対米意識にも少なからぬ影響を及ぼすことになる。

ブレジンスキー、アフリカと経済制裁を連環させる

米国政府とキューバ政府の対話は順風満帆とはいかず、少なくとも一年後には、和解の機運が目に見えて萎んでいた。政府間交渉の成果が乏しかったわけではない。漁業権や海上国境に関する新たな合意が結ばれ、両国の首都では、大使館としての機能を実質的に有する「利益代表部」もそれぞれ開設された[52]。また、米国政府が米国市民へ

の渡航規制を解く一方、キューバ政府は米国国籍を有する囚人一〇名を釈放している。対話の障壁となったのは、前回と同じくアフリカ問題であった。早くも一九七七年三月には、アンゴラに拠点を置く亡命ザイール人兵士一五〇〇名が、ザイールの南部シャバ地方に侵攻し、地域情勢を悪化させていた。もともと南アフリカからの脅威に曝されていたアンゴラ政府は、今度はザイールの報復を恐れ、キューバに兵の再増派を要請した。カストロは快諾し、撤兵作業を止めて増援部隊を送り出した(53)。

アフリカ情勢の変動は、カーター政権の内部で重要な政策論争を引き起こしている。ヴァンスの国務省は当初、アフリカにおけるキューバの活動に懸念を表明しながらも、それを意図的に、国交正常化交渉とは切り離していた。経済封鎖やアフリカの冷戦といった難題は、対話を進め、信頼関係を構築してから取り組むべきものとされていたのである(54)。この態度は、八月三日の政策検討会議に向けて準備された文書にも表れていた。ここで国務省はアフリカ問題を無視し、食料品や医薬品を対キューバ経済制裁の対象から外すことを提案した。経済制裁を部分的にでも解けば、人権問題でさらなる譲歩を革命政権から引き出せるのではないか。国務省の見通しでは、対話を阻む障害も大きくはなかった。米国世論と国際世論は概ね政府間交渉の進展を支持し、在米キューバ人社会は「渋々ながらも追従」していた。連邦議会の議論でさえ、「党派的」で「焦点が定まっていなかった(55)」。

ここで国務省案に立ちはだかったのが、大統領補佐官のブレジンスキーである。ブレジンスキーは人権問題について、「それ自体がよいことであり、大統領にとって重要であり、キューバ系米国人コミュニティにとっても非常に重要である」と理解していた。ところが、彼が人権よりも重視したのは、アフリカにおけるキューバ軍の問題であった。アフリカからキューバ軍を撤退させるためには、カストロを説得する「唯一の交渉材料」として経済制裁を用いなければならない。逆にキューバがアフリカへ兵を増派しているときに経済制裁を緩めれば、国際社会における米国の力への信頼が傷つき、米国国内における大統領の威信も低下しかねないのだという。「キューバがアフリカでそのように動いているときに、（関係改善へと）動くのは気が狂っている」とブレジンスキーは発言した。

米・キューバの国交正常化は、「それ自体が目的」なのではなく、「われわれが重要だと考える利益を達成するための手段」なのである(56)。

この議論は、米国の対キューバ政策に決定的な変化をもたらした。ブレジンスキーの意見に猛反発したブルーメンソル財務長官は、「国交正常化はアフリカにおけるキューバの活動のためだけではない」と述べ、「人権や交易、西半球の他の国家との関係、そして接収された(米系)資産への補償を受けるためにも大事なのだ」と食い下がった。ブレジンスキーが譲らず、経済制裁を維持し、キューバ外交を抑止する必要を重ねて強調すると、今度はトッドマン国務次官補が割って入り、「その戦略は一六年間も通用しなかった」と応酬した。ブレジンスキーはそれでも踏ん張り、「経済制裁を解けばキューバの動きが変わるという考えはナイーヴだ」と切り返している(57)。この政策論争のあと、ブレジンスキーに軍配を上げたのは、ほかでもないカーターである。大統領も結局は冷戦の闘士であった。翌日のタンザニア大統領との会談において、キューバのアフリカ派兵が「国交正常化を不可能にした」と不満を漏らしていたのである(58)。

こうして米国政府は、国交正常化を進める条件として、アフリカから軍を引き揚げることをキューバに要求し始めた。言い換えれば、国交正常化自体を目的とせず、むしろそれをキューバ外交の転換を迫る道具として利用したのである。とはいえ、カストロがこの要求を受け入れる見込みはそもそもなかった。キューバの外交政策は米国政府との交渉の案件ではない、というのが革命政権の立場であり、それは前章で見たように、キッシンジャーとの秘密交渉のときから一貫していた。カストロは、カーターの要求が不当であるとも考えていた。キューバは他国からの軍事侵攻を恐れるアンゴラの防衛のために、現地政府の正式な要請に従って派兵したのであり、対米関係の改善を目的に、アンゴラの革命政権を犠牲にするわけにはいかなかった(59)。カストロは後日、「キューバは中国やエジプトと違い、お世辞や圧力、賄賂は通用しない」と米側に伝えている。「われわれを買収することはできない。よく覚えておけ(60)」。

カーター政権も諦めず、カストロへの圧力を強めている。たとえば一九七七年一一月、ブレジンスキーは新聞記者たちに匿名で「特ダネ」を流し、キューバがアフリカ各地で行った軍拡のために、国交正常化が「不可能」になったと解説した。過去四ヶ月の間にアフリカのキューバ人兵士の数が四千から六千に増えたと主張したのである。ところが、この増加は実際に起きたものではなく、単にＣＩＡが人数の算出方法を変更したためであった。ブレジンスキーの乱暴な印象操作は、革命政権を相当に苛立たせた[61]。のちにカストロは、これを「恣意的なプロパガンダ」と呼び、「合衆国で（対話に）反対する雰囲気が出てきたのはそのあたりだった」と振り返っている[62]。一二月、カストロも演説で厳しい言葉を並べた。「過去に五人の米国大統領と戦ったように、われわれは六人目とも戦うことになる」。その頃、キューバはソマリアの侵攻軍からエチオピアの革命政権を守るため、新しい軍隊を現地へ送り始めていた[63]。

エチオピアとソマリアが戦うこのオガデン戦争は、米・キューバ関係をさらに悪化させた。七七年七月、ソマリア軍は突如、ソマリ系が多く住むオガデン地方の併合を狙い、エチオピアに侵攻した。情勢はソマリアに有利な形で動き、四ヶ月後には、介入に慎重な態度をとっていたソ連とキューバでさえ、エチオピアの革命政権が崩壊寸前にあることを悟った。ここでソ連は一千人近くの軍事顧問や技術者を、キューバはそれを上回る数の兵士を投入した。キューバ兵の数は翌年三月までに一万二千に達している。両国の介入は、ヴァンスとブレジンスキーの間で激しい議論を引き起こした。ソ連への即時報復を説くブレジンスキーに対し、ヴァンスは冷静に対処することを主張し、カーターはヴァンスの意見を支持した。とはいえ、アフリカ情勢に疎い米国の世論や議会の不満は高まる一方であり、対応を迫られたカーターは、ソ連と敵対する中国との関係改善を急ぎ、ソ連と連携するキューバとの対決姿勢を強めていく[64]。

米・キューバ関係は七八年五月、アンゴラの亡命ザイール人勢力が再びザイールに侵攻したことを受け、さらに緊迫の度を増している。このときカストロは米・キューバ関係の悪化を避けるため、キューバが事件に関わっていないことをカーターに内密に伝え、協議を申し出た。ところが、国連訪問中のキューバ副大統領ロドリゲスとヴァンスの秘密協議が準備されたにもかかわらず、米国政府はその協議の直前になって、公然とアフリカにおけるキューバの活動を非難したのである。(65) 米国の対応に激高したカストロも応酬し、カーターを誤った方向へ誘導しているとブレジンスキーを名指しで糾弾した。こうして再開された批判の応酬によって、両国の対話への意欲はさらに減退した。国務省キューバ問題担当局長ウェイン・スミス（Wayne Smith）は、「(カーター政権が）あまりに頻繁に、あまりに人騒がせな言葉でアフリカのキューバ人たちに言及したので、連邦議員たちが何かしろと要求し始めた」と回顧録に記している。「ところが、カーターは実際には何もしなかったので、意気地なしと呼ばれたのだ」。(66)

フィデル、米国社会に働きかける

アフリカをめぐる米・キューバの対立は深刻であったが、それは必ずしも対話への流れを断つものではなかった。一九七七年五月、米国テレビ局の人気パーソナリティであるバーバラ・ウォルターズ（Barbara Walters）を迎えたカストロは、米国との関係正常化はカーター政権の第二期目まで時間を要するだろうと発言している。(67) 革命政権はその間、例の政治的影響力増進プラン（ＰＩＰ）を進め、関係正常化への下地を米国国内で整えようとしていた。カストロはウォルターズら多くの報道関係者と会い、企業家、政治家、活動家らをハバナに招き、歓待した。と同時に、新たに開設されたワシントンのキューバ利益代表部を通じて、合衆国の政界や実業界、学界、そしてメディアにおける人脈ネットワークの拡大に努めたのである。

キューバ利益代表部がカストロに送った活動報告書には、ＰＩＰについての情報が多く含まれている。利益代表部は、まずカーター政権内部の政策決定プロセスに関する情報を集め、ヴァンスとブレジンスキーの対立の実態を把握した。強硬派のブレジンスキーが「政権内で孤立する」よう、名指しで彼を批判することをカストロに進言したぐらいである。(68) また、外交官たちは情報収集の傍ら、連邦議会への働きかけを強めていた。黒人議員団やリベラルな民主党議員にはアフリカ政策を説き、南アフリカのアパルトヘイト政権に対する共闘を呼びかけた。保守的な共和党議員たちにも怯まず、対キューバ交易再開への興味を掻き立てるため、キューバ訪問を打診している[69]。活動は政治的な領域にとどまらない。外交官たちは市民レベルの人的交流を促し、全米各地で様々な文化行事を催した。ともすれば否定的な革命政権のイメージを改善しようと試みたのである[70]。

利益代表部の活動は、米・キューバ関係の悪化によって困難を極めていた。七八年六月の報告書には、アフリカ情勢をめぐる政府間の非難合戦の影響として、全米各地の商工会が次々とキューバへの視察渡航をキャンセルしたことが記されている。もちろん、明るい兆しもあった。黒人議員団はカーター政権を逆に批判し、アフリカにおける社会正義の実現を掲げるトランス・アフリカ（TransAfrica）という組織は、キューバ訪問に意欲的であった。利益代表部はこうした動きについて、アフリカ・カリブ海情勢における黒人政治の重要性は「明白である」と評している。キューバ人外交官たちは、国立バレエ団による公演の実現など、文化外交の成果も本国に逐次報告した。それによると、「バレエ団がワシントンにいたことは幸運」であり、「われわれの国に対する中傷宣伝への抵抗に貢献した」のであった[71]。

その後も利益代表部の外交官たちは、ＰＩＰの成果をカストロに伝えている。たとえば、全米メディアからカストロへのインタビューのリクエストが殺到していることについては、米国政府による「誤った非難」が説得力を欠くことを証明した、と解釈されている[72]。学術交流も続けられた。ジョンズ・ホプキンズ大、コロンビア大、マサチューセッツ工科大といった一流大学が、研究者や学生の派遣について問い合わせていた。文化交流事業も発展し、首都ワシントンでは米国記者クラブ主催の「キューバン・ナイト」が開かれ、ニューヨークではオルケスタ・アラゴン（Orquesta Aragón）とエレーナ・ブルケ（Elena Burke）による公演が実現した。同じくキューバ音楽を代表するシルビオ・ロドリゲス（Silvio Rodríguez）とパブロ・ミラネス（Pablo Milanés）の全米ツアーも始まっている。長い目で見れば、こうした文化活動も「合衆国におけるキューバの政治的影響力を増進すること」に資するはずであった。[73]

もちろん、以上に見た外交官、バレエ団、音楽家たちによる活動は、米国社会でも残存していたキューバ社会へのシンパシーによっても支えられていた。黒人の政治家や活動家たちの間では、南アフリカのアパルトヘイト政権と対峙するキューバを評価する者も多かった。大学関係者やキューバ文化の愛好家たちは、長年交流が途絶えていたこの国に関心を寄せ、革命政権が追求する人的交流の発展を支持している。なかには米国政府の対キューバ政策が誤っていると考え、進んで意見を表明した者もいた。ワシントンに拠点を置く左派シンクタンクの西半球問題会議（Council for Hemispheric Affairs）は、「時代錯誤の」対キューバ経済制裁を批判するシンポジウムの開催について、キューバ政府の協力を求めている。[74] このように合衆国社会の一部で米国外交への不満が渦巻いていたことも、革命政権の計画に力を貸していたのである。

フィデル、「キューバ版ネップ」を構想する

革命政権の在米キューバ人社会に対する姿勢の変化も、議会工作や学術・文化交流と同じく、ＰＩＰの文脈で解釈されるべきである。この点でまず特筆すべきは、キューバ系移民の若者五五名が組織したアントニオ・マセオ旅団である。旅団に加わった若者たちは、革命に共感し、自らのアイデンティティと文化のルーツを求め、キューバへの渡航を希望していた。この希望が革命政権によって受け入れられ、三週間の故国訪問が実現したのは、一九七七年一二月末のことである。このときカストロは若者たちを迎え、学校やバレエ劇場を訪問させた上で、その様子を『五五人の兄弟たち』（*55 Hermanos*）というドキュメンタリーに収めさせた。旅団の発足に携わった社会学者によると、作品はキューバ各地の映画館で流され、多くの聴衆の感動を呼んだという。「幼少期に通った屋上の遊び場や近所に若き亡命者たちが戻るという場面が、出国者たちを侮蔑するよう促されてきた人々の心を暖めた」のである。[75]

加えて、カストロはキューバ系米国人の企業家ベルナルド・ベネスとの連絡も秘密裏にとり始めていた。ベネスは前述のアルフレド・デュランと親しく、同じく大統領予備選の早い時期からカーターを支持していた。そして彼も、政治囚の釈放など、一刻も早い人道的問題の解決を願っていたわけである。一九七七年八月、ベネスはキューバ内務省幹部ホセ・ルイス・パドロンとパナマで初めて接触している。パドロンによると、会談は当初から意図されていたものではなく、偶然パドロンとベネスが近くにいることを知ったパナマ副大統領の友人によって、両者は引き合わされたということである。[76]以後、ベネスは友人のチャールズ・ダスカル（Charles Dascal）とともに、対話による人道的問題の解決を目指し、両国政府の仲介を試みた。ベネスは七五度もキューバに渡航し、カストロとは一五〇時間を、他の政府高官たちとはそれを上回る時間を過ごすことになる。[77]

一九七八年二月、ベネスとダスカルが初めてカストロと行った極秘会談は、特に注目に値する。まず、カストロは来訪者たちの関心に応え、政治囚釈放と家族再結合の問題を検討することを約束した。移民社会が抱える人道的問題の解決に向け、ここで明確に前向きな姿勢を見せたわけである。[78]一方、カストロの側にも頼むことがあった。信仰に篤く、道義的に立派な人物であるとカーターを評したカストロは、それまでの意思疎通の齟齬を嘆き、直接連絡をとる必要を感じていた。そこでベネスとダスカルには、カーターを説得し、米・キューバ首脳間を結ぶ秘密の連絡ルートを設けるよう依頼したのである。[79]さらに重要なことに、カストロと来訪者たちは、その後七時間にわたり、キューバの将来像を議論している。同席したパドロンによれば、この「前代未聞」の会談は、「在外キューバ人コミュニティと米国に関する一八〇度の態度転換」を示していた。「(カストロが）初めて会う人間にこれほど率直に話すのは聞いたことがない」と驚くパドロンは、次のようにベネスに伝えている。「経済発展、商業、交易。ブレジンスキー博士に伝えてくれ。これはキューバ版ネップ（新経済政策）である」。[80]

数十年後、パドロンは筆者とのインタビューにおいて、この「ネップ」の意味を明らかにしている。すなわち、カストロが資本主義の導入を意図する発言をしたのは、このときが初めてであった。しかもこの革命指導者は、対米関係の変化に応じて自国の経済体制を修正する意向まで示していたのである。この点に関してパドロンはベネスとダスカルの啓蒙的な役割も認めている。彼らはカストロを前にして、全く遠慮なしに意見を述べた。東西冷戦を闘鶏に喩えたダスカルは、「フィデル、君はソ連という負け鶏に賭けている」と言い切った。[81] マイアミの移民社会でドキュメンタリーを作ったベネスは、それをカストロに視聴させた。レポーターが一日に六千足を製造する靴工場を紹介すると、驚いたカストロは立ち上がり、「ベネス、これは間違いだ。これは『一年間に六千足』のはずだ」と抗議した。ところが、ベネスは「いいや、フィデル。『一日六千足』だ。レポーターが言ったとおりだ」と応じたのである。[82]

革命政権のなかには、経済秩序の変革を歓迎した者もいた。パドロン自身、「ほとんどソ連体制のカーボンコピー」であった当時の経済体制では、「国を発展させることはできない」と「確信していた」のである。パドロンは新しいアイデアを求め、ユダヤ人たちとパレスチナ人たちの活動からインスピレーションを得た。どちらも国外に住む同胞たち（ディアスポラ）との政治的・経済的紐帯から利益を引き出していた。「そこで私は考えたのです。『われわれには民族もあれば、国家もある。同じことができないはずがない』と」。カストロも、こうした思惑を抱いたのだろう。以後数年にわたり、合衆国との窓口役を任せられたのは、ほかでもないこのパドロンであった。新設された観光省の長官に任じられた彼は、金融、貿易、観光を統括する国営企業ＣＩＭＥＸの立ち上げまで許されている。[83] なお米側の史料によると、別の米国人企業家もカストロから「新しい経済発展秩序」の構想を聞かされていた。西側諸国との緊張を緩和することが、目標の達成に欠かせないとのことであった。[84]

「ネップ」という言葉が示すように、カストロは必ずしも社会主義からの決別を意図していたのではない。あくまで社会主義の発展のために、資本主義を「一時的に」導入したかったのである。またカストロが望んだのは、ソ連経済への依存度を下げることであって、ソ連との交易を断つことではなかった。キューバにとって、対ソ交易はあまりにも有利な条件のもとで行われていたからである。[85] そしてカストロには、米国との交易を開始するためだけに、アフリカの革命政権を見捨てるつもりは毛頭なかった。この点は前章でも見たとおりである。とはいえ、こうした留保をつけるにしても、カストロが頑迷なイデオロギー思考に囚われず、経済路線の修正を模索していたことは重要である。経済活性化への彼の強い希望は、なぜ革命政権が関係改善への次の一手を打ったのかという疑問を解く鍵となる。米国政府は経済制裁をついに緩和しなかった。にもかかわらず、カストロはキューバ経済の将来を見据え、移民社会との対話と対米関係の正常化とを同時に模索したのである。

秘密協議の開始とその限界

さて、ベネスとダスカルの活動に、米国政府は複雑な反応を見せている。報告を受けたブレジンスキーは、まずカストロの真意を探ろうとした。副補佐官デイヴィッド・アーロン（David Aaron）にパドロンと会うよう命じ、一九七八年四月一四日、ニューヨークのラガーディア空港に向かわせている。このアーロンもブレジンスキーと同様、キューバをソ連の傀儡とみなし、会談の前日には、「キューバ人がアフリカでソ連人に酷使されていることをパドロンに伝えます」と請け合っている。[86] これは要らぬお節介であった。パドロンは即座に、「あなたたちは正しい情報を得ていません」と反駁し、「合衆国はアフリカにおけるキューバの（活動の）性格、見解、影響力を過小評価しています」とまで言い切った。これにはアーロンも苦笑いを浮かべ、会談は和やかに終わったものの、認識の溝は埋まらなかった。[87]

ここで横槍を入れたのがヴァンスである。アフリカ問題に固執するブレジンスキーのNSCと違い、ヴァンスの国務省は、もともとキューバとの対話に積極的であった。事実、ニューヨーク会談に失望したベネスとダスカルが、地元マイアミの連邦議員を介してヴァンスに会い、事情を伝えると、国務長官は彼らの話に熱心に耳を傾け、その場で側近のピーター・ターノフ（Peter Tarnoff）を窓口役に任じたのである。[88] その後、ヴァンスは人権問題の重要性を訴え、カストロが提案した極秘交渉を受け入れるようカーターを説得した。こうして始まった米・キューバ秘密協議は、ニューヨーク、ワシントン、アトランタ、メキシコのクエルナバカ、そしてハバナで行われている[89]。交渉の存在は奇跡的にもメディアに漏れず、その内容はソ連にも知らされていなかった。

最初の二つの協議は、それぞれニューヨーク（六月一五日）とワシントン（七月六日）で開かれている。ここで米・キューバの代表団は、アフリカ問題を議論しつつ、人道的問題の解決に向け、話し合いを進めている。とりわけ重要だったのが、革命政権が数百名の政治囚たちを釈放し、合衆国へと出国させることを認めたことである。パドロンによれば、この決定は、「在米キューバ人コミュニティとキューバをとりまく（政治）環境」を改善し、「米国世論においても（国交正常化に）好意的な雰囲気を作る」ためであった[90]。国務省のデイヴィッド・ニューサム（David Newsom）は、キューバ側の決断を歓迎し、釈放された政治囚たちを合衆国に受け入れることを約束した[91]。ただし、ブレジンスキーは協議の突然の進展に気味の悪さを覚えていた。彼は人権問題におけるキューバ側の譲歩を評価せず、経済制裁を念頭に、「いかなる二国間関係についても」話し合わないよう国務省に勧告した[92]。

こうして最大の山場となったのが、八月八日のアトランタ会談である。カーターはブレジンスキーの不満に配慮し、この会談にはNSCのアーロンと国務省のニューサムを同時に送っている。一方、キューバ側では対話への期待が高まっていた。パドロンはワシントン会談の後、「まるで二〇年間も話せなかった人が、突然『お父さん』、『お母さん』、『坊や』といった言葉を発し始めたようだ」とベネスに伝えていた[93]。その後、キューバが翌年に主催する非同盟諸国首脳会議を欠席するよう米国政府が関係一五カ国に働きかけていたことが判明し、怒ったカストロは、七月二六日の演説でカーターの人権外交を槍玉に挙げ、ニカラグアやチリの右翼独裁に対する宥和的な態度を糾弾した[94]。それでもパドロンは、革命政権が次のアトランタ会談を重視していることをベネスに伝えた。先の会談で示されたキューバ側の譲歩について、米側が何かしらの形で報いることに期待を寄せたのである[95]。

ところが、アトランタ会談はキューバ側を失望させた。アーロンは開始早々、「本当に（交渉に）真剣なのか」というカーターのカストロ演説への反応を持ち出し、キューバ側を驚かせた。米側はその後も、人道的問題におけるキューバの譲歩を軽んじるかのような態度をとり、アフリカ問題を蒸し返しては、経済制裁を維持する姿勢を貫いた。一方、パドロンは、革命政権の外交は主権事項であり、米国を含め、外国との交渉には応じられないと答えている。アンゴラのキューバ軍は、あくまでアンゴラ政府の要請に応じて送られたのであり、米国政府がアンゴラの安全を保障しないかぎりは、撤兵できないのであった。こうして協議は停滞し、議論は悪循環に陥った。議題が経済封鎖やグアンタナモ基地に移ると、キューバ側の回答に失望していた米側は一切のコメントを拒み、協議を途中で打ち切った。パドロンは「一方的だ」と抗議したが、どうしようもなかった(96)。

翌週、ハバナを訪れたベネスは、カストロが我慢の限界にきていることを悟っている。革命政権は、かつてない速度で政治囚の釈放を進め、一九七八年夏までに、政治囚一千名に恩赦を与えていた。ところが、米国政府は人道的問題でのキューバ側の譲歩を全く評価せず、経済封鎖を解くどころか、食料品や医薬品でさえ、規制対象から外さなかったのである。これでは対話の性格が疑われるのも無理はない。「ここまですべてが一方的だ」と不満をぶちまけたカストロは、「われわれは建設的に話を進めたいのだ」と心情を吐露した。「しかし、もし奴らがわれわれをやっちまおうとするなら、われわれも毎日二四時間奴らをやっちまうだろう」。カストロはプライドの高い男である。「われわれはすべてのことについて話し合うつもりだが、あくまで礼儀作法に則ってだ。恥をかくために話し合うのではない」。そして、「キューバはただ譲歩を重ね、ただ示された条件に従うようにして、合衆国と付き合うことはない」と言い捨てたという(97)。

ベネスは、会談の失敗を文化の衝突として捉えていた。キューバ人にとって、カストロが七月二六日の演説で合衆国の態度を批判したのは、革命家としての熱狂的情熱の表現でしかない。それがアメリカ人にとっては、対話の政治的コストをつり上げる余計な演出なのであり、キューバ側の真意を疑わせるものだというわけである(98)。この分析は注目に値するが、状況の説明としては不十分である。本質的に重要なのは、一九七七年八月に生じた米国外交の変化であった。これ以降、カーターとブレジンスキーは、国交正常化それ自体を「目的」とせず、むしろキューバ外交の転換を迫る「手段」として考えたのである。かつて人道的問題に取り組むようキューバ政府に促し、経済制裁の緩和まで示唆した米国政府が、その後のカストロの努力を過小評価し、ひたすらアフリカ外交の転換を求めた理由はここにあった。カストロは、米国外交がいともたやすく変転することを思い知らされたのである。

そのアフリカでは、米国とキューバが睨み合ったままであった。米国政府は南アフリカの抑制に失敗し、アンゴラは重大な安全保障上の脅威に曝され、キューバも兵を引けなくなっていた。[99] こうして米・キューバ関係の様相がますます複雑になっていたときに、カストロは在外キューバ人社会との対話に乗り出していく。

フィデル、在外キューバ人社会との対話を進める

一九七八年九月六日、カストロは突然、在外キューバ人社会との「対話」(*Diálogo*)を発表した。政治犯罪で投獄された囚人たち数千名の解放と、過去二〇年にわたって別離していた家族の再会について、国外在住のキューバ人たちと協議することを提唱したのである。革命政権の宣言は歴史的であり、世界メディアを驚かせるものであった。革命以来、国外への移住は裏切り行為であり、革命に対する犯罪であったはずである。個々の事情を問わず、革命を支持する数百万人のキューバ人たちは、移住者たちを「うじ虫」(*gusanos*)と罵倒してきた。ところが、カストロは今になってこうした過去を悔い、自ら侮辱的な言葉を用いたことについて、反省の弁を述べた。そして、移民社会を「在外キューバ人コミュニティ」(Cuban community abroad)と呼び直した上で、「反革命勢力の親玉たち」を除く、「すべての人々」との対話を宣言したのである。[100]
革命政権の声明は、米国政府の役人たちを当惑させることになった。カストロによれば、対話は人道的問題の解決を目指すものであり、メディアへの露出は「控え目」でなければならなかった。[101] しかし、国務省のターノフから見れば、声明を行うこと自体が、政治的思惑に基づく宣伝行為であった。二ヶ月後の中間選挙を前に、交渉を急ぐようカーターに政治的な圧力をかけようとしているに違いない、と考えたわけである。ターノフから詰め寄られた

ベネスは、別の観点を示している。彼に言わせれば、革命政権と移民社会の「対話」は、あくまで「飾り」であり、政治囚の解放や家族再会といった政策転換の大枠については、事前の秘密協議を通して、すでに米国政府にも伝えられていたものである。これに納得しなかったターノフは、移民政策の転換に関するブレジンスキーへの報告において、やはりキューバ側の真意を疑っていた[102]。

なぜカストロは、移民社会との対話を公にしたのか。ここで重視すべきは、国を去った人々に対して多くのキューバ人たちが抱いた憎悪である。数十年にわたる反革命勢力との骨肉の争いのあと、カストロといえども、人々の感情をいきなりリセットすることは難しかった。革命政権の内部でさえ状況は同じである。移住者政策の変更は、対米政策以上に議論が紛糾し、「意見の不一致は微妙な形でフィデルの前に現れた」[103]。六週間後、最初に釈放された政治囚四八名が出国するとき、カストロは、「どうかこれがわれわれにとって容易なことであると思わないで下さい」と発言している。「われわれにとって、これは勇敢なジェスチャーなのです。二〇年間も戦い、（反革命勢力を憎悪してきた）人々に、（政府の決定を）説明しなければなりません」。その上で、「もし彼らの理解を得られなければ、これ（対話）は失敗に終わるでしょう」と言い添えていた[104]。

一方、米国政府はアトランタ会談の決裂を経て、ますます疑心暗鬼になっていた。アフリカ冷戦をめぐるキューバとの対立を解消する見込みはなく、対話への期待はすでに萎んでいた。加えて、ヴェトナム、米中関係、ソ連との戦略兵器制限交渉（Strategic Arms Limitation Talks : SALT）、中東和平など、重要な外交案件をほかにも抱えていたカーター政権にとって、行き詰まりを見せていた対キューバ政策の優先順位は下がっていた。八月下旬に省庁横断会議を開いたNSCのアーロンは、米・キューバ関係について、「（政策の）回路に負荷をかけすぎないよう注意してほしい」というカーターの意向を出席者に伝えている。キューバ問題は、少なくとも中間選挙が終わるまでは「緩やかに」進めなければならないのである[105]。キューバ側が対話を急いでいるように見えたのは、このように米側が交渉のペースを落とすことを望んでいたからでもあった。

また米国政府は、在米キューバ人社会の反応も気にかけていた。そこでは強硬派を中心に、対話に反対する声は依然として強く、妨害目的でテロや脅迫に訴える者もいた。とはいえ、多くの人々が、カストロの対話への呼びかけに応じつつあったことも事実であった。革命政権による歴史的な発表を受け、政府間交渉の存在を知らない活動家たちの間では、革命政権との対話に寄与することが、人道的問題の唯一の解決手段であるかのように考えられたのである。[106] 米国政府もこうした「誤解」を看過したわけではない。場合によってはカストロと同調し、人権を訴え、一見すると何もしていないかのように見えるカーターを批判し、あるいは政治的な圧力をかけてくるのではないか。このように考えた国務省のターノフは、ユダヤ系ロビーの例を挙げ、新たなエスニックロビーが登場する可能性にも思案をめぐらせている。

彼らが近いうちに、われわれの目的に沿うよりも早い段階で、(キューバ政府との対話に) 動くよう求める日が訪れるかもしれません。(中略) しかし、彼らがわれわれよりも先を行くことがあっても、深刻な問題にはならないでしょう。キューバ系米国人コミュニティは圧力団体としては比較的小さく、(その力には) 限界があります。われわれは彼らの反対にもかかわらず、国交正常化のプロセスを始めました。仮に彼らが対話のペースを速めようとしても、制御することができるはずです。[107]

ところがカーター政権は、まもなく抑制不能な変化の荒波に直面する。革命政権と移民社会の「対話」は、フロリダ海峡をまたぎ、人々の考えや行動様式に多大な影響をもたらしたからである。

対話の帰結 (1) ――政治囚の釈放と出国

結局、革命政権のジェスチャーは、米国政府の歓心を得られなかった。一九七八年一〇月二八日、米・キューバ外交団は、メキシコのクエルナバカで再び秘密協議を行っている。アトランタ会談の冒頭で引用されたカーターの発言を忘れていなかったパドロンは、革命政権が対米交渉に真剣であることの証拠として、次のように移民社会との対話に言及している。

米国の政権が（キューバとの）関係を改善する際には、このこと（キューバ系米国人の態度）が非常に重要な要因となる、とあなたがたは常々われわれに伝えておりました。そこで、われわれもこの点に同意し、敵対的なキューバ系コミュニティが米国に存在することは、米国にとっても、キューバにとっても、有益ではないと考えたのです。キューバ人コミュニティとの関係の修復が、賢明かつ妥当で、望ましいと判断したのです。

これに対し、米側は再びアフリカ問題を取り上げた。キューバ軍が撤退しないかぎり、経済制裁を緩和しないという従来の主張をくり返したのである。[108] 交渉は今回も進展を見せなかった。帰国したアーロンが「完全に行き詰まりました」と報告すると、「次（の会談）は計画するな」とカーターは命じている。[109]

そのカーターは、政治的にますます苦しい立場に置かれていた。米国政治は右傾化の様相を強め、与党の民主党は中間選挙で敗北し、二年後に控えたカーターの再選にも危険信号が灯っていた。[110] カーターへの不満は、インフレや失業率の悪化だけでなく、対外関係で「弱腰」と見られたことによっても高まっていたが、逆にタカ派的な主張を無理にくり出して、それが裏目に出ることもあった。一一月中旬、米国政府はソ連によるケネディ＝フルシチョフ了解の違反を公に追及し、世界を騒然とさせた。ソ連がキューバに配備した新型ミグ戦闘機について核兵器搭載能力を疑い、再びハバナ上空でＳＲ71型偵察機を飛ばしたのである。[111] 後日カーターはこの件について、「小さなモグラ塚から大きくなった」と日記に綴っている。[112] 結局、戦闘機には「攻撃目的がない」ことをソ連が説明し、事なきをえた。偵察飛行による領空侵犯が、キューバ政府を激怒させたことは言うまでもない。

とはいえ、カーターはこうした政治基盤の弱体化や日和見的な外交運営にもかかわらず、カストロとの連絡をとりつづけている。ヴァンスはブレジンスキーと違い、依然として米・キューバ関係の進展を望んでいた。一九七九年初頭の報告書においても、キューバを含め、伝統的に米国と敵対する国々との国交正常化を支持している。原則として、対話は国際システムを安定させ、世界における米国の影響力を増し、ソ連の拡張を食い止めるはずであった。「キューバについては現状維持だ」と余白に書き残したカーターも、こうしたヴァンスの議論を否定しなかった[113]。一方、関係改善の流れが逆行することは、カストロも望んでいなかった。アフリカ情勢をめぐる対立にもかかわらず、総じて米・キューバ関係は、カーター政権期に入って以来、好転していたのである。カストロは移民社会との関係を修復しつつ、テロ対策など、利害を共有する分野で協力を続けることをカーターに申し出た。カーターも「それで構わない」と応じている[114]。

こうして米国政府の黙認のもと、キューバ政府は、移民社会との関係修復を急いだわけである。ベネスによると、革命政権は「対話に参加する意欲を表明したすべての人たち」に直接連絡をとった[115]。一一月下旬には、カストロは新たに発足した七五委員会（ある時点で七五人のメンバーがいた）をハバナに招き、協議に臨んでいる。ここでカストロは三つの重要な発表を行った。第一には、三六〇〇名の政治囚の釈放であり、彼らとその家族の出国を認めるという決定である。第二には、兵役義務のある男子も含め、国外に家族が待つ人々の出国を容認するという論決である。そして第三の発表は、家族再結合を目的に、翌年一月より、国外移住者たちによるキューバへの一時帰国を許すという内容であった。政策の転換は、移民社会との協議の「成果」として大々的に報じられたが、それは正確ではない。いずれもベネス、ダスカル、そしてカストロによって事前に詳細が練られていたからである[116]。

しかし、対話の進展は、皮肉にも米国政府の猜疑心を強めることになった。たとえば、キューバから出国を許された人々の数が、米側が希望する受け入れの数を大幅に上回っていたことがある。問題は景気の動向だけではなかった。当時の米国社会には、ヴェトナム戦争につづく困窮と混乱から逃れる東南アジアからの移民が数十万人単位で流入し、国内の反発を招いていたのである。こうして司法省が査証申請者の背景調査に二の足を踏むと、キューバでは、出国願いを出して失職したにもかかわらず、入国書類を求めて何ヶ月も順番を待ちつづける、という人々の数が急増した。そして彼らに同情する在米キューバ人社会では、カーター政権への苛立ちが、ますます募ったのである。高まる人権の訴えに閉口したNSCのパスターは、「カーターの勝利をカストロの勝利に変えてしまった」とさえ嘆いた[117]。CIAもカストロの目的について、「理想的には、コミュニティの指導者たちに米国の対キューバ政策を批判させることである」と疑っていた[118]。

たしかに革命政権と移民社会は、いまや人道的問題の解決に向け、利害を共有していた。一九七八年一二月上旬の米・キューバ秘密会談では、カストロが自ら国務省のターノフとNSCのパスターをハバナに迎え、五時間にわたる議論を主導している。このときのカストロの舌鋒は比類なく鋭かった。SR71型偵察機の件では、合衆国を「強く、豊かで、先進的だが、傲慢な精神をもつ国」と酷評した。米側がキューバ軍のアフリカからの撤退を求めると、「経済封鎖を解いてもらうために取引することはない」と一蹴し、「この二つの問題を結びつけたのはあなたたちで、われわれではない」と切り返した。経済制裁の対象から医薬品や食料品が外されなかったことについては、「カーター大統領の人権政策と完全に矛盾している」とカストロは論じている。「歴史はあなたたちの恥を曝すだろう」[119]。刺々しい言葉を次々と浴びせられたターノフとパスターは、「(カストロの)口が開くたびに、二〇年間も怒りを溜めつづけた男が、抑制を効かせつつも、強烈な感情をこめて、その怒りを吐き出す様子を見ることになった」とカーターに報告している[120]。

しかし、そのカストロも、元政治囚の境遇に話が及ぶと、態度を一変させた。柄になく「頼む」(*por favor*)という言葉を用い、米側の配慮を求めたのである。「元政治囚」というのは、両国政府が合意を結ぶ前、すなわち一九七八年八月一日以前に、すでに釈放されていた人々のことを指す。米国政府は収容中、もしくは釈放されてまもない「政治囚」の受け入れを優先していた。したがって、彼ら「元政治囚」については、他の出国希望者と同じく、通常のルートで移民査証を申請し、順番を待つことを期待していたのである。問題は、順番を待つ列が長蛇となり、彼らが行き場を失っていたことであった。そこで自ら元政治囚の「弁護人」を名乗るカストロは、「彼ら(元政治囚たち）は革命に反対する活動に関わったために有罪となったのです」と論じた。「過去に合衆国が反革命を支持しなかったならば、ほとんどの人は巻き込まれなかったはずです」と米側の道義的責任を強調した上で、「どうか（このことも）考えていただけないだろうか」と配慮を求めたのである。(121)

それでもターノフが難色を示すと、カストロは再び態度を硬化させている。まず、「もし彼ら（元政治囚たち）が不法に出国したら」と話を急転させ、「あなたたちは彼らを受け入れるのだろうか」と単刀直入に尋ねた。そして不意を打たれたターノフが回答に窮すると、カストロは「なるほど」とつづけ、「あなたたちは多くの元政治囚たちをわれわれのもとに放っておくつもりですね。そしてわれわれのせいであると言うわけですね」と畳みかけた。「しかし、不法出国の件についてはご検討いただきたい。合衆国は長いこと（不法出国を）歓迎し、奨励してきました。もし今（元政治囚たちを）受け入れなければ、彼らも全員（不法）出国を試みるでしょう」(122)。カストロはこのように発言することによって、移民危機の勃発を予見し、人の移動が、キューバだけでなく、米国の問題でもあることを示唆した。米国政府の視線がアフリカに釘付けになっている間に、水面下では、新たな移民危機の予兆が芽生えていたわけである。

対話の帰結（2）――帰国する家族たち

一九七九年一月、革命政権は約束通り、国外在住のキューバ人たちによる一時帰国を解禁した。移住者たちの家族再会の希望を叶えれば、人道的問題に取り組む革命政権の姿勢を国内外でアピールできる。また、「革命の盤石さ」を目の当たりにすれば、帰国したキューバ系米国人たちも反革命を諦め、国交正常化を支持するようになるだろう。あわよくば「米国におけるキューバの政治的影響力」も増すかもしれない。(123) 一方、このような革命政権の思惑に薄々気づいていた反革命勢力も黙ってはいなかった。対話を批判し、カストロがいる限りはキューバに戻るべきではないと説く者もいた。とはいえ、歴史家マリア・クリスティーナ・ガルシアによれば、両親や祖父母、兄弟姉妹たちとの数十年ぶりの再会を望む多くの人々は、「政治的イデオロギーよりも家族を優先した」のである。キューバへの一時帰国者の数は延べ一〇万人を超えている[124]。

新しい経済秩序を構想していたキューバにとって、一時帰国者たちが持ち込んだ外貨は貴重な収入源となった。事実、渡航者たちは航空運賃や滞在費、手続き料などを通して、一億五千万ドルもの臨時収入を革命政権にもたらしている。しかし、大規模な人々の移動は、革命政権の企図に反する帰結も生じさせた。やがてマリエル危機に加わることになった一人の少女は、次のように当時の印象を振り返っている。

資本主義社会の生活は学校で習ったことと違いました。医療保険に入っている私の叔父さんは、無料、あるいはわずかな料金で、薬を手に入れ、お医者さんの診断を受けられるそうです。もし成績が優れていたり、素晴らしいスポーツ選手として表彰されたりすれば、大学も無償です。叔父さんに命令を下すのは職場の上司だけのようです。もしその上司も嫌なら、会社を辞め、別の場所で働くこともできます。理由を説明せずに国外に出ることも簡単です。近所づきあいの悩みはなく、日曜日に無償で働く必要もありません。そもそも叔父さんはご近所の顔をほとんど覚えていません。休日は自分の庭の手入れをしたり、家のなかで何かを修理したりして過ごしています。近所の人には何も期待しません。他の誰かのためにしなければいけないこともありません。常識的な礼節と国の法律にだけ従えばいいのです[125]。

要するに、彼女のように革命社会の日常に不満をもつ人々からすれば、渡航者が語る合衆国の話は新しい人生の始まりを予期させるものであった。この少女の話に自己実現という個人の期待と、革命社会が求める公益の追求との衝突を見ることは難しくない。彼女にとって、二つの価値観は相容れないものとして再定義されたのである。数百万のキューバ人たちは、革命への信念を保ちつづけた。ところが、来訪者たちのいささか誇張された「自由」の話に誘惑され、米国での生活を夢見た者も数千を数えた。彼らの移住願望は、渡航者が「お土産」として持ち運んだ大量の消費財によっても刺激されたに違いない[126]。

後にキューバ人学者ヘスス・アルボレーヤが認めるように、当時のキューバ社会は、この「感情的衝突」に対して準備不足であった[127]。とはいえ、革命政権も全くの無策であったわけではない。経済の指標は軒並み悪かった。自然災害が頻発し、貿易赤字が拡大するなか、労働意欲の減退には歯止めがかからず、ベビー・ブーマーたちの参入による労働市場の飽和も懸念されていた。こうした状況において、キューバ政府は当然のごとく、渡航者たちの来訪を前に、人民に対するイデオロギー教育の徹底に努めていた。ソ連大使が本国に宛てた電信によると、カストロは一九七八年一二月の共産党中央委員会第七次総会、および地方の党指導者を集めた翌年二月の全国大会において、自ら率先して移民政策の転換について熱弁を振るっていた[128]。また、イギリス大使の電信によると、上記の党大会におけるカストロの演説は四時間に及び、家族渡航が国家にもたらす経済的・人道的利益が論じられた。演説は録画され、各地へ配布されたという[129]。

こうした努力にもかかわらず、革命政権が抱える問題は、移住者の帰国によって膨れ上がった。急速に高まる国内社会の反発を受け、七九年五月には、来訪者が家族のために持ち込む「お土産」の数量に規制がかけられた[130]。まもなく、一万人に設定されていた渡航人数の月間上限も、五〇〇〇人へと大幅に引き下げられている[131]。危機感を募らせた革命政権は、生産性の向上や労働規律の遵守を唱える広報運動を大々的に展開し始めた。ラウル・カストロは一一月下旬、緊急の経済計画を発表し、国家の資源配分を見直し、国民への食料品配給の維持を優先する旨を発表している。このときラウルは、何かと米国の経済封鎖を言い訳にする一部の役人を批判し、自らの問題から目を逸らすべきではないとさえ述べた[132]。革命政権はその後も閣僚人事を刷新し、近隣住民組織を動員し、給与改革も行った。あわせて剰余農産物の市場販売を認める新政策も打ち出している。しかしカナダ大使によると、国内社会の動揺を鎮める上では、いずれも「大した成果をあげなかった」のである[133]。

対話の帰結（3）——マイアミのキューバ人たち

革命政権の誤算は、元政治囚への対応や、移住者の故国訪問に関するものだけではない。対話は、移民社会への影響力を高めるという点でも、期待通りの成果を伴わなかったのである。たしかに、経済制裁の解除を求める活動家や学者たちは、新しいロビー団体を設立した。その嘆願書には一万人を超える署名が集まり、移民社会の変容が証拠づけられたといえる。[134]とはいえ、対話派にとって情勢は決して楽観できるものではなく、彼らは相変わらずテロの脅威に曝されていた。テロ団体オメガ7は、革命政権との対話に参加した二名を殺害し、ニューヨークではソ連とキューバの国連使節団が入る建物をそれぞれ爆破している。ＦＢＩはオメガ7を米国で「最も危険なテロ組織」と認定し、メンバーの逮捕を「最優先事項」とした。にもかかわらず、一九八〇年九月には、キューバ国連代表団の外交官一名も暗殺されてしまう。[135]

そして注目すべきは、対話派にも武闘派にも属さない一般のキューバ系米国人たちの間でも、革命政権への反感が急速に高まった点である。そもそも政治囚の釈放には、革命政権への敵意を逆に強めてしまう面があった。囚人の多くは、かつて自らを投獄した革命政権に何の恩義も感じず、牢屋から出されると、獄中経験を語り、ついには政権打倒を目指す新しい団体まで発足させた。[136]むしろ意外だったのは、家族訪問が革命政権への好意を育まなかったことである。というのも、帰国者たちの多くは、外貨獲得のために革命政権に「搾取された」と感じていた。故国で「観光客」として扱われた彼らは、「理不尽なほどに高い価格」で、航空チケットの購入とホテルへの滞在を同時に義務づけられていた。[137]その上、新政策に便乗する悪徳商売も横行し、「ただの金儲けというイメージ」を植えつけるのではないか、と内務省の役人が案じるぐらいであった。[138]

さらに渡航者たちの多くが、故国の「貧しい生活」に衝撃を受けたという話もある。すでにアメリカ式の消費生活に適応していた彼らは、個人による消費財の獲得よりも、社会全体の利益を優先する革命政権の姿勢を理解せず、あるいは理解したいとも思わなかった。ただ物品の欠乏に驚き、米国の政治経済制度への信念を強め、然るべきときに家族を連れ出す決意を固めたというわけである。革命社会の強靭さへの疑いが強まり、政情不安の観測も伝えられるなか、アブダラやアルファ66、二五〇六部隊といった反カストロ団体も勢いづいた。アブダラは家族渡航を逆に利用し、キューバ国内から政権を揺さぶる宣伝工作にも力を注いでいる[139]。イギリスの在キューバ大使館は、数年ぶりに反政府ポスターが壁に張られていることに気づいた。また、国内に拠点をもつと主張する秘密のラジオ放送が、反体制活動に加わるよう市民に呼びかけていたことも確認している[140]。

一九七九年一二月末、キューバ人民議会の最終日に行われたカストロの演説は、このような文脈において理解されなければならない。このとき「本当に難しい年であった」と一年を振り返ったカストロは、自然災害や貿易赤字の拡大だけではなく、建設作業の遅滞や労働規律の低下、犯罪の増加にも言及し、革命指導部の品行が、このような逆境においてこそ試されている、と論じていた。その上で、「若者や学生、人民、知識人たちの間で不和や不信、逸脱の種をまき散らそうと」試みる「敵」の存在を指摘したカストロは、社会統制の必要性を説き、危険な「犯罪者たち」の「摘発」を発表した。収監の対象には、「乞食、反社会的人間、仕事をしない怠け者、恥知らずの者、そして欲求不満の者」も含められた[141]。カストロは以上をもって、革命への脅威が革命社会の内部に潜むことを強調し、体制の引き締めを図ったのである。

大統領指令第五二号

以上に挙げたすべてのことは、間違いなく、一九八〇年のマリエル移民危機の勃発に寄与しただろう。とはいえ、移民危機の発生において最も重要な役割を果たしたのは、次に見る米国外交の転換である。米国政府はアフリカや中南米におけるキューバ外交への懸念を強めるあまり、フロリダ海峡をまたいで起きていた新しい人的・社会的環境の変化を等閑視していた。国内外のキューバ人たちの邂逅によって生じた新しい移民危機の胎動に、十分な注意を払わなかったのである。

カーター政権の最後の二年間において、米・キューバ関係はますます悪化している。地政学上の対立は、もはやアフリカにとどまらず、両国により近い中米カリブ地域でも育まれつつあった。ここでは米国の力を頼る寡頭支配層がなりふり構わず暴力を振るっていたのだが、経済恐慌や政治腐敗、人口増加によって社会不満が高まると、武装する革命勢力がしだいに力を増し、変化を望む人々の間で支持を広げていた。[142] とうとう革命勢力は、一九七九年三月にはグレナダで、同年七月にはニカラグアで政権奪取に成功し、エルサルバドルやグアテマラでも勢いづいている。米国政府がこの地域における革命キューバの影響力増加に神経を尖らせたことは言うまでもない。事実、キューバは新しい革命国家の建設を助けるため、教師や医者、技術者を現地に派遣していた。また、将来における米軍の介入にも備えるため、戦闘員への訓練と武器も施している。[143]

加えてカーターは、キューバが七九年九月に主催する非同盟諸国首脳会議のことも憂慮していた。アジア、アフリカ、中南米の大多数の国家が属する非同盟運動が、ますます威信を高めるカストロによって丸ごと社会主義陣営へと引きずり込まれるのではないか。そのように危惧した米国政府は、第三世界の命運を懸けるかのごとく、キューバ政府への批判を大々的に展開し始めた。[144] 六月にウィーンで開かれた米ソ首脳会談でも、カーターは非常に強い調子で、キューバを拡張政策の道具として使っている、とソ連の最高指導者レオニード・ブレジネフを牽制している。その後もカーターは、ソ連が非同盟運動におけるキューバのリーダーシップを喧伝しているというブレジンスキーの報告を受けると、「その全く反対のことをしろ」と命じた。「ソ連の傀儡について真実を語れ」というわけである。[145] 補佐官は直ちに国務省、CIA、そして米国広報・文化交流庁に対し、非同盟の一員としてのキューバの評判を落とすため、キューバがソ連に「依存」しているイメージを強調するよう命じている。[146]

ここで興味深いのは、米国政府がキューバに抱いた脅威認識の形である。NSCのパスターは、キューバそれ自体が米国にとって「危険なパワー」であると認めながら、対外的にはそれを否定し、「ソ連への依存」を印象づける必要を論じた。[147] ブレジンスキーには、こうした欺瞞さえ無用であった。彼にとっては、もはや「キューバがソ連の代行者なのか、対等なパートナーなのか、それともただソ連を引きずり回しているのかはどうでもよい」のであり、要はキューバの行動が結果として「ソ連の利に適い、問題を引き起こしている」ことがすべてであった。こうしてブレジンスキーは、キューバ問題が「一九八〇年大統領選挙の重要な外交争点となること」をカーターに警告した上で、キューバをソ連の傀儡として非難し、強い指導者を演じるよう説いた[148]。しかも諜報機関には、広報の材料を得るために、キューバ・ソ連関係について情報収集を強化するよう命じている[149]。

その結果として起きたのが、ソ連駐留部隊をめぐる大騒動であった。度重なる情報収集の訓令のあと、カーター政権は再び諜報記録を読み違え、ソ連が新たに「戦闘部隊」をキューバに配置した、という全く根拠のない情報を世界に発信したのである。米国が「発見」したソ連の小部隊は、一九六二年のキューバ・ミサイル危機以来、駐留していたものである。にもかかわらず、上院議員たちに突き上げられたカーター政権は、ソ連の譲歩を無理矢理に求め、収拾がつかなくなってしまう。後日、大統領の日誌に綴られたように、部隊の駐留は「明らかにわが国への脅威でもなければ、ソ連による誓約違反でもなかった」。ところが、この騒動は国内の反デタント勢力を奮い立たせ、「政治的にはSALTに致命傷を与えた」のである。ソ連は駐留部隊を「訓練スタッフ」と呼び、米側に矛を収めるよう促した。それでも上院におけるSALT-IIの批准は遅れ、米ソの緊張緩和は風前の灯となる[150]。

ブレジンスキーはこの政治危機の直後に、大統領指令（Presidential Directive : PD）第五二号を準備している。このPD52には、「暴力的革命の変化の震源地たるキューバを封じ込める」ことを目的に、一連の対キューバ敵視政策が盛り込まれていた。まず威嚇行為として、SR71型偵察機による領空侵犯が再開され、グアンタナモ基地周辺における軍事調練も活発に行われた。また、キューバが国連安全保障理事会の議席を得ること、および国連貿易開発連合の首脳会議を主催することを防ぐため、外交ルートを通じた妨害工作も始まっている。さらに、対キューバ経済制裁を厳しく履行するため、イギリスやフランス、西ドイツ、日本、スペイン、イタリア、ベルギー、カナダに協力を呼びかけた[151]。キューバの外貨不足が一九七六年からの二年間で一四億ドルから二五億ドルに悪化したことを強調しつつ、官民双方のレベルで、新たな融資を提供しないよう求めたのである。[152]

以上に加え、ＮＳＣは、ＰＤ52のもう一つの柱である宣伝工作にも力を入れている。これは主として諜報活動の強化、諸外国へのブリーフィング、そして「国際社会の世論においてキューバ人たちを追い込む」ための広報活動であった。[153] たとえば、ＮＳＣのパスターがＣＩＡに作成させた『キューバ経済——第三世界の発展モデル』と題する報告書を見てみよう。報告書は、キューバ革命の経済的失敗だけでなく、社会福祉や教育、雇用といった日常生活における革命の成果を認め、一見するとバランスのとれた評価を下している。ところが、キューバが第三世界で獲得した名声については、情報が行き渡っていないこと、すなわち「ハバナの経済的失敗が無視されている」ことが問題なのであった。[154] 当然なすべきは、キューバの経済的失政を伝える広報活動だということになる。この自己充足的な分析に喜んだパスターは、手放しでＣＩＡを称賛している。[155]

瀕死状態にあった米ソのデタントは、七九年一二月下旬、ソ連のアフガニスタン侵攻によって葬られた。カーターは直ちに上院のＳＡＬＴ-Ⅱ批准協議を停止し、穀物制裁をソ連に科し、やがてモスクワ五輪のボイコットを発表している。侵攻は、キューバにとっても衝撃であった。事前の通知もないまま、ただソ連への支持を表明するよう強いられた革命政権は、非同盟の一員としての評判を落とし、狙っていた国連安全保障理事会の議席も断念させられている。[156] その上、米国の対キューバ政策は厳しいままであった。キューバは依然としてソ連の同盟国であり、その革命社会は「第三世界のモデル」として、すなわち危険なイデオロギー上の脅威として、合衆国に睨まれていた。そして革命社会の経済的失政を広報することに躍起になっていたカーター政権によって、人々が国外への脱出を試みる映像が、積極的に利用されたのである。

マリエル移民危機の幕開け

カーターが封じ込め政策を履行しつつあったころ、キューバでは新たな問題が生じていた。出国希望者たちによる大使館への駆け込み、さらには船舶の乗っ取りが相次いだのである。このうち船舶の乗っ取りは、米国と直接関わるものであった。一九七九年一〇月下旬、ボートをハイジャックしたキューバ人たちがマイアミに着くと、米国当局は罪を問わず、歓待する地元住民に身柄を委ねた。その後、同様の事件が三度起き、その度にキューバ政府の抗議を受けたものの、米国当局は誰一人として逮捕しなかった。[157] すでに前年の秘密協議で取り締まりを米側に要請していたカストロは、いよいよ事態を重く見た。一九八〇年三月八日の演説では、「この国からの不法出国を促さないよう、彼ら（米国当局）が何かしらの措置をとることを望みます」と述べ、「この件については一度、ある措置をとらざるをえなくなったのです」と付け加えた。つまり、カストロは一五年前のカマリオカ移民危機を念頭に、再び出国規制を解く可能性を示唆したのである。[158]

米国政府の反応は鈍かった。原因の一つは合衆国の政治システムである。一九八〇年二月下旬、「ボートの乗っ取りがつづく」可能性について報告を受けたカーターは、「可能であれば法を執行し、ハイジャック事件を規制するよう」ヴァンスに命じた。「警告を周知させ、キューバと協力し、もし私がよく知らない事情があるなら直接説明にきてくれ」。[159] ところが、この大統領の指示を前にしても、肝心の司法省は二の足を踏んだ。管轄であるフロリダ南部で容疑者を起訴しても、キューバ系住民の意向を酌む裁判員を説得できないと報告したのである。大統領は諦めず、ほかの手段を検討するよう要請した。しかし、次の報告書が大統領に届くまでには、四ヶ月もかかっている。[160] 後年、国務省のターノフは対応の遅れについて、米国大統領の権限の限界をキューバ側が理解すべきであったと振り返っている。大統領といえども、地方裁判所の決定を一方的に覆し、ハイジャック犯たちをキューバに返すことはできない。せいぜいできることは、「(決定を）是認しないこと」であった。[161]

一方、革命政権は全く別の角度から状況を見ていた。ここで重要になるのが、一九八〇年一月中旬に再び行われた米・キューバ秘密協議である。もともとこの会談は、ソ連のアフガニスタン侵攻を批判するようカストロを説得できないかと考えたカーターが、ターノフとパスターをハバナへ派遣して実現したものである。会談の雰囲気は前回とは打って変わり、全体的に穏やかであった。たしかにカストロは、「ソ連の敵となることによって米国との関係を良くすることはできない」と述べ、ソ連を批判することを断った。[162]とはいえ、カストロは訪問者を丁重に扱い、中米やイラン、アフリカ、プエルトリコといった重要な外交争点についても、自身の見解を丁寧に説明した。帰国したパスターは訪問を「驚きの成功」とカーターに報告し、以後も定期的にカストロと連絡を保つよう提言している。[163]

しかし、実はこの会談でも、移民問題をめぐる見解の相違が生じていた。再び元政治囚の処遇に話が及ぶと、カストロは米国の態度を問いただし、それに対してターノフは世界から難民が殺到していることを強調し、くり返しキューバ側に忍耐を求めたのである。回答に満足しなかったカストロは、すかさず米国政府のハイジャック事件への対応に話題を移した。元政治囚たちに順番が来るまで待てと言いながら、不法入国すれば罪に問わないというのは筋が通らない。「(米側が不法入国者を送り返すよう)措置をとるか、さもなければ、われわれも不法出国を取り締まる義務から解かれるべきでしょう」。この選択を嫌がったターノフは、米・キューバの間には「特別な事情」があると釈明した。「こういった人々をキューバに強制送還することは不可能です」。この発言はカストロを苛立たせた。「それは馬鹿げた事情だ」と吐き捨てたカストロは、ソ連や東欧諸国と違い、キューバは「希望者を誰でも出国させる」と通告した。[164]

ここで「われわれの統計によると」と口を挟んだのがNSCのパスターである。「二〇〇〇年までに、キューバからの出国希望者は(国民総数に相当する)一千万人になるでしょう」[165]。この冗談からは、一体何が読み取れるだろうか。少なくともパスターの見解では、移民問題は他人事であった。封じ込め政策を履行し、キューバ社会の弱みを探していた彼には、カストロの苦情に耳を貸す気など、毛頭なかったのである。[166]一方、こうした態度は、実際に意図した以上の敵意をカストロに印象づけた。秘密協議で何度も米側に問い合わせたにもかかわらず、元政治囚の処遇について、ついに満足のいく回答は示されなかった。こうして出国希望者への査証発行が遅れ、ハイジャック犯が起訴されず、度重なる要請が相手にされないとなると、キューバ側では、移民問題が政治的に操作されているのではないか、という疑いが強まった。それはソ連駐留部隊の騒動につづく、米国の「意図的な挑発行為」のように見えたのである。[167]

革命政権の疑念は、ペルー大使館事件を経て、さらに深まっていく。この事件の発端は、一九八〇年四月一日、首都ハバナのペルー大使館にバスが押し入り、警備員一名が死亡したことにある。激怒したカストロは、駆け込んだ出国希望者六名の引き渡しをペルー政府に求め、それが断られると、今度は大使館の警備を解き、キューバを出たい者は大使館に入ればよい、と宣言している。その後四八時間以内に一万人を超える人々が大使館に殺到したことは、当のカストロでさえ驚くものであった。[168]とはいえ、その後の対応は素早かった。共産党機関紙『グランマ』(*Gramma*)が大使館に入った人々を「浮浪者ども、反社会勢力」と糾弾すると、「ならず者は出ていけ、ごみどもは出ていけ」と叫ぶ数万人のキューバ市民たちが大使館を取り囲んだ。[169]一方、海を挟んだマイアミのキューバ人たちは、大使館に駆け込んだ人々を称え、食料や医薬品を集め始めた。「一万人に人権を」というプラカードを掲げて歩く者もいれば、「戦争だ」と叫ぶ物騒な武闘派もいた。[170]

一方、カーターは新しい移民の受け入れに及び腰であった。当時、米国社会は流入する移民の増加に苛立ちを募らせており、米国議会は難民申請の手続きを厳格化した一九八〇年難民法を可決したばかりであった。一万人のキューバ人たちを無条件に受け入れることは、大方の民意に反し、政治的にも困難なのである。また同じフロリダからは、数千名のハイチからの難民が本国へと送還されていた。ここで肌の色が相対的に薄いキューバ人たちを受け入れれば、人種差別だという批判を招き、政権の支持基盤である黒人やリベラル勢力から猛反発を招きかねない。加えて、メキシコや中米カリブ地域からの移住の流れを刺激するのではないかという不安もあった。[171]こうしてカーター政権が国際社会の協力を請うと、幸いにも国連と赤十字社が手を上げ、スペインやコスタリカ、エクアドル、カナダ、ベルギー、ベネズエラも、それぞれ数百名の受け入れを申し出た。まもなく移住の中継地点となったコスタリカに向け、出国を希望したキューバ人たちの空輸も始まった。

ところがカーター政権は、ペルー大使館事件を、キューバの評判を落とす千載一遇の機会としても捉えていた。四月九日の大統領の演説では、革命社会が現状に不満をもつ発展途上国の人々の「モデル」と目されていることが指摘され、それこそが「キューバの真の脅威」であると強調された。と同時に、カーターは大使館事件に言及し、「われわれは自由と経済的多様性が政治的に剝奪された場所から逃げようとする、あの島の多くの人々の渇望を目にしています」と解説したのである。「われわれの真心は、自由を愛する一万名ほどのキューバ人たちへと寄せられるでしょう」[172]。演説の意図は間違いなく、いわゆるキューバ「モデル」をイデオロギー的に攻撃し、信頼を失墜させることにあった[173]。全米メディアは翌日、米国政府が「強固な盾作戦」という過去四年間で最大規模の軍事演習を行うことも報じている[174]。これについては、共和党の対立候補ロナルド・レーガンが、大使館に駆け込んだキューバ人たちの空輸救出を唱えていたことも影響したのかもしれない[175]。

結局、カーターのこうした言動が、米・キューバの対話に終止符を打ち、移民危機の勃発を不可避としたわけである。カストロは報復を決意した。コスタリカへのキューバ人の空輸を止め、共産党機関紙『グランマ』には、醜く描かれたカーターとナチスの軍事将校を並べた風刺画を掲載させた。四月一九日には、何万人もの国民をペルー大使館への抗議行進に参加させ、「ヤンキーの挑発と脅威に対する怒り」を表明させた[176]。と同時に、キューバ政府は移民社会に向け、出国希望者をハバナの二五マイル西にあるマリエル港で引き渡す旨を通知している[177]。まもなく最初のキューバ人七八名が船に乗せられてマイアミに到着すると、数千もの在米キューバ人たちが、全米各地からマイアミやキーウェストへと殺到した。彼らは競うように、マリエルに向かう船舶や、自分の代わりに家族を引き取りに行ける人を探し回ったのである[178]。

こうなると、米国政府は目前に迫った移民危機を前に、ほとんどなす術がなかった。カストロはすでに腹を固めており、この時点で革命政権の説得は不可能であった。一方、家族を連れ出そうとマリエルに向かうマイアミのキューバ人たちも、大統領の説得に応じる気配を全く見せなかった。合衆国に連れ込んだ人間の数に応じて罰金を科すという米国政府の発表も、あまりに多くの人々によって無視された。策に窮したカーターの側近たちは、とりあえずマイアミのキューバ人指導者たちとの会談を設け、協力を仰ぐことにした[179]。ブレジンスキーは四月二五日、在米キューバ人社会が「ヒステリーを起こしています」と報告しながら、「対話」の必要をカーターに説明している。「さもなければ、ますます不服従と（政権との）衝突を生むでしょう[180]」。

しかし、もはや移民社会との対話は、失敗を運命づけられていた。翌日、マイアミから招かれた四〇名の地元指導者たちと会談した国務長官代行ウォーレン・クリストファー（Warren Christopher）は、「あなたたちの助けが必要です」と協力を要望した。「（キューバへと向かう）船を止めてほしいのです[181]」。ところが、この要請には全く効果がなかった。招待者の半数は席を立ち、残った者も協力を拒んだのである。国務省のニューサムは後年、米国政府の要求が、「祖母やいとこを取り戻せるのではないかという（移民社会で渦巻く）強力な感情」と衝突したことを指摘している[182]。また、同じく会談に同席した国務省キューバ問題担当局長マイルズ・フレチェッテ（Myles Frechette）も、政権幹部が「全く異なる社会を相手にしていることを理解していなかった」と解説している[183]。

要するに、カーター政権はこの重要な局面において、移民政治の力学を完全に読み誤っていた。マリエルへと急ぐマイアミのキューバ人たちにとって、家族ほど重要な問題はない。米国政府が定義する「国益」など、最初から見向きもされなかったのである。

おわりに

一九七〇年代後半、米国政府、キューバ政府、そして移民社会には、激動の過去と向き合う上で、貴重な機会が訪れていた。従来の冷戦政策を批判したカーターは、伝統的な敵対国家であるキューバとの国交正常化交渉を決断した。カストロとの意思疎通を図り、積年の課題に取り組もうとしたのである。その際、カーターはキッシンジャーと違い、マイアミのキューバ人たちの要望にも注意を払っていた。大統領はテロ対策を強化しつつ、キューバに残る政治囚たちや長年の別離に耐える多くの家族の苦境に同情し、革命政権との交渉において、人権問題を優先的に取り上げた。カーターの政策を振り返ると、政治的必要というよりは、突きつけられた道義的責任を積極的に引き受けようとする態度が印象的である。あのブレジンスキーでさえ認めたように、人権の追求は、それ自体がよいことであり、カーターと移民社会の双方にとって、きわめて重要だったのである。

米国政府のこうした態度は、カーターの人間性を評価するカストロにも好印象を与えた。アフリカの冷戦をめぐってイデオロギーと権益が衝突し、米国による経済制裁が維持されたにもかかわらず、カストロは両国を取り囲む政治的環境の変化に応じて、新しい経済秩序を構想し、在米キューバ人社会との対話を試みた。政治囚の釈放については、アフリカで譲歩することなしに対米関係を改善させることが意図されていた[184]。しかし、カストロの関心は必ずしも冷戦下の世界戦略に関することだけではなく、とりわけ国外移住者による一時帰国は、キューバ革命への自信、経済活性化の要請、そして移民社会が抱える人道的問題への配慮といった様々な要因と動機が絡みあって実現したものである。総じて、カストロは人権問題について、同時期のソ連や東欧諸国よりも、はるかに柔軟な姿勢を見せたといえよう。

これまで米・キューバの対話は、アフリカの冷戦のせいで破綻したと言われてきた。再燃した地政学的対立が、両国の意思疎通を再び不可能にしたと考えられたのである[185]。しかし、対話を破壊した直接の原因としては、むしろ人の移動をめぐる意見の不一致という点が重要であった。米国政府は当初、在米キューバ人社会の関心を説き、革命政権に人権問題の譲歩を求め、経済制裁を緩和する意向も示していた。ところが、その後に優先順位を再設定した米国政府は、革命政権による譲歩を前に、見返りを提示するどころか、かえって疑念を深めるばかりであった。革命政権と移民社会の対話が、変化を求める人々の新たな動きを刺激するなか、米国政府は少なくとも人の移動を管理するために、キューバ政府の協力を必要としていた。しかし、米・キューバの意思疎通は機能せず、政府間協力は実現しえないものとなってしまう。

こうして米国政府は対等な関係を望む革命政権、そして特別な配慮を求める移民社会のいずれからも目を背け、移民危機の前兆を見過ごすことになった。つまり、次章に見るマリエル危機は、米国外交と越境的なキューバ政治との間で増幅した軋轢によって引き起こされたのである。

第4章　危機の年

――移民管理をめぐる米・キューバの外交闘争

マリエル開港の知らせを耳にしたとき、アンヘル・カスティーリョが最初に思い浮かべたのは、キューバに残る弟夫妻と親族であった。五ヶ月前に彼らを訪ねた際、一つの家族として合衆国で新しく生活をやり直したい、という切迫した希望を耳にしていたのである。アンヘルは急いで資金を集め、同じく家族の引き取りを願う隣人たちと船に乗り、マリエル港へと向かった。しかし、やっとのことで港に着いても、希望人数の三分の一しか引き渡せないとキューバ当局から通告されてしまう。期待は失望へと変わり、家族の再分断を恐れたアンヘルは、悩んだ末、自分の分を隣人に譲った。後日、このときの決断を振り返った彼女は、「もう死にそう」と嘆いている。目に涙を浮かべ、「家族を連れてくるためなら、これからも何だってやるわよ」と声を振り絞っている。[1]

一九八〇年のマリエル危機を喜怒哀楽に満ちたヒューマン・ドラマとして描くことは難しくない。米国政府はわずか半年の間に一二万四七八四名のキューバ人を受け入れ、そのために多額の税金と人的資源を費やし、全米の納税者からの猛烈な批判を引き起こしていた（図4-1）。それはジミー・カーター大統領に言わせれば、在任中に直面した「最も難しい人道問題の一つ」であった。[2] しかし、この事件を人の受け入れに伴う米国社会の危機としてのみ扱うことは、いささか単純に過ぎる。移民危機の裏では、米・キューバ両政府の意見が真っ向から衝突する外交危機も同時に進行していたからである。アメリカ合衆国という超大国は、押し寄せる人波を前に手をこまねいたわ

図 4-1　マリエル移民たち

けではない。キューバ政府が国内外の支持を動員し、外交政策の見直しを米国政府に迫る一方、米国政府もなるべく自国に有利な形で移民危機を終わらせるため、宣伝工作を仕掛け、軍事・外交戦術を駆使し、同盟国を巻き込もうと画策していた。

つまり、米・キューバ両政府は、移民危機をめぐって熾烈な外交闘争をくり広げたのである。マリエル危機のこうした側面に注目した研究はほぼ皆無であり、外交史家たちはその歴史的重要性にもかかわらず、危機の分析を避けてきた[3]。一方、米国政府の当時者が自らの経験を基に記したものは、カーターの移民政策を批判的に検証するばかりで、外交を説明するものではない[4]。移民史家たちも経済不況やメディアの報道、さらには反移民感情の高揚など、様々な社会要因に光を当てたものの、政府間交渉については等閑視してきた[5]。最も包括的な研究は、政治学者デイヴィッド・エングストロームによるものである。彼は米国政府の対応が遅れた原因について、制度機構の不備や官僚政治の弊害を説き明かした。と同時に、米国政府が移民危機の外交的解決を試みていたことにも言及している[6]。

本章はその政府間外交をより詳しく分析し、以下のように主張する。すなわち、移民危機の早期収束を望むカーターは、たしかにカストロとの交渉を模索した。しかし、移民危機の根底にある政治問題を協議する、という条件については頑に拒み、より有利な形で危機を終わらせることを目指したのである。カストロの要求を呑めば、米国政府はPD52（大統領指令第五二号）以来の対キューバ政策の転換を迫られ、重大な外交上の敗北を強いられただろう。大々的な広報外交や多数派工作を仕掛けたのは、この帰結を阻止するためであった。とはいえ、事態は好転せず、最終的には大統領自身も、移民危機を止められるのは唯一カストロだけであることに気づかされる。要するに、移民危機を始めから終わりまで特徴づけたのは政府間外交の対立であった。そしてカーターはカストロの条件を呑むことによって、マリエル危機を収束させたのである。

マイアミ、ワシントンを無視する

何百もの小船がマリエル港へと向かうなか、米国政府は、自国に流れ着くキューバ人の数を抑える方法について頭を悩ませていた。公海に浮かぶ船を停止させる権限はなく、キューバ領海からキューバ人を連れてくることを阻む法もなかった。仮に船長を起訴しても、裁判員たちは人道的配慮のため、執行猶予をつけて釈放するだろう。それでは示しがつかないのである。南フロリダを沖合から海上封鎖し、海上で拘束したキューバ人たちをグアンタナモ基地に送るといった大胆な措置も検討された。しかし、いずれの案も法的、政治的、人道的な問題のために却下されている。(7)連邦政府が強制措置に出れば、マイアミのキューバ人たちが暴動を起こすのではないかという懸念まであった。結局、米国政府は妥協し、キューバ人たちの入国を認めつつも、彼らを連れてきた船長に対し、一人あたり一千ドルの罰金を科すことにした。(8)

加えて、米国政府は地元指導者たちとの協議が物別れに終わったあとも、移民社会との対話を模索しつづけている。大統領補佐官ユージン・アイデンバーグ（Eugene Eidenberg）によると、「当初から（移民の流入を）止める鍵は、キューバ系米国人コミュニティにあると考えられていた」のであり、彼自身もカーターの意向を受け、マイアミのキューバ系有力者たちに協力を呼びかけていた。ところが、その努力も「まったく不首尾」に終わる。キューバ系住民の多くはあまり裕福ではなかったが、家を抵当に入れ、車を売り、老後のための貯蓄を切り崩せば、一五〇〇ドルから二五〇〇ドルほどの資金を集め、船を調達できた。長年離れた家族を呼び寄せるためなら安いものである。後日、「感情のレベルが高すぎた」と振り返ったアイデンバーグでさえ、マリエル港に向かうことは、彼らにとって「あまりにも合理的」な選択であったと率直に認めている。[9]
移民社会の反抗的態度はあからさまであった。アイデンバーグはマイアミで「フランク・キャプラ（Frank Capra）の映画で使われるような台詞」に出くわした。「私たちは最も愛国的なアメリカ人です。この国を傷つけることは何もしていません。この国は私たちを引き取ってくれたのです。新しい生活を授けてくれたのです」。そしてその後には、「伯父や親戚を連れてくるこの機会を逃せと言うのですか。それはだめです」と続くのである。[10]ホセ・ペレスという名の船長は実名でインタビューを受け、「父親と母親を引き取りにいく。逮捕できるものならしてみろ」と啖呵を切っていた。[11]連邦議員に手紙を書いたマリア・クルスという女性は、たとえ法を犯しても、「共産主義から逃れる」人々に手を差し伸べる市民は善良であると説いていた。[12]このように独善的ではあるが強固な信念を、一朝一夕で変えることは並大抵のことではない。
国務省キューバ問題担当局長マイルズ・フレチェッテは、「彼ら（キューバ系住民）はありとあらゆることをでっち上げた」と当時のことを思い返している。「私が嘘を否定すると、今度は私のことを、あまりにリベラルで、カストロに弱いと言う」。まもなくフレチェッテの自宅には、匿名の爆破予告が届くようになった。「私の妻はいつも泣いていたよ」[13]。

キューバとの「新しい形態の戦争」

マイアミを制御できないワシントンは、ハバナに目を向けた。国際世論を味方につけ、道義的に優位に立てれば、移民危機を収束に向かわせるようカストロに圧力が加わるのではないか。このような意図をもって発表されたのが、副大統領ウォルター・モンデール（Walter Mondale）による四月二七日の声明である。モンデールに言わせれば、移民危機は「カストロの革命が失敗した証拠」であった。高まる国内不満に耐えられなくなった「冷淡かつシニカルな」革命政権が、「あまりに危険で違法な船旅」を演出したというわけである。[14]米国政府の広告塔ボイス・オブ・

アメリカ（Voice of America：VOA）も、ＣＩＡと提携し、「ソ連のアフガニスタン侵攻を含め、いかなる世界の出来事とも同等の扱いで」マリエル危機を大々的に報じ始めた。ニュース記事やインタビュー、批評、論説をかき集め、カストロが「国内の問題を隠すために米国との衝突を模索した」という解釈の流布に努めている。[15]

相手を攻撃するときには、自身の立場を擁護することも必要である。米国政府は、五月八日に予定していた軍事演習「強固な盾」作戦を中止している。キューバを仮想敵国としたこの演習の目的は、カリブ海における米軍の力をアピールすることにあった。わざわざ海兵隊をキューバの米軍基地グアンタナモに上陸させるという内容まで盛り込んでいた。ところが、この大規模な演習計画は、キューバだけではなく、過去一世紀にわたって米軍の介入を受けてきた中米・カリブ海諸国をも不快にさせた。カーターに書簡を送ったコスタリカ大統領ロドリゴ・カラーソ（Rodrigo Carazo）は、中米カリブ地域において「悪い反応」を引き起こせば、カストロの「反米宣伝」をかえって助長すると述べている。[16]カーターもこの意見に同意した。米国政府は軍事演習を中止し、余った軍船をフロリダ海峡へ送り、座礁した船の救援にあたらせた。人道支援を事由に政策変更を正当化したのである。[17]

さらにカーター政権は、マリエル危機を国際問題として提示し、くり返しキューバを批判している。ここには少なくとも二つの動機が働いていた。一つは、米国政府の移民受入に関わる負担を軽減することである。各国が移民危機を米国とキューバの問題として片付けてしまえば、米国だけが移民を受け入れることになりかねず、それでは米国世論の支持は得られない。もう一つの理由は、カストロへの国際的圧力を強めることである。各国が足並みを揃えてキューバの行いを批判すれば、さすがのカストロも諦め、移民危機の終結に動くだろう。こう考えたカーターはカラーソへの返書において、「カストロに圧力をかけ」、「非人道的行為」を止めさせることを目的に、首都サンホセで国際会議を催すよう促した。[18]そしてカラーソが同意すると、国務省は各国の米国大使たちを通じ、「できるだけ高位の政府高官」を送るよう現地政府に要請している。[19]

もしかするとカーター政権も、移民問題をめぐるカストロとの外交闘争を避けたかったのかもしれない。しかし、いったんそれが始まると、安易に敗北を認めるわけにもいかなかった。陣頭指揮をとったのは、安全保障問題担当大統領補佐官ブレジンスキーである。彼のNSCは、移民危機の都合のよい側面、つまりキューバ社会の混乱に注目し、「われわれはキューバ系米国人たちを制御できていませんが、それ以上に（カストロも）自国民を制御できていません」とカーターを励ましていた。NSCの見立てでは、カストロは「われわれに先に悲鳴をあげさせようとしている」のである。[20] こうして前述のアイデンバーグは、ブレジンスキーがある会議で放った衝撃的発言を耳にすることになった。「君は分かっていないようだが、われわれは新しい形態の戦争としてこれに取り組まなければならない。奴らはまるで弾丸のように、人間をぶち込んできているのだ[21]」。

ワシントンでは、こうした好戦的態度が支配的であった。ブレジンスキーに対抗したヴァンスは、すでにイランの米国大使館人質救出作戦の件で政権を去り、後任の国務長官エドマンド・マスキー（Edmund Muskie）も着任したばかりであった。CIAの情報分析も強硬路線を支持し、移民危機がキューバの国際的地位を低下させ、「経済発展のモデルとしての輝きを相応に失うに違いない」と報告していた。[22] 一九八〇年大統領選挙のこともある。現職大統領への批判を強める共和党の対立候補ロナルド・レーガンと民主党のテッド・ケネディ（Ted Kennedy）を前に、カーターとしても、移民危機についてはカストロを責めなければならなかった。[23] 五月末にも、大統領はNSCの提言に従い、「キューバとカストロの責任を追及する世界大の広報戦術」を承認している。[24] その間、VOAを運営する米国広報・文化交流庁は、「二〇〇以上の政策提言書やエピソード、難民へのインタビュー、キューバ情勢の説明史料など」を各方面へ流していた。[25]

フィデル、態度を硬化させる

しかし、米国政府のこうした努力にもかかわらず、カストロは降参しなかった。ペルー大使館事件の成り行きには驚きを隠せなかったものの、カストロは徐々に体勢を整えた。大衆動員を通して革命への支持を誇示し、移民危機の勃発については米国政府の責任を説き、愛国心に訴えながら国民の団結と抵抗を呼びかけた。一方、出国する移民たちは反革命勢力に次ぐ新たな裏切り者として糾弾され、その評判が貶められた。カストロは米国政府を前に、徹底抗戦の構えを見せたのである。

キューバ政府の言動について、まず目を引くのが大衆の動員である。共産党機関紙『グランマ』は、四月一九日の抗議デモのあと、大規模な大衆行進をさらに二度行うことを予告していた。[26] このうち五月一日のメーデーには、一〇〇万人を越すキューバ人たちが革命広場に集まり、招待客の演説に耳を傾けた。そこではニカラグアの最高指導者ダニエル・オルテガ（Daniel Ortega）が米軍による中南米介入の歴史を語り、グレナダの首相モーリス・ビショップ（Maurice Bishop）が革命勢力の連帯を呼びかけた。後年にノーベル文学賞を受賞する作家ガブリエル・ガルシア・マルケス（Gabriel García Márquez）も手紙を送り、「新しい帝国主義の狂気」を糾弾している。[27] 最後に登壇したカストロは、キューバの評判を貶めようとする合衆国の企みを説いた。「この西半球で、われわれよりも道徳的に健全な雰囲気を有する社会はありません」と宣言したのである。[28]

米国利益代表部への駆け込み事件が起きたのは、その翌日である。事の発端は、移住を望み、いまだに査証の発給を待っていた四〇〇名ほどの元政治囚やその家族たちが、武装した市民たちに追い立てられて利益代表部に駆け込んだことにあった。この事件の真相はいまだに不透明である。合衆国の学者たちは、政府の意向を受けた暴徒が、利益代表部の前で列を作っていた男女にいきなり襲いかかり、無理矢理に利益代表部の建物に押し込んだと説く。[29] 一方、キューバの学者たちは、最初に暴力を振るったのは列に加わっていた反社会勢力であり、そこに警察が介入すると、米国政府が革命政権の失態という筋書きを作るために騒ぎを大きくしたと解釈する。[30] ともあれ、この事件が新たな外交上の難題を作ったことは間違いない。米国政府が立て籠る人々の安全な出国を求めたのに対し、キューバ政府は協力を断った。カーターはこの件についても、「広報外交を組織せよ」と側近に命じている。[31]

カーターが革命政権に圧力を加える一方、カストロは出国者への批判をますます強めていた。『グランマ』紙は連日のように、米国へ向かう出国者を「反社会勢力」と罵った。その上、独立戦争の英雄をモチーフに用い、国家の防衛という文脈で移民危機を解説した[32]。愛国のアピールには、革命防衛委員会をはじめ、近隣組織による集団制裁を正当化する効果もあった。怒り狂った暴徒たちは、棍棒を手に通りを練り歩き、出国希望者を見つけては、過去に犯した違法行為や反社会的行為を「告白」させ、暴力を振るった。米国利益代表部が受け取った報告書には、「出国者たちは卵を投げつけられ、『私は虫けらです』という張り紙をもたされ、ときには棒で打たれた」とある[33]。キューバ人学者ヘスス・アルボレーヤによると、この恥ずべき行為は、政府の意向を勝手に解釈した不特定多数の人々によるものであった[34]。

カーター政権は、利益代表部に駆け込んだ元政治囚たちや、集団制裁を受けた出国希望者たちの境遇を、注意深く観察していた。しかし、政権の関心を最も強く引いたのは、出国者のなかに紛れた「望まれない人々」（undesi-rables）の存在である。この部類には、まず「反社会的行為」のために罪を負わされた人々がいた。当時のキューバでは、賭博、同性愛、売春、贅沢、浮浪、闇市での取引、そしてエホバの証人などの宗教活動が、「犯罪」として扱われた。「犯罪者」たちは、アルコール中毒者や薬物中毒者と一緒に刑務所や収容所に送られ、「更生」を強制されたのである。加えて、過去に強盗や暴行を働いた「軽犯罪者」たちもいた。後年の学術研究によると、該当するマリエル移民の数は八千人程度であった[35]。ただし、当時の米側にはそのようなデータはなく、扇情的な全米メディアによって、「犯罪者」の存在は極度に誇張されて伝えられることになった。

こうして彼ら「望まれない人々」の処遇も、重要な外交上の争点となった。米国国務省は、革命政権が「重犯罪者」を送りつけていると断じ、「いかなる文明社会にとっても」容認しがたいと批判した[36]。するとキューバ外務省も、「流血を伴う暴力犯罪のために投獄された人間」については、「決して」出国を認めていないと反論した。仮にそのような犯罪歴を有する者が紛れ込んでいたとしても、すでに刑期を終え、移動の「権利」を有しているという。そもそもキューバ側に言わせれば、彼らの出国を認めたところで、国際法に抵触することはない。むしろ問題は、これまで米国政府が犯罪者から不法出国者まで、あらゆる類いの人間を一律に「難民」として受け入れてきたことの方なのである。合衆国には、「いかなる道徳的観点によっても」犯罪を論じる資格がないということである。[37]
この議論の当否はともかく、キューバ政府が法的に優位な立場にあったことは否定し難い。国家の移民法というのは、基本的に国境の内側においてのみ有効である。国際合意でもないかぎり、キューバ当局はキューバの法律にのみ従って出国管理を行うことが認められていたのである。キューバ外務省法務局はこの点を見越していた。米国政府がいくら国際規範や人道的関心に訴えても、そこに強力な法的根拠はなく、ましてやキューバの態度を変えるには不十分であった。[38]

カーター、仕切り直しを迫られる

革命政権が圧力に屈しなければ、カーターの状況は悪くなる一方であった。キューバ人の流入数は一九八〇年五月一四日までに三万七〇八五名を数え、その後も増加傾向にある。連邦政府、州政府、地方政府が対応に追われるなか、「望まれない人々」に注目が集まり、新しい移民に対する全米世論の見方は急激に悪化した。[39]カーターの首席補佐官ジャック・ワトソン（Jack Watson）に言わせると、危機は「行政上の悪夢」となっていた。[40]
カーターの有名な「両手を広げて」（open-arms）発言をめぐる混乱も、この文脈において理解されるべきである。大統領は五月五日、「共産主義の支配と経済的欠乏から逃れる難民たち、自由を求める難民たちに、われわれは心を開き、両手を広げるでしょう」と発言した。[41]すると全米メディアは「心を開き、両手を広げて」という見出しをつけ、移民を歓迎する発言として一斉に報じ、流入を食い止めようとしていた政府官僚たちを狼狽させたのである。政府の混迷は国民をさらに幻滅させたに違いない。とはいえ、大統領のコメントは失言ではなく、ある程度は意図されたものであった。当時、カーターは広報宣伝を通して道義的優位に立ち、カストロに圧力をかけることによって移民危機を収束させようとしていたのである。[42]問題は、その戦略が全く効果をあげておらず、米国国民の苛立ちが募っていたことであった[43]。

結局、仕切り直しを迫られたカーターは、五月一四日に新しい政策を発表した。まず米国世論に配慮し、移民規制を強化する旨が強調された。海上では、沿岸警備隊がキューバを目指す船舶を追跡し、上空に偵察機を飛ばし、包囲網を敷いた。陸上では、移民帰化局と税関が罰金徴収書を手に待ち構え、船を差し押さえた。次に、在米キューバ人社会への懐柔策が示された。政府公認の「秩序ある移住プログラム」(orderly departure program)が提案され、マリエル港に駆け込む代わりに、この制度を積極的に利用することが促されている。もちろん、このプログラムを運用し、家族の希望通りにキューバ人たちを連れ出すためには、キューバ側の協力が不可欠であった。そこでカーターは、この点に関する同意を革命政権に要請した。と同時に、大統領はキューバに対し、マリエル移民に紛れていたとされる「重犯罪者」の引き取りも求めている[44]。

さて、この新政策にはどれほどの効果があったのか。たしかに、キューバへと新たに向かう船舶の数は大幅に減った。大統領発案の「秩序ある移住プログラム」への反応は上々であり、早速一万三千人を超える人々が、新設の家族登録センターを訪れている。マイアミの移民社会では、移民危機がカストロに政治利用されているという声も上がり、ようやく米国政府への協力を呼びかける動きも出始めた[45]。しかし、政策の効果には限界もあった。すでにリスクを冒して海を渡っていた人々の多くは、規制を意に介さなかった。当時、マリエル港には一〇七二隻の船が待機しており、それぞれ平均で五〇名を乗せれば、最大で五万五千人が新たに米国に雪崩れ込むと予想されていた[46]。南フロリダに敷かれた包囲網を迂回し、プエルトリコやジャマイカからキューバを目指す船もあった。数が減ったとはいえ、船の流れは完全には止まっていない[47]。

革命政権がカーターに耳を貸す動機はさらに弱かった。五月一七日、米国の中止要請を無視してキューバ全土で行われた三回目の行進には、政府発表で五〇〇万人が動員された。『グランマ』紙によると、この「戦う人々の行進」の参加者たちは、経済封鎖の解除、グアンタナモ基地の返還、そして偵察機の飛行停止を要求したという[48]。一方、キューバ当局は、合衆国から到着する船の数が少なくなったことを受け、それぞれの船に乗せる人数を増やしたようである。フロリダ海峡では、重量超過で難破する船が相次いだ。五二名を乗せて沈んだ遊覧船オロ・ユミ号には、救命胴衣が半数しかなく、一〇名が亡くなり、四名が行方不明となっている[49]。海上封鎖のために派遣された合衆国の沿岸警備隊と海軍の船舶は、迂回する船の監視よりも、座礁した船の救助に追われている[50]。

そして重要だったのは、カストロがカーターの「秩序ある移住プログラム」構想を拒絶したことである。『グランマ』紙は五月一九日、カーター提案を「不十分な解決策」とみなし、代わりに移民規制を含め、「すべての」二国間問題を協議するよう提唱した。キューバ政府から見れば、移民問題を最初に政治利用したのは米国政府であった。合衆国はただキューバ社会を批判するために、意図的に元政治囚の出国手続きを遅らせ、不法出国を促し、不当な宣伝を展開してきたのである。したがって、諸悪の根源は、キューバを敵視する米国政府の態度なのであり、両国は今こそ経済封鎖やグアンタナモ基地の返還について、率直に話し合うべきなのである[51]。当時、ソ連大使と面談したラウル・カストロは、「キューバは（移民）問題について、アメリカ人たちと真剣に協議する」と伝えている。「ただし、あらゆる問題を扱うでしょう[52]」。

カーター、多数派工作に失敗する

革命政権の対案は、カーターには受け入れ難かった。仮に米・キューバ関係全般を協議することになれば、結果的に、経済制裁の解除・緩和を迫られかねなかったからである。そのことは、一九七七年八月以来、経済的圧力によって外交上の譲歩をキューバに求めてきたカーターとブレジンスキーにとって、大きな「敗北」を意味していた。ブレジンスキーはこうした帰結を避けるため、キューバの対話条件を拒み、敵視政策を頑に唱えつづけていく。

ここで重要になったのが、やはり国際世論の動員であった。それは移民の受け入れ先を分散させるだけでなく、より有利な対話条件をカストロに呑ませる方策としても重視されていた。しかし、カーターの努力はここでも実っていない。五月上旬にコスタリカの首都サンホセで開かれた国際会議には、キューバとの関係悪化を嫌った主要同盟国のメキシコが欠席した。会議それ自体も盛り上がらず、一二カ国がそれぞれキューバ人を数百名ずつ受け入れることを発表したものの、出国者の総数には遠く及ばなかった。その後、イギリスとコスタリカは、合衆国が主導する代表グループに加わり、カーターの「秩序ある移住プログラム」をキューバに打診した。[53] しかし、共同の要請がいとも簡単に斥けられると、あとはなす術がなかった。[54] 結局、合衆国は再び国際世論を喚起するため、六月下旬に第二次サンホセ会議を催すことにしている。

カーターの多数派工作は、その後も不調であった。キューバは一歩も引かず、米・英・コスタリカの活動を「合衆国の宣伝工作」と非難し、「敵対行為」に加わらないよう関係国への警告をくり返していた。[55] それどころか、最も頼りになるはずの同盟国イギリスでさえ、合衆国の行動に疑念を深めていた。五月中旬、イギリスは北大西洋に浮かぶ英領バミューダで、米・英・コスタリカ三カ国協議を主催している。このときイギリス側は、キューバへの説得工作を成功させるため、代表グループへの参加を他国にも促しつつ、革命政権との接触を秘密裏に行うことを提案した。ところが、米側はこれを拒絶し、カーターの演説に言及しながら、そこで提案されたとおりに三カ国が行動することを要求したのである。イギリス側は失望し、米側がキューバを説得することよりも、カーターの見栄えにこだわっていると嘆いている。[56]

後日、イギリス外務省は、代表グループへの自国の参加が、米国の単独行動を覆う「隠れ蓑」として利用されたのではないかと疑っている。仮にイギリスが加わらなければ、米国と肩を組むのは小国コスタリカだけとなり、国際的信頼は得られない。一方、イギリスの主張通りに他国を巻き込めば、今度は米国政府の都合にあわせて議事を進めることができなくなる。米国にとって同盟国イギリスは、非常に都合のよい存在であったのだろう。もはや三カ国協議へのイギリスの幻滅は時間の問題であった。[57] そもそもイギリスは、第三世界におけるキューバの影響力を警戒していたとはいえ、基本的には合衆国との「特別な関係」に配慮して代表グループに加わったにすぎない。[58] イギリス政府は、米側が提唱した第二次サンホセ会議の開催案を冷ややかに見ている。米英の温度差は鮮明となり、米国政府の多数派工作は仮死状態に陥っていく[59]。

誰がなぜ移民危機に加わったのか

カーターがカストロへの国際的圧力を高めようと画策したにもかかわらず、キューバから合衆国へと向かう人の流れは途絶えなかった。到着したキューバ人の数は、六月上旬までに一〇万人を超えている。超大国アメリカといえども、これだけの規模の人々を短期間に受け入れることは容易ではない。ましてや世論の支持が得られなければ、なおさらである。そしてカーターはこの点についても、大いに頭を悩ませていた。

そもそもマリエル移民とは、どういう人々だったのか。米国政府の史料によると、マリエル移民の七割近くが男性で、半数以上が三〇歳未満の若者であり、ほとんどが高等教育を受けていなかった。合衆国に家族がいると申告したのは、全体の半数程度である。そのうち三割が近親者を挙げ、四割はそれ以外の親族を、残りは血縁関係のない「家族」を記載していた。二万四千人を超える人々には「前科」もあり、過去に強盗や暴行を働いた人もいれば、軽犯罪、あるいは例の「反社会的行為」のために投獄された人もいた[60]。つまり、典型的なマリエル移民といえば、高等教育を受けていない若い単身の男性で、場合によっては投獄経験があるという具合である。このような集団が身元引受人を合衆国で見つけるのは容易ではない。身元を引き受ける側は、しばしば家族連れや未成年、女性を好む。また男性でも犯罪歴がない人が望まれる。

もちろん、米側のデータは当人の申告に基づくものであり、完全に信頼できるものではない。米国政府の同情を得ようとキューバ当局への反抗を誇張する人もいれば、その場では嘘をつき、上手くやり過ごした人も多かった。ともあれ米国の諜報機関は、とりあえずマリエル移民たちを「革命の落ちこぼれ」と判定したようである。ＣＩＡは特に若年層の存在に注目し、次のような筋書きを描いていた。すなわち、革命以前の記憶をもたない青年たちは、教育や福祉、格差の是正といった革命初期の成果を当然視し、経済が低迷し、生活が苦しくなると、すぐに不満を募らせる。幼少期に革命が誇る無償教育を受け、優遇された彼らも、「いったん教育が終われば、店の前の長い列に加わり、食糧や衣類、住宅の不足を実感させられた」。そして若者たちの出国願望は、前年にキューバ系米国人たちが一斉に帰国したことによっても、掻き立てられたはずである。[61]

とはいえ、経済的動機がすべてだったわけではない。人種、ジェンダー、セクシュアリティといった要素も、各々の移住の決断に影響を及ぼした可能性がある。少なくとも二割のマリエル移民は、「白人ではない」という自己認識をもっていた。かつて圧倒的多数のアフリカ系キューバ人たちが、雇用・教育・医療における機会の均等を説く革命政権を支持したことを考えれば、この割合は決して小さくはない。一方、ジェンダーについて言えば、男性よりも女性のほうが革命を熱心に支持する傾向があった。夫が軍役の義務から逃れるためにキューバを離れても、妻がそれに従わないという例も珍しくなかった。なお、当時のキューバでは、同性愛は「犯罪」である。「私は共産主義者でもなく、政府も好きになれず、同性愛者だった」ために、「キューバでは最悪の存在でした」という証言もある。移民危機に加わった者のうち、一千人近くが同性愛者だったという。[62]

加えて、個々人の決断には、周囲の人間の意向も働いていた。当時のオーラル・ヒストリーを繙くと、やはり家族の存在がきわめて重要であった。黒人女性オルガ・レスカーノの例から見ていこう。彼女は、革命政権が黒人に様々な恩恵をもたらしたという言説に反し、現状に強い不満を抱いていた。革命以前から比較的余裕のある生活を享受していたことから、自分の家族にとっては悪い影響しかなかったと述べている。彼女がキューバに留まっていた理由は、革命を信じたからではなく、引き受け手となる家族が合衆国にいなかったからであった。実は何年もの間、出国の機会をうかがっていたのである。彼女の目には、ペルー大使館事件は「神様の思し召し」と映っていた。オルガは躊躇せず、息子と夫と一緒に大使館に駆け込んだ。とはいえ、大使館周辺の騒然とした状況を見て、高齢の義理の母を連れて行くのは諦めたという。[63]

全員で行動を共にした家族もあった。白人女性アンドレア・カサノバによると、家族八人のうち誰一人として政府との問題はなかったという。たしかに、彼女自身は日常生活に不満を抱え、オルガとは逆に、政府が黒人ばかりを優遇したと感じていた。また革命が女性を解放したという見方についても懐疑的で、自分は男性から解放された代わりに、政府に搾取されたと主張している。とはいえ、移住の最大の決め手となったのは、末っ子のミゲルを失うことへの不安であった。前年、少年の名付け親であるイサベルがニューヨークから一家を訪れたとき、ミゲルは、彼女がもってきたお土産や合衆国の話にすっかり魅了され、「気が狂ったように」キューバから出たいと騒いだという。アンドレアは幸運の持ち主であった。ミゲルが自作自演の賭博罪を「告白」すると、キューバ当局は大した取り調べもせず、家族全員分のパスポートを発行し、出国を許可したらしい(64)。

一方、スサーナ・エレーノの経験は悲惨である。彼女とその夫は、何かとしがらみのある近所付き合いを逃れて移住することを希望していた。また、二人の息子のうち一人も出国を熱望し、スサーナには、たとえ一人で行くことになっても構わないと話していた。当初の見通しでは、移住も困難であるようには見えなかった。オルガ家やカサノバ家と違い、エレーノ家には米国に頼るべき家族がおり、マイアミに住むスサーナの弟が、信頼できる友人を二度もマリエル港に向かわせていた。しかし、そこからは苦難の連続である。夫は職場で集団制裁を受け、親友から卵を投げつけられた。マリエル港に着くとすべての所持品を没収され、出国の列に加わると、懲役対象年齢に近いという理由で、二人の息子が拘留された。大変なショックを受け、病を患ったスサーナは、車いすで合衆国に入ると、残された家族を連れ出すための準備を急いで始めている(65)。

家族と共に過ごすことを優先する人もいれば、あえて家族の誰かを合衆国に送る人もいた。若くて元気な稼ぎ手に先行してもらい、然るべきときに、残りの家族を引き取ってもらうという目論みである。単独で移住してきた多くの若い男性が、妻や子ども、お年寄りを残していた。そのなかには、冒険心に満ちた年端も行かぬ少年たちも混じっていた(66)。一方、全く逆の理由で、稼ぎ手を追い、移住を余儀なくされた被扶養者たちもいた。ルイサ・メンドーサ・エルナンデスという名の八三歳の未亡人には、移住を望む三人の息子と一人の娘がいた。歯が二本しかなく、一人で歩くこともできなかった彼女は、「私は無理だから、あなたたちは先に行きなさい」と訴えた。「あなたたちにはまだ人生があるのだから」。すると息子の一人がこう言い返した。「それではまず私を殺してください」。結局、彼女は家族に従い、合衆国に移住したのである。[67]

マリエル危機にまつわる老若男女の話は、このように劇的なものばかりではない。よく考えず、その場の勢いで移住した人々もいたのである。一九八四年六月に作成されたキューバ内務省の資料によると、合衆国で飛行機やボートを奪い、キューバへと戻ってきた元マリエル移民の数は、三〇〇名近くに上る。彼らの多くは逮捕され、三年から四年の歳月を刑務所で過ごすことになった。[68] 必死の思いで出国する者もいれば、とにかく外に出てしまい決断を後悔する者もいたわけである。

カーター、混乱の泥沼にはまる

このように様々な衝動に駆られて合衆国へと雪崩れ込んだ人々を前に、連邦政府はどのように対応したのだろうか。カーターは大統領補佐官ジャック・ワトソンを責任者とし、そのワトソンは、前年に設立されたばかりの連邦緊急管理庁（Federal Emergency Management Agency : FEMA）のトマス・ケーシー（Thomas Casey）長官に現場指揮を任せた。FEMAは、国務省、国防総省、司法省、財務省、運輸省、保健福祉省などと連携し、合衆国本土最南端のフロリダ州キーウェストに臨時の収容所を設け、キューバ人移住者たちの入国審査とセキュリティ・チェックを行わせている（図4-2）。入国を認める前に、犯罪歴や健康状態、身元引受人となる家族の有無などを調べさせたのである。[69]

その後、待ち受ける家族がいる者は、マイアミの収容施設に移されている。移民たちは新たに発行された身分証明書と無料食事券を手に、仮設テントに入り、簡単な健康審査を受けた。つづいて身元や経歴、過去の政治活動についての聞き取りがあり、地元のキューバ系米国人ボランティアを通訳として頼った。そして追加のセキュリティ・チェック、滞在許可と就労許可の申請、総合健康診断へと進み、そのすべてを終えて、ようやく出所が認められた。一方、待ち受ける家族がいない者、および何らかの犯罪歴を有した者は、マイアミの外へと移送された。行き先は開設順に、北フロリダのエグリン空軍基地、アーカンソー州チャフィー基地、ペンシルヴァニア州インディアンタウン・ギャップ基地、そしてウィスコンシン州マッコイ基地である。こうした場所では軍隊による厳重な監視・警備が敷かれ、鉄条網に囲まれた施設で徹底的なセキュリティ・チェックが行われた（図4-3）。重度の犯罪

図 4-2　マリエル移民の一時拘留所となったキーウェスト

図 4-3　米軍基地に収監されたマリエル移民たち

歴が明らかになった者は、アトランタ刑務所へと護送されている。[70]

しかし、以上に示した移住者の受け入れ作業は、全くといっていいほど上手く進んでいない。官僚機構は移民危機という突然の事態に混乱した。あまりに収拾がつかなくなったので、家族の所在を心配するキューバ系住民からの問い合わせが、現場指揮トップのケーシーの自宅の電話に直接かかってくる始末であった。[71]待ち受ける家族のいない移住者たちの身元引受人を探す作業も難航した。カトリック系をはじめ、諸々の慈善団体の力を借りたものの、米国経済は芳しくなく、助けになろうと手を上げる人の数は限られていた。その上、マリエル移民のプロフィールやメディアの報道も不利に働いた。新聞やテレビは収容所に残された多くの非白人独身男性について、とりわけ犯罪者や知的障害者、そして血気盛んな非行少年たちを盛んに取り上げた。苛立ちを募らせたＦＥＭＡの幹部は、しばしば協力関係にあるはずの慈善団体のメンバーと口論をしていた。[72]

最悪だったのが、六月三日のチャフィー基地暴動である。収容所の混乱に怒りを爆発させた約二〇〇名のキューバ人たちが、手製の武器を手に基地を乗っ取り、抗議のために外に出てきたのである。その行く先には、三〇〇名から四〇〇名ほどの武装市民たちが集まり、銃撃の構えを見せていた。このとき地元アーカンソー州の知事ビル・クリントン（Bill Clinton）は、「〔一九五六年に黒人児童の入学をめぐって起きた〕リトルロック高校の危機が、まるで日曜日の午後のピクニックに見えてしまうぐらい恐ろしい流血騒ぎになる」ことを危惧したという。[73]結局、クリントンは州軍を動員し、催涙ガスと空中発砲によって、暴動者たちを基地に押し戻し、衝突を回避した。とはいえ、マリエル移民への風当たりはますます強まる一方となり、全米メディアはまず暴動の様子を伝え、その後には収容所内の集団暴力や売春、レイプ、殺傷事件、アルコールの蒸留、さらには銃器の製造まで暴いた。ただし、こうした違法行為に手を染めたのは、収容所にいる人間のごく一部であった。[74]

再定住手続きのペースは、マリエル移民に対する負のイメージが拡散したことによって、一段と下がった。世論調査が行われるたびに、反移民感情が米国市民の間で高まっていることが判明した。五月中旬に行われたギャラップ調査によると、回答者の五七％がキューバ移民に反対していた。それが六月中旬のハリス調査では七三％に、八月下旬のハリス調査では八一％に上昇したのである。[75] 有権者から抗議の手紙を受け取った連邦議員たちは、暴動に加わった人々を強制送還するようカーターに要求した。[76] カーターも同じ意見であった。以後、移民危機を収束させるだけでなく、重度の犯罪歴を有する者、暴動に加わった者、そして現行の移民法に基づいて米国政府が国外追放の必要があると判断した「望まれない人々」を追放することが、米国外交の最優先目標となった。大統領は、「キューバ人犯罪者や、その他の受け入れられない人間たちを追放する」手段の検討を側近に命じたのである。[77]

再び外交に失敗する

米国政府が混乱の泥沼にはまる一方、キューバ政府は「勝利」を確信しつつあった。ソ連の駐キューバ大使によると、カストロはチャフィー基地暴動の三日後にあたる六月六日、「一一万八千人の人間が国を去り、そのうち八割が犯罪者や潜在的に危険な人間、あるいは社会の周縁に生きる人間である」と誇らしげに語ったという。「われわれはペルー大使館の一件から二ヶ月つづいた戦いに勝ったのだ。国はよい状況に向かっている」。なお、カストロはその数日前にも、米国政府が秘密裏にキューバとの対話を要請していることに言及していた。「経済封鎖やグアンタナモ基地の問題はすぐには片付かないだろう。しかし、合衆国が協議に応じる姿勢を見せたことは重要だ」。[78]

たしかに、カーターはこの時期までに、カストロに秘密協議の再開を申し入れていた。マリエル港へと向かう船の数を減らすことには成功していたものの、それ以外の問題については解決の見通しがついていなかったからである。まず、マリエル港で待機する船によってさらに多くのキューバ人たちが連れ込まれることを阻む必要があった。次に、家族呼び寄せの代案として発表された「秩序ある移住プログラム」について、キューバ側の同意を得なければならなかった。アトランタ刑務所に送られた例の「望まれない」人々の引き渡しや、ハバナの米国利益代表部に駆け込んだ人々の出国のことも忘れるわけにはいかない。そして、こうした問題を処理する上で、カストロとの対話は不可避であった。広報戦術や多数派工作、あるいは第三国による仲介は、キューバ政府の抵抗を前に、いずれも不発に終わっていたのである。

ところが、カーターは白旗を揚げなかった。六月一七日、米・キューバ両政府は、移民危機の勃発以来初めてとなる秘密協議をハバナで行っている。ここで米側を代表する国務省のピーター・ターノフとNSCのロバート・パスターは、従来の主張をそのまま繰り返した。彼らはキューバとの関係改善に期待を表明しながらも、経済封鎖やグアンタナモ基地、偵察機の飛行については一切言及しなかった。とにかくカーターが提案した移住プログラムを承認し、例の「望まれない」人々を引き取り、米国利益代表部を取り巻く問題を解決するようキューバ側に求めたのである。これでは進展は望むべくもない。パドロンは、「米国政府がこういった歴史的に重要な問題について協議を拒む限り、いかなる進展も不可能です」と言い切った。「われわれは焦りません。合衆国が（米・キューバ）関係全般についての交渉に応じるまで待つでしょう[79]」。

なぜ米国政府はこのような行動をとったのか。協議の失敗について、米国利益代表部の部長ウェイン・スミスは、ブレジンスキーのNSCを厳しく批判している。スミスによると、NSCは国務省と違い、カストロの条件を受け入れなければ危機が終結しない、という現実から目を背けていたのである[80]。この解釈には一理あるが、米側の意図を説明する上で十分ではない。議事録を読むかぎり、そもそも米側とキューバ側は、移民危機の原因についてさえ全く異なる見解を示していた。キューバ側は移民危機の原因として米国の敵視政策を槍玉に挙げ、その変更を訴えていた。一方、米側は、キューバ経済の低迷や政治的自由の欠如を強調し、キューバ側が都合良く自分たちの問題を無視していると応じたのである。このように移民危機の責任を互いになすりつけ合えば、問題の解決が難しくなるのも当然である[81]。

したがって、スミスが説くNSCと国務省の違いも、それほど意味をもたなかったと言わざるをえない。ターノフとパスターのいずれも、もはや経済制裁を梃子にキューバ外交の変更を試みることには懐疑的であった。にもかかわらず、カストロの要求通りに経済制裁を解けば、それはそれで米国の国益を損なうと考えていた。彼らが危惧したのは、国際社会における米国への信頼（credibility）であった。仮にキューバ外交の変更がないまま経済制裁を緩めれば、米国は容易に「態度を二転三転させる」というメッセージを世界に送りかねない[82]。ターノフは数年後、「（カストロは）私に会おうとさえしなかった」と当時を振り返っている。「この問題（移民危機）について、大統領に代わって謝るよう私に求めていたからだ[83]」。要するに、NSCだけでなく、国務省でさえ、国家の威信を守ろうと動いていたのである。

危ぶまれた一触即発の事態

米国政府は、キューバとの戦争に入ることも覚悟したようである。六月下旬、マリエル港に停泊するブルーファイアー号についての報告が入ってきた。キューバ系米国人たちが借りあげたこの巨大貨物船は、最大二千人の収容能力を有し、しかも無国籍であった。米領海への侵入を阻むにも、説得に応じない無国籍の船を合法的かつ平和的に止める術はない。武力を使う以外ないのである。驚いた米国政府は、緊急に省庁横断会議を開き、軍事作戦を検討した。船を運行不能とし、進行方向を逆転させ、キューバ領海まで押し戻すという案であるが、この作戦を実行すれば、領海を守るキューバ海軍との軍事衝突が起きる可能性が高かった[84]。カーターの側近たちは、ひとまず外交的解決を優先し、キューバ副大統領カルロス・ラファエル・ロドリゲスに対応を迫ることにした。示威行為として、キューバ領海の手前には、米海軍の艦船を進駐させている[85]。

しかし、話はそこで終わらなかった。革命政権が米国政府の懸念を無視したら、次はどうするのか。第二、第三の巨大無国籍船をどう食い止めるのか。事態を憂慮したカーターの側近たちは、ここで二つの軍事行動プランを提言している。第一案は、キューバ領海の手前に停泊させておいた米海軍の艦船を動かし、沖合からマリエル港を封鎖するというものである。第二案は、キューバ領海にいきなり入らずとも、その近くに軍船を停泊させ、マリエル港から出てきた船があれば操業不能にし、沖合まで護送するというものである。いずれにしろ、領海を侵されたキューバとの軍事衝突のリスクは高く、かなりの規模の米軍部隊が派遣されることになっていた。海軍と沿岸警備隊は第一案を希望し、国防総省は第二案を準備した。[86] ＮＳＣのパスターは後日、米国政府が「最も軍事行動の選択肢に近づいた」と当時を振り返っている。「ＮＳＣは軍事行動の選択肢を示し、大統領の承認を求めていた」のである。[87]

幸いにも、軍事衝突は回避された。米国政府の抗議に応じたキューバ政府が、ブルーファイアー号に人を乗せなかったからである。特筆すべきは、ＳＲ71型偵察機が巨大な騒音や振動、物的被害をハバナ市街で起こすなかで、この措置が取られたことである。革命政権の領空侵犯への反感は相当に強かった。にもかかわらず、米国政府の要請が、この土壇場で聞き入れられたのである。[88] これについて、米海軍の示威行為の効果を認めるわけにはいかない。米国の諜報機関でさえ、カストロが軍船の接近に気づいていないことを伝えていた。[89] むしろ重要だったのは、合衆国大統領選挙の動向である。これはさほど難しい話ではない。対米交渉の窓口役であったホセ・ルイス・パドロンは、「マリエル（危機）が（カーター）民主党政権にとって致命的になること、そしてその次にくるもの（レーガン共和党政権）がより悪いものであること」をカストロに進言したという。[90]

実際、カストロはこの頃、カーターの対立候補であるロナルド・レーガンへの深刻な懸念を公に表明している。カストロに言わせれば、レーガン共和党の政策綱領はあまりに危険であった。七月一九日の演説では、カストロはニカラグアへの経済支援を表明したカーターの決定を歓迎する一方、共和党の政策綱領を「平和を脅かす」ものと糾弾し、カーターとレーガンの競争を平和と戦争の選択になぞらえている。翌週の別の演説では、さらに厳しい言葉が用いられた。カストロは、共和党の政策綱領を「最も危険で最も反動的」と評し、「合衆国と中南米の人民との間で戦争が起きるだろう」という警告まで口にした。[91] そこまでレーガンを毛嫌いしたのであれば、カストロがカーターへの態度をいくらか和らげたとしても不思議ではない。二週間後、キューバ政府は米国利益代表部に立てこもる人々のうち、八三名の出国を認めている。

カーター、外交を仕切り直す

カストロは、移民危機がカーターの再選を脅かしていることに気づいたはずである。これまで多くの学者たちはそのように考え、カストロがレーガンの勝利を危惧したことによって、マリエル危機を収束させたと論じてきた[92]。しかし、話はそれほど単純ではない。仮にそのとおりであれば、より早い段階で、カストロはカーターを助けようとしただろう。カストロはレーガンを気にしつつも、キューバに対するカーター自身の態度が変わることを待っていたのである。

事実、カーターのキューバへの対応は、夏頃から変わりつつあった。まず指摘すべきは、キューバから合衆国へ逃れてきたハイジャック犯たちの扱いである。米国政府による彼らの取り締まりは、移民危機が勃発する前にもカストロがくり返し要求し、カーターが司法省に検討を命じていたことであった。新しい対策案が大統領に届けられたのは六月、すなわち移民危機が発生してから二ヶ月後である。ここで新司法長官ベンジャミン・シヴィレッティ(Benjamin Civiletti)は、たとえ有罪判決を勝ちとる見込みがなくとも、キューバ政府に対する「誠意を示すための起訴」(good-faith prosecution)ということであれば、それを行うと申し出ている[93]。この回答に満足したカーターは、七月一二日、新しい声明を発表した。そこでは出国手段としてハイジャックに訴えることを公に非難し、キューバ政府に取り締まりの協力を求めている[94]。

またカーター政権の内部では、カストロとの交渉を求める声が高まっていた。国務省が七月下旬に作成した「カストロとの交渉」と題する政策検討文書は、以下の三つの点で特に重要である。第一に、移民危機が勃発した状況をキューバの観点から冷静に分析したことである。一九七九年以降における米国政府の言動が、「疑いの余地なく」、カストロの「軍事衝突」への懸念を強めたことを認めたのである。第二に、移民危機の解決に向け、カストロの対話意欲を強調したことである。キューバ政府は経済制裁を含め、「キューバにとって重要な二国間の問題」についても協議されるのであれば、米国政府との交渉に応じる用意を見せてきた。むしろ米国政府の方が、「カストロの圧力に屈した」という印象が広がることを恐れたために、その条件を頑に拒んできたのである。第三に、現在の移民危機を収束させるだけでなく、将来における同様の危機を防ぐためにも、対話が必要だと主張したことである。対話は、長期的観点からも望ましかったのである[95]。

国務省は以上の分析に基づき、三つの交渉プランを練っている。まず「迅速かつ限定的な外交」と名付けられた案は、米側がSR71型偵察機の飛行を止める代わりに、移民危機の収束をキューバ側に促すものである。ただし、カストロがこの程度の譲歩に満足するとは考えにくく、成功の見込みは低いとされていた。そこで次の「迅速かつ包括的な外交」案では、さらに踏み込んだ内容が示された。すなわち、キューバ政府が移民危機を終わらせ、例の「望まれない」人々を引き受けるのであれば、経済制裁の緩和を米国政府が検討するというものである。これはキューバ側の要求に近い内容であった。それでは第三案の「公開外交」はどうだろうか。これは両国政府が移民危機の終結と同時に、米・キューバ関係全般を扱う協議の開始を発表するというものであった。しかし、これでは米国国民が「カストロの圧力に屈した」という印象を抱くことは避けられない[96]。

こうして国務省は、第二案を軸に対話の開始を求めていく。とはいえ、ここで強硬に抵抗したのが、やはりブレジンスキーのNSCであった。八月七日の閣僚級代表会議では、移民危機の収束、および「犯罪者たちやその他の望まれない人々」の処遇について、あらためて議論がなされている。このうち移民危機の収束については、南フロリダの海上封鎖案が再び検討されたものの、経済や政治への影響があまりに「大きすぎる」ということで却下された。その後、国務省はより抜本的な軌道修正を唱え、上記の政策文書を基に、カストロとの対話を訴えた。とはいえ、協議の結果、交渉の再開は「あまり有意義なものをもたらさない」と結論づけられ、ひきつづきカストロへの国際圧力を高めるため、米州会議や国連といった場で外交努力を重ねることが決まったのである。いまだにこうした活動が、「カストロを辱め、その行動を抑える効果がある」とみなされていた[97]。

ＮＳＣは移民問題の解決よりも、カストロとの対決を優先していた。副補佐官アーロンは、キューバ政府と交渉すれば、「政治的にダメージがある」とブレジンスキーに説いていた。むしろ「武力によって（マリエルの）犯罪者を送り返す」方が、「中南米のカストロのシンパたちに（合衆国への）畏敬の念を植えつけられる」ということである[98]。数日後、ブレジンスキーもカーターに同様の提案を行った。彼に言わせれば、外交とは「大統領がリーダーシップを発揮する最高の機会」であり、やり方次第で、「選挙の結果に大きな影響を与える」ことも可能とするのである。そしてこのリーダーシップは、キューバへの敵対行為によって発揮されるのであり、当然、「米国海軍によってキューバ人犯罪者を強制追放する」ことも検討されるべきなのである。軍事作戦は、「合衆国にも我慢の限界があるというシグナルをカストロに送る」とのことであった[99]。

しかし、事態はその後も悪化の一途をたどっていく。キューバ人の入国者数は、八月第一週に二八〇名まで減少したものの、翌週には再び増加に転じ、七〇九名となった。この数は、八月第三週には一二〇三名、その翌週には一二六七名に増えている[100]。全米各地の収容所では、マリエル移民による暴動が相次いだ。八月五日のインディアンタウン基地暴動では一六名の米国人と四二名のキューバ人が、八月一四日のマッコイ基地暴動では六五名のキューバ人が、それぞれ負傷している[101]。出国を後悔した移民が、旅客機をハイジャックしたこともある。八月一〇日より九機が奪われ、乗客乗員ごとキューバに飛ばされている[102]。こうした状況で、カーターの側近たちは八月二〇日、特別調整委員会（Special Coordination Committee : SCC）に集まった。真っ先に却下されたのはＮＳＣの軍事作戦である。国務省の高官に言わせれば、例の「望まれない人々」を船に乗せ、「そのままキューバに送り、沖合で沈める」という案は、「合衆国のような（法治）国家が考えることではなかった」のである[103]。

こうして軍事作戦が消え、他の手段も効果が疑われたことから、ＳＣＣは外交的手段を真剣に検討した。これについてはカーターも、「この選択肢をより詳細に検討すべきである」とブレジンスキーに発破をかけた[104]。また大統領はその六日後にも、「キューバからの難民の数が増えている」と注意を促し、「船の押収やその他の措置を強化せよ。それからカストロにハイレベルな使節を派遣する準備をせよ」と命じている。[105] 翌日、気のすすまないブレジンスキーは、六月の秘密交渉の失敗に触れ、国務省の案は成功する見込みがないとカーターに主張した。[106] しかし、大統領自身が交渉を希望するとなれば、さすがのブレジンスキーも無理には逆らえない。八月二八日のSCC会議では、とうとうこの案が「検討に値する」と評されている。それでも交渉に懐疑的なブレジンスキーは、「われわれを政治的に辱めることがないよう」、カストロに送る使節は「非公式」とするよう大統領に申し立てていた。[107]

カーター、ハバナに個人使節を送る

こうして白羽の矢を立てられたのが、コカ・コーラ社の最高経営責任者ポール・オースティン（Paul Austin）である。オースティンはカーターと個人的に親しく、米・キューバ関係の改善を希望していた。コカ・コーラ社にとって、キューバは原料の砂糖を仕入れ、商品を売りさばく場所となりえたからである。カストロともすでに面識があった。一九七七年六月四日には、キューバを訪問したオースティンをカストロが革命宮殿で歓待し、翌日の観光にも同行した。帰国したオースティンは、このときの様子をカーターに伝え、経済制裁の解除を支持している。[108] また翌年二月には、カーターの親書を携えたオースティンが、再びキューバを訪れた。キューバ側の記録によると、このとき彼はカーターとの首脳会談に応じる気があるか否かをカストロに尋ねた。カストロは頷いてみせたものの、おそらく真剣には相手にしていなかっただろう。[109]

一九八〇年八月末、カーターはこのオースティンを再び特使としてキューバに送った。出発の前日、ホワイトハウスを訪ねたオースティンは、国務省が用意したトーキング・ポインツ（talking points）を受け取っている。それによると、彼は二段階の政府間交渉を提示することになっていた。第一次交渉は、移民危機の終結に向けた協議である。キューバ政府がカーターの「秩序ある移住プログラム」構想を受け入れ、例の「望まれない人々」を引き取り、

米国利益代表部に立て籠る人々を出国させれば、米国政府は経済制裁を含め、米・キューバ関係全般を協議する次の交渉に臨むというわけである。その折に、米側はハイジャック取締合意や定期航空便の就航再開を検討し、経済制裁の対象から「希少な」医薬品を除くことも考慮するだろう。つまり、国務省の想定では、こうした提案がキューバ側への重要な譲歩となるはずであった。(110)

ところが、九月三日にカストロと面会したオースティンは、これを上回る条件を勝手に提示した。彼はまず、「次のクリスマスまでに（カーターとカストロの）一対一の首脳会談」を開くようカストロに促した。首脳同士が「率直に」話し合えば、交渉のアジェンダもまとまるだろう。そして翌年一月、正式な交渉を始める際に、カーターとカストロが再び顔を合わせるというわけである。この斬新な提案を行ったあと、オースティンは、大統領選挙でカーターの足を引っ張ることがないようカストロに申し入れた。移民危機を終わらせ、米国外交の批判を自粛すれば、カーターは年末までに、経済制裁の対象から「すべての」医薬品を除くはずであった。キューバ側には、例の「望まれない人々」を引き取り、反ハイジャック合意の履行を再開することも期待されているという。(111)

キューバから戻ったオースティンが国務省のピーター・ターノフに語ったところ、カストロは、この提案に「完全に同意した」。まず、カストロは「カーターのメッセージ」に謝意を表し、七月に行った自身の演説に触れ、レーガンの大統領選勝利がもたらす世界平和への脅威を強調した。また、カストロはカーターの政治的事情に理解を示し、ハイジャック犯の取り締まりを含め、いくつかの問題で米国政府と協力する意向を伝えた。米国利益代表部の一件については、すでに問題の解決に向けて動いていた。肝心のマリエル移民危機の終結と「望まれない人々」の引き取りについては、第一次交渉の場で検討することが約束された。カストロは以上に加え、麻薬取引などで投獄されていた三〇名程度の米国市民を釈放することも申し出ている。(112)

オースティンの話の信憑性を疑う声はある。合衆国の学者たちは、彼がアルツハイマー病の初期症状を示していたことを主張し、この会談の重要性を否定している。(113)しかし、キューバ側の議事録によれば、オースティンの訪問は、カストロの意思決定に影響を及ぼしていた。「あなたが来る以前からこのことは考えていました」と来訪者に述べたカストロも、「とはいえ、このメッセージを受け取ったとき、(カーターへの)ジェスチャーを行う必要があることをいっそう強く確信したのです」と付け加えている。[114] オースティンの言動に奇妙な点があったとはいえ、カーターが再び対話への意欲を示したことは疑いようもない。カストロは間違いなく、そのことに満足したはずである。数日後、カストロはメキシコ大統領ホセ・ロペス・ポルティージョ(José López Portillo)に宛てたメッセージにおいても、カーターの再選を助ける意向を示していたのである。[115]

フィデル、移民危機の停止を決定する

オースティンの訪問後、後を任された国務長官マスキーは、慎重に事を進める必要を感じていた。「首脳会談」の話は寝耳に水であった。オースティンの報告を受け取ると、マスキーは数行の文章に下線を引き、余白に感嘆符(!)を書き入れている。[116] マスキーは、とりあえずターノフを正式な大統領の特使としてキューバに派遣し、オースティンの訪問を「私的なもの」として取り繕うことにした。カストロに宛てたカーターの新しいメッセージには、この意向が色濃く反映されている。「ポール・オースティン氏と貴公の私的かつ非公式な対談についておおよその報告を受け取りました」と話を切り出し、ターノフの訪問こそが、大統領の「具体的な提案を伝えるものです」と釈明したのである。それでもいったん出された条件を引っ込めることは難しい。マスキーは予防線を張り、仮に「首脳会談」について問われれば、交渉が「たしかな前進を見せたのちに」検討する、と伝えるつもりであった。[117]

ターノフがハバナに着いたのは九月一二日である。飛行場に降り立つと、さっそく迎えにきたパドロンに声をかけ、自身の訪問こそが「政府公認」のものであると伝えた。ターノフによると、キューバ側はすぐにその意を解したという。カストロがターノフの前でオースティンの訪問に言及することはなく、ただ一度だけ、オースティンがカーターへの報告を済ませたか否かだけを尋ねた。ターノフが第三者を介してカーターにも話が伝わっていると答

えると、満足したカストロは、対話の意志を示すよい機会になったと述べている。こうしてターノフは、「カストロはオースティンのいかなる提案も聞き捨てています」とカーターに報告することができた。[118] カストロが首脳会談の「約束」に固執することを案じたマスキーの懸念は払拭されたのである。

ターノフはその後、国務省が再び用意したトーキング・ポインツに忠実に従い、例の二段階交渉をあらためてカストロに提示した。内容はオースティンが受け取ったものとほぼ同じである。すなわち、米側は第一次交渉において、移民を規制し、「入国資格なし」と判断されたキューバ人たちを引き取るようキューバ側に要請するだろう。そしてキューバ側が応じれば、「二国間関係に関するすべての争点、および共通の関心事項」についての協議に入り、反ハイジャック合意の再履行や定期航空便の就航再開、さらには経済制裁の「一部緩和」を検討するということである。ただし、前回のトーキング・ポインツと異なる点もあった。経済制裁の対象から除外する対象は、「希少な」医薬品ではなく、「すべての」医薬品に拡大されていた。これについては、事前に文書に目を通したカーターが自らペンを走らせ、形容詞を二重線で消していた。[119]

提案を受けたカストロは、さっそく顧問たちと協議し、五つの決定を伝えている。まず言及されたのが、米国からキューバへの航空機ハイジャックの取り締まりを強化すること、および麻薬取引などの廉で服役していた米国人三三名に恩赦を与えることであった。つづいて挙げられたのが、大統領選挙が終わるまで、マリエル港からの出国を「停止する」ことである。これに関しては、「ロナルド・レーガンではなく、ジミー・カーターへのジェスチャーである」とカストロは強調し、カーターの再選後に正式な移民協議を行う意欲を示している。米国利益代表部に立て籠るキューバ人たちの出国も認められた。そして最後に、「米国の国内状況に悪影響を及ぼすような」行動を当面は控えることも約束された。[120] 一見すると、いずれもカストロがすでにオースティンに伝えたことと似て非なる内容である。

ただし、カストロは一連の決定について、いかなる見返りも要求しなかった。カーターを助けるためには、それを拒むほうが良かったのである。[121] もちろん、カストロがそこまでしたのは、ただレーガンの勝利を阻むためだけではなく、カーターが見せたキューバへの態度の転換を高く評価したからである。オースティンとターノフのいずれの使節にしろ、カーターが米・キューバ関係全般を協議する必要を認めたことは明らかである。その意味で、移民危機の勃発以来キューバが提示した要求は認められたのであり、カストロとしてはこれで十分であった。ターノフが合衆国へ戻ったとき、米・キューバ両国が「一定の理解」を作りあげ、共存する「可能性」を見た、とパドロンは振り返っている。[122] カーターは対話による問題の解決を選ぶことによって、レーガンとの違いをキューバ人たちに印象づけたのである。

移民合意に達せず

革命政権がマリエル港を閉じると、ようやく米国政府は、入国した移民たちの対応に集中して取り組めるようになった。一〇月、カーターは難民教育支援法に署名し、州政府や地方自治体に配分する予算を増やし、省庁間の連携を向上させている。こうして翌月までに、九割を超えるキューバ人移住者の再定住が完了し、マイアミの外で開設された四つの収容所は一つずつ閉鎖され、残された人々はアトランタ刑務所へと送られた。[123] 連邦議会調査局によると、収容所の設置、医療・社会福祉サービスの提供、沿岸警備、教育支援、刑務所や病院、特別養護施設の管理運営など、マリエル危機関連の支出額は、一九八〇年と八一年だけで七億三九〇〇万ドルに膨らんだ。これは移民一人当たりにして、五九一四ドルの支出である。[124] 経済不況にあえぐ多くの米国人納税者たちにとって、この財政負担は間違いなく重かった。

カーターにとって、移民危機は政治的にもコストがかかる問題であった。大統領は遊説中、「彼ら（マリエル移民たち）は私たちの国を傷つけないでしょう」と有権者に説いた。「私たちの国は傷つくのではなく、助けられるのです」。[125] ところが、多くの米国市民たちはこの言葉を信じなかった。時期をほぼ同じくして進行したイラン米国大使館人質事件と似て、このマリエル危機も、いくつかの重要州でカーターの再選を脅かしている。カーターは大統領選挙での敗戦の翌日、「難民問題にかなり痛めつけられました」と振り返っている。「それはフロリダだけではなく、国中の問題でした。激しい感情的な問題でした。キューバからの難民を受け入れる際に、われわれは無力であるかのように見えてしまったのです」[126]。

カーターがホワイトハウスを去る前に、米・キューバ両政府は、非公開の移民協議を二度開いている。一二月下旬、ニューヨークで開かれた最初の協議で、米側は「秩序ある移住プログラム」を再び提案した。一九六五年移民法が各国に割り当てる年間二万人の合法移民枠に、元政治囚とその家族のために六千名から七千名の特別枠を加え、初年度に計三万人をキューバから受け入れるという内容である。そしてキューバ側には、二五〇〇名ほどの「望まれない人々」を受け入れ、「ノー・モア・マリエル」(no more Mariels)、すなわち将来において二度とマリエルのような移民危機を引き起こさないとの誓いを立てるよう要求した。一方、キューバ側はまず合法移民の数として、年間四万人のキューバ人を受け入れるよう米側に要請した。その上で、他の事項についてはハバナに持ち帰って検討することを約束している[127]。協議の進展に満足したマスキーは、合意が間近であるとカーターに報告した[128]。

ところが、翌月中旬にワシントンで行われた第二次協議は、米側の期待を裏切った。キューバ側が「ノー・モア・マリエル」の誓約をきっぱりと断っただけではない。米側も強制送還されるべき「望まれない人々」の数を五千名につり上げ、キューバ側を驚かせたのである。ただし、最も重要な争点となったのは、強制送還の方法であった。キューバ側は、帰国者が「自らの意思で」帰国することを表明した上で、個別にキューバ当局から承認を得ることを要求した。一方、米側はこの提案を「全く受け入れ難い」と斥けた。強制追放を自ら望む者は少なく、重度の知的障害を抱える人々からは希望を確認することも難しかったからである。キューバ側は代案として、数名であれば帰国者を無条件で受け入れる旨を伝えた。それでも米側はこの譲歩を不十分と捉えている[129]。

米側は交渉の破綻について、キューバ側が意図的に合意締結の時期を遅らせたと捉えていた。どうせ合意を結ぶのであれば、まもなく就任するレーガン政権を相手に、幸先の良いスタートを切る方が得策である、とキューバ側の意図を読んだわけである。[130] しかし、当時のキューバ副外相ホセ・ビエラ（José Viera）は、この見方を強く否定している。同じくキューバ側の交渉当事者であったアルベルト・ガルシア・エンテンサ（Alberto García Entenza）も首を横に振っている。[131] おそらく彼らの記憶は正しかったであろう。著者が入手した文書によると、キューバ側には、米国政府との意見の隔たりを認めた上で、世論外交に訴えることを提言する人物もいた。これによると、革命政権は合衆国内でメディアや友好団体を動員し、「宣伝活動や扇動」を行うことができた。また、合衆国の家族に手紙を出すよう移住希望者たちに促し、その家族を通して米国政府に圧力をかけることも可能であった。[132]

また提言書には、「非正規の出国ルートの活用」という案もあった。家族を求めて合衆国から到着した船に移住者たちを乗せ、米国政府に圧力をかけるというものである。そして、それでも不十分であれば、「見せかけの不法出国を組織すること」も検討対象として想定されていた。ここにきて、さすがにこの文書の作成者も議論が行き過ぎたと考えたのだろう。「マリエルのような（移民の）流れを再開する」意図を否定した上で、新政権にキューバを侵略する「口実」を与えてはならない、と但し書きを添えている。[133] 要するに、キューバ政府はマリエル危機が収束したあとも、移民交渉を優位に進めるため、様々な方策を講じていた。革命政権の言動を単に時間稼ぎの戦術として捉えることは不適切である。移民管理は、米国政府とキューバ政府のいずれにとっても、それ自体が重要な問題なのであった。

おわりに

一九八〇年米国大統領選挙でカーターを助けるのであれば、なぜカストロはもっと早く移民危機を止めなかったのか。この疑問については、カストロが一九八〇年六月一四日に行った演説が参考になる。ここでカストロは、「彼ら（米国政府）が学習するまで待つ」と述べている。「必要に応じて二〇年、四〇年、いや一〇〇年も待つでしょう」[134]。マリエル危機を通して、カストロの姿勢はおおよそこの発言に忠実であった。カストロは米国政府の態度が変わるまで、すなわちカーターが米・キューバ関係全般を扱う協議の開始に応じるまで、マリエル港を閉じなかったのである。こうしてキューバの外交政策が変わるまでは経済制裁の緩和を論じるべきではない、というブレジンスキーの主張は覆された。レーガンの勝利に対するカストロの懸念だけではなく、カーターによる政策転換のシグナルが、マリエル危機の終結に寄与したのである。

では、なぜカーターはもっと早く動かなかったのか。一五年前に起きたカマリオカ移民危機において、当時のジョンソン大統領は、早急に革命政権との協議を申し入れ、合意を導いたはずである。なぜカーターはこの「前例」に従わなかったのだろう。当然、二つの危機の間には、重要な違いがある。出国を望む人の数、および出国を助けようとする人の数は、マリエル危機の方が断然多かった。時代背景という点でも、米軍がドミニカ共和国を侵攻した直後に起きた一九六五年のカマリオカ危機では、米国がキューバに抱いた脅威認識は相対的に低かった。逆に冷戦的対立が激化する中で起こったマリエル危機では、キューバへの警戒は強く、それだけ妥協も許されなかったのかもしれない。さらに、一九八〇年は大統領選挙の年であった。大統領はもちろん、米国政府の高官たちも、国家の威信だけでなく、選挙への影響を意識せざるを得なかった。

とはいえ、移民危機がもたらす圧倒的なコストを踏まえれば、カーターはカストロとの移民闘争を未然に避けるべきではなかったか。また移民危機が起きた後でも、失点を重ねるのではなく、それを最小限に防ぐことに尽力すべきであった。事実、ブレジンスキーのNSCが唱えた措置の多くは、意図した効果をもたらさなかった。国外における宣伝攻勢は、キューバ社会の評判を下げたとはいえ、人の流れを断つことに役立っていない。国際会議における多数派工作もほとんど実を結ばず、移民を強制送還する軍事計画については政権内部でも異論が出た。結局、移民危機を抑えられず、暴動を防げず、「望まれない人々」を送り返せなかったカーターは、あらゆる手段を検討した末に、カストロの要求を受け入れている。不本意ながらも、まずは相手の言い分に耳を傾けることが、より賢い選択だと判断したわけである。

マリエル危機をめぐる米・キューバの外交闘争は、大国が小国に屈するという意味で、ある種の「外交革命」であった。しかし、これを可能にしたのは、国境の先にある新しい生活を望んだ数千人のキューバ人たちの意志と、彼らを合衆国に引き入れようとした家族たちの行動でもある。そして、マリエル危機を彩ったこの人々の移動と国家間外交の相克は、その後も米・キューバ関係を形作っていくのである。

第5章　反転攻勢
——レーガンの登場と反革命の「アメリカ」化

ロナルド・レーガンは、キューバ系移民たちの良き理解者であった。一九八三年五月二〇日、マイアミのキューバ「独立記念」式典に合衆国大統領として初めて参列したレーガンは、「自由」という魔法の言葉を操り、集まった聴衆たちを熱狂させた。まず、キューバ系米国人たちの経済的成功を称え、それが南北を問わず、すべての「アメリカ人」が共有する「アメリカの精神」、すなわち「自由」の賜物であると説いた。そして、彼はその「自由」という同じ言葉で、共産主義を攻撃し、革命キューバとの対決を唱え、マイアミの反革命勢力を力強く鼓舞したのである。南北アメリカの「自由」の擁護者として、マイアミの反革命勢力とともに、「ソ連、キューバ、ニカラグアの枢軸国」と戦うことも宣言された。この決意表明においては、「自由の守護にはあらゆる瞬間を要する」というキューバ独立の父ホセ・マルティの言葉も引用されている。(1)

レーガンのマイアミ訪問には、重要な象徴的意義が認められるだろう。そもそも反革命勢力が催す「独立記念」式典は、革命勢力から見れば忌むべきものであった。八一年前のこの日に誕生したキューバ共和国は、あくまで合衆国の支配下にあり、真の独立は一九五九年一月一日、つまりキューバ革命の勝利によって達成されたはずである。ところが、この歴史認識は、マイアミの反革命勢力には共有されていない。事実、合衆国ではレーガンの訪問以後、何人もの大統領や大統領候補たちが、マイアミを訪れ、キューバの「独立」を祝い、越境的な「自由」の物語を口にしたのである。四半世紀後、あのバラク・オバマもキューバ系米国人を「自由の大使たち」と呼び、同じくレーガンが引用したホセ・マルティの一節を引いた[2]。解釈の違いはあるにせよ、「自由」は、米国の指導者たちがマイアミの政治活動を正当化する言葉となったのである。

本章ではまず、レーガンとキューバ人反革命勢力の世界観が著しく親和的であったことを強調する。レーガンは対キューバ経済制裁を強化し、外交攻勢を仕掛け、革命キューバとの対決姿勢を打ち出した。また大統領は、中米カリブ地域における反革命戦争を推進しつつ、ラジオ・マルティ（Radio Martí）という、キューバとの新しいイデオロギー闘争も準備している。レーガンの対外政策はマイアミの反革命勢力を励まし、合衆国の内部から政治的影響力の行使を目指す反カストロ・ロビーの台頭も促した。さらにレーガンの演説は、キューバ系米国人たちの役割を肯定する新しい言説も生み出していく。西半球で「自由」を愛する誰もが「アメリカ人」と説くレーガンの越境的な言語空間においては、革命政権の打倒を目指すキューバ人たちも「アメリカ人」なのである。キューバ人として合衆国の政治に参加するときに生じるはずの自己矛盾は、都合良く忘却されていくのである。

とはいえ、レーガンの遺産はそればかりではない。レーガンの言葉と実際の行動には大きな差異があり、それもまた対キューバ政策の一つの特徴となったからである。反革命勢力を支持したとはいえ、大統領の優先順位が、マイアミの支持者たちの希望と完全に一致することはなかった。革命政権の崩壊を望む声にもかかわらず、レーガンはキューバに軍を差し向けず、海上封鎖もせず、カーターがハバナで開設した米国利益代表部も閉じなかった。また、一九六二年のケネディ＝フルシチョフ了解の根幹をなすキューバ不侵攻誓約も、大統領によって堅持されている。一九八四年には、レーガンはカストロとの移民交渉にも乗り出した。移民問題は大統領やホワイトハウス、そして一般の米国市民たちにとって関心の高い事項であり、その解決にはキューバとの利害調整が必要であった。レーガンは結局スーパーヒーローの役を演じておきながら、自らの力の限界も示したのである[3]。

レーガン、カストロを脅迫する

一九八〇年代前半、米ソの緊張は急速に高まり、冷戦は非常に危険な局面を迎えていた。レーガンによれば、ソ連は勢力拡張を目指す「悪の帝国」であり、キューバはその「代行者」であった。この「赤の脅威」を取り除き、米国の力を「取り戻す」ために唱えられたのが、共産勢力に対抗する強い意志の表明であり、平時においては史上最大ともいわれた軍拡である。米ソの対立は、同時に進行するアフガニスタン、イラン、ポーランド、南部アフリカ、東南アジアにおける局地紛争とも連動した。(4) なかでも、発足直後からレーガン政権が重視したのが、中米カリブ海である。安全保障問題担当大統領補佐官ウィリアム・クラーク（William Clark）は、この地域を「われわれの表庭」と呼んでいた。米国がここで秩序を回復できなければ、世界の他の地域で力を行使する能力も減じかねないという。そして、ここで米国と対峙したのは、ソ連というより、キューバである。(5)

そのキューバを率いるフィデル・カストロは、レーガン政権の発足前から国際情勢の悪化を憂い、国防強化に乗り出している。新たに打ち出された「全人民戦争」という軍事ドクトリンは、何百万人もの市民たちを民兵として組織し、軍事介入から海上封鎖、空爆など、あらゆる脅威から国土を守るというものである。このためにソ連や東側諸国から集められた一五〇万点もの武器が配布され、老若男女を問わず多くの人々が、軍事訓練を受けることになった。(6) ラウル・カストロは後年、この戦略の目的として、侵略者が想定するコストをつり上げ、侵略そのものを抑止することを挙げている。しかも彼に言わせれば、仮に米軍の侵攻を受けたとしても、人民軍が勝利することも可能であった。アフリカで実戦経験を積んだ者を中心に、武装したキューバ人たちが侵略者たちを絶え間なく攻撃すれば、「もう一つのヴェトナム」が生まれるという算段である。(7)

このように本国防衛を図りつつも、キューバ政府は中南米の革命勢力を支援しつづけた。ソ連は地理的に遠い西半球を重視せず、ここでの活動については、米国政府の注意を他の地域から反らす程度のことしか考えていなかった。(8) ところがキューバにとって、中南米は国家安全保障の最重要地域である。なかでも貧富の格差が著しい中米のエルサルバドルでは、キューバと連帯する左翼ゲリラが、米国が支持する軍事政権との間で死闘を演じていた。キューバは、分裂していたゲリラ勢力をファラブンド・マルティ民族解放戦線（Farabundo Martí National Liberation Front : FMLN）に統一し、ソ連やニカラグア、ヴェトナム、パレスチナ解放機構（ＰＬＯ）を巻き込み、軍需物資の調達も助けていた。このＦＭＬＮは、レーガン政権発足を前に、「最終攻勢」に打って出た。しかし攻勢も空しく、エルサルバドルの内戦は膠着状態に陥っている。(9)

発足からまもなく、レーガン政権は中米紛争の主たる原因がキューバにあると訴えた。現地社会の貧困や格差よりも、キューバという外的要因に説明の力点を置いたのである。国務長官アレクサンダー・ヘイグ（Alexander Haig）に言わせれば、エルサルバドル内戦は、「外国の共産主義者たちに利用された国内騒乱」であった。(10) ＦＭＬＮへの武器密輸ルートの報告を受けたレーガンも、「中米をもう一つのキューバにしてはならない」と国家安全保障会議で厳命し、別の日には、「私は引き下がりたくない、敗北を受け入れたくない」という発言をくり返している。(11) このときのレーガンにとって、敗北とは、第一にはＦＭＬＮの勝利を、第二にはＦＭＬＮを支援する権利を隣国ニカラグアの革命政権に認めることを意味した。(12) そしてＦＭＬＮとニカラグア政府の双方を後方支援したのがキューバであり、しばしばレーガンは、「キューバに対して何ができるのか」と側近に聞き回っていた。

とはいえ、レーガンの政策戦略を練る側近たちが優先したかったのは、減税や規制緩和、社会福祉予算の削減といった国内改革である。また、副大統領ジョージ・Ｈ・Ｗ・ブッシュや国防長官カスパー・ワインバーガー（Caspar Weinberger）は、ヴェトナム戦争の苦い教訓を糧に、明確に限定された目標と広範な世論の支持を得るまでは、むやみに軍事行動をとるべきではないと考えていた。レーガン自身も、「もう一つのヴェトナム」を懸念する米国社会では、多くの人々が「息子たちを中米の戦地に送ることには乗り気ではない」と感じたようである。(13) なおレーガンには、南北を問わず、「われわれはみなアメリカ人」という独特の世界観があった。大統領はある日の会議で、米国の内政干渉に対する中南米の反感を気にする素振りを見せ、「南北アメリカがまとまれば中国と同等だ」と発言している。「みんな仲間になれば大きな巨人になる」[14]。

いずれにしろ、レーガンの中米カリブ政策は、以下の三つの柱を基軸としていく。一つ目は、革命勢力への対抗措置である。エルサルバドルではＦＭＬＮと戦う現地政府を支持し、目を覆いたくなるほどの人権侵害が行われたにもかかわらず、対ゲリラ政策への支援を拡大した。また、ニカラグアの革命政権に対しては、キューバと手を切り、ＦＭＬＮを支援しないよう圧力をかけた。これに失敗すると、今度は敵の敵として、政権転覆を狙う反革命勢力（コントラ）を支援し、やがてイラン・コントラ事件を引き起こすことになる。

二つ目は、国内外の世論を味方につけることであった。ここで登場したのが、「カリブ海地域支援構想」である。レーガンはカナダ、メキシコ、ベネズエラと提携し、対外援助ではなく、貿易と投資をこの地域に呼び込み、貧困と経済の不満を取り除くことを唱えた。構想は、革命を未然に防ぐ平和的手段として喧伝されている[15]。

そして三つ目が、キューバの扱いである。政権発足の直後、ヘイグ国務長官はレーガンに提出した政策分析書において、一九六二年のケネディ＝フルシチョフ了解に関する見解を示している。ヘイグの強引な解釈によると、了解の「本来の意図」は、キューバが「合衆国と西半球の友好国にとって、安全保障上の脅威となるのを防ぐ」ことにあった。そして、この「厳密な」解釈に照らすと、キューバを介し、中米の革命勢力を支援するソ連は、堂々と了解を破っているのだという。ヘイグは、「明確かつ率直に」ソ連とキューバに異議を申し立て、それでも「違反」が続くようであれば、思い切って了解を破棄するようレーガンに促した[16]。しかし、さすがに眉をひそめたレーガンは、「提案を話し合う必要がある」と応じつつも、「モンロー・ドクトリンはもはや存在しない」とヘイグを諭した。「了解を破棄しても、ただ損をするだけかもしれない」と否定的見解を示したのである[17]。

ヘイグは諦めの悪い男である。限定省庁横断グループ（Restricted Interagency Group : RIG）を率いる国務次官補トマス・エンダース（Thomas Enders）には、キューバに対する軍事行使策の検討も命じている。しかし、そのＲＩＧが受け取った官民の分析結果も冷厳たるものであり、いずれも、軍事介入をすれば何千もの米国人兵士が犠牲になるという予測を示していた。エンダースの側近チャールズ・ギレスピー（Charles Gillespie）によると、「それはあまり事を荒立てないか、全力でやるかの選択」であった。「全力でやれば、本当に戦争になったでしょう。一九六二年のキューバ・ミサイル危機以上のものです。戦火が交じえられ、地上軍が派遣されたはずです」[18]。このシナリオはヘイグを除き、レーガンの周囲を思いとどまらせた。夫人ナンシー・レーガン（Nancy Reagan）は、「国家安全保障会議でキューバが議論されたとき、あの人（ヘイグ）はロニー（レーガン）にこう言ったのです『あなたの言葉をいただければ、あのいかれた島を駐車場に変えてみせます』と」[19]と嘆いている。

結局、レーガンはキューバに対し、軍事侵攻以外の措置をとることにした。大規模な軍事演習が行われ、経済制裁が一段と強化された。まもなく合衆国におけるキューバ人外交官の活動にも新たな制限が加えられ、一九八〇年一〇月に予定されていたカンクン首脳会議ではキューバの参加を拒み、それ以外の場面でも、キューバとの外交・経済関係を断つよう他国への働きかけを強めた。米国政府は以上に加え、米軍の動きについての偽情報を流し、神経戦をキューバに仕掛けている。これらは「米軍侵攻についてのカストロのパラノイア」を悪化させ、キューバの資源を中米から引き揚げさせることを狙ったものである[20]。米国利益代表部の部長ウェイン・スミスによると、ワシントンの想定では、脅迫と圧力によってキューバの外交政策が変わるはずであった[21]。そのためにソ連外相アンドレイ・グロムイコ（Andrei Gromyko）は、ヘイグと会うたびに、キューバに関する物騒な発言を嫌というほど聞かされたのである[22]。

キューバ、恐喝をはねつける

試合巧者のカストロは、レーガンがこうした手を打つ前に、中米における政策目標を修正し始めていた。最終攻勢が失敗したエルサルバドルでは、ＦＭＬＮへの軍事支援を停止し、和平交渉の開始も示唆した。ニカラグアの革命政権を安定させ、米国によるキューバへの攻撃を回避するために、米国政府との妥協点を探ったのである[23]。まもなく米国の政府官僚は、キューバ政府の新しいシグナルに気づいた。タカ派のヘイグでさえ、ニカラグアやエルサルバドルに流入する武器の量が「落ち込んだ」と回顧録に記している。[24] 米国利益代表部のスミスは、この機会にキューバ指導部との対話を開始するよう進言した。有意義な外交に必要なのは、時宜に適った柔軟な対応である。スミスは、圧力と関与のバランスをとりながら、革命政権と接触し、中米カリブ地域の安定を図るべきであると主張した。[25]

対話を求めたのは米国利益代表部だけではない。メキシコのロペス・ポルティージョ大統領も、中米紛争の外交的解決を唱え、キューバと米国を含めた多国間交渉を提案した。[26] しかし、ヘイグはカストロが見せた「弱み」につけこむかのように、キューバへの圧力を強めるばかりであった。[27] 当時の国務省には、キューバがベネズエラやペルーなどの中南米諸国との関係を悪化させたことに満足するだけでなく、ソ連でさえ、キューバの防衛に二の足を踏むのではないかと疑う者までいた。[28] キューバの経済状況が、相変わらず悪かったこともある。不満分子が排出されたとはいえ、生産性や労働意欲の低迷など、マリエル危機を生み出した構造的問題は、そのまま残っていた。レーガン政権の登場は、問題の解決をさらに難しくした。メキシコの在キューバ大使館は、国防のための人民動員が経済活動を停滞させ、「生活環境の改善への国民の期待」を「萎ませた」と観察している。[29]

米国政府の言動は、キューバ政府を苛立たせたに違いない。一九八一年七月二六日、それまで米国との緊張を悪化させないよう口をつぐんでいたカストロは、突然レーガン政権を猛烈に批判した。デング熱を化学兵器としてキューバに持ちこみ、八一人の未成年を含む、一一三名を殺害したと「告発」したのである。[30] カストロは九月一五日の演説でも再びこの件を持ち出した。「米国の制度はファシストではない」と断りながら、「現在の米国政権の中核をなすグループはファシストだ」と論じている。[31] 一週間後、キューバを訪れた米国連邦議員二名と面会したカストロは、落ち着きを取り戻し、あらためてレーガンとの対話を希望した。[32] しかし、そこから一ヶ月も経たないうちに再び怒りが爆発した。米紙『ワシントン・ポスト』のコラムニストたちが、ニカラグアに送られたキューバ軍によって、共産政権の樹立がエルサルバドル東部で企まれている、と報じたのである。[33] カストロは直ちに、米国政府が「巨大な嘘」をねつ造したと抗議した。[34]

米国政府が故意に革命政権との意思疎通を拒んだことは、緊張の悪化に一役買っている。カストロが何の根拠もない論説を無視しなかったのは、レーガンが軍事行動を正当化するためにそれを利用するのではないかと疑ったからである。ヘイグの物騒な言動も気がかりであった。九月中旬、ソ連外相グロムイコをニューヨークに迎えたヘイグは、キューバの国内事情に介入する意図を否定しながらも、キューバの中米への「軍事介入」が合衆国に「大きな脅威」を突きつけていると説いた。[35] この話を伝え聞いたカストロは顔を赤らめ、「最初から最後まで嘘だ」と言い放っている。当時、キューバがニカラグアに送っていたのは軍人ではなく、教師や医師であった。[36] ヘイグは例の記事が『ワシントン・ポスト』紙に掲載されてから二週間後、西半球におけるキューバの介入を防ぐ方策について、「広範な調査」が完了したと宣言した。[37] これを受け、軍事侵攻を警戒したキューバ政府は、防戦態勢を整えるために大量の予備兵を動員し、部隊を全土に配置した。

ここで介入したのがソ連である。それまでソ連首脳レオニード・ブレジネフは、キューバへの敵視行為を止めて国交正常化交渉を再開するようレーガンに求めていた。両国の対立は「危険で、滑りやすい道である」と書簡で説きつつ、「キューバとの国交正常化に向けて一歩踏み出せば、相応の反応が返ってくるでしょう」と対話を促したのである。[38] にもかかわらず、米・キューバの武力衝突の恐れが高まると、ソ連も強く出ざるをえなくなった。米国政府に一九六二年ケネディ＝フルシチョフ了解の遵守を求めつつ、キューバ政府への軍事支援を拡大し、新型のミグ戦闘機を送る準備も整えたのである。ソ連のメッセージは強烈だった。とうとうヘイグも折れ、少なくとも軍事侵攻の話は控えるようになった。[39] レーガンも戦争の勃発を恐れる世論を案じ、二の足を踏んだ。そしてメキシコ大統領ポルティージョに促され、極秘にキューバ副大統領カルロス・ラファエル・ロドリゲスと会談するようヘイグに命じたのである。[40]

意思疎通なき対話

メキシコシティで行われたヘイグ＝ロドリゲス会談は、まさに意思疎通なき「対話」であった。レーガンはようやくカストロとの接触を試みたものの、ひたすら外交政策の根本的転換を革命政権に要求したのである。フォード、カーターが失敗したアプローチをレーガンが再び用いたのは、キューバの経済状況を見て、今回こそは大丈夫だと考えたからだろう。「カストロは困っている」とレーガンは日誌に綴っている。「人気は落ち、経済は沈み、ソ連は助けに来てくれそうにないからだ[41]」。

この見通しは、あまりにも楽観的すぎた。会談の冒頭、ロドリゲスはキューバを代表し、「われわれが対話を拒んだことはありません」と述べている。「ただ、対等の相手として、互いを尊敬しあうことが必要であると考えてきたのです」。すると、ヘイグも丁重に米国の意図を説明した。彼に言わせれば、中国やユーゴスラヴィアの例に見るように、「合衆国と共産主義諸国との共存は十分に可能」であった。米国政府は他国の民族自決と主権を尊重しており、キューバについても、その国内事情に介入する気はないという。「レーガン大統領が、キューバの社会体制について考えているとは思いません」とヘイグは述べた。「これはキューバの人民によって決められなければならないことです[42]」。

ところが、米・キューバの対話は、実質的にはここまでとなった。国内体制への不介入を明言したあと、ヘイグは直ちに外交政策の変更をロドリゲスに迫ったからである。キューバの対外関係を米国との交渉によって決めることはない、とロドリゲスが反発しても無駄であった[43]。同様の応酬は一九八二年三月、ヘイグ＝ロドリゲス会談の四ヶ月後に行われた別の秘密会談でもくり返されている。ここでハバナを訪れ、カストロと会談したのは、レーガンの特使ヴァーノン・ウォルターズ（Vernon Walters）である。このウォルターズも、ソ連や第三世界の革命勢力との関係を断つよう、外交政策の抜本的転換をカストロに要求し、拒絶された。カストロの態度に不満を抱いたウォルターズは、キューバには対話の意欲がそもそもなく、最初から時間稼ぎが目的だったのではないかと疑っている[44]。

カナダ外務省の史料を繙くと、このウォルターズの結論が必ずしも正確ではないことが分かる。中米紛争を和平交渉へと導くため、キューバは、合衆国による圧力の結果ではなく、あくまで自主的な判断として、外交政策を変更する構えを見せていたからである。ヘイグとの会談の翌日、ロドリゲスはハバナでカナダ大使と面会し、「包括合意」と呼ぶものを提案した。その要諦は、キューバが革命勢力への軍事支援を停止する代わりに、米国がエルサルバドル政府への支援を停止することである。その上で、米国はニカラグアの革命政権の安全を保障し、このエルサルバドルと、同じく政治危機が深刻となっていた隣国グアテマラにおいて、キューバと協力し、和平交渉を進めるという。(45) カナダ外務省は、提案が総じてキューバに有利であることを認めた。とはいえ、対話の道を開くには十分であると判断し、この考えを米国政府に伝えている。(46)

ところが、米国政府はこのキューバの提案に応じなかった。もしかすると、レーガン政権は単にカストロを信頼できないと考えたのかもしれない。(47) しかし、キューバの提案の内容を考えると、ここで次の問いについて考えてみる必要がある。すなわち、キューバが介入するか否かを問わず、そもそも米国政府には、中米の政治変化の成り行きを静かに見守る気があったのだろうか。

ここで重要となるのが、レーガンが新たに承認した国家安全保障決定指令第一七号（NSDD17）である。それによると、米国政府の主要目標は、「エルサルバドルの反乱を打ち負かすことを助け」、その反乱を支援する「キューバやニカラグア、あるいはそれ以外の勢力の動きに反対する」ことであった。具体的な方策としては、まず情報収集の強化、米国世論への情報を統制するタスクフォースの設置、革命勢力と対峙するエルサルバドル政府やホンジュラス政府への軍事支援の増加が準備された。またニカラグアについては、反革命勢力（通称コントラ）を結集し、近隣の親米国と協力しながら、財政支援と軍事訓練を提供することになっていた。そしてキューバに関しては、キューバ軍が「中米に投入された場合」に備え、極秘の軍事介入策が練られたのである。(48) ソ連が新型のミグ戦闘機をキューバに送ると、レーガンはキューバをテロ支援指定国家に指定し、マイアミとハバナの定期航空便を停止し、米国市民に対する渡航規制を再開している。[49]

つまり、レーガンはこうした政策を検討する傍らで、カストロとの接触を試みていたのである。米国政府には、最初から中米の不都合な政変を許すつもりは毛頭なかったといえよう。仮にキューバが米国政府を満足させたければ、ソ連との関係を断ち、米国政府によって中米の革命勢力が一掃されるのを脇で見守らなければならなかった。そしてカストロに言わせれば、こうしたレーガンの態度こそ、独善的であり、「帝国主義的」なのである。カストロは一九八二年五月一七日、「米国大統領は数日前、キューバが社会主義諸国との関係を断てば、西側諸国に大変喜んで迎えられるだろうと発言しました」と述べた。「私には分かりません。帝国主義者たちのメンタリティは不可解です。（中略）あの腐りきって病んでいる資本主義社会を天国であるかのように語るのです[50]」。

秘密交渉の決裂は、米・キューバ両政府が依然として、深刻な地政学的対立を抱えていたことを明らかにした。国交正常化の進展を阻んでいた旧来のイデオロギーと権益の衝突が、再び火花を散らせたのである。しかし、レーガンとカストロがこの時期に対話を模索したことには、歴史的な意義もあった。ヘイグがキューバへの内政干渉の意志を否定したことは、全くの嘘ではない。当時のレーガン政権の史料を漁っても、積極的にカストロ政権の転覆を目指していたことを示唆する証拠は乏しい。仮にＣＩＡがキューバ社会の脆弱性を伝えても、それはあくまで国内社会の弱点をどうやって外交圧力に転換するかを考えるためであって、政権転覆を即座に目指すことまでは意図されていなかった。[51]米国政府の主たる関心事は、マイアミのレーガンの支持者たちと異なり、あくまでキューバの外交政策だったわけである。

レーガンとその「仲間」たち

とはいえ、レーガンはマイアミの反革命勢力の間で大変な人気者となっていた。一九八〇年と八四年の大統領選挙では、マイアミのキューバ系投票者のうち九割近くがレーガンを支持した。[52]移民社会で発刊されたスペイン語タブロイドや新聞、雑誌、パンフレットは、大統領を好意的に取り上げ、その多くがまるで自分たちの窮地を救ってくれる「英雄」であるかのように描いた。全米キューバ系米国人女性連合のような非営利組織も、「レーガン大統領の外交政策を支持しましょう」と会誌で訴え、「共産主義と日々戦う私たちに尊厳を与えてくれるでしょう」と説いている。[53] 政権の主要ポストに就く者も多かった。オットー・ライヒ（Otto Reich）は国務省広報外交局の局長となり、ホセ・ソルサノ（José Sorzano）は国連大使補佐役を経て、NSCの中南米問題担当を務めている。なかにはレーガンを助けようと中米の新しい反革命戦争に馳せ参じる男たちもいた。[54]

マイアミでレーガンが人気を博したのには、いくつかの理由がある。まず、一九七〇年代後半から八〇年代初頭にかけて、反革命運動が勢いを盛り返したことである。新たに加わった元政治囚たちとマリエル移民たちの多くは、自らを不遇にしたキューバ政府に概ね批判的であった。また、旧来の運動家たちも移民危機の騒擾に発奮し、再び革命政権の転覆に期待を寄せた。中米紛争が激化すると、今度はニカラグアやエルサルバドルから新手の反革命勢力がマイアミに合流した。南フロリダは、たちまち西半球における反共運動の一大拠点となり、レーガンの反革命戦争を支持し、同胞たちへの人道的支援に乗り出す人々で溢れかえったのである。[55] 中米の反革命勢力を支援したアルゼンチンの軍事政権は、この南フロリダで形成された反革命ネットワークなるものを利用し、資金や武器を調達しては、対ゲリラ用の特殊な軍事訓練を行っていた。[56]

また、共和党による集票運動も重要である。一九八〇年代といえば、人口の増加とその地域的偏りのために、ラティーノ票の躍進について期待が高まっていた時代である。[57] なかでも共和党が新しい票田として掘り起こしに努めたのが、反共感情が強く、激戦州フロリダに集まるキューバ系であった。一九七九年六月から八八年三月までに、キューバ系の支持政党の登録比率は劇的に変わっている。民主党に登録したデイド郡（マイアミ）のヒスパニック有権者の割合が四九％から二四％に下がる一方、共和党への登録割合は三九％から六八％へと跳ね上がった。[58] 若手の有望株もこの流れに乗った。後に連邦下院議員となったリンカーン・ディアス・バラート（Lincoln Diaz-Balart）

は、「彼（レーガン）が私を共和党員にした」と述べた[59]。また、やがて連邦上院議員となるマルコ・ルビオも、「以来、私は共和党員でした」と当時を回顧している[60]。

さらにレーガン自身が、積極的にキューバ系移民への敬意を示したこともある。これはマリエル危機で評判を落としていたマイアミの移民社会にとって重要であった。全米メディアが連日のようにマリエル移民による犯罪や暴力事件を取り上げるなか、納税者たちの増幅した怒りは、カーターやカストロだけでなく、彼らを連れてきたマイアミのキューバ人たちにも向けられていた[61]。一九八二年のある世論調査によると、キューバ系移民のイメージは全移民集団のなかでも最悪であり、キューバ系が「この国に来てよかった」と考える回答者は、わずか九％にとどまった[62]。アル・パチーノ（Al Pacino）主演の人気ギャング映画『スカーフェイス』（*Scarface*）は、こうした反キューバ人感情を利用したものである。後年、ブライアン・デ・パルマ（Brian De Palma）監督は、「考えてもみろ。キューバ人！　コカイン！　アル・パチーノ！　マシンガン！　女！　そう、私が見たいのはそういうものだ」と証言している[63]。

そしてレーガンはこの状況において、マイアミのキューバ人たちを「自由戦士」と呼び続けたのである。これは単なるパフォーマンスではなかった。退任後に刊行した回顧録でも、「私は、ケネディ大統領が（ピッグズ湾事件で）キューバ人の自由戦士たちを見捨てたことは、悲劇的な過ちである、とずっと考えていた」と記されている。レーガンによれば、「こうした勇気ある男たちが海岸に残され、命を落とし、あるいは捕らえられた」のは、ケネディが空中援護を「渋った」ためである。ケネディは、少なくとも「飛行機を向かわせ、彼らを救助すべき」だったのである[64]。こうした歴史認識からもうかがえるように、レーガンも、カーターとは異なる観点から、米国政府がこの集団に負うべき責任を認めていたわけである。レーガンは彼の支持者たちと違い、マリエル危機についても、マイアミのキューバ人たちを全く責めなかった。「小さい政府」という持論を脇にやり、地域社会の救援を唱え、連邦政府による財政出動を呼びかけたのである[65]。

ただし、レーガンは必ずしも、すべての反カストロ活動家たちを同等に扱ったわけではない。軍事侵攻を企む武闘派は、相変わらず米国政府にとって頭痛の種であった。一九八〇年一〇月、アルファ66が数年ぶりに本土襲撃を仕掛け、警官一名を殺害すると、カーター政権は攻撃を非難し、「反カストロ・テロ組織」への監視の強化をキューバ側に約束した。[66] そしてレーガン政権も、基本的にはこの方針を踏襲し、テロ対策の必要を認めたのである。ただし、レーガン政権においては、道義的観点というよりは、むしろ安全保障上の都合が重視されていた感が否めない。レーガンのNSCによると、「亡命キューバ人団体をキューバにけしかけることは、ほぼ確実にカストロから同様の反応を招く」のであり、「キューバよりもテロに対してはるかに脆弱な」合衆国は、キューバとの「意図せぬ軍事衝突」や「テロの応酬」を避けるべきなのであった。[67]

こうしてレーガン政権も、ひきつづき移民社会を監視し、必要に応じてキューバ政府への情報提供も行うことになった。実際、国務省は一九八一年一〇月九日、マイアミでキューバ航空機を爆破する計画があることをキューバ外務省に伝え、その四日後にも、FBIが容疑者一名を逮捕し、記者会見を開くことを通知している。[68] 数年後には、テロ組織として悪名高いオメガ7の追跡が進み、頭領エドゥアルド・アロセナ（Eduardo Arocena）の身柄も拘束されている。この人物はキューバ国連大使ラウル・ロア暗殺未遂の容疑で起訴され、禁固刑に処された。キューバから見れば、こうした情報共有と法の執行は十分ではなかった。容疑者の多くは処罰を免れ、アルファ66の奇襲攻撃はその後も続いた。しかし、テロを抑えようとする米国の努力があったことには間違いなく、この点については、カストロ自身ものちに認めている。[69]

マス・カノーサ、カウンター・ロビーを着想する[70]

レーガン政権の発足とテロ対策の継続によって、マイアミの政治力学は、全米キューバ系米国人財団（Cuban American National Foundation：CANF）という新勢力の台頭を後押しすることになる。CANFは、従来の武闘派や強硬派と異なり、合衆国の内側で力をつけることによって、カストロ政権の打倒を目指していた。この戦略は的中し、財団は誕生からわずか数年で、合衆国で最も影響力のあるキューバ系団体へと変貌を遂げている。レーガン政権との信頼関係が厚いことから、先行研究には、レーガン共和党が直接CANFの発足を指導したとみる解釈もある。(71) とはいえ、この見方には難がある。財団発足において最も重要な役割を担ったのは、レーガンではなく、初代議長となるホルヘ・マス・カノーサである。

一九三九年、キューバ東部の都市サンティアゴ・デ・クーバで生まれたマス・カノーサは、若くして活動家になった。革命前にはバティスタ政権を批判して米国に逃れ、革命後には戦犯処刑の司法処理について異議を唱え、再び米国に亡命した。一九六一年には、ピッグズ湾侵攻の計画に加わり、革命政権の転覆を試みている。その後、マス・カノーサは米国陸軍に入隊したものの、米国政府に再侵攻の意図がないことに気づいて除隊し、（本書第2章でも取り上げた）RECEの発足に携った。このときマス・カノーサは、人員動員の責任者として下部組織に顔を売り、機関誌の編集者として中南米情勢を注視しながら、ワシントンの米国政治家たちとの窓口役も務めている。窓口役は、もともと政治経験の豊かな年長の人物に任されていたが、まもなく英語の運用能力が高く米国政治にも詳しかったマス・カノーサに、白羽の矢が立てられたのである。(72)

このマス・カノーサこそ、合衆国でロビー活動を行う必要をいち早くキューバ系社会で唱えた人物だった。RECEは当初、軍事侵攻を計画し、そのための資金集めや各国政府の支援のとりつけに力を入れていた。ところが、一九七〇年代に入っても計画の目処は立たず、そうこうしているうちに米・キューバ国交正常化交渉が始まると、ますます守勢に立たされた。そこで七四年一二月、RECEはヴァージニア州選出で民主党系の上院議員ハリー・バード（Harry F. Byrd Jr.）らをマイアミに招き、国交正常化への反対集会を催した。反カストロ団体が米国の政治家をフロリダの外から連れてきたのは数年ぶりのことである。このとき「この行事に参加してくれた、彼らのようなアメリカ人の友人や味方を見つけなければいけません」と説いたマス・カノーサは、翌年一一月、キューバとの関係改善に反対する連邦上院議員一七名の賛同を得て、「自由キューバのためのアメリカ人たち」という名目上の超党派委員会を立ち上げている[73]。

なぜマス・カノーサは米国でのロビー活動を始めたのか。ここで注目すべきは、キューバ政府による政治的影響力増進プラン（ＰＩＰ）が着々と成果をあげていたことである。本書第2章で見たように、外務省合衆国ＰＩＰ担当局は一九七四年の発足以来、米国外交への影響力行使を目的に、米国社会への働きかけを強めていた。その結果、企業家やジャーナリスト、学者、さらには政治家たちが相次いでキューバに渡り、革命の成果を視察したのである。この展開に苛立つマス・カノーサは、「もしカストロが二人の連邦上院議員をキューバに呼べるのであれば、われわれも連邦上院議員たちをマイアミに連れてこなければいけない」と対抗意識を燃やし、「キューバの自由を語ること」や「カストロや左翼、そしてリベラルたちとの対決」に「謝礼」を渡すというアイデアを語った。つまり、マス・カノーサは、革命政権との競争を念頭に、米国政治における献金活動の重要性を認めたのである[74]。

マス・カノーサの焦燥は、その後の国際情勢の変動によっても増すことになった。対米関係の改善を目指す革命政権がＰＩＰを本格化させると、合衆国の要人や観光客たちが次々とキューバを訪れ、反革命勢力の警戒をますます強めた。また、カストロが政治囚を釈放し、家族再結合を認め、移民社会との対話まで始めたことも、彼らの動揺を誘った。このときマス・カノーサは、「カストロと話すことは政治的に馬鹿げている」と公言し、「カストロの陰謀」に陥らないよう同胞たちに呼びかけた[75]。ところが、大勢の人々が対話を支持してキューバに飛び立つと、「歴史は彼らもカストロも許さないだろう」と彼は言い捨て、志を同じくする仲間とともに、反撃の機会をうかがっている[76]。その後、マリエル危機が勃発すると、移民社会では在米キューバ人のイメージ改善が喫緊の課題となり、政治参加の機運も高まった。このこともマス・カノーサの企図にとって追い風となる[77]。

したがって、反カストロ・ロビーの起源はワシントンではなく、ハバナにあったともいえよう。仮にレーガン政権が生まれなくとも、革命政権に対抗する新しい政治運動はマイアミで登場したはずなのである。たしかに、カストロと対決するレーガン共和党は、反革命勢力を好意的に捉えていた。レーガンの選挙参謀リチャード・アレン(Richard Allen)は、一九八〇年大統領選挙の期間中にマス・カノーサと会い、彼の計画への支持を伝えている。しかし、マス・カノーサは革命政権を批判する民主党系の政治家たちとも連絡をとっていたし、二大政党の枠に囚われずに活動するイスラエル・ロビーとの提携も進めていた。財団の発足メンバーであるホセ・ルイス・ロドリゲス(José Ruiz Rodríguez)は、友人のロビイストであるバーニー・バーネット(Barney Barnett)を誘い、そのバーネットはアメリカ・イスラエル公共問題委員会(American Israel Public Affairs Committee : AIPAC)の事務局長トム・ダイン(Tom Dine)と連絡をとった。マス・カノーサたちに米国政府をロビーするノウハウを教えたのは、このＡＩＰＡＣである。なお、バーネットはＣＡＮＦの名付け親にもなっている。(78)

なぜバーネットは財団への協力を惜しまなかったのか。その主たる理由は、キューバがパレスチナ解放機構(ＰＬＯ)に接近し、それがイスラエル・ロビーの懸念材料になっていたことである。財団の史料館には「ＡＩＰＡＣ」と題するフォルダーがあり、そこには中南米におけるＰＬＯの活動に警鐘を鳴らす新聞記事やユダヤ系組織の定期刊行物が多く残されている。(79) バーネットはこうした資料に加え、イスラエル援助法案の可決を目指すＡＩＰＡＣの「行動文書」もマス・カノーサに送り、「キューバ系米国人財団にとって必須である」と書き添え、共闘を呼びかけていた。(80) バーネットが互いに助け合うべき友人としてマス・カノーサを見ていたことは、彼の息子チャールズも証言している。チャールズによると、バーネットはキューバ系移民たちを「イスラエルのユダヤ人」と似て、「全体主義に反対し、自由を支持する」人々と考えていた。(81) 要するに、バーネットとマス・カノーサの世界観には重なり合う部分があったというわけである。

ＣＡＮＦ、アメリカ政治に参入する

ＣＡＮＦが誕生したのは、一九八一年七月六日である。定款によると、財団の目的は、「西半球における民主主義政府の恩寵、および共産主義政府の脅威について、公衆への勧告、教育、報告を行う」ことにあった。[82] 初代議長マス・カノーサは、革命政権の打倒を唱える活動家でありながら、チャーチ・アンド・タワーという請負事業会社の経営者でもあった。残りの理事一六名も、マイアミの経済発展に力を借り、わずか一代にして財をなした地元の富豪たちである。彼らはいわゆる「アメリカン・ドリーム」を体現しているかのようであった。

とはいえ、いくら経済的な成功を収めたとはいえ、反カストロ政治を「アメリカ化」する際には、いくつか留意すべき点があった。まず、キューバ系集団の帰属意識の問題である。なぜ米国市民として米国政治に参加することが、故国キューバへの忠誠と矛盾しないのか。このような当然の疑問を抱く同胞たちに対し、マス・カノーサはアイルランド系やユダヤ系の例を挙げ、「どうしてキューバ系には、ワシントンの政治に加わる権利がないのでしょうか」と問いかけた。合衆国に暮らす移民として、集団の地位向上を図ることを当然視してみせたのである。[83] 革命政権への対抗意識を煽ることもあった。「否応なくキューバのような小国に関する重大な決定は、ワシントンやモスクワで下されます」と述べたマス・カノーサは、合衆国における反革命勢力の悪評が、革命政権の策略に由来することを論じた。「信用を落として相手の力を奪うのです。フィデル・カストロは二五年間も私たちの力を奪ってきたのです」。[84] マス・カノーサは、このように自由自在に注意を振り向けながら、同胞たちに星条旗を掲げるよう促したのである。[85]

次に、ロビイングの戦術である。これまで積み重ねた失敗によって、反共、反カストロを叫ぶだけでは、もはや米国の政治家たちに相手にされないことは明白であった。具体的な成果を得るためには、相手の利害を踏まえて言葉を操らなければならない。この点、合衆国で経済的成功を収めていたＣＡＮＦの実業家たちは、アルファ66のような頑固な武闘派に比べ、はるかに優れていた。たとえば、マス・カノーサがアレンに送った政策文書では、当時の米・キューバ関係の状況が次のようにまとめられている。

カストロのキューバが攻勢を畳みかける一方、（中略）ソ連は相変わらずキューバを第三世界における傀儡として利用し、西側諸国に対する勝利を積み重ねています。（中略）ただし、（合衆国が）そのような革命的冒険主義を終わらせるための政策を練る際には、慎重を期し、正面衝突を避けなくてはなりません。軍隊が不可欠になるほどに緊張を高めるべきではないのです。

革命政権をソ連の「傀儡」と見下し、その主体性を否定していたマス・カノーサは、アフリカや中南米における革命支援の動きについては一転してカストロの主体性を認め、「革命的冒険主義」と蔑視した。このように屈折した世界観や感情は、反革命勢力に特有のものである。とはいえ、かつて軍事作戦を計画し、ＣＩＡの支援を求めていたマス・カノーサが、いまや軍事介入に慎重な米国政府の意を酌み、ソ連やキューバとの軍事衝突を避けるよう進言していたことは注目に値する。軍事侵攻に代わって提案されたのは、後述するラジオ放送の設立であった[86]。

ＣＡＮＦが旧来の反カストロ団体と違うのはそれだけではない。まず、抜群の財政力を備えていたことである。ＣＡＮＦの理事、評議員、後援者たちには裕福な事業家が多く、それぞれ一万ドル、五千ドル、一千ドルの年会費を収めていた。財団はこれに加え、昼食会や懇親会といった様々な交遊・文化行事を催し、マイアミのキューバ系米国人企業からも多額の献金を集めている。総献金額は初年度に三六万ドルを計上し、翌年以降も着実に増えた。このように集められた活動資金は、企業経営の要領で運用され、年度ごとの会計報告も公開された。かつて多くの自称活動家たちが資金を着服したことを考えれば、これは大きな進歩である。なお、ＣＡＮＦが内国歳入法（USC26）第五〇一条Ｃ項の規定を利用し、非営利の教育機関として課税を免除されたことも有利に働いていた。マス・カノーサたちは、自由キューバ政治活動委員会とキューバ系米国人財団という二つの組織を別々に立ち上げ、それぞれに献金活動とロビー活動を担わせている[87]。

それでは、米国連邦議会における実際のロビー活動も見てみよう。ここで財団の強力な支援者となったのが、地元フロリダ州選出の共和党上院議員ポーラ・ホーキンズ（Paula Hawkins）や、マイアミ選出の民主党議員で、下院外交委でも影響力をもつダンティ・ファセル（Dante Fascell）、さらにはカストロに反感を抱く保守的な共和党上院議員ジェシー・ヘルムズ（Jesse Helms）らである。[88] ただし、実際に連邦議会を動かすとなれば、彼らの支援だけでは十分ではない。とりわけフロリダ以外の超党派の議員たちを味方に加える必要があり、そのためには彼らが抱くキューバ系への偏見とも戦わなければならなかった。[89] この点、財団が連邦議員たちを積極的にマイアミに招待したことは特筆に値する。マス・カノーサの妻イルマによると、献金パーティーでは、女性や子どもたちが重要な役割を担った。彼ら、彼女たちは、キューバ系の「最も素晴らしい一面」を見せ、財団を支える人々が「普通の」アメリカ人家族であることを招待客に納得させようとしたのである。[90]

連邦議員の反応は上々であった。オハイオ州選出の民主党上院議員ハワード・メッツェンバウム（Howard Metzenbaum）は、「あなたがたの心のこもった歓待、美しいお宅、そして素晴らしい食事のおかげで、その晩は忘れがたいものとなりました」とマス・カノーサに礼状を送っている。彼らの気前の良さは、「とりわけ（選挙前の）最後の数週間ではとても大事なのです」[91]。時宜に適った献金、心のこもった歓待、そして温暖な気候の組み合わせは、他の議員にも効果があった。ペンシルヴァニア州選出の共和党上院議員ジョン・ヘインツ（John Heinz）から届いた手紙でも、「私の選挙運動のためにご支援を集めてくださったあなたの努力に感謝します」という文言に、「もしお役に立つことがあれば、どうか遠慮なくご連絡ください」という言葉が添えられていた。「お電話でもご訪問でも、いつでも歓迎いたします」。これはロビイストであれば誰でも喜ぶ内容である。[92]

ＣＡＮＦの精力的な活動は、連邦議会にとどまっていない。ワシントンで力を得た財団は、今度はそれを逆に利用し、マイアミの移民社会で、その指導的地位を固め始めている。とりわけ驚くべきは一九八三年五月二〇日、キューバ「独立」記念日の祝賀式典に、単独でレーガンを招いたことである。この前例なき大統領訪問をめぐっては、再選選挙をにらむホワイトハウスと愛国的行事を催す財団との間で、鋭い意見対立があった。大統領の側近マイケル・ディーヴァー（Michael Deaver）が地元のデイド郡（マイアミ）共和党を主催者とするよう要求したのに対し、マス・カノーサは、式典の政治利用を避けるという名目で、非営利団体である財団に一切を任せるよう言い張った。仕舞いには、「ご用意ができましたらご一報ください」と言い残して部屋を出たという。結局、折れたのはホワイトハウスである。ＣＡＮＦは式典の「唯一の主催者」として、招待客の案内から進行の段取りまで、準備を一任された。財団以外のいかなる看板も会場に持ち込ませなかったのである[93]。

こうして本章冒頭のレーガン訪問は、莫大な広報効果をＣＡＮＦにもたらした。レーガンは会場に集まった聴衆を沸かせ、会場の外のパレードでは、「旗を振る七万人のファンたち」を熱狂させた[94]。移民社会のメディアも、キューバの国旗と大統領の肖像を並べ、歓迎ムードを盛り上げた[95]。もちろん、すべての人が大統領の訪問を喜んだわけではない。レーガンの外交政策を批判し、米・キューバの対話を訴える団体も活動を続けていた。とはいえ、移民社会におけるレーガンの人気は圧倒的であり、対話派には力がなかった。一方、移民社会の代表としてレーガン訪問を演出した財団の知名度は飛躍的に高まり、マス・カノーサはその財団のリーダーとして、集まった人々の前で大統領と肩を並べたのである（図5-1）。このとき聴衆の目には、マス・カノーサが一廉の人物であるかのように映っただろう。

図5-1　レーガン（右）とマス・カノーサ（左）

要するに、ＣＡＮＦはレーガン政権の道具に甘んじたのではなく、逆にレーガンの人気を利用し、移民社会における権威を確立したのである。このことは、財団が革命政権のＰＩＰに対抗し、米国外交の内側から政治的影響力を発揮することを助けることになる。

ラジオ・マルティを準備する

レーガン政権は一九八三年一〇月、CANFと協力し、新しいラジオ放送のための財源を連邦議会に承認させている。この「ラジオ・マルティ」こそ、財団が最大の目標として掲げ、レーガンが看板政策として喧伝したものであった。経済制裁の強化や大規模な軍事演習など、これまでに履行した対キューバ政策は、革命政権の強烈な反発を招くだけで、それ以上の成果をあげていない。ヘイグの軍事侵攻案が斥けられ、カストロとの対話が失敗すると、政策は手詰まり状態に陥り、そのことは目新しいラジオ放送の企画への期待をかえって高めたのである。しかもレーガン自身は、共産主義国に「正しい」情報を送れば、まるで目を覚ますかのように、人民が反乱を起こすのではないかと単純に信じていた。こうしてラジオ・マルティは、将来的なキューバ解放を視野に入れた国家プロジェクトとして、特別な役割を担うことになる。

しかし、少なくとも米国政府の幹部たちの間では、当初から政権転覆の役割が期待されていたわけではない。たとえば、NSC中南米問題担当となったロジャー・フォンテーン（Roger Fontaine）は、キューバの内政よりも、その外交に主たる関心を寄せていた。レーガンの中南米政策に影響を与えたとされる彼の『サンタ・フェ報告』によれば、ソ連と同盟関係にあることのコストをキューバ人民に暴露することが、新しいラジオ放送の目的であった。たしかに先行研究が指摘するように、報告には、「もし宣伝工作が失敗すれば、カストロに対する民族解放闘争が開始されなければならない」という過激な一節もあった。ところが、その直後には一転して、キューバに「潤沢な」支援を約束し、ソ連との同盟の破棄を促すことも提言されていた。「カストロ政権が国交正常化交渉への一歩として求める以上に、米国政府の支援は十分になされるべきである」[96]。

つまり、フォンテーンにとってキューバは、ソ連と同盟するかぎりにおいて問題なのであった。それとは違い、反革命勢力は、最初から外交政策の変更以上のことを目指していた。すでにマス・カノーサは一九八〇年一一月の政策企画書において、マリエル移民を対象とする「意見調査」なるものを参照し、「キューバ国民の間には、破壊的な反政府活動を活発に行おうとする欲求が目立ちつつある」と論じていた。仮にこうした自由への渇望が抑えつけられても、ラジオ放送があれば、「カストロ政権に敵対する意気軒昂な反対勢力」を「力強く後押し」できる。[97] すなわち、新しいラジオ放送は、国内の不満分子を煽り、政権転覆を促す手段と目されていた。軍事侵攻を諦めても、マス・カノーサの最終目標は変わっていない。彼がソ連とキューバの同盟の解消を求めたのも、ソ連がなければキューバの体制が崩れると考えたからにすぎない。

もちろん、ソ連とキューバを切り離すという目的と、革命政権を転覆するという願望は、必ずしも完全に矛盾するものではなかった。この根本的に異なる二つの政策目標は、冷戦下において共存しえたのである。[98] レーガン政権の発足後、マス・カノーサの提案書を含めて様々な企画案を検討したフォンテーンたちは、キューバへの新しいラジオ放送の設置が「米国の国益と不可分である」と結論づけている。このラジオ放送の目的は、キューバ政府による「情報の実質的独占を打破」し、ソ連との同盟や革命政権の「拡張主義」外交のために強いられる国民生活の犠牲について、キューバ人民の注意を喚起することであった。短期的には、革命外交を牽制する道具となるだろう。長期的には、「キューバ政権の性格を根本的に変えるような政変」も促進できるかもしれない。[99] こうして一九八一年九月、レーガン政権が企画案を公表すると、圧倒的多数のマイアミのキューバ人たちが、熱烈な支持を表明することになった。[100]

レーガン政権はその後、この企画を推進する大統領諮問委員会を発足させている。NSCは、委員会の人選が「肝要である」と認識していた。適切な委員を選ばなければ、この企画がマイアミの権力争いに巻き込まれ、米国政府の制御が効かなくなるからである。それぞれの委員は「政権の基本的な外交哲学」を共有していなければならない。なかでも、キューバ系米国人の委員は、「コミュニティ（全体）に受け入れられる」人物でなくてはならなかった。[101] こうして選出されたのが、当時米国市民でさえなかったマス・カノーサなのである。[102] そのマス・カノーサと他の委員九名は、NSCの原案を基に検討を重ね、予算や日程、人員規模、放送プログラムの内容を決めている。

放送の名称は、キューバ独立の父ホセ・マルティにちなみ、ラジオ・マルティとされた[103]。

ただし、連邦議会にラジオ・マルティの予算を承認させることには、さすがのCANFも苦労を強いられている。行く手を阻んだのは、政治的に強力な全米放送事業家協会（The National Association of Broadcasters）であった。キューバに向けてラジオ放送を始めれば、キューバ政府の報復を招き、地理的に近い合衆国のラジオ電波が妨害されるのではないか。このような懸念を抱いた協会は、同じく強力な農業ロビーや農業州の連邦議員たちと組み、予算案に抵抗しつづけた。一九八二年秋に提出された法案は、見事に廃案に追い込まれている。結局、賛成派と反対派の間で妥協点が見いだされたのは、翌年の秋である。レーガン政権は放送を認めてもらう代わりに、キューバからの報復被害への補償として、五〇〇万ドルの追加予算を計上した。また、革命政権を挑発しないよう放送内容の中立性を担保することが約束され、ラジオ・マルティはVOA、および新設する諮問委員会の管轄下に置かれている[104]。

ラジオ・マルティは、CANFにとって最初の重要な成果となった。財団が発刊した小冊子は、「ラジオ・マルティは美しい現実となりました」と謳い、それが「キューバ解放の大義に多大な貢献をなすこと」を請け合っている[105]。たしかに、この勝利はレーガン政権の支援がなければ達成不可能であった。しかし、CANFは逆にこの成果によって移民社会の信頼を勝ちとり、反カストロ運動をさらに盛り上げたのである。以後、士気を高めた活動家たちは、キューバ政府への反感を表明しながら、さらに米国政治への関与を深めていく[106]。レーガン政権もこの動きを歓迎し、ラジオ・マルティを管轄する諮問委員会のトップにマス・カノーサを据えた。こうしてマス・カノーサは、キューバ系移民社会の事実上のリーダーとして認められ、そのことは放送開始に向けた政権の「重要な象徴的誓約」となった。ワシントンとマイアミの双方で、マス・カノーサの政治的影響力が飛躍的に高まったことは言うまでもない[107]。

レーガンのアキレス腱

以上に見る移民政治の台頭は、この時期の米・キューバ関係において、人の移動がますます重要な役割を担いつつあったことを示している。とはいえ、レーガンの対キューバ政策に影響を及ぼしたのは、移民政治だけではない。マリエル危機を経て、移民問題の重要度も一段と高まっていた。事実、キューバから合衆国への人の動きとそれに関わる政治問題こそ、レーガンのアキレス腱となったのである。

米国政府は依然としてマリエル危機の後遺症を患っていた。まず心労の種となったのが、どうやって移民危機の再発を防ぐのかという難題である。この問題は、マリエル危機が進行している時からすでに取り上げられ、危機が収束した後では、政府高官たちの注意をさらに強く引いた。米国政府にとって、状況はかなり悪かった。CIAによると、「ワシントンが大規模で制御不能な難民の流れにいかに敏感で脆弱であるか」を学んだカストロは、「政治的に有利だと考えれば、いつでも（キューバ人の）国外流出を再開し」、「そうでなくとも（米国政府に）再開の脅迫を突きつける」ことができた[108]。当時の国務副次官補ジョン・ブッシュネル（John Bushnell）も、「大量のキューバ人たちをボートピープルとして合衆国に送りつけること」が、「カストロがいつも袖下に潜めている切り札である」とヘイグに進言していた[109]。

米国政府が移民問題を重視した背景には、国内で反移民感情が高まっていたことがある。財政負担を懸念する人もいれば、人種や文化の違いを理由に、第三世界出身の移民が「アメリカ人」となることを疑問視する人もいた[110]。世論調査が行われるたびに、圧倒的過半数の米国市民たちが、キューバからの移民に否定的な意見をもつことも確認された。たとえば一九八一年三月二三日のＡＢＣニュースと『ワシントン・ポスト』紙の合同調査では、それぞれ白人回答者の七八％と黒人回答者の七三％がキューバからの移住者数を削減すべきであると答えていた[111]。反移民団体として注目された米国移民改革連盟（ＦＡＩＲ）の幹部は、マリエル危機が反移民運動の起爆剤となったことを連邦議会で証言している。彼に言わせると、人々は、「それまで（新聞や雑誌で）目にしたり感じたりしていたが、はっきりと形になっていなかった」問題に目を覚ましたのだという。[112]

また移民問題は、財政保守のレーガンに連邦支出の拡大を強いるものであった。キューバ人とハイチ人の受け入れに関する費用は、一九八一年会計年度で四億二五六〇万ドルを超え、一九八二年会計年度でも四億五六〇万ドルを要した。米国市民への教育・社会福祉予算を削減していたときに、莫大な税金が、「招かれざる移民たち」のために使われたわけである。[113] それればかりではない。連邦政府は移民受入に関わる支出について、州政府や地方政府の補塡要求にも応えなければならなかった。一九八一年九月の時点でフロリダ州が連邦政府に請求した未払いの補塡額は計八千万ドルを超え、大統領選挙でマリエル危機に関する連邦政府の財政負担を公約したレーガンは、フロリダ州選出議員たちに詰め寄られていた。[114] 犯罪者や精神病患者、保護者のいない未成年の収容は、特にコストがかかった。刑務所や拘置所、特別養護施設を新設するごとに、数百万ドルの支出が見積もられていた。[115]

したがって、レーガンが当時の包括移民制度改革において、キューバ移民の問題に目を向けることは必然であった。改革案を検討する省庁横断型タスクフォースを率いた司法長官ウィリアム・フレンチ・スミス（William French Smith）は、他の四項目、すなわち合法移民の数量規制、非合法移民の資格合法化、雇用者制裁の導入、そしてハイチ難民の処遇とあわせ、キューバ移民問題を検討している。[116] その後、大統領に提出された報告書にも、キューバ移民についての提言が盛り込まれた。ここでは、すでに前年六月の決定によって「滞留者」（entrants）の資格を得ていたマリエル移民とハイチ人に、永住権申請を認めることが示された。と同時に、移民危機の再発防止策として、船を差し押さえる米国当局の権限を強化すること、およびキューバ移民に対する優遇措置を廃止することも言及された。[117] 後者は、まさに革命政権が長年米国政府に求めていた項目でもあった。

ところが、次の事件に見るように、レーガン自身はキューバ移民への優遇措置の撤廃に消極的であった。一九八二年一月、米国政府は、マイアミ港に到着したパナマ籍の船で発見されたキューバ人密航者アンドレス・ロドリゲス・エルナンデス（Andrés Rodríguez Hernández）を強制送還し、マイアミで大反発を引き起こした。ロドリゲスが庇護を申請したとき、司法省は国務省に身元を照会し、その国務省はキューバ政府に連絡した。そしてキューバ政府が、ロドリゲスの身柄を不法出国の罪に問わずに引き受けることを約束したために、この密航者は、一九八〇年難民法が定める「十分に根拠のある迫害の恐怖」を立証できなくなったのである。[118]彼は、革命以後、合衆国から強制追放された初めてのキューバ人となった。この象徴的重要性を認知したキューバ政府は、数日後、『マイアミ・ヘラルド』紙に本人とその家族へのインタビューを認めている。[119]

しかし、ここでも革命政権の満足は、反革命勢力の憤怒と表裏一体であった。強制追放の後、マイアミでは怒り狂う五千人の抗議者たちの一部が暴徒化し、地元警察と衝突した。マイアミ市が設置した評議会は、警官ともみ合った抗議者ではなく、強制追放を行った連邦政府を非難する始末である。[120]そして密航者が次々に流れ着くと、活動家たちは大統領首席補佐官ジェームズ・ベーカー（James A. Baker）に詰め寄り、「反レーガン感情がかつてないほど高まっている」と警告した。[121]守勢に立たされたスミス司法長官は、移民危機の再発を防ぐ必要を説いた。[122]しかし、結局レーガンは翻意し、これ以後は密航者を含め、すべてのキューバ人を受け入れることを決定したのである。[123]なお、ホワイトハウスは後日、マス・カノーサが強制追放の責任者として名指しした国務省キューバ問題担当局長マイルズ・フレチェッテの昇格人事にも介入し、これを取り消させている。[124]

では、マリエル再発を防ぐという話はどうなったのか。国務省は将来の移民危機に備え、緊急行動プランを練った。[125]独自に沖合警備を始めていたフロリダ州との間では、共同演習も実施されている。[126]しかし、こうした措置は二次的な重要性しかもたなかった。結局、米国政府がキューバ人出国者への優遇措置を続け、入口の扉を開いている限り、移民危機を制御できるか否かは、出口を管理するキューバ政府の意向次第であった。マイアミでは定期的に新しい危機の噂が流れた。一九八三年六月、米国籍のキャビンクルーザーがキューバ人たちを連れ込もうとしているとの知らせが入ると、米国政府の役人たちは慌てて対策を協議し、キューバ政府にマリエルを再発させないよう求めたという。フレチェッテに代わって国務省キューバ問題担当局長に着任したケネス・スコーグ（Kenneth

Skoug）は、「恐ろしいと思いました」と当時を振り返っている。「もし第二のマリエルに対する防衛策がキューバの慈悲を乞うだけであれば、それは悪い状況でしょう[127]」。マリエルの亡霊は、米国政府に取り憑いたままであった。

国外送還のための秘密軍事作戦

一方、移民危機再発の心配をよそに、レーガンの視線はある問題に釘付けになっていた。大統領は、合衆国への滞在が不可能と判断された数千名のマリエル「帰化不能者」（excludables）の処遇に異常な執着を見せたのである。一九八一年五月一八日、前述した移民改革タスクフォースの進捗状況について報告を受けたレーガンは、「われわれの第一の問題は何千ものキューバ人たちをどうするかだ」と日記に綴っている。「カストロが難民船で送りつけてきた犯罪者や精神異常者たちをどうするかだ[128]」。以後、大統領はまるでそれが移民政策と対キューバ政策の両方における最重要課題であるかのように、「帰化不能者」のことを何度も日記に書き加えている[129]。「（カストロに）一つ頼んでみよう」とレーガンは一九八一年七月の国家安全保障会議でも発言した。「もしあのキューバ人たちを引き取ってくれれば、（米・キューバ関係は）はるかによいものになるだろう[130]」。

当時、マリエルの「帰化不能者」は三つの集団から成っていた。まず、重度の犯罪歴を有する者、あるいはそのように判断された者たちである。次に、チャフィー基地など、他の収容施設から送られてきた人々もいた。精神的な病を患ったり、軽微ながらも犯罪に手を染めたりしたために、合衆国社会への再定住が「非常に難しい」と判断されたわけである。第三の集団は、米国に再定住した後に罪を犯し、身柄を拘束された者たちである。犯した罪は重いものではなかったかもしれない。しかし、いったん移民帰化局がパロール（仮釈放）を破棄すれば、出国を命じられるのが常である。一九八三年一月二八日の時点で二四六五名であった「帰化不能者」の総数は、時間の経過とともに増えた[131]。なお、度重なる暴動のために、拘留先となったアトランタ刑務所では最高レベルの警備体制が敷かれ、一人当たりの拘留費用は年間一万ドルにまで膨れ上がっていた[132]。

このような状況で、レーガンは幾度となくヘイグに解決策を求め、そのヘイグは、くり返し限定省庁横断グループ（ＲＩＧ）に軍事作戦の検討を命じたのである。ＲＩＧの会議に同席したギレスピーによると、考案された作戦は次のようなものであった。

カリフォルニア北部のサンフランシスコ湾には、第二次世界大戦で貨物輸送に使われた古いリバティ船がいくつかありました。そこから十分な数を調達し、メキシコ湾沿いのどこかの港に配置するのです。各船のデッキには、できるだけ多くの人間が座れるよう鉄筋のベンチをとりつけます。船を操縦する乗員はＣＩＡが連れてくるでしょう。そしてある真夜中に、司法長官を介して裁判所の許可をもらい、キューバ人たちを連邦刑務所から連れ出すのです。手枷や足枷をつけたまま、バスやトラック、あるいは飛行機で運び、例の船に乗せます。彼らはベンチに枷で縛られますが、あるタイミングで枷が外れるよう、自動装置がつけられています。リバティ船はこうして港を出て、自動操縦によってマタンサス州、つまりキューバ北部沿岸のバラデーロ海岸に向かうわけです。操縦員たちはぎりぎりの所でヘリコプターが引き上げるでしょう。そうして、いやはや驚くことなかれ、船は海岸に着き、マリエルの犯罪者や精神異常者たちは全員キューバに戻っているというわけです。

こうした議論は、ギレスピーにとって一生忘れ難いものとなった。「立派な大人たちが、この問題をこれほどまで詳細に検討したのです[133]」。国務筆頭副次官補スティーヴン・ボズワース（Stephen W. Bosworth）は、「こういった人々には大人の監督が必要でした」と嘆いている。「実際、ヘイグはこれを素晴らしいアイデアと認め、われわれの想像力を褒め称えたのです[134]」。

機密解除された米国政府の史料によると、ＲＩＧだけでなく、統合参謀本部も、船やヘリコプター、飛行機、あるいはその他のあらゆる輸送手段を利用する「想像力に富んだ軍事案」を几帳面に検討していた。しかし、軍人たちも結局すべての案を棄却した。いずれもキューバ側に感知された場合には、キューバ軍との銃撃戦になることが予測された。工作員だけでなく、送還される移民たちまで巻き添えとなれば、国際法違反として非難され、批判的な報道を招く。その上、人権や海洋の安全に対する米国の態度も疑われ、法治国家としての合衆国の信頼は著しく損なわれるというわけである。[135] こうして統合参謀本部が軍事案に反対すると、司法省、国防総省、そしてＣＩＡも足並みを揃えた。レーガン政権の最高意思決定機関である安全保障計画グループ（National Security Planning Group : NSPG）に提出された報告書も、「好ましい解決策はない」と結論づけている。[136]

レーガンは、一九八二年二月から三月にかけて行われた二度のＮＳＰＧ会議においても、軍事行動が実行不能であることを確認している。こうして大統領の苦悩は増大するばかりとなった。問題の解決は、米国の司法機関によっても急かされていた。連邦裁判所は八一年八月、マリエル「帰化不能者」の「無期限」拘留が違法であり、釈放に向け、司法審査を即座に始めるよう判決を下していた。[137] このときレーガンは、「裁判官が奴らを刑務所から出し、社会に解き放つぞと脅している」と日記に綴り、「問題は奴らをどう送り返すかだが、いまだに解決策がない」と苛立ちを募らせていた。[138] 判決を不服としたレーガン政権は速やかに上訴したが、ここでも苦しい弁明を強いられている。拘留に「期限がある」ことを証明するためには、送還に関するキューバ政府との交渉が進んでいることを裁判で論じなければならなかったからである。[139]

結局、レーガンも外交へと舵を切ることになった。まず米国政府は、ハバナの米国利益代表部で、キューバ市民への移民査証の発行を停止した。この措置によって、不満分子を国外に出したいキューバ政府を焦らせ、交渉をより有利に運ぼうと企んだわけである。[140] その上で一九八三年五月二五日、つまりレーガンのマイアミ訪問からわずか五日後、エンダース国務次官補はキューバ利益代表部のサンチェス・パロディ部長を呼び寄せた。このときエンダースは、査証の発行停止を伝達すると同時に、「帰化不能者」七八九名の名簿を渡し、無条件で彼らを受け入れるよう求めている。[141] 驚いたのはキューバ側である。中米紛争やアフリカ情勢など、ほかにも「多くの喫緊の問題を考えるべきときに」、米国政府が突然この案件を取り上げたのである。[142] 外交の戦いはここから始まった。キューバ政府が米側の要求を拒否すると、国務省は再度同じ内容の文書を送りつけている[143]。

そしてキューバはその文書も撥ねつけ、自らの立場を九月一一日付の外交書簡において説明した。キューバ政府に言わせれば、移民危機を引き起こし、革命政権を辱めるためにマリエルのキューバ人たちを「歓迎した」のは、米国政府であった。その米国政府が、いまさらその一部の人間を引き取れと要求することは、「無責任」極まりないということである。とはいえ、このように主張する革命政権も、移民協議の可能性について、完全には否定しなかった。すなわち、交渉を始めるにあたっては、送還問題にかぎらず、「すべての」移民問題を扱うよう逆にレーガンに要求したのである[144]。つまり、レーガンはマリエル「帰化不能者」たちの送還を望んだものの、キューバ政府の協力なしにそれを実現することができなかった。そして協力を要請すると、今度は移民問題全般を取り上げるようカストロに迫られたのである。

おわりに

レーガンがフロリダ海峡の緊張を高めたのは、軍事侵攻の恐怖を煽り、キューバ外交に圧力をかけるためであった。中米カリブ地域における騒乱の主原因をキューバとみなしたからこそ、中米で反革命（コントラ）戦争を仕掛ける一方、キューバでは経済制裁を強化し、カストロに容赦ない口撃を浴びせたのである。キューバが提示した和平交渉案は斥けられ、圧力はかけつづけられた。レーガン政権は、キューバの内政事項に介入する意図を否定しながらも、キューバ外交の抜本的見直しを要求しつづけたわけである。このようにして創出された大統領の強硬なイメージは、マイアミの反革命勢力を大いに勇気づけた。新しく発足した全米キューバ系米国人財団（CANF）は、移民社会におけるレーガン人気に便乗し、力をつけた。そして、レーガン政権はこの財団と協力し、ラジオ・マルティという新しいイデオロギー闘争を革命政権に挑んだのである。

にもかかわらず、レーガンの優先順位が、マイアミの反革命勢力のものと完全に一致することはなかった。ヘイグが唱えたキューバへの軍事介入案は、国内世論に好戦的と見られることを恐れた大統領によって却下された。革命政権がソ連の支援を受けて国防を強化すると、軍事衝突で想定される米軍の人的コストが増大し、抑止力がますます強く働いた。レーガンは結局ハバナの米国利益代表部を閉鎖せず、海上封鎖も行わず、キューバ不侵攻を謳った一九六二年ケネディ＝フルシチョフ了解も破棄しなかった。レーガンの行動には重大な制約がかかっていたのであり、それはマリエル移民危機の遺産を処理する際にも全く変わらなかった。とりわけ「帰化不能者」の送還に執着するレーガンは、現実味のない軍事計画を練ることに三年もの歳月を費やした末、ようやくカストロの協力が不可欠であることを悟ることになる。

要するに米・キューバ関係において、キューバから米国への越境的な人の動きは、二つの相反する政治力学を生み出していた。マリエル危機を経て、人の流れを管理するための政府間協力はますます重要となり、カストロを最も強く糾弾したレーガンでさえ、結局は策に窮し、キューバ政府との協議を強いられていた。と同時に、人の移動は、米・キューバの政府間協力に強硬に反対する特異な有権者集団を米国社会で育みつつあった。米国政治に参入するキューバ系米国人たちの多くが、反カストロ・ロビーを率いるＣＡＮＦのマス・カノーサたちに信頼を寄せ始めていたのであり、そのＣＡＮＦは、レーガン政権と同じくキューバ外交の転換を要求しつつも、あくまで革命政権の打倒を最終目標として掲げていた。目的の違いは、冷戦が終結に向かう過程で浮かび上がることになる。こうして米・キューバ関係は、移民とその政治参加によって、さらに複雑な展開を見せるのである。

第6章　共存と対立
——移民交渉とラジオ・マルティが意味するもの

ロナルド・レーガンがマイアミでキューバ「独立」記念日を祝ったそのわずか一ヶ月後、キューバ外務省の合衆国「政治的影響力増進プラン」（ＰＩＰ）担当局は、米国社会で存在感を高めるキューバ系移住者たちの動向に神経を尖らせていた。米国政府による経済封鎖や渡航規制は、米国市民がキューバについて得られる情報を著しく制限するものであった。そしてこの状況で、キューバ系米国人たちが合衆国で「キューバ」を代表し、「われわれの現実について永久に否定的で、歪曲された印象」を広めているのだという。キューバ政府への敵視政策を唱える全米キューバ系米国人財団（ＣＡＮＦ）の台頭は、「米国社会に広く浸透している反キューバ的偏見」をさらに悪化させかねない。守勢に回った合衆国ＰＩＰ担当局は、反撃の必要を説いている。米国社会、および米国外交への政治的影響力を増進する試みを刷新しなければならないと論じたのである。[1]

このように、米国の首都ワシントンと移民社会の中心地マイアミにおける政局の変化は、間違いなく革命政権の政略に影響を及ぼしていた。一九七〇年代、革命政権は合衆国における政治的影響力の増進に成功し、反革命勢力の声を見事に抑え込んだ。ところが、レーガンが大統領に就任し、反革命勢力が米国政治に参入する八〇年代に入ると、風向きが逆転した。米国政府がキューバ社会を孤立させ、反カストロ・ロビーが攻勢に出ると、革命政権の政治的影響力増進プランは行き詰まっていく。八五年五月には、例のラジオ・マルティの放送が開始された。反革命勢力にとっては「自由」の象徴であったラジオ放送も、革命政権から見れば新しい体制転換の道具でしかない。そして、ここでも米国政府は、革命政権からの対話への誘いを受けながら、反革命勢力に肩入れしたのである。

本章は一九八〇年代中葉の米・キューバ関係に着目し、レーガン政権がどのように革命政権が発した平和共存のシグナルと、反革命勢力が抱く政権転覆の渇望との間で揺れ動いたのかを問う。中南米・アフリカにおける地政学的対立やレーガンへのイデオロギー的反感にもかかわらず、キューバ政府は依然として、米国政府との衝突よりも対話を望んでいた。互いの利益を尊重するという前提のもと、共通の懸案について、協議に応じる姿勢を強調したのである。フロリダ海峡をまたいで一定の理解を築く試みは、八四年一二月の米・キューバ移民合意のあと、いっそう重要となった。マリエル危機で衝突した両政府は、ようやく移民管理という課題に共同で取り組み始めている。合意発表が米ソ対話の再開と時期を同じくしたことも、共存への期待を否応なく高めることになる。

ところが、レーガンが外交へと舵を切ったことは、逆に在米キューバ人社会の政治運動を盛り立てたのである。すなわち、外交の勝利として移民合意を高く評価したキューバ政府は、米・キューバ間の緊張緩和に向けた動きを加速させた。すると、警戒を強め、反転攻勢に出たCANFのホルヘ・マス・カノーサたちは、ラジオ・マルティの放送を開始し、キューバの「自由」を推進するようレーガンに働きかけたのである。こうして米国政府は、革命・反革命の間で生じた二つの相反する政治力学と向き合うことを迫られた。このときレーガン政権がキューバ政府からの対話の誘いに応じつつ、反革命勢力の意向に沿って放送を開始したことは重要である。なぜなら、この米国政府の矛盾に満ちた態度こそ、冷戦終結後にも引き継がれたレーガンの遺産だったからである。(2)

変わりゆくソ連とキューバの関係

一九八二年七月、レーガンはようやくアレクサンダー・ヘイグを退け、ジョージ・シュルツ（George Shultz）を新たな国務長官として迎えている。このシュルツは前任者よりも冷静で、有能であった。政権内の頑迷な反共イデオローグたちを前に慎重に論争の場を選びつつ、冷戦終結を目指し、少しずつソ連との首脳対話へとレーガンを導いていくのである。(3)一方、対ソ関係を重視するシュルツは、キューバ問題については後回しにしがちであった。中南米やアフリカにおける地政学的対立は解消されず、レーガンは反革命勢力を、カストロは革命勢力をそれぞれ支持しつづけた。また、米・キューバ両政府はマルビナス戦争（フォークランド紛争）や中南米債務危機をめぐっても意見を対立させ、先鋭化する南北問題において、正反対の立場をとった。(4)

もちろん、米国の対キューバ政策に全く変化がなかったというわけではない。たとえば一九八三年九月、レーガンがソ連による一九六二年ケネディ＝フルシチョフ了解の違反を公言したとき、シュルツはヘイグと違い、むしろ過度な誇張を戒めるよう大統領に忠言した。ソ連とキューバの問題について、了解を「まるで万能薬のように扱う」ことに反対したのである。シュルツによれば、そもそもこの了解は、「ソ連にしろ、キューバにしろ、中米における暴力的な革命を育んだり、アフリカへキューバの遠征軍を送ったり、あるいはキューバの軍隊を増強したりするようなことを抑止しなかった」という。キューバに好意を寄せることはなくとも、シュルツはヘイグよりも落ち着いて物事を見ていた。(5)

一方、この時期にはキューバ側の事情にも重大な変化があった。まず、南米でブラジルやアルゼンチンの右翼独裁政権が倒されたことである。これはキューバと連帯する左派勢力を活気づけ、やがて米国政府が西半球で主導したキューバ包囲網の形骸化をもたらすことになった。キューバに有利な状況はアフリカでも見られ、革命政権は南アフリカのアパルトヘイト政権との戦いを優位に進めていた。ネルソン・マンデラ（Nelson Mandela）ら、人種間平等を説く著名な指導者たちも、こうしたキューバの国際的活動を強く支持している。とはいえ、非常に悪い知らせもあった。なかでも特筆すべきは、ソ連の衰退である。国内経済の停滞、アフガニスタン戦争の泥沼化、そして相次ぐ指導者の交代を背景に、キューバ防衛へのソ連の意欲が減退傾向を見せていたのである。

この点、一九八二年一二月にソ連を訪問したラウル・カストロを前に、ソ連指導部ユーリ・アンドロポフ（Yuri

Andropov）が発言した内容が、特に示唆的である。このときラウルは、レーガンのケネディ＝フルシチョフ了解発言に触れ、米国による新たな軍事的脅威に警鐘を鳴らした。おそらくソ連から何らかの声明を引き出し、米国を新たに牽制しようとしたのだろう。ところが、アンドロポフの応答はキューバ側にとって全く思いがけないものであった。彼は唐突にも、「私たちはキューバで戦うことができません」と通告し、「あなたがたは一万二千マイルも離れています」と言い添えたのである。

私はチェ・ゲバラにも一度この話をしています。（中略）彼も私たちがキューバを守ることを望んでいたのです。そこで私は、これは自分たちの意欲の問題でもなければ、（敵に対する）恐怖の問題でもないと答えました。冷徹な軍事評価なのです。絶対に無理なのです。はるばるキューバにまで出ていって、血みどろになって戻ってくるわけにはいきません。それは無意味です。(6)

こうしてソ連の意図は明らかとなった。仮に米軍が侵攻してきた場合、キューバはソ連に頼らず、単独で対抗しなければならなかった。このことがキューバの対米観に甚大な影響を与えたことは間違いない。翌年一〇月、米軍によるグレナダ侵攻の際に見せたキューバの反応は、この文脈において理解されるべきである。

レーガン、グレナダ介入を祝う

もともとカリブ海の小国グレナダに対するレーガンの態度は厳しいものであった。一九七九年三月の革命のあと、首相モーリス・ビショップが率いるグレナダは、キューバ革命をモデルに劇的な変革を追求した。これに対し、レーガンはカリブ海地域支援機構を通して周辺国への軍事・経済支援を拡大し、孤立を深めるグレナダに圧力をかけた。大規模な軍事演習を実施し、大々的な広報外交を展開し、敵対的な発言をくり返したのである。全米でテレビ中継された八三年三月二二日の大統領演説では、グレナダで建設中の空港が、ソ連とキューバの前衛基地となると予言されている。レーガンは、「ソ連とキューバによるグレナダの軍事化は、（共産主義勢力によるカリブ海）地域への戦力の拡大に違いありません」と糾弾した。[7]

そのグレナダは、一〇月中旬に深刻な政治危機に陥った。ビショップが衝突回避を模索して米国を訪れたことが、副首相バーナード・コアード（Bernard Coard）ら対米強硬派の逆鱗に触れたのである。合衆国の帝国主義者たちに革命を売ったのではないかと嫌疑をかけられたビショップは、急いでキューバに飛び、カストロと会談し、面目を保とうとした。これは焼け石に水であった。まもなくビショップ派とコアード派の内紛はクーデタへと発展し、ビショップは処刑され、彼の支持者たちは、コアードに忠誠を誓う軍隊から銃弾を浴びた。その後もグレナダでは混乱がつづき、実権を掌握したはずの軍の将校たちには秩序を取り戻す力がなく、民衆の大半は混乱する国家の将来を案じることになる。[8]

ここで介入したのが米軍である。一〇月二五日、レーガンは海兵隊をグレナダに上陸させ、島を占領した。歴史家マイケル・グローによると、軍事介入の動機は「もう一つのテヘラン」を未然に防ぐことであった。当時、グレナダにはメディカル・スクールに通う八〇〇名ほどの米国市民が残っており、イランの首都テヘランで起きた米国大使館人質事件のように、彼らが人質として何者かに拘留されることが危惧されたという。また、ジャマイカやバルバドスなど、周辺国が米軍の介入を要請したこともある。これらの国々の首脳は、革命の混乱が自国に波及することを恐れていた。さらに、レバノンの首都ベイルートで海兵隊兵舎爆破事件が起き、二六二名が犠牲となったことも影響したのかもしれない。名誉挽回を期すレーガンが、グレナダで軍事行動に出る意欲を高めたという説がある。[9]

介入の目的はともかく、介入の成果に米国政府が満足したことは間違いない。あからさまな武力行使によって小国を占領したことは、国際社会で強い批判を巻き起こしたものの、グレナダ、およびその近隣のカリブ海諸国では支持され、米国社会でも、レーガンは決断力のある指導者として喝采を浴びた。しかも圧倒的な軍事力を誇る米軍は、グレナダに駐留していたキューバ人兵士や建設作業員ら数百名との戦闘をほぼ三日で制したのである[10]。米国政府はこの「素晴らしき小戦争」によって、ヴェトナム戦争で失った自信を取り戻したのだろうか。それまで米国社会で異常に高まっていたキューバへの脅威認識は、徐々に色あせていく。グレナダ革命は崩壊し、カリブ海における左傾化の流れは逆転した。それまでキューバへの接近を図っていた南米スリナムの指導者デシ・ボーターセ（Dési Bouterse）でさえ、対米姿勢を一変させている[11]。

再び、軍事作戦を検討する

もちろん、キューバはそのまま米国政府の関心の外へと滑り落ちたわけではない。依然として、中米やアフリカにおける米・キューバの地政学的対立は残っていた。そしてこれと同じく、あるいはそれ以上に米国政府を悩ませたのが、移民問題である。事実、米国政府がキューバに引き取りを求めていたマリエル「帰化不能者」の処遇は、グレナダ介入の直後、喫緊の課題となった。米軍がキューバ人六九二名を戦争捕虜として拘束したことを知り、一八九名の連邦議員たちが、この戦争捕虜と一緒に「帰化不能者」を追放するようレーガンに要求したためである[12]。こうして米国政府は再び軍事作戦を考案した。今度は、戦争捕虜と「帰化不能者」を混合してキューバに送還するというものである。

機密解除された極秘の政府史料（図6-1）によると、米国政府はこの軍事計画をかなり綿密に準備している。統合参謀本部は「必要がなくなれば破棄せよ」（DESTROY WHEN NO LONGER NEEDED）と付記された最高機密の作業文書において、次のような作戦のシミュレーションを描いていた。

(1) 陸軍、「帰化不能者」数千名を全米各地から一斉徴集し、グレナダに強制移送する。

(2) 海軍、カストロと国際赤十字に偽情報を流し、トリニダード・トバゴに待機するキューバ船『栄光あるヴエトナム』号をグレナダに招く。捕虜をこの船に乗せて引き渡す素振りを見せる。

(3) この船がグレナダに近づいたところで特殊部隊を投入。船を制圧。

(4) 帰化不能者と捕虜を船に乗せ、キューバに送還する。(13)

言うまでもなく、このような作戦は重大な国際法違反であり、政治的・人道的観点からも多大な過誤があった。それは、戦争捕虜の無条件返還を定めた一九四九年ジュネーヴ協定を完全に無視し、「海上における人命の安全のための国際条約」に抵触し、民法の適用に軍が関与することを禁じる米国の国内法を堂々と破るものであった。抵抗するキューバ人船員との間で戦闘が始まれば、板挟みになった捕虜や「帰化不能者」たちの間で犠牲者が出る恐れもある。(14)さらに米国政府は、カストロが途中で異変に気づき、受け入れ作業を中断することも懸念した。そうなると、米国政府は「帰化不能者」だけでなく、新たに戦争捕虜までも抱え込んでしまう。(15)

レーガンは結局この軍事作戦を諦め、グレナダ侵攻の三週間後に捕虜をそのままキューバに送り返している。にもかかわらず、「帰化不能者」の即時送還に固執する大統領は、その後も軍事作戦の練り直しを側近

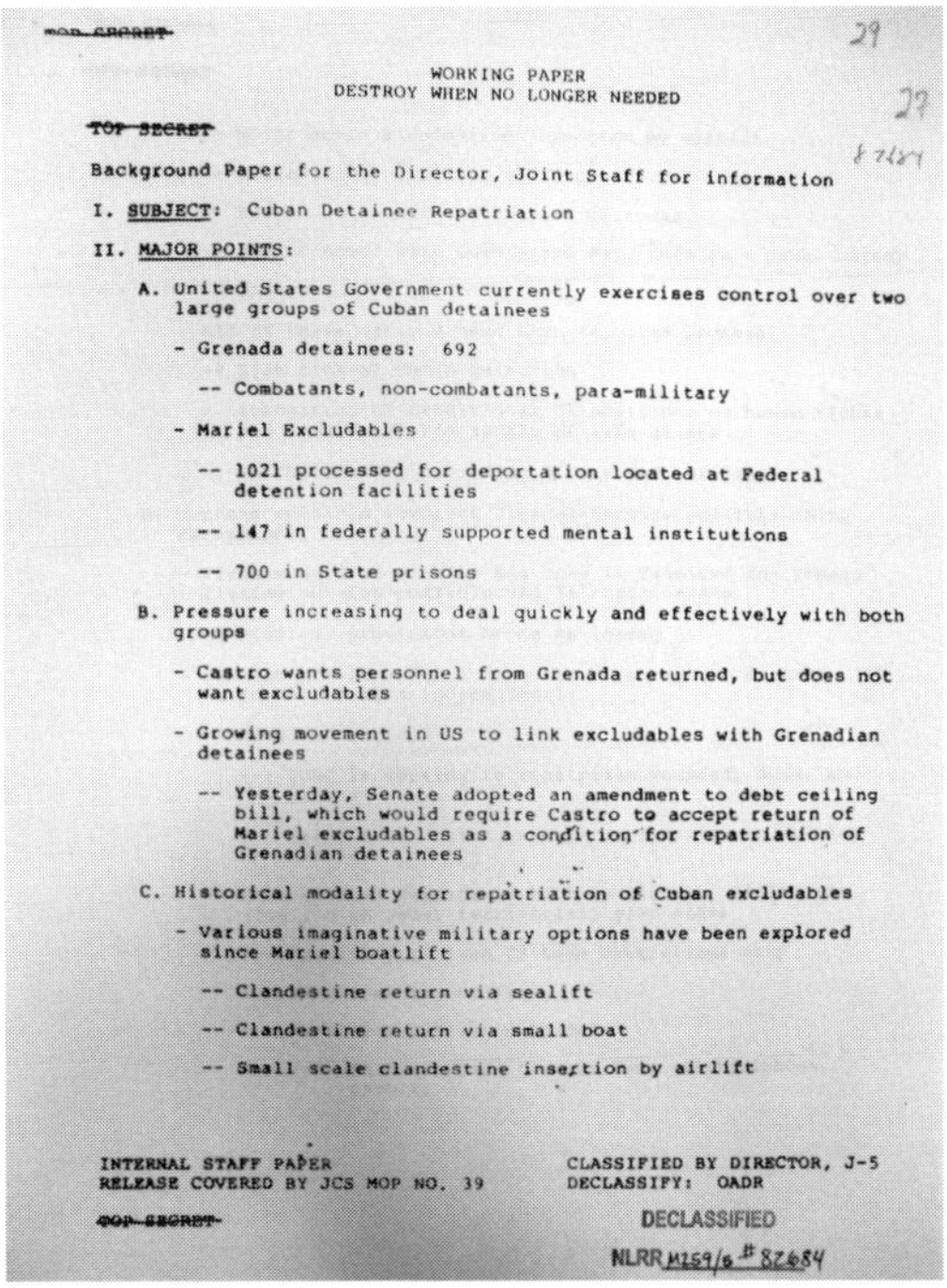
TOP SECRET

WORKING PAPER
DESTROY WHEN NO LONGER NEEDED

TOP SECRET

Background Paper for the Director, Joint Staff for information

I. SUBJECT: Cuban Detainee Repatriation

II. MAJOR POINTS:

A. United States Government currently exercises control over two large groups of Cuban detainees

- Grenada detainees: 692

-- Combatants, non-combatants, para-military

- Mariel Excludables

-- 1021 processed for deportation located at Federal detention facilities

-- 147 in federally supported mental institutions

-- 700 in State prisons

B. Pressure increasing to deal quickly and effectively with both groups

- Castro wants personnel from Grenada returned, but does not want excludables

- Growing movement in US to link excludables with Grenadian detainees

-- Yesterday, Senate adopted an amendment to debt ceiling bill, which would require Castro to accept return of Mariel excludables as a condition for repatriation of Grenadian detainees

C. Historical modality for repatriation of Cuban excludables

- Various imaginative military options have been explored since Mariel boatlift

-- Clandestine return via sealift

-- Clandestine return via small boat

-- Small scale clandestine insertion by airlift

INTERNAL STAFF PAPER
RELEASE COVERED BY JCS MOP NO. 39

CLASSIFIED BY DIRECTOR, J-5
DECLASSIFY: OADR

TOP SECRET

DECLASSIFIED
NLRR M159/6 #82684

図6-1　マリエル帰化不能者の強制追放を目指す機密軍事作戦の計画書の一部

に迫った。たとえば、敵対するニカラグアに秘密裏に送りつけるという案が検討された。しかし、ニカラグアが隣国のホンジュラスやコスタリカに同じことを行えば、結局米国が彼らを引き取ることになっただろう。米国と陸続きの中米であれば、放っておいても、彼らは勝手に歩いて戻ってくるのだという。グアンタナモの米軍基地を介してキューバに追放するという案も浮上した。しかし、そのような目的で使用すれば、基地の法的地位がますます怪しくなるだけでなく、キューバの対抗措置も招くはずであった。その場合、より多くの出国希望者が基地に押し寄せ、駐留米軍は「無実の民間人たちを撃つか、(彼らを受け入れて)基地を運用不能にするか」の二択を迫られてしまう。[16]

こうして統合参謀本部がすべての作戦プランを却下すると、安全保障問題担当大統領補佐官ロバート・マクファーレン(Robert McFarlane)は、勇み足ぎみのレーガンを宥め、説得しなければならなくなった。このときマクファーレンは、「これまで帰化不能者の送還を検討する際には米・キューバ関係に不都合な影響が及ぶことを懸念してきました」と述べつつも、グレナダ介入によって両国政府の関係が悪化した今だからこそ、「そのような懸念がなくなったのです」と論じている。[17] 対話の開始によって関係が良くなることを恐れていたのに、関係が悪くなった今だからこそ対話を始めるべきである、という論理はなんとも奇妙である。しかし、これはカストロとの対話を嫌がるレーガンと他のタカ派閣僚たちを説得するための方便だったのだろう。いまだにワインバーガー国防長官は、「カストロに交渉材料を与えてはならない」と異議を唱えていた。[18]

レーガンがキューバとの交渉を承認したのは、この後である。それ以外に何ができたというのか。戦争捕虜と混合させる案を断念した大統領は、連邦議員たちに、「帰化不能者」の送還に向けて努力していることを納得してもらわなければならなかった。また、連邦議会との間には別の問題もあった。国務省は一九八三年五月以来、キューバ政府に圧力をかけることを目的に、ハバナの米国利益代表部で移民査証の発給を停止していた。ところが、この措置によって、今度は出国を望む元政治囚とその家族たちが行き場を失い、彼らの境遇に同情する声が、移民社会、そして連邦議会で高まったのである。「誤った人々を処罰している」と憤る連邦議員たちは、査証発給の再開を求め、法案を可決させようとしていた。(19) 重要な交渉材料を失うのではないかと案じた国務省の幹部は、この法案が通過する前に、革命政権との折り合いをつけなければならないと考えていた。(20)

一九八四年三月二〇日、とうとう米国政府は移民交渉をキューバ政府に提案した。レーガンはこのとき初めてキューバ側の意を酌み、移民問題全般の協議を行う姿勢を見せている。国務省のシュルツやNSCのマクファーレンらが、タカ派を抑え、大統領を説得したのである。

なぜ交渉が開始されたのか

レーガンが翻意したとはいえ、カストロが提案に応じるか否かはまた別の問題であった。グレナダ侵攻の後、自国兵士の降伏を強いられたキューバは、きわめて強い調子で、米軍の介入に抗議していた。レーガンがキューバの脅威や学生の安全確保に言及しながら軍事介入を正当化したのに対し、カストロは「一九の嘘」を告発し、米側の印象操作をアドルフ・ヒトラー（Adolf Hitler）の手法に喩えている。(21) その後もレーガンへの批判は続き、米軍によるキューバ侵攻の際には、全国民が団結して戦い抜くことも宣言された。(22) なお、レーガンがニカラグアへ襲いかかるのを懸念したカストロは、中米の革命勢力への支援も増強している。数年後にソ連外相エドゥアルド・シェワルナゼ（Eduard Shevardnadze）と会ったカストロは、グレナダ侵攻の後、同盟国ニカラグアに軍事顧問と大量の軍需物資を送ったことを認めている。(23)

つまり、米側の移民交渉の提案は、両国の不信が極大化するなかで、キューバ側に届けられたのである。キューバ政府が反応を渋るのも無理はない。移民交渉を断れば、対話の必要を唱えていた従来の姿勢に反することになる。かといって、交渉に応じ、用が済めば、その後で何をされるか分からない。キューバ側が回答したのは、一九八四年五月二二日、すなわち最初の提案から二ヶ月が過ぎたころである。レーガンは肩すかしを食っただろう。このときキューバは協議の必要を認めながらも、その先延ばしを求めてきた。キューバ近海で米軍が行った軍事演習に触れ、レーガン政権の言動からは、「対等かつ相互尊重」の態度で対話に臨む姿勢がうかがえないのだという。代案として、移民協議を一一月六日、つまり一九八四年米国大統領選挙の後に行うことが示唆された。移民問題を早急に片付けたい米国政府には歯がゆい内容であった。(24)

ここで登場したのが、公民権運動の黒人活動家として名を馳せたジェシー・ジャクソン（Jesse Jackson）である。一九八四年大統領選挙の民主党予備選に出馬していたジャクソンは、自らの外交問題の見識をアピールするために中南米諸国を歴訪し、和平と対話を唱え、合衆国の国外に（人種間の連帯と社会正義を掲げた）「虹の連合」を広げることを説いていた。(25)六月末、カストロはこのジャクソンをハバナで歓待し、記者会見で、彼の構想を概ね支持する声明を出している。対話への一歩として、米国籍の囚人二二名とキューバ籍の囚人二六名を釈放することが発表された。肝心の移民問題についても、外交的解決に向けて努力する意図が表明されている。(26)まもなくキューバ外務省は、米側の提案に沿い、移民交渉を早期に行うことに同意した。ジャクソンの訪問が、「移民協議を始めるのに適切な状況」を作ったことを認めたのである。(27)

ただし、移民交渉の早期開催については、ジャクソンの訪問以外の要因、とりわけキューバ側の内情にも目を向ける必要がある。そもそもカストロは、民主党予備選の勝利が確実視されていた前副大統領ウォルター・モンデールの意向を重視していた。移民協議を受け入れる前には、モンデールの同意も事前にとりつけている。(28)また、レーガンの再選を想定し、その脅威を事前に封じ込める、という意図も働いた可能性が高い。ロドリゲス副大統領がカナダ大使に伝えたところでは、再選後のレーガンが一気呵成に介入してくる、という最悪のシナリオがキューバでは描かれていた。(29)実際にも、地下シェルターが掘られ、軍隊の指揮系統が改められ、大規模な軍事演習によって新しい防衛戦略が試されていたのである。(30)この点、大統領選挙の前にレーガンを対話に誘い込み、介入の芽を摘むことは、はるかに安上がりな方策であった。(31)

加えてキューバ政府は、国内の社会不満に対応する必要にも迫られていた。メキシコの外交官たちによれば、砂糖の国際価格は下落傾向にあり、キューバ経済の先行きは明るくなかった。労働生産性も行政管理能力も低迷するなか、将来を悲観する若者たちの間では、出国を望む人々の数も再び増え始めた。彼らの出国願望は、カナダやメキシコなど、資本主義国から毎年数千人規模で押し寄せる観光客たちとその消費行動によっても刺激されている[32]。不満分子を移民によって国外へ排出するという革命政権の意図は、共産党幹部と対談したカナダの駐キューバ大使も察知している[33]。たしかに米側に比べれば、移民交渉へのキューバ側の期待は高くなかった。しかし、政府間の協力によって人の移動を管理することは、キューバ側の利にも適っていた。総じて、移民協議の提案を受け入れることは、必ずしも悪い話ではなかったといえる。

要するに、ジャクソンの訪問がカストロに政策の変更を迫ったのではなく、むしろすでに準備されていた政策の変更を正当化するために、訪問が利用されたのである。「フィデルにはすでに戦略があったと思います」と側近のホセ・ルイス・パドロンも証言している。「伝言役（ジャクソン）が来たとき、よりよい作戦とたまたま重なったのです[34]」。訪問は、キューバの対話意欲を米国世論にアピールする上で、格好の機会を提供したということである。

移民協議をめぐる思惑の違い

米・キューバ両政府は一九八四年七月一二日、ニューヨークで移民協議を開始した。米側の交渉窓口となったのは国務省である。一方、キューバ側は外務省が対応し、内務省と連携しながら協議に臨んだ。レーガンとカストロは交渉に参加しなかったものの、その進展をつぶさに追っている。

ここで両国の思惑の違いをあらためて確認しておこう。米側の目標は、キューバとの関係改善ではなく、あくまでマリエル「帰化不能者」の送還であった。この問題でキューバ側から満足のいく回答が得られれば、その見返りに、年間二万人を上限に米国移住希望者への移民査証を発給し、元政治囚、およびその家族たちの難民申請を別枠で認めるつもりであった。経済制裁の緩和など、移民問題以外の分野で譲歩する気は米側には全くなく、むしろ協議の内容が移民問題以外の分野に及ばないよう腐心したぐらいである。[35] キューバ側代表団が副外相リカルド・アラルコン（Ricardo Alarcón）によって率いられたのに対し、米側代表団のトップは、アラルコンとはその位階が釣り合わない国務省法務担当顧問補佐役のマイケル・コザック（Michael G. Kozak）であった。[36] 交渉初日の冒頭発言では、コザック自身、移民問題以外の問題を扱う権限がないことをわざわざ明言している。[37]

一方、キューバ側は、たとえ経済封鎖の問題が扱われなくとも、基本的には帰化不能者に関する米側の要望を聞き入れるつもりであった。キューバから合衆国への人の移動それ自体が重要な問題であることを認め、その正常化に意欲を見せたのである。ただし、帰化不能者の引き取りだけでは問題解決とはならない、というのが革命政権の立場であった。アラルコンの冒頭発言によれば、そもそもマリエル危機は、米国政府が移住希望者の合法出国を妨げ、違法出国を促したために勃発したものである。危機の再発を防ぐためには、少なくとも合衆国が合法的な出国ルートを整えなくてはならない。また、反革命運動に関わった元政治囚たちについては、米国政府が移住を望む彼らの意向を尊重し、「一定の道徳的責任」を果たすべきである。アラルコンはこうした観点から、「マリエル危機の原因を取り払う」よう合衆国に促したのである。[38]

このあと両国の代表団は、数時間にわたり、率直に意見を交わしている。ここではキューバ側の詳細な議事録を基に、要点だけを簡潔にまとめよう。まず、米側は精神病患者七八名を含む、「帰化不能者」二六四七名の名簿を提示した。司法審査の結果次第では、最終的な数は五千に達しうるという。キューバ側はこれに対し、「帰化不能者」の人数が当初の要求よりも増えていることを指摘し、移住後に犯罪に手を染めた者まで含めないよう釘を刺した。逆にキューバ側が強く求めたのは、米側が元政治囚とその家族をなるべく多く受け入れることである。アラルコンは、マリエル危機の前に査証を申請した約一万五千名だけでなく、さらに一万五千名が米国への移住を希望している旨を米側に伝えている。総計三万という数字に驚いたコザックは、元政治囚やその家族のための特別枠を再検討するべく、連邦議会との協議に入ることを約束している[39]。

興味深いのは、このような協議の進展について、双方が異なる解釈を導き出した点である。国務省は、協議内容を概ね移民問題のみに限定し、政治的影響を最小限にとどめたことをホワイトハウスに報告した[40]。一方、キューバ外務省は、仮に移民交渉で政治問題を扱わなくとも、交渉に伴う政治的影響は避けられないと捉えていた。その文書によると、レーガン政権は包括的な移民協議を進める上で、連邦議会との「超党派的な妥協」を必要とするはずであった。また、「帰化不能者」が複数のグループに分かれて送還されれば、「合意の履行期間が必然的に長く」なり、それだけレーガン大統領の任期満了にも近づく[41]。つまり、協議の場で直接に政治問題を扱わなくとも、移民協議が継続されることとそれ自体の政治的意義は勝手に増大し、時間的にも空間的にも波及していくのである。そのことは、必然的にレーガンの敵視政策を封じ込める効果をもつはずである。

革命政権が協議の進展に満足したことは間違いない。後日、アラルコンは「帰化不能者」の定義が曖昧であることへの不満を伝えながらも、米側が名簿に含めた二六四七名の身元照会を行うことを請け合った。キューバ側の姿勢を「十分に意欲的」と判断した国務省は、次の協議を準備している[42]。

一九八四年移民合意に向けて

米・キューバ移民交渉の第二次協議は、一九八四年七月三一日から八月二日まで、再びニューヨークで行われている。ここでの重要争点は、(1)マリエル送還者の数、(2)送還作業の期間、そして(3)元政治囚やその家族を対象とする、米国移民査証の特別枠の数であった。両国の代表は数十時間を費やし、議論を交わしている。

ここでもキューバ側の議事録を頼り、要点だけをまとめたい。まず、送還者の数については双方が折り合った。米側が名簿上の「帰化不能者」二六四七名全員の送還を優先する一方、キューバ側も、事前にキューバ側が行う個別審査を通過することを条件に、「二千名程度」の受け入れを申し出た。次に送還作業の期間については、米側が

「半年から一年程度」を提案したのに対し、キューバ側は「五年以上」を主張した。とはいえ、米側はそもそも強制送還対象者の司法審査に膨大な時間がかかることに後で気づき、やがて態度を軟化させている。双方の歩み寄りは、第三の争点となった査証発給の特別枠をめぐる議論でも見られた。米側が初年度の受入人数を一千名から三千名に増やすと、キューバ側も要求の数を七千名から五千名に減らしている[43]。

このように移民交渉が進展したとはいえ、実際に最終合意に至るか否かは、その後も楽観を許されなかった。第二次協議の翌週にあたる八月一一日、米国政府のSR71型偵察機がキューバ領空を侵犯した。すると、革命政権は領空侵犯の事実とそのタイミングを問題視し、「米・キューバ協議の今後の進展は、キューバの抗議に対する米国の反応次第である」という通牒を米側に送りつけた[44]。それに対して米国政府は、領空侵犯の事実を認めることも、否定することもせず、数ヶ月もの間、睨み合いがつづくことになった[45]。協議の中断は、政治問題を省いて交渉を進めてきたことの弊害を浮き彫りにしたと言えよう。ようやく新たな動きが出てきたのは、レーガンの大統領選勝利が確実となった一〇月末である。キューバ側が協議再開への意欲を示すと、米側もこれに応じ、前向きに回答した[46]。どちらも交渉の破綻だけは望まなかったわけである。

一九八四年一二月一四日、とうとう米・キューバ移民合意が結ばれた。二七四六名のマリエル「帰化不能者」については、毎月一〇〇名を目安にキューバに送還されることとなった。これは米国がもともと希望していた五千という数には及ばなかったものの、取り掛かりとしては十分とみなされていた。また、送還数を毎月一〇〇名程度としたのは、作業期間として五年を要求したキューバの主張に米側が配慮したためである。毎月一〇〇名であれば、最低でも二八ヶ月（二年四ヶ月）はかかり、再選後のレーガンの任期もあと一年半を残すのみになる。一方、米国移住を望むキューバ人への移民査証の数は毎年二万を上限とし、元政治囚とその家族を対象とする特別枠の数は、合意発効の初年度において三千と決められた。いずれもキューバ側の希望を完全には満たさなかったものの、少なくとも特別枠については、合衆国が最初に提示した数字からの上乗せがあった[47]。

もちろん、合意に盛り込まれなかった点にも注意が必要である。たとえば、キューバ側は毎年の移民査証の数に「一万五千」という下限を設けることを提案したものの、米側に拒まれた。米側は一九六五年移民法を盾に、他の国家との公平性の観点から、キューバだけを特別に扱うことはできないと説明した。一方、キューバ側も、「二度とマリエルを起こさない」という誓約を立てるよう米側に求められながら、これを突っぱねた。米国こそキューバ移民への優遇措置を廃し、違法出国者を処罰すべきであるという持論を貫いたわけである。したがって、移民合意は双方が完全に納得するものでもなければ、将来における移民危機を防ぐものでもなかった[48]。事実、米国政府が以後五年にわたって受け入れた合法移民の数は、キューバ政府の期待をはるかに下回った。また、キューバ政府が再びマリエル危機を起こすのではないかという米国政府の懸念は、ついに解消されていない[49]。

しかし、地政学的・イデオロギー的対立を抱える両国が移民合意を結んだことは、きわめて重要である。米国政府にとって、移民合意はマリエルの遺産を清算するものであった。合意締結の後、「帰化不能者」を除くすべてのマリエル移民を対象に、合衆国での滞在資格が初めて正式に認められている。政府間の合意によって、将来のキューバ移民に対する合衆国の態度もより明確となった。年間の移民査証の上限数を他国と同様に二万と定めたことは、少なくとも一九六五年移民法という枠内において、キューバを法的に特別視しないことを意味した。以後、キューバ人移住希望者の大半は、政治「難民」ではなく、経済的な動機を有する「移民」として審査されるわけである。なお移民合意には、両国の代表が定期的に会合し、合意の履行状況を確認するという条項もあった。合意の締結は、新たな二国間協力の始まりも告げていた[50]。

移民合意の締結は、キューバにおいても特別な意味を持っていた。合意が結ばれたその日、ハバナではカストロが自ら演説に立ち、外交成果の意義について熱弁をふるっている。彼によれば、移民合意はそれ自体が重要であるだけでなく、その政治的含意、すなわちイデオロギーの異なる二つの国が共通の課題を解決するために協力し、共存の道を探る方法を指し示した、という点でも重要なのであった。米・キューバ双方の交渉担当者たちの努力を高く評価したカストロは、まもなく開始される中米和平交渉や米ソ外相会談について、次のコメントを寄せている。

私は（米・キューバ移民交渉における対話の）精神が、翌週、翌月に開かれる他の会談でも現れることを祈ります。（中略）私はいずれの会談においても合理的な結果がもたらされることを願っているのです！　それは可能です。傲慢な態度を改め、真摯に、責任をもって、解決を探ろうとする姿勢をもって話し合うことができれば、それは可能なのです。(51)

ここで表明されたのは平和への希望であり、イデオロギー対立を超越する現実主義への渇望でもあった。しかし、次に取り上げるラジオ・マルティの放送開始は、こうしたカストロの期待を大きく裏切ったのである。

始まらないラジオ放送

米・キューバ移民合意は、マイアミの反革命勢力にとっては悪夢であった。グレナダ侵攻の後に急速に高まっていた「次はキューバだろう」という彼らの希望的観測は、移民合意の締結によって一気に遠のいた。失望した人々の間では、米国政府に再び裏切られたのではないかという噂も流れ始めた。移民協議の際に、故国に関する密約が交わされたはずだとのことである。レーガン政権はそうした嫌疑を否定し、交渉は「カストロとの新しい取引の始まり」ではないと喧伝した。(52) しかし、説明の効果は乏しく、米・キューバ関係の改善を予測する見方は強く残った。国務省キューバ問題担当局長ケネス・スコーグは、そのような展望を否定する自身の演説が、『マイアミ・ヘラルド』紙によって「完全に曲解された」と愚痴をこぼしている。(53)

なぜ反革命勢力はこれほどの動揺を見せたのか。これについては、もちろん移民合意の心理的効果が指摘されよう。一九八五年二月下旬、最初の「帰化不能者」二三名がキューバへ強制送還された。現実に共産主義国に人が追放されたことによって、移民社会の「亡命者」アイデンティティは危機に瀕し、次は自分の番ではないかと恐怖に駆られた人々はパニックに陥っている。[54]

ただし、問題はそれだけではない。より重要だったのは、反革命勢力が待望するラジオ・マルティが、いまだに放送を始めていなかったことである。連邦議会が予算を承認したあと、ホワイトハウスは一九八四年春の放送開始を目指し、準備を急いでいた。放送内容としては、そもそもの目的から主に国内外の最新動向を伝えるニュース番組を多く組む予定であったが、キューバ人視聴者を増やし、かつ彼らにアメリカ的生活様式の魅力を発信するために、スポーツや音楽、連続テレビ小説といった娯楽番組も多彩に盛りこまれることになった。とはいえ、その収録や編集のためには、大統領諮問委員会のトップに据えられたマス・カノーサを筆頭に、「キューバ」に精通するバイリンガル・スタッフとして、多くのキューバ系米国人が集められなければならなかった。かつて外国籍を有していた彼らに対するセキュリティ審査は厳しく、人選には予想以上の遅れが生じたのである。[55]

しかし、放送が始まらない最大の原因は、実は別にあった。米国政府がキューバからの報復を恐れていたことである。言うまでもなく、カストロは、反革命勢力が支持するこのラジオ放送を嫌悪していた。早くも一九八一年九月、キューバ独立の父ホセ・マルティの名前が使用されたことを挙げ、米国政府による内政干渉を訴えた。[56]キューバ政府は対抗措置として、ソ連や東欧諸国の力を借り、放送電波を妨害する強力な電波送信施設を国内各地で建設し始めた。妨害電波はラジオ・マルティの視聴を不可能にするばかりか、地理的に近い米国南部や中西部の商業用ラジオを一斉に乱すことさえできた。もともと全米放送事業者協会がラジオ・マルティ放送法案に反対していたのは、このためである。米国政府が入手した情報によると、革命政権は八四年一二月までに、四千万ドルもの費用をこの目的に支出したということである。[57]

こうして高まった「ラジオ戦争」の危惧は、ラジオ・マルティに関する米国政府の姿勢を揺るがした。米国政府はラジオ・マルティに政権転覆の意図がないことを主張し、報復措置をとらないようカストロの説得を試みた。そしてこれに失敗すると、今度はキューバ側の報復を想定し、その緊急対応について検討を重ねている。国務省が作成した「政治・外交行動プラン」によると、米国政府はラジオ・マルティの開始とともにキューバ政府に連絡を入れることになっていた。すなわち、米側はカストロの顔を立てるため、「限定的な報復」を容認するだろう。しかし、仮にキューバ側が「過剰反応」すれば、米側も対抗措置をとり、互いに電波妨害を競い合う「ラジオ戦争」をも辞さないという。とはいえ、この種の警告が本当にカストロに通用するのだろうか。その後も数ヶ月にわたり、レーガン政権の高官たちは不毛な議論を続けている。(58)

一方、放送の即時開始を求めるCANFと連邦議会の支持勢力は、レーガンへの圧力を日増しに強めていた。その急先鋒が、フロリダ州選出の共和党上院議員ポーラ・ホーキンズである。一二月中旬、放送開始が遅延を重ねていることに苛立ったホーキンズは、レーガンへの直談判に乗り出した。「キューバ系米国人や自由を愛する世界の人々との約束を守る」ために、放送開始を決断すべきだと大統領に迫ったのである。(59)ホーキンズは同じくフロリダ州出身の民主党上院議員ロートン・チャイルズ（Lawton Chiles）を連れ、米国広報・文化交流庁長官チャールズ・ウィック（Charles Wick）のところにも押しかけている。ウィックによると、上院議員たちの要求は次のように単刀直入であった。「われわれにとってこれ（放送開始）は大事なことなのです。（フロリダ州は）巨大なキューバ系人口を抱えているのです」。(60)とりわけ、二年後に再選選挙を控えたホーキンズは必死であった。

ラジオ・マルティ問題がレーガン政権の最高意思決定機関NSPGで検討されたのは、一九八四年一二月一四日のことである。このときウィックはホーキンズたちの陳情に言及しつつ、翌年一月二八日に放送を開始することを提案した。するとCIA長官ウィリアム・ケーシー（William Casey）が、キューバが電波妨害能力を急速に高めていることを報告し、国務副長官ケネス・ダム（Kenneth Dam）も、米国政府のラジオ戦争への備えが不十分であることを強調した。仮に電波の妨害合戦が一週間もつづけば、国内ラジオ放送局への補填として用意された五〇〇万ドルの基金が底をついてしまう。その場合、レーガンは矛を収めるほかなく、「多大な損害を伴う敗北」に見舞われるということである。(61)「引き下がれば、われわれの面子は潰れ、中南米全体で痛手を蒙るだろう」とレーガンは当時の苛立ちを日記に綴っている。「だからといって（放送開始へと）向かえば、多くの商業ラジオ放送がやられてしまう。どうすればいいのだろう。今のところ私には分からない」[62]。

結局レーガンは、放送の延期を決定し、ラジオ戦争への備えを固めることにした。国防総省には、六千万ドル規模の対抗措置を講じるよう命じている[63]。少なくともこの時点まで、キューバ側の抑止策は十分に効いていたといえよう。

マス・カノーサの苛立ち

ラジオ・マルティの放送が延期を重ねるなか、マイアミの反革命勢力の不安は、もう一つ別の要因によっても刺激されていた。米・キューバ移民合意の翌月、米ソ外相が久しぶりにジュネーヴで会談したのである。レーガン政権内の主導権争いに決着がつき、シュルツ国務長官がレーガンを対ソ交渉へと導くのはまだ先の話である[64]。とはいえ、米ソ接近の兆候は、間違いなく反革命勢力を慌てさせた。副大統領ジョージ・ブッシュのところに駆けつけたマス・カノーサたちは、ラジオ・マルティの遅れを危惧しただけでなく、この企画がキューバとの移民交渉やソ連との外相会議で「交渉材料」として使われたのではないかという憶測まで口にした。ブッシュはこの陰謀論をはっきりと否定し、レーガンにも彼らの懸念を伝えることを請け合っている[65]。

ところが、マス・カノーサは簡単には引き下がらなかった。すかさずラジオ・マルティの放送が一月二八日に開始されないことの次善策として、ホセ・マルティ生誕一三二周年を祝う特別な声明を出すようレーガンに提案したのである。これについては副大統領にも、国家安全保障会議のスタッフにも異論はなく、レーガンも快く応じた。その日、「彼（マルティ）がキューバの人々に残した多くの業績を称えることを誇りに思います」と述べた大統領は、ラジオ・マルティの放送を「近い将来に」行うことを約束している。「植民地支配の圧政から自由となり、キューバを独立させるという彼の生涯の希望は、今でもキューバ系米国人たちをはじめ、自由を愛する人々が抱く理想なのです」。マス・カノーサは、こうした声明を大統領本人に出させることによって、企画への個人的な関与を深めさせたわけである[66]。

もちろん、大統領の声明一つで放送開始をめぐる政争が終わることはない。ホーキンズ上院議員は放送の延期に激怒した。あまりに怒っていたので、様々な憶測や疑惑を否定する政権側の説明を全く受けつけなかったという[67]。二ヶ月後、レーガンはホーキンズが「いまだにラジオ・マルティについて不満を募らせている」ことに気づいた。放送を今すぐ始めなければ、（核安全保障政策の基幹たる）MXミサイルの配備を支持しない、とまで彼女は言い出したのである[68]。マクファーレン大統領補佐官は、ホーキンズの背後にあるキューバ系社会の政治圧力を和らげるため、マス・カノーサの協力を仰いだ[69]。ところが、放送延期の理由が報復への懸念であることを明かすと、マス・カノーサも激高した。それまで彼は、表向きの説明を真に受け、延期の理由があくまで技術的なものであると信じていたのである。まさかカストロが米国政府の動きを封じ込めていたとは、夢にも思わなかったのだろう。

その後、シュルツとも面会したマス・カノーサは、政権の閣僚たちが放送開始に消極的であることを思い知らされた[70]。マス・カノーサは企画が廃棄されることを恐れ、放送開始に「期限」を設けるよう求めた。しかし、この提案もマクファーレンによって一蹴されている[71]。

フィデルの広報外交

一方、米国社会では、レーガンがキューバとの関係改善に動くのではないかという期待も膨らんでいた。米ソ外相会談が実現し、移民合意が履行され、ラジオ・マルティの放送開始が見送られただけではない。キューバの広報外交が、この流れを後押ししたのである。一九八四年六月のジャクソンの訪問以後、革命政権は他の有力者たちにもキューバに渡航するよう働きかけていた。九月にはラティーノ市民権団体としては最も歴史が古い、統一ラテンアメリカ系市民連盟（ＬＵＬＡＣ）の代表団がハバナを訪れ、中米紛争についてカストロと会談したあと、革命社会の医療や教育を見聞している。[72]　一二月には、全米論説委員会議（National Conference of Editorial Writers）の代表団によるキューバ訪問も許された。例の外務省合衆国ＰＩＰ担当局によると、この組織は米国とカナダで活動する五〇〇名の論説委員やコラムニスト、大学教授たちで構成され、世論の形成に「決定的な役割」を担っていた。[73]

このような働きかけは、移民合意の後に一段と強くなる。一九八五年一月には、民主党所属の連邦下院議員ウィリアム・アレクサンダー（William V. Alexander, Jr.）が、農産物の輸出拡大を望む地元アーカンソー州の一団を連れ、キューバを訪れた。彼らを迎えたカストロは、中米およびアフリカ南部における和平交渉の開始に意欲を示しつつ、ハイジャックの取り締まりやラジオの電波通信、沿岸警備、漁業などの分野で、米国政府との協力を発展させる希望も表明した。感銘を受けたアレクサンダーは、『ニューヨーク・タイムズ』紙に寄稿し、ソ連と緊張を緩和できるのであればキューバとも同じことができると論じている。[74]　キューバにはほかにも米国在住のカトリック司教たちが訪れ、米・キューバ関係の改善を唱えつつ、一四七名の囚人の解放を求めた。これに対し、カストロは人道的措置として、七五名の恩赦を申し出ている。[75]

友好ムードの演出に余念がないカストロは、時期をほぼ同じくして西側メディアへの露出も増やしている。スペイン紙『エル・パイス』（*El Pais*）とのインタビューにおいて、カストロは移民交渉が「真剣で、柔軟で、礼儀正しい」ものであったと評し、両国の共存について、レーガンとの間に一定の了解をとりつけることに期待を寄せた。ジュネーヴの米ソ外相会談については、「世界の利益だけでなく、米国の利益にも関わることです」と述べている。[76]　同様のメッセージは、カストロがインタビューに応じた他のメディア、すなわちスペインのＥＦＥ通信社やメキシコ紙『エクセルシオール』（*Excelsior*）、米国公共放送サービス（ＰＢＳ）の「ニュース・アワー」、さらには米民放テレビ局ＣＢＳの「六〇ミニッツ」でも報道された。カストロは『ワシントン・ポスト』紙に対しても、対米移民交渉と米ソ外相会談を好意的に取り上げ、対話への意欲をアピールしている。[77]

一方、米国政府はこうしたカストロの言動を「平和攻勢」と呼び、相手にしなかった。会見の場で反応を促されたレーガンは、「同じことは前にも聞いたので、私はあまり楽観視していません」と発言している。[78] 当時、キューバを訪れた国務省のスコーグも同様の意見であった。革命政権には「外交政策の基本姿勢を変えるつもりがない」ことを悟った上で、むしろ「貿易や二国間問題の協議を提案してラジオ・マルティを脇に追いやろうとしている」とさえ感じていた。[79] そのような印象は、『マイアミ・ヘラルド』紙が掲載したキューバ副外相リカルド・アラルコンの発言によっても強められただろう。アラルコンは、ジュネーヴの米ソ外相会談やレーガン政権による反革命テロ組織の取り締まりに言及し、レーガンが予想以上に現実主義的であると述べた。ラジオ・マルティの放送延期については、企画そのものが「冗談」であったと発言し、反革命勢力を揶揄している。[80]

一九八五年三月末、カストロはとうとう二国間協議の開催をレーガンに提案した。このとき米国利益代表部の部長ジョン・ファーチ（John Ferch）は、キューバ側の目的は、中米・アフリカにおける合衆国の動きを封じ、時間を稼ぐことにあると推察した。国務省とNSCの幹部もこの分析に同意し、中米・アフリカについては交渉に応じるべきではないと判断している。ところが、その彼らも、移民や麻薬対策、ラジオの電波通信、ハイジャックの取り締まり、海洋の安全といった分野では、一転してキューバとの協議に応じるよう提言した。ヴェトナムなど、ほかのあまり友好的ではない共産主義国との間でさえ、「冷淡ではあるが意思疎通ができる」関係が結ばれていたのである。地理的に近いキューバであれば、利害が一致する分野も多く、協力の必要性はさらに高かった。[81] こうしてシュルツは五月初旬、「技術的」問題に関する協議に応じる旨を翌月以降に伝えるようファーチに命じた。[82] つまり、国務省もNSCも、キューバ政府との交渉を頑には拒んでいなかったわけである。

それにしても、なぜキューバ政府はこの時期に対話を申し出たのか。理由の一つとして、一九八四年末に悪化した経済不況を挙げることは可能である。カストロが二年後の第三回全国共産党大会で説明したように、革命指導部は当時、経済の悪化と貿易赤字の増加への対策に苦慮していた。共産党幹部や政府官僚、大衆組織の指導者たちを巻き込んだ議論がなされた後、一二月四日、国家経済の状況が国民に向けて説明され、緊縮策として、燃料と原材料のさらなる節約が呼びかけられている。このときカストロは、「われわれの問題は将来である」と宣言し、最低限の生活必需品を除き、「(目の前の) 消費欲求のために将来を犠牲にすることはできない」と論じていた。[83] このように苦しい台所事情であれば、対米関係の改善を含め、様々な選択肢を模索することは不思議ではない。カナダの在キューバ大使館は、そのような噂を嗅ぎつけていた。[84]

しかし、より重要だったのは政治的な動機であった。この点、一九八五年三月にソ連を訪問したラウル・カストロが、共産党書記長に就いたばかりのミハイル・ゴルバチョフ (Mikhail Gorbachev) に伝えたことが興味深い。ここでラウルは、キューバ政府が合衆国との「対話を始めることに躍起になっている」という認識は、「完全に間違っている」と述べていた。ラウルによると、革命政権が対話のメッセージを発する理由は、「キューバに対する攻撃的な政策指針を乱し、必要な時間を稼ぎ、よりよい政治環境を整えるため」であった。連邦議員やカトリック司教らと接触するのは、米国社会の「リベラルな穏健勢力に政治的影響力を及ぼす」ためである。「もちろん、われわれの戦略目標は (米国と) 話し合うことではありません」とラウルは付け加えた。「(目指すのは) 移民問題のように、われわれの利益に適う問題の解決だけです。われわれは一芝居を打つでしょう」。[85]

一九八〇年代中葉、世界は冷戦の終焉という歴史の分かれ目を迎えようとしていた。この転換期を前に、フィデル・カストロが対米関係の改善に動いていたことは重要である。たしかに、革命政権はレーガンとの対話の進展に懐疑的であった。それでも対話の呼びかけは、合衆国における政治的影響力を増進し、レーガンの言動を内側から縛りつけるという目的には適っていたわけである。フィデルは相変わらず、様々な展開を先読みしつつ、複数の利害を同時に考える人であった。

ラジオ・マルティ、放送を開始する

しかし、対話の機運は一九八五年五月二〇日、レーガンがラジオ・マルティの放送を開始したことによって消滅

した。開始後、革命政権が予告通りに報復措置に出たことは言うまでもない。ただし、報復の内容は米国政府を驚かせた。米国国内のラジオ放送を妨害する代わりに、前年に締結された合衆国との移民合意を凍結したのである。こうしてラジオ戦争は起こらなかったものの、米国政府は再び「帰化不能者」を抱え込み、元政治囚はキューバに残されることになった。それまでに合意によってキューバに送還された「帰化不能者」はわずか二〇一名である。キューバから米国に到着した元政治囚は一一名にすぎない。両国関係は急転し、キューバ政府は、「いつの日か米国国民自ら、このように身勝手かつ無神経で、盲目かつ不毛な政策をやめさせるだろう」と怒りを露わにしている。[86]

機密解除された米国政府の史料によると、レーガンが放送開始を側近に通達したのは、五月一七日のNSPG会議である。このときまでに国防総省による報復能力の強化はいまだに進んでいなかった。レーガンの真意を疑った連邦議会の下院歳出委員会が、政権側の説明を聞き捨て、予算の組み替えを認めなかったのである。そこでマクファーレン大統領補佐官は、三つの次善策を提示した。「(1)ラジオ・マルティを中止する、(2)放送を始めつつもキューバとの対話を試み、報復を食い止める、(3)報復能力を備えるまで計画を延期する」。マクファーレン自身の希望は第二案であった。彼はカストロの対話意欲を強調し、二国間協議の進展を示唆すれば、それだけで十分に報復の程度を軽減できると説いた。一方、シュルツ国務長官は第三案を唱えた。第二案の有効性を疑い、ラジオ戦争への態勢が整うまで、放送開始を先延ばしにするよう主張したのである。[87]

しかし、ここで側近の意見を押し切ったのは、ほかでもないレーガンその人であった。放送開始は、「われわれは始めなければならない」という大統領の鶴の一声で決まったのである。米国広報・文化交流庁長官のウィックによると、レーガンは「そこにいた全員の意見を却下した」という。[88] 事実、議事録を読むかぎり、レーガンがマクファーレンやシュルツの意見に耳を傾けた気配はなく、まるで会議を始める前から態度を決めていたかのようであった。[89] 翌日、大統領の翻意を促そうとした国務省からは、キューバの電波妨害能力に関する新しい情報が伝えられた。それでもレーガンは折れず、「月曜日のラジオ・マルティ開始を前に（余計な）動きを見せてはならない」と逆に国務省に命じるばかりであった。「ジョージ（シュルツ）と意見が違うことは残念だが、私はそのまま決行するべきだと非常に強く感じている。たとえカストロがわれわれの商業番組を妨害し、一時的に閉鎖せざるをえなくなったとしてもだ」[90]。

つまり、レーガンは放送開始を決断するにあたり、キューバとのラジオ戦争に突入するだけでなく、それに敗北することも覚悟していた。なぜ彼はそこまで頑なだったのか。たしかにラジオ・マルティは、共産主義圏の人々に直接働きかける上で、有意義な政策として捉えられていた。東欧諸国では、鉄のカーテンを超え、アメリカ的生活様式の「自由」を宣伝したラジオ・フリー・ヨーロッパの例もある。レーガンとしては、ただ共産主義と戦うという意味で、「同じこと」をフロリダ海峡という場所で行うだけであった。人民の意志に反して共産主義を押しつけられたポーランドと、米国との対決を深める中で共産主義陣営についたキューバとでは、歴史的な経緯が全く異なる[91]。とはいえ、そもそもレーガンがこの違いの重要性を認めていた節はない。

では、なぜ放送の開始を急いだのか。仮にレーガンがラジオ・マルティを熱望したとしても、シュルツの意見に従い、もう一度決断を先延ばしにすることもできたはずである。ここで注目すべきが反カストロ・ロビーの役割である。放送の即時開始を求めるCANFの陳情活動は、放送開始決定の直前までつづいていた。そのなかでも特に重要だったのが、NSPG会議の前にマス・カノーサがレーガンに送った一通の手紙である。ここでは、放送開始の延期はカストロに対する大統領の個人的敗北を意味する、という独自の主張が展開されていた。マス・カノーサは前述の『マイアミ・ヘラルド』紙の新聞記事について、ラジオ・マルティを「冗談」と呼ぶキューバ副外相アラルコンの嘲笑的発言は、反革命勢力ではなく、実はレーガン個人に向けられたものだ、と論じたのである[92]。

手紙が政策に与えた影響を測ることは容易ではない。しかし五月一七日、「ラジオ・マルティを放送できないがゆえに、いまやカストロの従僕人ごときがわれわれのことを公に笑い始めた」と怒りを露わにしたレーガンは、「五月二〇日」に「放送を開始するよう命じた」と自身の日誌に綴っている[93]。ここから察するに、レーガンはマス・カノーサの目論み通りの反応を見せたといえよう。毎年、移民社会からは何千もの陳情がホワイトハウスに届けられる。そのうち大統領が目にするものは数十にも満たない。ところが、大統領諮問委員会の委員長という要職にあったマス・カノーサは、これ以上にないタイミングでその機会に恵まれ、大統領の性格に合わせて巧みな言語を操ったわけである。マス・カノーサは後日、「(このドラマでは)ロナルド・レーガンが主演だ」と豪語した。「しかし、われわれもオスカーの最優秀助演賞に値するのだ[94]」。

ラジオ・マルティの放送開始は、在米キューバ人社会において重大な意義をもつことになった。地元スペイン語ラジオ局に勤め、やがてマイアミ市長となるトマス・レレガド(Tomás Relegado)によれば、ラジオ・マルティは移民社会において「(自由キューバへの)道義的支持の表明」を意味したのであり、放送の開始は、「合衆国と(革命)キューバの新しい対決の時代」を象徴したのである[95]。マス・カノーサも数年後、一九八五年五月二〇日を生涯で「最も感動的な日」と述懐している。放送の開始を見届けたとき、マス・カノーサ夫妻は国歌を口ずさみ、感極まって号泣したらしい[96]。一週間後、レーガンが再びマイアミに戻り、放送開始を祝ったこともよき思い出となっただろう。「あの月曜日、私は亡命者たちの間で最大の人気者でした」とマス・カノーサは振り返っている。「そのときに私はキューバ系コミュニティの指導権(leadership)を得たのです[97]」。

一方、反革命勢力を熱狂させたラジオ・マルティの放送開始は、海を隔てた革命政権を幻滅させた。もちろん、キューバ外務省の最上層は万全を期し、事前に善後策を講じていた。米国のラジオ放送を妨害することは技術的には容易であったが、危険でもあった。また革命政権としても、中米やアフリカにおける対話の機会を完全に失うことは望まなかった。そこで浮上したのが、移民合意の履行停止である[98]。これには象徴的な意味合いもあった。放送開始の数日後、日本の駐キューバ大使と面会したロドリゲス副大統領の外交顧問カルロス・サルサメンディ(Carlos Salsamendi)によると、そもそも移民協議の最重要目標は、問題を解決するために対話を行う、という革命政権の姿勢を国内外にアピールすることであった。ラジオ・マルティを一方的に開始することは、対話の精神に反し、キューバ側の誠意を踏みにじるものである。したがって、移民合意の履行停止は当然の報復なのである。[99]

この説明は革命政権の立場を正確に表していたようにみえる。フィデル・カストロ自身、ラジオ・マルティを放送すれば、「あらゆる分野において協力が成り立たない」とレーガンに事前に警告していた。[100]当時、米・キューバ両政府の協力を要する二国間問題として最も重要だったのは移民問題である。したがって、キューバ側が報復に出るとすれば、当然この分野における協力が見直されるはずであった。むしろ不可思議なのは、米側の言動である。カナダの在キューバ大使館は、どのみちラジオ・マルティを放送するのであれば、なぜ米国政府は移民協議を始めたのか、と本国に当惑を伝えている。[101]放送開始によってレーガンの意図は明確になった。しかし、それは矛盾に満ちていたのである。

三角関係のダイナミクスがつづく

米国政府からの内政干渉を受け、キューバ政府は国内の引き締めを図っていく。一九八六年、西側諸国の債権者に債務不履行を通知したカストロは、第三回全国共産党大会を前に、再び重大な決定を行った。緊縮措置を打ち出し、国民の間にはびこる腐敗と不正を糾弾しただけではない。従来の政策について「過ち」を認めた上で、再び平等主義を声高に唱え、経済活動への政府介入を呼びかけながら、市場メカニズムを徹底的に否定したのである。この「修正」(rectification)政策は、ゴルバチョフのペレストロイカと違い、規制緩和と経済成長よりも、国民に対するイデオロギー教育を重視するものであった。[102]とはいえ、カストロとゴルバチョフの方針の違いは、単に指導者の見解の違いのみに求められるべきではない。ラジオ・マルティが開始された後、そもそもソ連とキューバでは、それぞれが置かれた状況が乖離しつつあった。いかなる国家にとっても、目の前の脅威が高まっているときに開放政策をとることは容易ではない。

事実、ワシントン、ハバナ、マイアミの三角関係は、その後もますます複雑に絡みあっている。移民合意の履行停止から数日後、革命政権は、米国移住を希望するキューバ人のために新しい出国ルートを用意した。第三国にまず向かわせ、現地の米国大使館で移民査証を申請させるというものである。この動きは、まもなく家族再結合を最優先するマイアミの家族や親戚の反応を誘発し、彼らが渡航費用としてキューバへの送金を始めたことは、米国政府を大いに慌てさせている。革命政権がこのように自らの問題を処理してしまえば、米・キューバ間の合意や協力は不要となり、米側の最優先項目である「帰化不能者」の送還は永久に実現しえない。こう考えた米国政府は、キューバだけでなく、第三国においても、キューバ人への査証の発給を停止した。元政治囚が行き場を失ったこと、そして彼らの家族や親戚が反発したことは言うまでもない[103]。

結局、米国政府は、革命政権との交渉と反革命勢力との話し合いを同時に進めることになった。レーガン政権は、まずCANFとの協議に入り、革命政権との移民交渉を行うことへの支持を事前にとりつけた。その代わり、官民共同としては史上初めてとなる難民受入プログラム「キューバ出国救済基金」(Cuban Exodus Relief Fund) を承認し、第三国に滞留していた一万人もの移住者の受け入れを特別に認めている[104]。一方、財団のお墨付きを得た米国政府は、革命政権との協議を再開した。度重なる交渉の末、一九八七年末には、新たな政府間合意が結ばれている。ところが、ここで強制送還に反対する「帰化不能者」たちが、刑務所暴動を相次いで起こし、人質をとって抵抗した。不意を打たれた米国政府は、司法取引を余儀なくされ、個別の再審査を行うことを強いられた。その結果、送還者の数は九一年六月までで、わずか六二七名にとどまっている[105]。

第二次移民合意が発表されると、米・キューバ関係の改善を期待する声も再び高まった。米ソ冷戦の雪解けが進み、レーガンはゴルバチョフとの頂上会談を重ねていた。中米で強硬に推し進められた反革命戦争は、悪名高いイラン・コントラ事件を引き起こした末、タカ派の反共主義者たちの多くを失脚させている[106]。残されたシュルツたちは、ソ連だけでなく、キューバに対しても是々非々の立場をとった。アフリカ南部の紛争をめぐる和平協議でさえ進展を見せ、八八年一二月には、合衆国、キューバ、アンゴラ、南アフリカの四カ国が包括合意を結び、ナミビアの独立、そしてキューバ軍のアンゴラからの撤退も視野に入ってきた。[107] 米・キューバ両政府は、ほかにも核の安全や麻薬対策など、共通の利害を有する分野で連携を深めている。[108] このような国際政治の文脈において、関係改善の憶測は必ずしも的外れではなかった。[109]

しかし、それとは逆行する動きもあった。レーガンは国連人権委員会でキューバの問題を執拗に取り上げていた。熱心さのあまり、八八年には、元政治囚として自伝を著したアルマンド・ヴァジャダレス（Armando Valladares）に米国代表団を率いるよう命じたほどである。[110] もう一つ注意すべきは、レーガンとマイアミの反革命勢力がキューバの「自由」を他の何かを達成する手段ではなく、米国外交の目標そのものへと置き換えていたことである。それまでキューバの人権状況を批判することは、国際社会における「キューバ・モデル」の評判を貶め、冷戦を優位に戦うための手段にすぎなかった。[111] ところが、こうした考えは政権末期までに大きく変わり、レーガンは八八年五月、「キューバが再び自由で民主的な国家の一員となる」という「すべてのキューバ系米国人の夢」について、「われわれは決して、決して、それを取引することはありません」とマイアミで宣言している。[112]

ブッシュ副大統領が、ラジオ・マルティのテレビ版「テレビ・マルティ」（TV Marti）を公約したのは、その翌月である。すでに米国連邦議会は前年一二月、テレビ放送が技術的に可能であるか否かを調査する目的で一〇万ドルの予算を計上していた。法案を提出したのはフロリダ州選出で民主党所属のチャイルズ上院議員であったが、その裏で糸を引いていたのは、やはりＣＡＮＦのマス・カノーサである。反対勢力はこの点を見逃さず、全米放送事業者協会は「キューバ系の票目当てだ」と法案の賛同者たちを批判した。[113] 一方、テレビ放送の実効性を疑問視する声は国務省の間でも強く、レーガン政権でさえ計画への態度を明らかにしなかった。[114] ところが八八年六月一三日、ＣＡＮＦの年次大会に出席したブッシュは、国務省の反対を押し切ってテレビ・マルティの設置を約束した。「自由、民主主義、人権への支持はアメリカ外交の基本的原則とならなければなりません」と宣言したのである。[115]

なぜブッシュはテレビ・マルティを支持したのか。ここで重要となるのが、副大統領の次男ジェブの存在である。

マイアミに住み、スペイン語を学んだジェブは、一九八二年、フロリダ共和党のヒスパニック集票運動の担当者として登用された[116]。以来、この分野で目覚ましい成果をあげた彼は、デイド郡（マイアミ）共和党委員長を経て州商務長官に抜擢され、CANFと副大統領府とをつなぐパイプ役も務めている。財団の理事会にはアルマンド・コディーナ（Armando Codina）というジェブのビジネス・パートナーがいた。こうした関係もあり、ジェブは財団の行事に足を運ぶ一方、父親の前では財団の代わりに経済制裁の強化を訴えたり、第三国に残留する元政治囚や家族たちの受け入れを唱えたりしたのである。一九八九年には、共和党員でキューバ系初の連邦議員となるイレアナ・ロス・レイティネン（Ileana Ros-Lehtinen）の選対本部長もこなしている。

第二次移民合意が結ばれ、米・キューバ関係の改善が噂されたとき、在米キューバ人社会の懸念を副大統領に伝えたのも、このジェブであった。「このままではキューバ系米国人たちが政権を見放してしまいます」と危機感を煽り、テレビ・マルティを公約するよう父親に迫ったのである[117]。ジェブは分析を裏付けるためのデータや証拠を一切出さなかった。しかし彼であれば、副大統領を説得することなど難しくなかった。六月二日、「このキューバへのテレビ放送に関する声明の草稿を準備してほしい」とスタッフに伝えた副大統領は、ジェブの考えをそのまま受け入れたかのごとく、「現政権が漂流しているのではないかという懸念がある」と付け加えた。「すぐにこれ（公約）を準備しよう[118]」。その翌日、CANF年次大会のスケジュールを受け取った副大統領は、さらに指示を明確にしている。「これこそテレビ・マルティについての強い声明を出す場所かもしれない。テレビ・マルティに関するすべてのことを準備するよう今すぐ手配してほしい[119]」。

要するに、副大統領によるテレビ・マルティへの支持表明の裏には、こうした打算が働いていたのである。一一月の大統領選挙において、ブッシュはマイアミのキューバ系米国人票のうち実に八五%を獲得した[120]。こうしてラジオ・マルティにつづき、テレビ・マルティが開始されることも、ほぼ確実となったわけである。

おわりに

レーガンがカストロと開始した移民協議は、米・キューバ関係をめぐる様々な思惑と葛藤を映し出していた。それまで米国政府はキューバの対外活動を封じ込めるため、経済的圧力をかけ、軍事演習を行い、緊張関係を故意に高めていた。ところが、一連の敵視政策をもってしても、中米や南部アフリカにおける膠着状態の打破どころか、マリエル「帰化不能者」の送還さえ実現しなかった。度重なる軍事計画の検討は、時間の無駄であった。結局、グレナダ侵攻で最も二国間関係が緊張したときに、レーガンは移民問題の解決にキューバとの交渉が不可欠であることを思い知らされている。一方、外交はキューバの望むところでもあった。米国の脅威に萎縮したわけでもなく、不満分子を外に排出することだけを意図したのでもない。むしろ対話への積極姿勢を国内外にアピールすることによって、再選後のレーガンの動きを封じこめることを狙っていたのである。

移民合意は、フロリダ海峡を隔てる不信の壁に亀裂を走らせた。米・キューバ双方が長年の対立を乗り越え、共通の懸案について協力を誓い合ったことは、価値のある外交成果として評価できる。しかし、レーガンの時代には、共存の流れとは異なる展開もあった。マイアミのキューバ人たちが米国社会で存在感を高めるにつれ、内政干渉の意図が、徐々に米国の対キューバ政策を包み込んでいったのである。とりわけラジオ・マルティの放送開始は、革命政権の打倒を唱えるCANFの力を証明した。放送開始の前夜において、レーガンはシュルツ国務長官の提言ではなく、財団を率いるマス・カノーサの意見に耳を傾けていた。放送開始の目的それ自体も、ソ連との同盟に対する懲罰という当初のものから変わりつつあった。「自由」という新しい大義のもと、米国政府はとうとうキューバの外交政策だけでなく、その内政にも干渉し始めていく。

合衆国の専門家によれば、米国政府が国交正常化の前にキューバの民主化を要求し始めたのは、冷戦の終結後であった。ソ連という後ろ盾がなくなった途端に、ますます強気となった米国政府が、交渉開始の前提条件を一方的に「動かした」というわけである。とはいえ、この重大な政策方針の修正は、実は反革命勢力の意を酌むレーガンによって、すでに準備されていた。キューバ政府は、ラジオ・マルティの放送開始後も移民協議の再開に応じ、アフリカの和平交渉に加わる頃には、他の分野でも米国政府と協力する姿勢を見せていた。ところが、米国政府の態度は全く変わらず、ブッシュはマイアミでテレビ・マルティを公約し、レーガンによる「自由」の約束を引き継いだのである。こうなるとキューバ政府の側も、米国による「イデオロギー的侵略」の陰に、「キューバ革命の敵」が存在することを認めざるをえなくなる。[121] 冷戦終結という世界史の分岐点を前にして、フロリダ海峡では、すでに新しい対立の時代が始まっていたわけである。

第7章　膠着の継続
――冷戦終結と反革命勢力の政治的台頭

マイアミの反革命勢力にとって、冷戦の終結は、長年の夢を叶える絶好の機会となるはずであった。東側諸国の社会主義体制が動揺し、ソ連がペレストロイカやグラスノスチといった改革を断行するなか、多くの人々が、近い将来におけるキューバの政変を予期していた。一九八九年七月二九日、全米キューバ系米国人財団（CANF）の特別年次大会をフロリダ州ネイプルズで開き、「キューバに本当の変化をもたらすために、より主導的な役割を担わなければなりません」と説いたホルヘ・マス・カノーサもその一人である。「われわれの本当の旅はこれから始まるのです」。彼に言わせれば、「カストロの唯一の対抗勢力」であるCANFには、「カストロ後のキューバ」を構想する義務があった。憲法案を起草し、「民主主義と自由を再生する」計画を練らなければならないのだという(1)。

合衆国とキューバを両睨みするCANFの動きは、人の移動が国際政治を複雑にしていくことの格好の事例である。財団は一九八一年七月の発足以来、急速に力を伸ばし、キューバ系組織としては、合衆国で最大の政治的影響力を誇った(2)。マイアミを拠点にしながらも連邦議会で支持を広げ、米国政府にはラジオ・マルティの放送だけでなく、テレビ・マルティの放送も始めさせようとしていた。と同時に、財団の誇示された力は、移民社会におけるマス・カノーサへの信頼も高めていた。そのことは、キューバ政府に反対するすべてのキューバ人を代表する、という彼の主張を支えるかのようであった。このような権力と信頼の再生産がつづくうちに、米国の対キューバ政策は、マス・カノーサとその支援者たちの見解をより色濃く反映していくことになる。

本章では、冷戦終結の前後における米国政府、革命政権、反革命勢力の三角関係を分析する。これまで米国の対キューバ政策については、大統領ジョージ・ブッシュの冷戦勝利史観が強調されてきた。キューバ革命の終焉が予期されたからこそ、反革命勢力の唱える政策が積極的に採用されたという見方である[3]。一方、キューバ問題の「矮小化」に注目する説もあった。課題が山積する冷戦後の世界において、キューバは「外交政策の寸劇」でしかなく、だからこそブッシュも、「キューバ系米国人たちに望み通りのものを与えた」という[4]。しかし、合衆国の外交政策は、冷戦勝利史観によって決定づけられるものでもなければ、純粋な国内政治の産物でもなかった。ブッシュは合衆国の国益について自ら判断を下し、場合によっては反革命勢力とも意見を異にしたのである。

そこで本章では、前章でも取り上げた二つの相反する政策潮流に注目し、ブッシュの政策を明らかにする。すなわち、ブッシュもレーガンと同様、対キューバ外交の最終目標としてキューバの「自由」を掲げていた。自由の実現はそれ自体が望ましいことであり、キューバ系米国人有権者の歓心を買う上でも悪くなかった。とはいえ、政権転覆を図る反革命勢力と異なり、ブッシュは「好意的な」キューバの変化を待ち、移民問題などの分野では革命政権との連絡をとりつづけていた。大統領の考えでは、変化は「平和的」でなければならず、フィデル・カストロが自ら改革に乗り出す可能性も含め、キューバの内側から生み出されるべきなのである。結局、ブッシュは一九九二年大統領選挙という特殊な政治状況において、移民政治の圧力に屈することになる。とはいえ、こうした人の移動と外交の相克は、実は冷戦終結の前から引き継がれていたのである。

冷却する米・キューバ関係

米国大統領ジョージ・ブッシュが、キューバとの国交正常化を真剣に検討した節はない。ブッシュは副大統領時代から、ラジオ・マルティを強く支持し、キューバにおける体制転換を望んでいた。アフリカ冷戦、そして中米紛争の解決に目処がついても、この態度は変わっていない。国務長官ジェームズ・ベーカー（James Baker）と国家安全保障問題担当大統領補佐官ブレント・スコウクロフト（Brent Scowcroft）とともに、ソ連や西欧諸国、中南米諸国にも体制転換への協力を求めている。冷戦が終結するころ、ブッシュはキューバの人権問題を告発し、テレビ・マルティの放送を準備し、経済制裁のさらなる強化を検討していた。

ブッシュが強硬路線を貫いた理由はいくつかある。まず挙げられるべきは、中米和平をめぐるカストロとの意見対立である。たしかにブッシュは、一九八七年に中米五カ国の首脳が署名したエスキプラス和平協定を支持し、レーガンと比べれば、はるかに現実主義的な志向を見せていた。イラン・コントラ事件をめぐって過熱した国内の党派対立を落ち着かせる必要もあった[5]。それでも米・キューバ間の意見の溝は埋まらず、米国政府はニカラグアの反革命勢力（コントラ）を助け、キューバ政府はエルサルバドルの革命勢力（ＦＭＬＮ）への軍事支援を継続した。両国の対立は、ソ連が中米地域への関与を弱めるなか、いっそう鮮明となっていく。ブッシュはカストロを「(中米）問題の元凶」と呼んでいた[6]。

もう一つの争点は、米国によるキューバへの内政干渉である。ブッシュはとりわけ、キューバの人権問題に強い関心を寄せた。国連人権委員会の議論を前に、大統領みずからベネズエラやコロンビア、メキシコの首脳に電話をかけ、米国の見解を支持するよう働きかけたぐらいである[7]。人権問題の重要性を公に説くこともあった。八九年五月二二日、ブッシュはマイアミのキューバ人たちを前に、「自由で、統一され、民主的なキューバのために全力で取り組みます」と誓っている。「フィデル・カストロが政策と振る舞いを変えるまで、私は現在の対キューバ政策を維持するでしょう」。このあと大統領は、革命政権による政治囚の扱いを糾弾したアルマンド・ヴァジャダレスの自伝を絶賛し、国連人権委員会に出席する米国代表団の団長に彼を任じている[8]。

革命政権は、ますます対米関係を改善する意欲を失ったに違いない。カストロは当初、ブッシュとの対話についてやや楽観的な観測を口にしていた。アフリカの和平交渉がまとまったばかりであり、中米紛争についても、同様の協議が行われる可能性が示されたのである。[9] ところが、政治体制が変わらない限りは対話に応じない、というベーカー国務長官の訓令が八九年三月にリークされると、キューバ側の期待は萎むことになった。[10] 翌月、ミハイル・ゴルバチョフがソ連首脳としては一五年ぶりにキューバを訪れた。このときゴルバチョフが中米和平プロセスに言及し、米・キューバ関係の改善に期待を寄せても、カストロはただ首を横に振るばかりであった。[11] 五月上旬には米軍が大規模な軍事演習を行い、キューバは厳戒体制を敷くことを強いられている。

そして前述したブッシュの五月二二日演説である。それは革命政権から見て、民族自決と主権の原則を踏みにじる内政干渉であった。二日後、カストロは共産党機関紙『グランマ』に掲載された論説において、米国大統領というよりは「マイアミの虫けらどもの領事」に相応しい、とブッシュをこき下ろしている。そもそも反革命勢力は愛国心なき「併合主義者」であり、合衆国に国を売る畜生であった。だからこそ、彼らはキューバが米国の「新植民地」となった（一九〇二年）五月二〇日を「自称」独立記念日として祝うのである。革命を滅ぼした暁には、新たな植民地をキューバに作るだろう。論説は、「われわれの自由は誰からも与えられるものではない」と訴え、「われわれは自由を守るために（戦う）覚悟がある」と宣言した。「社会主義か、さもなくば死を」[12]。

とはいえ革命政権は、依然として米国との共存を模索していた。六月、キューバ共産党の有力幹部カルロス・アルダナ（Carlos Aldana）は、ハバナの米国利益代表部部長ジョン・テイラー（John Taylor）と会食した。ここでアルダナは、ブッシュとマイアミの「反キューバ」活動家たちとの蜜月関係に戸惑いを表明しつつ、米国大統領がすでに公約していたテレビ・マルティを開始しないよう働きかけている。アルダナは対案として、まず両国がテレビ番組を相互に乗り入れることを挙げ、それも不可能な場合には、キューバ国内でCNN放送を流すことにも言及した。米・キューバ両政府の協力は十分可能である。しかしテレビ・マルティが始まれば、革命政権は、「何をしても合衆国の敵意が変わらないことの証拠」としてそれを捉えるだろう。[13]

テレビ放送だけではない。革命政権は米国が重視する麻薬対策においても協調的な姿勢を見せていた。その契機となったのが、有名なオチョア事件である。この事件は、コカインを合衆国に密輸して米国当局に逮捕された在米キューバ人犯罪者グループが、革命政権の一部の幹部たちとの関係を供述したことから始まった。供述内容に驚いたテイラーがアルダナに米国沿岸警備隊の情報を提供すると、最初は半信半疑であったアルダナも、調査の開始を請け合った。(14) 六月下旬、革命政権は軍人アルナルド・オチョア（Arnaldo Ochoa）と内務省幹部アントニオ・デ・ラ・グアルディアを逮捕し、公開裁判のあと、他の二名とともに処刑した。内務長官ホセ・アブランテス（José Abrantes）ら他の政権幹部も、監督不行き届きのために投獄されている。(15)

革命政権は麻薬問題への厳しい姿勢をアピールし、米国政府に軍事侵略の口実を与えることを防ごうとしたのだろう。ところが、国務省キューバ問題担当局長ロバート・モーリー（Robert Morley）によると、革命政権による麻薬取締の強化は、同じく麻薬の密輸に頭を悩ませていた米国の利にも適っていた。モーリーは「(オチョア事件の後に）作業部会レベルで連絡をとりあう仕組みが作られた」ことを認め、それが「時を経て、機能し始めた」こと、また「緊張が高まった時期でも協力体制が崩れなかった」ことを証言している。(16) 米・キューバ両政府は互いを批判しつつも、相変わらず秘密裏に、利害を共有する分野での協力を模索していたのである。

世界は本当に変わったのか

米・キューバの対話を最も強く望んでいたのは、おそらくソ連のゴルバチョフであった。ペレストロイカ、グラスノスチといった国内改革を進めるなか、ゴルバチョフは国民の経済的負担を和らげるため、外交政策の修正を検討していた。特に中米地域においては、和平交渉を早急に進め、革命勢力への支援を削減しなければならなかった。またキューバについては、こうしたソ連の利害を勘案し、内政と外交の両面で大胆な改革が行われることを望んでいたのである。ただし、ゴルバチョフはブッシュと違い、カストロには圧力をかけるのではなく、対話を通して説得すべきであると考えていた。ソ連は革命政権が唱える民族自決と主権の原則に敬意を払っていた。(17)

こうした米ソの違いは、一九八九年一二月、冷戦の終結を象徴するマルタ会談において鮮明に表れている。このときブッシュはキューバへの圧力を強めるため、年間五五億ドルと見積もられた経済的・軍事的支援を停止するようソ連に求めた。するとゴルバチョフは、「合衆国との国交正常化を望むキューバの意向」を伝え、自らその仲介役となることを申し出たのである。ゴルバチョフによれば、「きわめて強い自尊心と独立精神」をもつカストロでさえ、国際情勢の変化を理解し、対米関係を改善する必要性を悟っているという。しかし、ブッシュの反応は冷淡であった。まずノーベル平和賞を受賞したコスタリカ大統領オスカル・アリアス（Oscar Arias）の意見を引用し、世界を席巻する民主化の波に「明らかに逆行している」とカストロを批判した。そして会談の数週間前、エルサルバドルで（キューバの支援を受けた）ＦＭＬＮが攻勢に出たことについて、米ソの対話を邪魔するためだったのではないか、と疑いをかけたのである。[18]

しかも、言い分はそれだけではなかった。ブッシュはカストロが提起する「もう一つの重大な問題」として、「キューバから追い出され、親族が迫害されている多くのキューバ人たち」に言及した。「彼らの多くは南フロリダで暮らしています。彼らが最悪の独裁者と信じるこの男（フィデル・カストロ）への敵意は冷めていないのです」[19]。ブッシュはこのように述べ、「米ソ摩擦の主原因」であるキューバと手を切るようソ連に要求したのである。[20] ゴルバチョフは再び対話の必要を説いた。「カストロのシグナルを伝えたのは、彼も米国や他の国家との関係を変えることが利に適うと認めたからです」と述べ、「ですから、どうかこのことについて考えてください」と再考を促している。ブッシュはそれでも譲らず、「彼（カストロ）が人権問題について何か行動を起こすまで」、自分も身動きがとれないと応答している。[21]

米国政府の対話への意欲は、その後の世界情勢の展開によって、さらに萎んだに違いない。八九年二月にソ連はアフガニスタンから撤退し、六月にはポーランドで連帯が圧勝した。とうとう一一月にはベルリンの壁が崩壊し、東欧の社会主義政権の命運は風前の灯となる。変化の波は西半球にも押し寄せた。一二月には米軍がパナマに侵攻し、マヌエル・ノリエガ政権が倒された。翌年二月には、ニカラグアの革命勢力サンディニスタが選挙の敗北を受け入れ、政権交代が平和裏に実現している。南北アメリカにおける合衆国の圧倒的優位は明らかであり、キューバがＦＭＬＮへの軍事支援を停止した後は、十数年つづいたエルサルバドルの内戦でさえも終結へと向かうことになる。[22]国際主義を旗印とするキューバの軍事介入の時代は終わりつつあった。近隣のいかなる政権にとっても、キューバが安全保障上の脅威となる可能性は皆無となった。[23]

にもかかわらず、九〇年三月二七日、米国とキューバの緊張はテレビ・マルティの放送開始によって頂点に達した。すでにその二ヶ月前に、革命政権は国連安全保障理事会に抗議文書を送り、キューバの「民族主権を否定する行為」としてテレビ放送を糾弾していた。放送の開始は、「電気通信に関する国際法を踏みにじるもの」であり、「キューバと合衆国の関係をさらに悪化させ、危機を引き起こし、予測不能の事態を招くだろう」。と同時に、カストロはこの文書においても、合衆国と交渉する用意があることを強調した。ラジオ・テレビ番組の相互放映を提案し、紛争調停のために国際司法裁判所の判断を仰ぐことも申し入れた。[24]

革命政権の訴えは、このときも米国政府に無視されている。前章で見たとおり、テレビ・マルティを推進したのはＣＡＮＦであり、ブッシュ大統領自ら、放送の開始を財団の前で公約していたのである。そもそも米側に放送を諦めるつもりなど毛頭なく、国務省のある役人に言わせれば、テレビ放送は「(やるかやらないかではなく)どのようにやるかの問題」であった。[25]放送開始を受け、革命政権はテレビ・マルティの放送電波を妨害し、視聴を不可能にした。その上で、「軍事侵攻を準備している」と米国政府を厳しく批判し、それまで容認していたラジオ・マルティの放送も数年ぶりに遮断している。[26]米・キューバ関係は一段と悪化した。五月、米軍がキューバへの軍事介入を想定した演習を行うと、キューバも対抗し、防衛演習を実施している。

強大化するCANF

テレビ・マルティの放送開始は、CANFにとって、ラジオ・マルティの放送開始につづく大勝利であった。合衆国のキューバ系人口はすでに一〇〇万を越え、そのうち六割が南部フロリダに集まり、着実にその経済力、政治力、および情報発信力を高めていた。CANFは移民社会のこうした発展を土台に、新しいメンバーを迎え、マイアミの外にも新しい支部を開いた。一九九二年六月までに、アトランタ、シカゴ、ジャクソンヴィル（フロリダ北部）、カリフォルニア、ニュージャージー、ニューオーリンズ、ニューヨーク、オーランド（フロリダ中部）、プエルトリコ、フロリダ西部、ベネズエラ、香港、メキシコ、そしてマドリードが活動拠点となっている。発足から九二年一一月までに、年会費一万ドルを納める理事の数は、一四名から六二名に増えた。その半額を納める評議員も七一名となった。(27)

移民社会には、当然CANFに対抗する勢力も存在した。米国に流入したかつての移民集団の例に違わず、一つの組織が多様な政治的意見をまとめることは難しい。競合する勢力の主導権争いは、キューバ系の間でも絶えなかった。財団を批判する声は根強く、特にマス・カノーサに対しては権力濫用の批判が強まっていた。一例を挙げると、経済制裁の実効性に疑義を呈したラモン・セルヌダ（Ramón Cernuda）の自宅が、米国政府の税関局員によって襲撃されたことがある。このときキューバから輸入された美術品二〇〇点が不当に押収されたのだが、マス・カノーサは地元マイアミのラジオ番組で自らその仕掛人であると豪語した。(28) 後日マス・カノーサは、こうした言動に非難が集中したことを受け、「われわれは友を忘れませんが、敵を忘れることもないのです」と発言している。(29)

とはいえ、財団が推進する強硬路線は、移民社会では一定の支持を集めていた。フロリダ州立大のグループが九一年三月に在米キューバ人を対象に行った世論調査によると、回答者の四人に三人が、キューバとの国交や交易関係を拒絶すること、経済制裁を強化すること、そして軍事反乱が起きた際に米国政府が介入することに賛成していた。(30) また、地元スペイン語テレビ局が行った九二年四月の世論調査でも、回答者の半数以上が、財団を「最も尊敬される（キューバ系）団体」として認めている。[31]ほかにも特筆に値する指標は多い。八九年七月から翌年九月までに、財団の月会費納入者の数は四八〇〇名から八六五〇名へと増加し、九一年に八五・四万ドルであった年間会費総額も、翌年には一〇四・二万ドルへと積み上がっていた。[32]新しい支部を開き、様々な行事を催し、発刊物を通して活動成果をアピールしたことが功を奏したのかもしれない。

集められた資金は、緻密な計算に基づいて運用された。非営利団体「責任ある政治センター」の調査によると、CANFと関係が深い自由キューバ政治活動委員会（PAC）は、一九八四年の国政選挙において、民主党（三万八千ドル）よりも、共和党（一二万七千ドル）に多く献金を行っていた。これは反共主義でカストロ嫌いの議員が、レーガンの共和党に多くいたからである。とはいえ、超党派の支持はやはり不可欠なのであり、PACは一九八八年、一九九〇年、そして一九九二年の国政選挙のいずれにおいても、共和党（五万六千ドル、四万六千ドル、五万六千ドル）よりも民主党（一二万八千ドル、九万六千ドル、一一万五千ドル）に資金を投じている。[33]金額それ自体は、米国政治において決して高いものではない。しかし、財団はジェロメ・バーリン（Jerome Berlin）など、有力ロビイストと協力し、発言権をもつ議員に狙いを定め、作戦に工夫を凝らしていた。[34]

かつてNSCに勤め、財団の執行理事に迎えられたジャクリーン・ティルマン（Jacqueline Tillman）は、八九年一二月八日の理事会でこうした活動の成果を報告している。CANFが翻意させた民主党議員のなかには、かつてマス・カノーサには脇目もくれずにキューバを訪れた上院外交委員長クレイボーン・ペルがいた。また、下院外交委員会で西半球問題小委員会を率いるロバート・トリチェリ（Robert Torricelli）も、過去には国交正常化を支持し、キューバに足を運んだのだが、ペルと同様、CANFの働きかけを機に立場を逆転させている。[35]ティルマンによれば、いまや彼らのような連邦議会のリベラル派でさえ、財団が説く自由選挙の実施、人権の擁護、そして国民の「知る自由」という主張に賛同していた。財団の次なる目標は、キューバ問題を国際政治の「最高レベルで」協議させることであった。そして、前述したマルタ会談の概要を察知してか、これも「達成されつつある」と彼女は言い添えたのである。[36]

エスニック・ロビーの政治的影響力を分析する上では、イデオロギーの親和性や団体の献金力を挙げるだけでは不十分である。実際の政策決定との関連については、人間関係を丁寧に辿り、ロビーの味方となる人物の影響力についても評価を下さなければならない。この点、特にCANFの場合は、ジェブ・ブッシュがやはり重要人物であった。ジェブは父親にテレビ・マルティを公約させたあとも、マイアミのキューバ人たちの要望を父親のスタッフに送り、好意的な意見を寄せていたのだが、このことは財団に多大な便益をもたらした。なぜなら、ジェブが手を加えたものは、確実に大統領とその側近たちの注意を引いたからである。あるとき大統領は、ジェブから受け取った覚書をスコウクロフトに渡し、それが「キューバにいる私の息子」からのものだと書き添えた。[37]大統領の頭の中ではマイアミが「キューバ」なのであり、自分の息子がその最も信頼できる専門家なのである。大統領がジェブの助言を疑うことはほとんどなかった。

そのジェブは、相変わらず移民政治とのつながりを深めていた。一九八九年夏には選対本部長として、キューバ系初の連邦議員となるイレアナ・ロス・レイティネンの選挙運動を指揮した。と同時に、彼はあのオーランド・ボッシュを支持する地元マイアミの抗議運動にも加わり、大統領の関心を引いたのである。本書第2章でも取り上げたように、ボッシュは少なくとも三十数件のテロ活動を手がけ、七三名を殺害した一九七六年一〇月のクバーナ航空機爆破事件についても関与が疑われていた。この人物がベネズエラ当局による一〇年間の拘束の後、合衆国に戻ると、当然のことながら、司法省はテロへの関与を認定し、国外追放を命じている。ところが、マイアミではボッシュを擁護する声が強かった。たちまち抗議運動が起こり、そこに駆けつけたジェブやマス・カノーサ、ロス・レイティネンたちによって、ホワイトハウスの政治介入が要求されたのである。[38]

結局、勝ったのは彼らであった。九〇年六月、米国当局は一四の条件を呑ませた上で、ボッシュの送還命令を撤回し、事後承認という形で入国を認めている。『ニューヨーク・タイムズ』紙は、この決定を「驚愕すべき政治裁判」と評した。「西半球で最も悪名高いテロリストの一人を甘やかしたのだ」[39]。

CANF、ポスト・カストロの夢を語る

米国政府への強い政治的影響力を誇るCANFは、本章冒頭で取り上げたネイプルズ宣言のあと、自ら「亡命政府」の役割を買って出ている。まず起草されたのが、キューバ国民への声明である。財団はここで「友愛、寛容、希望、繁栄」を謳い、過去三〇年にわたる「不正と権力濫用」を告発しながらも、カストロ兄弟以外の責任を問わないことを約束した。「島にとどまろうが、ディアスポラになろうが、われわれは一つの国民である」と説き、「フィデル・カストロとラウル・カストロを即刻キューバ政府から切り離すため、共に戦うべきである」と決起を促したわけである。加えて、この声明は「自由かつ民主的な政府」のもとに普通選挙と言論の自由を保証し、国民が教育を受け、健康を享受し、メディアからの情報を自由に得ることを約束していた[40]。声明は、財団が新たに設置したラジオ放送「財団の声」によって、キューバに届けられることになった。

CANFは次に、「ポスト・カストロ」構想に着手している。マス・カノーサによれば、故国の将来ビジョンを描くことは、「亡命先で自由を享受する人々」の責務であった[41]。設置された二つの作業部会のうち、「政治部会」を率いたのは、のちにキューバ系初の連邦上院議員となるメル・マルティネス（Mel Martínez）である。マルティネスは中間報告において、カストロ兄弟の追放を目指すこと、またキューバにおける「非常時」の際には、必要な緊急権限をマス・カノーサに委ねることを提案した。そして政権が崩壊した場合には、すべての政治囚を解放し、革命政権が国民に認めてこなかったとされる「市民権」と「人権」が完全に保障されるのである。理事会はこの部会報告をもとに、同じく「われわれが知るところの自由」を擁護する他の勢力と提携することも承認している[42]。このあと憲法草案の準備は、大体このような考えに沿って進められていく。

一方、装飾会社の社長トニー・コスタ（Tony Costa）が率いる「経済部会」は、国営企業の民営化と外資の積極

誘致を重視していた。この方針を後押ししたのが、ミルトン・フリードマン（Milton Friedman）の薫陶を受け、自由放任経済と小さい政府の美徳を説く経済学者たちである。九〇年六月、財団の年次大会に招待された三名は、いずれもフリードマンの弟子か、減税政策を理論的に正当化した経済学者アーサー・ラッファー（Arthur Laffer）の同僚であった。彼らイデオローグたちは、「できるだけ素早く、できるだけ多くを自由化する」ことを唱え、小さい政府によって、「腐敗と無駄」のない「公正な社会」を築くことを論じていた。(43) このような主張は、米国財界の大物からも歓迎された。『フォーブス』誌の編集長マルコム・フォーブス（Malcolm S. Forbes Jr.）は、「キューバはすぐに他の中南米諸国のモデルとなるでしょう」と太鼓判を押している。(44)

しかし、CANFの理事たちは生粋の自由放任主義者ではない。敵を利するような資本の流れには、強硬に政府の介入を求めたからである。財団はフロリダ州選出の共和党上院議員コニー・マック（Connie Mack）を動かし、フォード政権が一九七五年八月に緩和した対キューバ経済制裁を元に戻すよう訴えた。そのために考案されたのが、第三国に所在する米系子会社に対し、キューバとの交易を禁じるマック修正条項である。米系企業とはいえ、国外の営利活動を米国法によって一方的に禁じることは、当然その国の主権を侵害することになる。しかし、カストロ政権の打倒を最優先するマス・カノーサは、こうした懸念を意に介さなかった。キューバと交易した船舶の入港を半年間禁じること、米国から融資を受ける国家にキューバへの融資を止めるよう要求すること、およびキューバの砂糖を購入した分だけ米国の援助を減らすことも、すでに考えられていた。(45)

そのマス・カノーサは一九九〇年三月五日、米国大統領と面会し、テレビ・マルティ、および「キューバをどうするのか」について議論している。ここでマス・カノーサが持参したのが、「キューバ民主化法案」（The Cuban Democracy Act）と題する政策提言書である。それによると、東欧と中米の劇的な政変が「自由かつ民主的なキューバを推進する新しい機会」をもたらしたのであり、合衆国はこの世界史の重大な分岐点において大胆に行動し、前述した一連の制裁強化策をとるべきなのであった。興味深いことに、この文書には、キューバとの直接郵便サービスを始めること、あるいは反体制派支援のための基金を設けることなど、それまでにはなかった新しい事項も盛り込まれている。[46] 一般的に、キューバの孤立を図る「トラック１」に対し、キューバとの関与を深めることによって政治的影響力を行使する政策は「トラック２」と呼ばれる。[47] このトラック２も、ほかでもないマス・カノーサが推進していたのである。

岐路に立つキューバ

マス・カノーサがキューバの経済関係を断つことに執念を燃やす一方、カストロは逆にそれを拡大し、外貨を獲得することに奔走していた。すでに一九八〇年代半ばまでに、キューバ経済は貿易赤字の肥大化だけでなく、経営の不手際、労働規範の弛み、生産効率の低迷にも苦しんでいた。その上、「修正」政策を打ち出したカストロは、徹底的に資本主義の精神とその病理を批判した。ソ連が市場原理の導入を進め、政府の役割を縮小する一方、キューバは社会主義の堅持を目指し、国民の平等と政府の責任を説き続けたのである。だとすれば、キューバがますます資本主義の世界から遊離したように見えても不思議ではない。主要輸出品目である砂糖の国際価格も下がる一方であった。

しかし、カストロは資本主義を批判しながらも、社会主義陣営の将来も危ぶんでいた。一九八九年七月というかなり早い時点で、「社会主義陣営が消滅したら世界では何が起こるだろうか」と問い、ソ連消滅の可能性にも言及していたのである。しかも、このとき一九六二年のキューバ・ミサイル危機を振り返ったカストロは、ソ連による核兵器の撤去によって、孤立無援の状態に置かれたキューバ国民の記憶を喚起している。つまり、仮にソ連が解体し、再びキューバが取り残されても、その当時と変わらず、「キューバとキューバ革命は闘争と抵抗をつづけるだろう」とのことであった。[48] 当時の副外相ラモン・サンチェス・パローディによると、演説は、革命に忠誠を誓い、冷戦を生き抜いた人々に大変な衝撃をもたらした。とはいえ、パローディは、「フィデルは先を見通していました」

とも語っている。他の社会主義政権と比べ、「キューバは（ソ連崩壊に）備えていたのです[49]」。

実際、キューバはこのソ連なき将来のために、柔軟な動きを見せ始めていた。ここで特筆すべきは、観光産業の育成である。もともと革命政権は、観光産業を売春、麻薬、賭博といった資本主義の害悪と結びつけ、その奨励に消極的であった。しかし、この態度は八〇年代半ばまでに一転し、外資との合併事業を推進する官営企業が設立され、観光重視の姿勢が打ち出されている。八九年末、ＥＥＣ大使の会食に突然姿を現したカストロは、ハバナから六〇マイル東に位置するバラデロ海岸を一大国際リゾート地とすることを約束した[50]。そして翌年五月、そのバラデロでは、外資との共同出資による最初のホテルが営業を開始している。レンタカーやタクシー、外資ショップの数も増え、八一年に一三万二千人であった年間の外国人訪問者数は、九一年までに四二万四千人へと上昇した。主としてカナダ、西欧諸国、そして中南米諸国からの観光客が増加しつつあった[51]。

観光産業に加え、革命政権はキューバ文化の国外市場の開拓にも尽力している。八八年末、米国連邦議会はバーマン修正条項を可決し、芸術作品を含む「情報資料」について、キューバからの輸入を解禁した。キューバ政府がこれを見逃すはずはない。さっそく八九年四月、アルテックス（ＡＲＴＥＸ）という組織が立ち上げられ、国家財政を潤すため、書籍や映画、絵画、彫刻など、キューバの文化・芸術作品の営利販売が国外で推進された。なかでも重視されたのが音楽作品である。提携するニューヨークの法律事務所がバーマン修正条項の詳細を全米大手のレコード会社に説明して回った結果、キャピタル・レコード社が、キューバを代表するジャズ・ピアニスト、ゴンサロ・ルバルカバ（Gonzalo Rubalcaba）の作品配給権を購入した。ルバルカバの最初の全米レコード『祝福』（*The Blessing*）が店頭に並んだのは、九一年春のことである[52]。

ソ連や東側諸国から手に入る石油や食料が減り続けるなか、キューバ政府はほかにも収支合わせの方策を模索している。エネルギー不足の解決策として、耕作用トラクターの使用が停止され、代わりに牛や馬が導入された。交通移動手段としても、車やバスの運行が止められ、通勤者たちは自転車を利用している。「われわれが試みている方策は驚くべき数に上ります」とカストロ自身も述べていた。「今日直面している状況にでも迫られなければ、こうしたことを決して行わなかったでしょう」[53]。もちろんキューバ政府は輸入を減らすことに加え、新たな外貨獲得手段も考えていた。バイオテクノロジー産業の育成や果実栽培の技術革新、さらには重工業分野への外資企業の誘致にも力を入れた。キューバがラテンアメリカ・カリブ経済システムなど、地域レベルの経済協力機構に加わったのもこの時期である。

ただし、この時期のキューバによる米州システムへの参画については、経済的な便益よりも、政治的な含意の方が大きかっただろう。一九八〇年代から九〇年代初頭にかけて押し寄せた民主化の波は、アルゼンチンやブラジル、ウルグアイの反共軍事独裁を倒し、左派勢力を台頭させ、各国がキューバに抱く認識にも影響を及ぼした。ブラジル、ウルグアイ、ボリビア、ペルー、ベネズエラ、エクアドル、チリ、そしてコロンビアが、次々とキューバとの国交回復や関係修復に動いたのである。こうなると、米国主導の対キューバ包囲網もいよいよ有名無実化し、九〇年には、キューバは中南米諸国の支持を受け、国連安全保障理事会の非常任理事国に選出されている。ある匿名の外交官によると、この決定については、キューバを安全保障理事会に送ることによって、（常任理事国である）合衆国との対話を促すことも意図されていた[54]。

ブッシュ、ベーカー提案を却下する

冷戦終結を前に、より直接的に米・キューバ関係の仲介に乗り出す国もあった。その一つが、北米自由貿易協定（NAFTA）の締結に向けて米国に接近しつつも、同じ革命国家としてキューバの前途を案じていたメキシコである。メキシコ外務省は、両国がテレビ・マルティ放送開始を機に軍事衝突を起こし、場合によってはメキシコの国内政治に影響を及ぼすのではないかと恐れていた。そこでヘイグ＝ロドリゲス会談の前例を思い出し、一九九〇年二月、秘密交渉の場を提供することを米・キューバ両政府に申し出たのである[55]。この提案は不発に終わった。キュ

ーバ外務省が対話に応じる姿勢を見せたのに対し、米国国務省は、従来通りテレビ・マルティの放送開始にこだわり、メキシコの提案に不快感を示した。メキシコが、米国政府が対話を拒絶していると結論づけたのも無理はない。対話の要請は、その後も米国政府に聞き入れられていない。(56)

同じく米・キューバ両政府に対話を働きかけたのは、メキシコとともにNAFTAに加盟するカナダである。一九七〇年代後半、カナダはアフリカや中南米におけるキューバの軍事活動を批判し、革命政権との距離を取った。しかし八九年一二月、冷戦が終結に向かい、キューバ軍の撤収が始まると、外相ジョー・クラーク（Joe Clark）は、対キューバ政策の「徹底的」な再検討を外務省幹部に命じた。翌年四月には、外務次官補がハバナに派遣され、キューバとの「新しい対話」も宣言されている。このときクラークは、交易を梃子に、キューバに政治変革を促すことを考えていた。(57) 懐疑的な見方を示した駐米カナダ大使に対しては、「われわれはキューバ人たちに国外の現実を正しく評価させ、変化の必要を悟らせることができる数少ない国家の一つです」と説き、「今こそあらゆる影響力をハバナに行使するべきでしょう」と付け加えていた。(58)

しかし、この意気込みも空回りする。メキシコと同じくカナダにも、米・キューバ関係を動かす力はなかったからである。カストロがカナダの意見に耳を傾ける気配はなく、米側の態度も冷淡で、まるで対キューバ政策を「国内問題」として捉えているかのようであった。(59) この点については、九〇年五月末、ブッシュと電話会談したカナダ首相ブライアン・マルルーニー（Brian Mulroney）も自ら確認している。マルルーニーは、自身がキューバ問題についてゴルバチョフに与えた助言として、「キューバ系米国人が共和党において巨大な役割を担っており」、ソ連のキューバ支援が米国大統領にとって「根本的に重要な問題」であると伝えたことを披露した。すると、ブッシュはマルルーニーのお節介に不快感を示すどころか、「とても助かるよ、ブライアン」と謝意を示したのである。(60)

マルルーニーと違い、ゴルバチョフは簡単には引き下がらなかった。たしかに、ソ連首脳部は国家財政の逼迫に頭を悩ませ、精神的にも追い込まれていた。政府高官をくり返しキューバに送り、政治・経済体制の改革を急ぐようカストロに要請しただけではない[61]。九〇年五月末からワシントンで開かれた米ソ首脳会談では、とうとう社会主義から「規制された市場経済」への移行を目指す方針を示し、その費用として、最大二〇〇億ドルの融資をブッシュに頼み込んだのである[62]。にもかかわらず、ソ連はキューバ支援の停止を求める米国の要求を拒みつづけた。ブッシュから詰め寄られると、ゴルバチョフは再びカストロとの直接対話を提案し、「われわれから聞くよりも、あなたがたから聞く方がいいのです」と翻意を促した。すると、ブッシュもマルタ会談の時と同じく、マイアミの「愛国的な」キューバ系米国人コミュニティに言及し、合衆国において対キューバ政策が「感情的」な問題であることを再び強調した[63]。

そしてブッシュは、ソ連との妥協を模索したベーカー国務長官の提案でさえ、その場で却下したのである。「われわれは対話を始めるために必要な条件をカストロには伝えてきませんでした」と話を切り出したベーカーは、「(条件は)エルサルバドルや中南米で政府転覆の企てを諦めることだけです」と付け加えた。「ただそれだけなのです」。すると、この発言に光明を見いだしたソ連のシェワルナゼ外相も、「もし合衆国がキューバを対等に扱うのであれば上手くいくかもしれません」と応じ、「アンゴラ(紛争の場合)と同じです。そのときも彼ら(キューバ人たち)が対等の相手として扱われるようになってから上手くいったのです」とつづけた。するとベーカーは身を乗り出し、「ここで大胆な提案があります」と踏み込んだ。「もし彼(カストロ)が中米への反乱輸出を禁止したエスキプラス合意に署名し、それを遵守するのであれば、(米国との)関係が改善し、対話が進む。(ブッシュ)大統領がそのように発言した、とあなたがたから彼(カストロ)に伝えてはどうでしょう[64]」。

ベーカーの提案は、ゴルバチョフを十分に満足させただろう。とうとう米側がそれまでの頑なな態度を見直し、キューバとの対話への道筋を具体的に示したからである。ところが、希望の光は一瞬にしてかき消された。「それでは問題の小さい部分しか扱っていないではないか」と不満を述べたブッシュが、なんとゴルバチョフとシェワルナゼの面前で、国務長官の提案を完全に撤回したのである。「キューバとの完全な関係回復の前には、(キューバの）人民が自由選挙に参加し、人権を享受しなければならないのです」[65]。こうしてキューバの外交政策が、その内政事情に比して「問題の小さい部分」でしかないことを伝えられたソ連は、米国外交の決定において国内政治がいかに重要であるかを再び思い知らされた。政治体制の変化を前提とせずにキューバとの対話を開始するという考えは、国務省には許容されても、移民社会の意向を重視する大統領には全く受け入れられなかったのである。

これでは対話を切り拓く目処が立つはずもない。米側の姿勢に幻滅したソ連は、局面打開を図り、今度は革命政権にマイアミのキューバ人たちとの対話を促した。米ソ首脳会談の後、ハバナを訪れたソ連外務省中南米担当首席顧問ユーリ・パブロフ（Yuri Pavlov）は、国外移住者との対話が、米国政府との関係を改善する上でも重要であると説いている。すると、革命政権の幹部アルダナは、「国民の和解は達成されるだろうが、このような連中とではない」と突っぱねた[66]。米国政府が対話の条件として民主化を革命政権に突きつける一方、革命政権も民族自決と主権を旗印に、一歩も譲らなかったわけである。要するに、米・キューバ関係は、もはや超大国の取引だけで決まるものではなくなっていた。それはワシントン、ハバナ、マイアミの三角関係を軸に動いていたのである。

現状維持という選択（1）——テレビ・マルティ放送を継続する

とはいえ、米国政府と反革命勢力の関係は、完全に良好というわけでもなかった。テレビ・マルティが放送を開始してまもなく、ブッシュはテキサスの地元紙『フォートワース・スター・テレグラム』に載った記事に目を留めている。それによると、マス・カノーサは「カストロ後のキューバにおいて大統領になるという野心」を抱き、CANFの理事たちは、ラジオ・マルティとテレビ・マルティを用い、「合衆国とキューバの間で『衝突』を起こす」つもりであった。もしカストロが「挑発」に応じれば、「ブッシュ大統領も報復しなければならなくなる」という。当惑したブッシュは、「ホワイトハウスの誰かがこれを正さなければならない」という箇所に下線を引き、次の走り書きを大統領首席補佐官ジョン・スヌヌ（John Sununu）に渡した。「マス（・カノーサ）は私を弄んでいるのだろうか？」[67]

ブッシュ政権と反革命勢力の利害の不一致を示唆する例はほかにもある。たとえばＮＳＣの中南米問題担当ウィリアム・プライス（William Pryce）は、キューバ政策についての意見が政権内で割れていたことをカナダの外交官に認めている。プライスによると、ある一派は対話を主張し、別の一派はキューバにいっそうの圧力をかけることを希望していた。ところが、テレビ・マルティ放送開始の後に大勢を占めたのは、「現状維持」という意見であった。その考えによると、米国政府はテレビ・マルティの放送を死守し、中米和平や人権、民主化を求め、キューバ政府への圧力を維持しなければならなかった。しかし、マイアミの反革命勢力とは一線を画し、革命政権との軍事衝突を避け、利害が共通する分野では政府間協力を発展させなければならないのである[68]。

利害が共通する分野として米国政府が最も重視したのは、やはり移民問題である。一九九〇年六月、国務副次官補マイケル・コザックは、副外相リカルド・アラルコンが率いるキューバ代表団をニューヨークに迎えた。この秘密協議における米側の目的は、移民合意を修正し、より多くのマリエル「帰化不能者」を送還することであった。米側は六年前に合意された名簿の二七四六名のうち、たった四〇四名しかキューバ側に引き渡せていなかった。そこで新たな候補として、入国後に犯罪に手を染め、滞在資格を失った人々を加えたかったわけである。しかしキューバ側は、別の理由で移民合意への不満を強めていた。米国政府がキューバ人申請者に発行する移民査証の数が、あまりに少ないと考えていたのである。たしかに移民合意の文書には、米側が発給すべき移民査証の数に、年度ごとの下限は設けられていない。とはいえ、一九八五年から九〇年までに米国に移住した合法移民の数は、五年間でわずか七四二八名である。キューバ側が移民合意の「精神」が損なわれたと嘆いたのも無理はない[69]。

こうして移民協議は激しい意見の対立を見せたあと、膠着状態に陥った。しかし、これについては信頼関係の欠如も指摘されるべきである。同じ日にカストロと面会したソ連の駐キューバ大使によると、カストロは交渉に臨むキューバ代表団に対し、「焦っている」という印象を与えてはならないと事前に戒めていた。対話を促すゴルバチヨフに謝意を伝え、米側と対話を進める必要を自ら認めていたにもかかわらず、カストロは悲観的な観測を口にしていたのである。ソ連大使がもっと積極的に動くよう励ますと、米側には「対等な立場で」対話する気がない、とカストロはつぶやいた[70]。おそらく米ソ首脳会談におけるブッシュの発言を念頭に置いていたのだろう。カストロは数日後に受けたインタビューでも、「国内政策について、いかなる（合衆国の）条件も受け入れられない」と断言している[71]。

キューバ側のこうした姿勢は、テレビ・マルティについて新しい提案を受けたときにも表れている。当時、ブッシュ政権は追加予算の承認を求め、連邦議会に成果報告を行う準備を進めていた。マス・カノーサの影響下にある合衆国広報・文化交流庁は、マイアミを訪れたキューバ人五四三名の聞き取り調査を基に、革命政権の電波妨害にもかかわらず、ハバナと三つの隣接州の最大二七万三千世帯でテレビ・マルティの視聴が可能であると主張した。ところが、ハバナの米国利益代表部が査証申請の目的で訪れたキューバ市民一六四八名に聞き取り調査を行ったところ、誰一人としてテレビを見た者はいなかったのである。結局、省庁横断の検討部会は、視聴の有無についての判断を避けた。ただ妨害を受けているという事実だけは認め、その解決策として、キューバとの交渉に入ることを提案したのである。キューバの番組を米国で流すことを認めれば、テレビ・マルティの妨害も止まり、視聴率も上がるという見通しであった[72]。

しかし、米国政府の意図は、テレビ・マルティの放送を完全に遮断したと考えるキューバ政府に筒抜けであった。共産党幹部のアルダナは、合意にいたる「可能性は全くありません」とカストロに伝えている。キューバ側の見解によれば、米国政府はテレビ・マルティの放送を諦め、独立の英雄ホセ・マルティの名前を使用するという「重大な侮辱行為」を慎むべきであった。仮にキューバが米国の放送番組を受け入れても、放送内容は「反革命移住者の見解」を反映してはならず、情報や映像の提示方法、そして使用される言語表現においても、米・キューバ双方の信頼を育むものでなければならない。つまり、キューバ政府は断固としてテレビ・マルティ、およびそれに準ずるものを拒んだのである。[73] アルダナは米国との交渉を九月に始めるよう提案したが、内心はブッシュ政権がそこまで待つことはできないと読んでいた。[74] この予測は見事に的中した。八月、ブッシュはテレビ・マルティが五ヶ月の試行試験に「合格した」と宣言し、新たに一六〇〇万ドルの予算を計上している。[75]

現状維持という選択（2）——軍事不侵攻を宣言する

キューバ経済が危険水域に近づいても、カストロの決意は揺るがなかった。一九九〇年夏までにソ連からの物資の供給は先細りし、突きつけられる改革の要求はより厳しくなった。[76] 八月下旬、ロドリゲス副大統領はソ連大使と会談し、キューバの砂糖をより高く買い、ソ連の石油をより安く売るよう要請した。しかし、ソ連はこれを全く相手にせず、逆に「経済メカニズムの再構築」を急ぐようキューバに迫っている。[77] 九月二八日、カストロは、キューバが「間違いなく」、非常に困難な「平時における特殊期間」(*El periodo especial en tiempos de paz*) に入ったことを告げ、追加の緊縮政策を発表した。その際には、国外の敵対勢力が革命の転覆を図っていることも言及されている。「すでに革命後の時代について考えています」とカストロは断言した。「奴らはこの国をマイアミに変えるつもりです。賭博場にしたいのです」。[78]

一方、革命政権が一党指導体制を守るかぎり、ブッシュの態度もあまり変わらなかった。同年の秋、ブッシュはエルサルバドルの和平交渉についてカストロと接触することをスペイン、メキシコ、ベネズエラの首脳たちに打診した。カストロであれば、停戦合意に応じるよう左翼勢力FMLNを説得できると考えたのである。[79] ところが、このようにキューバの役割の重要性を認めていたにもかかわらず、地域紛争を扱う米ソ協議にキューバを招くようソ連が促すと、米側は直接の接触を嫌い、それを頑なに拒んだのだった。[80] 国連人権委員会における米側の圧力はさらに強まった。九一年の春には、新しく誕生した東欧の非社会主義政権の票を集め、とうとうキューバの人権状況を非難する決議を可決させている。[81] 第三国による仲介の試みも空転した。五月初め、ブッシュはベネズエラ大統領カルロス・アンドレス・ペレスの申し出について、「独裁者を助けてはなりません」と断った。「私がキューバで見たいのは自由選挙です」[82]。

そして米・キューバ関係の膠着がつづくなか、ソ連は最期の力を振り絞るかのように革命政権を守ろうとした。九〇年末、ソ連は新たな貿易合意をキューバと結んだものの、もはやそれを遵守する力はなく、約束した物資の多くを届けられなかった。にもかかわらず、ソ連はひきつづきキューバとの対話を米国政府に促し、とうとう米国がキューバの安全を保障することと引き換えに、キューバへの軍事支援を減らすことも申し出ている。この構想は九〇年六月に米側に示されたあと、ソ連外務次官ゲオルギー・マメードフ（Georgiy Mamedov）によるシャトル外交へと発展している。交渉は米ソの軍部が譲歩をためらい、キューバがグアンタナモ基地からの米軍撤退を要求したことによって難航した[83]。それでもソ連外相アレクサンドル・ベススメルトヌイフ（Alexander Bessmertnykh）は、米側が例のキューバ不侵攻誓約を踏襲する代わりに、キューバへの軍事支援の六割を削減する意向を示している[84]。

こうして登場したのが、九一年五月二〇日のブッシュ演説である。米国大統領はキューバ「独立」八九周年を記念し、「自由かつ民主的なキューバへの揺るぎない決意」を表明した。「もしキューバが完全に自由になれば、また国際社会の監視の下に公正な選挙を行い、人権を尊重し、隣国への反乱支援をやめるのであれば、そのときには二国間の関係を大幅に改善できるでしょう」と宣言したのである[85]。CANFの特別行事に出席していた国務次官補バーナード・アロンソン（Bernard Aronson）によると、国交正常化交渉を前にキューバが行うべきことは、次の三つであった。すなわち、複数政党の活動を国内で認めること、メディアを開放すること、および米州機構と国連の監視下で選挙を行うことである[86]。全米各紙は、演説を「新しいキューバ政策」として一斉に報じた。学者たちも、この演説をもって、ブッシュが初めて関係改善の前提条件として国内体制の変化を求めたと論じている[87]。

しかし、実はこの演説には目新しいものはない。ブッシュはすでに米ソ首脳会談において、キューバの政治体制の転換を何度も要求していたからである。もし特筆すべきことがあるとすれば、それは「キューバと（合衆国を含めた）隣国とを平和的に共存させよ」とカストロを挑発した箇所である。[88] いかにぎこちなくとも、冷戦終結を間近にして、米国大統領が平和的共存への期待を表明したことは重要であった。革命政権に加え、ブッシュが聞き手として想定した反革命勢力の間では、キューバへの米軍の介入を望む声が高まっていた。[89] ブッシュとしては、マイアミの有権者を失望させないよう慎重に言葉を選びながらも、こうした考えに反対し、問題の平和的な解決を唱えたわけである。後日、連邦議会で証言したアロンソンも、平和への希望をアピールし、ソ連にキューバからの撤兵を促す目的が演説にあったことを認めている。[90]

米国政府はその後、キューバに関しては様子見を決め込んでいる。この点に関しては九一年七月、イベロアメリカ首脳会談を前に、ブッシュが電話会談でメキシコ大統領カルロス・サリーナス（Carlos Salinas）にした発言が特に興味深い。このときブッシュは、「改革の圧力が（カストロに）かけられることを望みます」と述べ、「もし彼がそうすれば、われわれはすぐにでも関係を改善するでしょう」と約束している。「もしカストロが何かをすれば、われわれも何かすることができます」。このようにキューバの国内改革の進展に応じて関係を段階的に改善する意向を示したブッシュは、「彼が変わらなければ、私は何もできません」とすぐに付け足した。「私も政治的な問題を抱えているのです」。この後には、「私たちはキューバの人民に大変な愛着を抱いていますし、キューバとの関係を改善することを望んでいます」という発言もなされている。「結局キューバ人たちは、キューバよりもマイアミに多くいるのです」[91]。

ＣＡＮＦ、社会主義の終焉を予告する

ブッシュがキューバ人の数を間違えたのは、マイアミを意識しすぎたからだろうか。一九九一年五月、ＣＡＮＦはマルコム・フォーブスやアーサー・ラッファーら自由放任経済論者の支持を得て、「カストロ後のキューバにおける自由市場経済」を構想する「最高評議会」を発足させた。ここでは金融、税制、通貨、外資誘致、対外債務など、多岐にわたる経済政策が練られ始めている。(92) マス・カノーサは、「マイアミでキューバ人亡命者たちの企業が起こした奇跡の成功を、キューバで再現しなければなりません」と宣言した。(93) 評議会を支える諮問委員会には、この考えに賛同するフロリダ州選出の連邦上院議員やマイアミ出身の連邦下院議員、保守派の論客、元政府高官、そしてヴァジャダレスら反カストロ活動家が多く集まった。

必要とされたのは政治的な支援だけではない。財団幹部はキューバ再建のための財政援助を求め、ウォール街をはじめ、全米各地の金融拠点を訪れている。訪問先の企業を口説く際、彼らは次のような筋書きを描いてみせた。すなわち、キューバではカストロ政権がまもなく崩れ、資本主義が復活し、米国企業が競うように新しい市場に駆け込むだろう。しかし、新政権は事業認可や契約事業の発注を行う際、「これまで（カストロに反抗する）キューバ系米国人の企図を支持してきたか否か」という点も考慮するはずである。したがって、新政権に便宜を図ってもらいたければ、今のうちに財団が発足させた最高評議会に出資すべきであり、その額（二万五千ドル）は、市場参入への先行チケットとしては割安である。キューバ革命の際に資産を接収されていた企業であれば、出資により、賠償請求が「迅速に解決する」ことも見込めるという。(94)

新しい投資の誘惑には逆らえないのだろうか。一九九二年一〇月までに、シティバンク、ハイアット、ラザード・フレール、ロイヤル・カリビアン・クルーズなど、一五もの巨大企業が要請に応じていた。勢いに乗るCANFは、さらにダラス、ニューオーリンズ、ロサンゼルス、マイアミ、アトランタ、ニューヨーク、シカゴで中小企業向けの投資説明会も催している。シカゴ会場を共催した中西部企業連合の会長トム・マイナー（Tom Miner）は、「カストロが崩壊するのは時間の問題です」と鼻息が荒かった。「その時には最初に乗り込みます」。こうした人々は、米国国内で影響力を誇るマス・カノーサがそのままキューバの次期大統領となり、革命以前の米・キューバ関係を復活させるのだと信じていた。(95) 九三年五月に民主化移行計画を発表した財団は、革命後のキューバの政治的抑圧と物質的欠乏を強調した上で、カストロが一九五九年に起こした革命は「完全なる失敗」だったと宣告している。(96)

では、マス・カノーサはキューバの将来像をどのように描いたのか。ここで重視すべきは、彼が米国の保守団体として屈指の影響力を誇るヘリテージ財団を前に、「労働者の国」から「所有者の国」への変貌を約束したことである。財団の見積もりによれば、キューバの経済再建には一六〇億ドルの費用が必要であった。キューバ系米国人たちであれば年間三〇億ドルから四〇億ドルを生み出すことはできるが、それだけでは十分ではない。西洋諸国の政府支援を頼るにしても、同じく再建を目指す東欧や中米の国々との競合が予想され、あてにすることはできない。そうなるとキューバの再建は民間主導とならざるをえず、政府を運営し、教育・福祉予算を確保し、失業者への手当を行うためには、国営企業や国有資産を売却する以外に道はないのだという。総じて、マス・カノーサの描く新しいキューバは、社会主義に終止符を打ち、市場経済に命運を預け、革命を反転させるものであった[97]。

コミュニティの声をめぐる闘争

この頃、合衆国におけるCANFの政治的影響力は、海を渡って広く知られるようになっていた。CANFのオーランド支部を訪問したドイツの最大政党キリスト教民主同盟の外交顧問は、政党を立ち上げて自党と友好を深めるよう財団に促した。社会主義から資本主義への移行については、東ドイツの経験が参考になるのだという[98]。一方、マス・カノーサへの警戒を強めるメキシコの外交官たちは、キューバで「軍事蜂起」を促すのではないかと案じていた。マス・カノーサがキューバに石油を提供しないようメキシコに要請したことも、こうした不安を増幅させたのである[99]。味方にしろ、敵にしろ、国外の観察者たちが財団に一目置いていたことは間違いない。

対照的に、あまり認知されていなかったのが財団の対抗勢力である。たしかに、政治的信条を問わずに国内外のすべてのキューバ人の和解を唱える「対話派」は、マリエル移民危機を経て勢いを失った。キューバ政府に利用されたと幻滅した者もいれば、家族を受け入れたことで満足した者もいただろう。しかし、キューバ系米国人委員会のアリシア・トーレス（Alicia Torres）のように、活動を粘り強く行っている人々もいた。雄弁な彼女は、「三〇年ものあいだ、キューバと合衆国の間にはベルリンの壁が建てられているかのようでした」とブッシュに訴えている。「この壁を崩してください。キューバとの和平を実現した大統領として歴史に名を残すのです」[100]。その後、連邦議会の公聴会に招かれた彼女は、経済制裁の対象から食糧と医薬品を外すよう説いている。五月二〇日のブッシュ演説を「正しい方向への一歩」と評した上で、「さらにもう一歩」前へ進むよう米国政府に求めたのである[101]。

ブッシュがトーレスの要請に耳を傾けた気配はない。しかし対話を望む声は、たしかに一九九〇年代初頭のマイアミで目立ち始め、キューバの国内反体制派グループのコーディネーターを務めるラモン・セルヌダや、旅行会社マラスルの経営者でラジオ番組を運営するフランシスコ・アルーカ（Francisco Aruca）らも対話を唱えている。大方の人々の態度は相変わらず玉虫色であった。ＣＡＮＦが主張する強硬路線を支持しておきながら、家族再結合や島とのコミュニケーション手段の向上に話が及ぶと、一転して対話を容認したのである。一九九一年三月の世論調査では、回答者の七六％が家族再結合を目的とするキューバ政府との交渉を支持し、六二％が電話回線を結ぶための交渉に賛成した[102]。そして別の世論調査によると、回答者の五五％が、キューバ政府に圧力をかけることよりも、家族に医薬品や衣服、金銭を送ることを優先すべきであると考えていた[103]。

加えて、キューバ政府の移民政策がより柔軟なものになってきたこともある。一九八五年五月、革命政権はラジオ・マルティへの報復措置として、国外キューバ人たちの渡航を一律に禁止した。しかし、渡航禁止がかえって対話派の立場を弱め、全面対決を唱える強硬派の主張を利したことが明らかになると、キューバ政府も政策を見直す必要に迫られることになった。結局一九八八年一一月には、再び家族訪問を目的とする移住者の一時帰国が認められ、その措置はテレビ・マルティの放送が始まった後も撤回されていない[104]。また、短期の国外滞在を希望する市民への出国規制も緩められた。年齢制限が「二〇歳以上」にまで広げられた結果、ハバナの米国利益代表部における非移民査証の申請数は、一九八八年から九〇年までに二七三〇件から三万四一二六件へと跳ねあがった。その数は一九九一年の最初の半年だけでも三万二千を超え、対応に迫られた米国政府は、一時的に新規の受付を停止している。[105]

こうした革命政権の政策修正は対話派を勇気づけ、米国政府に対する働きかけを刺激することになった。そしてキューバ経済がますます逼迫すると、対話派は経済制裁の緩和を説き、より活発な人や物資の往来を唱えたのである。ここで興味深いのは、意見を公の場で表明しない多くの移住者たちも、故国に残された家族や友人の苦境を憂い、自らの足で、対話派が奨励する行動に加担したことである。当時、米国からキューバへの飛行便は週に三度飛んでいたが、乗客の多くは、ドラッグストアで購入した医薬品や日用品を袋一杯に詰めて運ぶ人々であった。キューバでは、こうした生活必需品の入手も難しくなっていたのである。[106] 出国規制の緩和によって米国の家族を訪れたキューバ人渡航者たちも、渡航費を工面するために国外の家族から送金を受け、帰国の際には外貨を持ち帰った。キューバ国内の宛先に医薬品、服、眼鏡、遊具といった日用品を送り届ける新しいビジネスもマイアミで登場し、スペイン語新聞やタブロイドにも広告が堂々と踊っていた。[107]

しかし、こうした人々の行き交いは、CANFが追求するカストロ政権の即時打倒という目標と衝突した。マス・カノーサは、カストロ兄弟との対話は「馬鹿げて」おり、「民主化の夢とは相容れない」と主張した。[108] また家族に食料、医薬品、日用品を届けるビジネスについても、革命政権に外貨をもたらすという理由を挙げて反対した。人道的な例外を認める条項が経済制裁の抜け道として用いられれば、独裁政権を延命させせかねず、「かえって非人道的である」という。[109] こうして財団が制裁の強化を米国政府に求めると、一九九一年九月末、財務省は新たな規制策を発表した。親族の渡航費用として米国国籍者がキューバに送金する額には五〇〇ドルの上限が設けられた。また、家族送金の三ヶ月ごとの限度額については五〇〇ドルから三〇〇ドルに引き下げられ、訪米キューバ人を対象に、入国時に持ち運んだ額以上の米国貨幣を持ち出すことも禁じられた。相変わらずブッシュ政権は、強硬派に心を砕いていたわけである。[110]

忠誠、抗議、退出――政権転覆のジレンマ

反革命勢力の期待は、一九九一年八月、モスクワで起きたクーデターによってますます膨らむことになった。とうとうソ連におけるゴルバチョフの権威が揺らぎ、キューバ防衛へのソ連の意欲も著しく低下したからである。九月一一日、米国国務長官ベーカーと並んで記者会見に臨んだゴルバチョフは、キューバとの軍事同盟の象徴であったソ連旅団の撤収を発表した。この発表はカストロだけでなく、グアンタナモ米軍基地の人員削減など、直前まで米国による譲歩を求めていたソ連外相ボリス・パンキン（Boris Pankin）にも寝耳に水であった。パンキンから抗議されたゴルバチョフは、仕方がないとでも言わんばかりに、ただ肩をすくめたという[111]。

ソ連外交の転換を誰よりも喜んだのがマイアミの反革命勢力である。とうとう革命政権の命運も尽きたと考えたのだろう。マス・カノーサは革命後のキューバを語り、各国政府への働きかけを強め、ロシアのボリス・エリツィン（Boris Yeltsin）、イギリスのマーガレット・サッチャー（Margaret Thatcher）、チェコのヴァーツラフ・ハヴェル（Vaclav Havel）、ポーランドのレック・ワレサ（Lech Walesa）など、各国首脳との面会にも臨んでいる。一九九一年一二月、ロシア外相アンドレイ・コズイレフ（Andrei Kozyrev）とモスクワで会談したマス・カノーサは、キューバで反乱が起きた場合には中立を守るよう求め、承諾を得た。マイアミに戻った彼は、ロシアの国会議員たちと「自由かつ民主的なキューバのために祝杯を交わした」ことを満足げに報告している[112]。

ところが、追いつめられたはずの革命政権も粘りを見せた。社会主義圏から切り離されたキューバ経済は、一九九〇年から九三年までに四割以上も縮小した[113]。政府がこの緊急事態を乗り切るために様々な手を打つなか、国営メディアは資本主義への移行にあえぐ元社会主義国の様子を大々的に報じ、社会主義を放棄した指導者たちの責任を追及した[114]。また、キューバ共産党は第四回党大会を前に「国民討論」を催し、「最も説得力があり、最も議論され、最も擁護されたものが勝ち残るような、アイデアの衝突」を市民に呼びかけた[115]。これを受け、三五〇万人が各地で催された討論会に加わり、議論を重ねている。扱われた問題の多くは政治色の薄い日常生活の問題であり、党大会

でも抜本的な政治改革は発表されなかった。[116]しかし、一連の動きを総括したカストロは、革命キューバ史上、「最も民主的な政治大会」であったと絶賛している。[117]

一方、革命政権は、より急進的な変化を要求する「反体制派」を厳しく取り締まった。グスタボ・アルコス（Gustavo Arcos）、オスワルド・パヤ（Oswaldo Payá）、エリサルド・サンチェス（Elizardo Sánchez）といった活動家たちは、国民の対話、人権の尊重、そして自由で民主的な選挙の実施を要求していたが、革命政権は取り合わなかった。それどころか、彼らは米国政府の手先として批判されたのである。一九九一年八月下旬、キューバ内務省はその証拠として、反体制派を国外から束ねようとしたスペイン在住の活動家カルロス・アルベルト・モンタネル（Carlos Alberto Montaner）の手紙を押収したことを発表した。内務省によると、外国勢力と接触する反体制派は、国家安全保障上の脅威であった。こうしたキューバ当局による監視と警備の成果もあり、東欧諸国と比べても、キューバにおける反体制派の力は脆弱であった。[118]

また、革命政権はいかなる場合でも、国外からの批判によって守勢に立たされることを拒んでいた。西側諸国のメディアは、詩人マリア・エレナ・クルス・バレラ（María Elena Cruz Varela）ら反体制派への「集団制裁」の様子を報じたが、キューバ政府は反体制派を「反革命のゴミ」と糾弾するばかりで、事件として取り締まらなかった。[119]カストロ自身、米国から訪れた元政府高官アーサー・シュレジンジャー・ジュニア（Arthur Schlesinger, Jr.）に対し、人権批判を「腹立たしい嘘」と切って捨てた。そして、革命が国民の健康や教育、雇用といった基本的人権を促進したことを強調した上で、「あなたたちは人権を理由に（キューバへの非人道的な）経済封鎖を正当化します」と反撃し、「（独裁者の）ピノチェトやソモサ、（アパルトヘイトの）南アフリカには同等の経済封鎖を科しませんでした」と述べたのである。[120]カストロは反体制派が「マイアミの国際メディアに電話して、大げさな訴えをする」ことにも不満であった。シュレジンジャーが「マイアミの人々」を無視するよう促すと、「奴らは国家の恥です」とカストロは返答している。[121]

キューバ政府が不満の矛先を向けたのは、人権批判だけではない。キューバ側は米国政府の移民政策、とりわけキューバ人出国希望者への対応も問題視していた。一九八七年の移民合意の後、実際に合衆国に合法的に移住したキューバ人の数が数千名程度にとどまっていたことに関し、カストロは、米国政府が再び移民政策を政権転覆の道具にしているのではないかと疑ったのである。米国の外交官たちが疑惑を否定しても、納得しないカストロは、米国政府が国内の不満分子を増殖させるために合法的な出国ルートを塞いでいるとソ連大使に説いていた。不満分子を「トロイの木馬」としてキューバ国内に残し、「人権問題を誇張するつもりだ」ということである。[122] 当然、米国利益代表部が非移民入国査証の新規申し込みを停止したことも念頭に置かれていたはずである。

また革命政権は、米国連邦議会の公聴会において、マス・カノーサとその協力者であるロバート・トリチェリが交わした次のやりとりにも留意したに違いない。

トリチェリ：実際の必要として、若くて野心があり、不満を高めている人々がキューバに多く残るほど、カストロの政府が早く倒れます。（中略）われわれの政策が、本気でキューバ政府の早期崩壊を狙うのであれば、（キューバからの出国者をそのまま受け入れるのではなく）明らかに生命に対する危険がある場合に限り、難民申請を認めるべきです。

マス・カノーサ：議長、あなたがおっしゃったように、これは大変微妙な問題です。しかし、私はあなたの見解に同意します。そうです、私はキューバからの（非移民入国）査証申請の受付を停止した（ブッシュ）政権の立場も支持します。キューバ国内において圧力を高めることが肝心なのです。

このようにキューバ国民の移住ルートを封鎖して反乱を助長することが公に議論されていたわけである。[123] 冷戦下の米・キューバ関係において、人の移動は常に政治的思惑と結びついていたといえる。

しかし、たとえ米国政府が合法的な移住ルートを閉ざしたとしても、不満をもつキューバ人たちは、反乱よりも移住を選択したのではないか。より豊かな生活を求める彼らからすれば、そもそもマイアミのキューバ人たちの経済的成功それ自体が模倣すべき例だったはずである。キューバから不法に出国し、合衆国に到着してから難民申請をする者は後を絶たなかった。短期滞在者がそのまま居座る場合も多く、一九九二年一月から一〇月の間に合衆国に渡航した一万六八五七名のうち、二九二二名がキューバに戻っていない[124]。ボートや筏を作り、フロリダ海峡を渡る者もいた。合衆国に入った彼らバルセーロたち（*balseros*）の数は、一九八八年から二年間で五九名から四六七名に増え、一九九一年には最初の五ヶ月で七四七名となっている[125]。航海に失敗した人々の遺体も岸辺に流れ着いた。その数は一九九一年一月から五月までに八六〇を数えたという[126]。

確かなのは、トリチェリがこのような状況を十分に理解していたということである。もしキューバ人たちが合衆国に逃れつづければ、経済制裁で高まったはずの不満が外に排出されるばかりで、CANFが目指す政権崩壊は難しくなる。かといって無理に移住ルートを閉ざせば、不法入国が増え、大規模な移民危機が起きた際には、自分がその責任を負うことになってしまう。このジレンマを解消するため、トリチェリは一芝居を打った。一九八〇年に起きたマリエル危機を「カストロの策謀」と説き、「第二のマリエルを防ぐ意志を表明するよう」ブッシュ政権に求めたのである。国務次官補アロンソンは当惑を顔に浮かべながらも、「あなたが仰っていることが分かりました」と応じた。「正確に言いましょう。この大統領とこの政権は、第二のマリエルを許しません。くり返します。この大統領とこの政権は、第二のマリエルを許しません」。要するに、トリチェリは移民危機を防ぐ責任をブッシュ政権に押しつけたのである[127]。

畏れおののくフロリダ

トリチェリの無責任なパフォーマンスは、マリエル危機の記憶が新しいフロリダにとっては何の気休めにもならなかった。一九九一年五月、移民帰化局は「大量移民緊急プラン――フロリダ」と題する五一頁の文書を州・地方当局に配布した。[128] ところが、州知事ロートン・チャイルズが発足させた「大量移民作業グループ」は、この計画に多くの不備があることを発見した。移民法を周知させる必要が強調されていなかったり、移民危機が発生した後に生じる社会サービスの費用が十分に見積もられていなかったりしたのである。驚いた州政府の役人たちは、計画の改善を連邦政府に求めるだけでなく、「大量移民の流入を防ぐため、あらゆる外交手段を模索しつづける」ことも嘆願している。[129] フロリダ州政府が最優先したのは、カストロ政権の転覆ではなく、移民危機の防止であった。

こうした危機意識は、数ヶ月後、ハイチ難民危機の再発によっても高まっている。軍事クーデターが起きたハイチからは、大量の人の波が押し寄せ、合衆国の移民論争を再び過熱化させることになった。いまだに肌の色が比較的薄いキューバ移民を「難民」として受け入れながら、肌の色が濃いハイチ人たちを一括して送り返していた米国政府には、人種主義だという批判が向けられたのである。[130] 火消しに追われたブッシュ政権は、ハイチ人たちをキューバのグアンタナモ米軍基地に一時的に収容し、最終的に一万人程度の難民申請を認めた。「安心して下さい。それは人種でも二重基準でもありません」と大統領も釈明した。「もしキューバ人たちが来れば、もし新たなマリエル危機が始まれば、同じことが起きるでしょう」。これは重要な約束であった。キューバ人といえども、再び危機が起きれば、もはや特別視されないことが明言されたわけである。[131]

ハイチ危機についてはもう二点、指摘すべきことがある。一つ目は、初めて移民の一時収容のためにグアンタナモ基地が使用されたことである。それまでカーター政権も、レーガン政権も、移民を「国外」の基地に収容すれば、強制送還が容易になることに気づいていた。とはいえ、これは基地の租借合意に反し、基地の法的地位を脅かしかねなかったことから、それまで回避されていたのである。当時、ブッシュ政権で筆頭国務副次官補の要職にあったロバート・ゲルバード（Robert S. Gelbard）も、「キューバが強く反応すれば、問題が難しくなることを覚悟していた」という。ところが、いざ収容目的で基地を使用すると、キューバ側の反応は意外にも低調であった。「彼らは反対しなかったのです。全くしなかったのです」。[132] この点について、キューバ外務省の顧問であったカルロス・アルスガライ（Carlos Alzugaray）は、「難しい決定ではなかった」と振り返っている。キューバの態度は、「放っておけ。基地があることには反対する。しかし、中で起きていることについては問わない」というものであったらしい。[133]

二つ目は、似たような移民危機がキューバで起きるのではないかという恐怖を合衆国で煽ったことである。一九九二年三月三日、しびれを切らしたフロリダ州のチャイルズ知事は、再びブッシュに手紙を出し、「大統領、全フロリダ人民を代表し、あなたの迅速な助力を要請します」と懇願した。[134] すると、とうとうブッシュも重い腰を上げ、「第二のマリエルを未然に防ぐことが、われわれの最重要目標です」と返答したのである。[135] こうして政策の優先順位が示され、ハイチの事例との差別化が難しくなり、移民の一時収容所としてグアンタナモ基地が使用されるようになると、「第二のマリエル」の際の米国政府の行動は、ほとんど決まったようなものであった。仮に新たな危機が生じれば、ブッシュは約束通りに、キューバ人たちをハイチ人と一緒にグアンタナモに収容しただろう。しかし、それで十分でなければ、結局カストロとの交渉を開始したに違いない。それこそ、次期大統領ビル・クリントンが踏襲した政策であった。[136]

事実、ブッシュは移民問題のことになると、キューバとの外交を躊躇わなかった。キューバ側の史料によると、米国政府は一九九〇年六月にキューバ政府との極秘の移民協議を行った後、さらに二度、ニューヨークで同様の交渉に臨んでいた。九一年一一月の会談では、ゲルバード率いる米国代表団が、キューバに送還されるべきマリエル「帰化不能者」の名簿に一七〇〇名を新たに加えるようキューバ側に要請した。[137] すると翌年三月、副外相ラモン・サンチェス・パローディはキューバ側の回答として、一七〇〇名の「帰化不能者」を引き受ける代わりに、四万五千人から五万人のキューバ人出国希望者に移民査証を発給するよう米側に促した。[138] 米側が要求を退けると、サンチェス・パローディは、「合衆国の主たる関心は帰化不能者の送還であり」、それ以外の問題について「解決策を探る態度を示さなかった」とカストロに報告している。[139]

とはいえ、この時期に秘密協議が行われたことは重要であった。レーガンと同様、ブッシュも「帰化不能者」の送還問題に執着し、その実現のために革命政権の協力を求めていたからである。マス・カノーサやトリチェリが革命政権の即時転覆を図ったのに対し、ブッシュ政権はその同じ政権と協議し、交渉をまとめようと努力していた。キューバ外務省もこの点を気に留めている。カストロへの報告書においても、米・キューバ両政府が「移民の流れを正常化する」こと、そして「先に起きたような危機を避ける」ことについて利害を共有していると指摘された。成果が乏しかったとはいえ、米側との移民協議を続けることについては、キューバ側も意欲を示していたのである。(140)

キューバ民主化法案をめぐる討論

メキシコの米・キューバ仲介工作は行き詰まっていた。サリーナス大統領の首席補佐官ホセ・コルドバ（José Córdoba）をハバナに迎えたカストロは、革命と社会主義は表裏一体であると主張しつづけた。(141)一方、そのコルドバとワシントンで面会したブッシュの側近ブレント・スコウクロフトは、カストロの態度を批判しつつも、「もしカストロが経済を自由化し、民主化に動くのであれば、変革を支持する用意があります」と述べた。(142)事態の打開を目指すサリーナスは、ベネズエラとコロンビアの大統領と連携し、観光地コスメルにカストロを招いた。キューバが燃料不足に陥ることを見越し、石油の供給をちらつかせながら、政治体制の変化を促したのである。(143)後日、ブッシュはアルゼンチン大統領との会談で、メキシコの思惑が外れたことを伝えている。「われわれは（カストロを）甘やかさずに、ただ待つだけです(144)」。

ところが、この我慢比べにおいて最初に音を上げたのは、カストロではなく、CANFのマス・カノーサであった。革命政権がなかなか崩壊しなかったばかりではない。（第三国にある米系子会社にキューバとの交易を禁じる）マック修正条項が、ブッシュ政権の支持を得られなかったのである。主要同盟国のカナダ、イギリス、メキシコは、越境的な米国法の適用に猛反発し、主権侵害を訴えていた。また、そもそもブッシュ政権でさえ、経済問題の責任を革命政権になすりつけられることを恐れ、経済制裁のさらなる強化については及び腰であった。(145)この状況で、マス・カノーサは地元のスペイン語ラジオで不満を爆発させている。「われわれがいつも言ってきたのは、われわれの国でもあるこの偉大な北米国家の利益と、キューバの国益との間には相容れない点があるということです」。彼自身は、ブッシュと違い、「キューバの国益の側に立つ」という。[146]

こうして一九九二年二月五日、「キューバ民主化法案」が米国議会に提出された。数十年ぶりの「包括的な」対キューバ政策と呼ばれた同法案は、三つの柱からなっていた。最も議論を呼んだのは、米国の対キューバ経済制裁の「国際化」を謳った「トラック1」である。マック修正条項を踏襲し、海外に拠点を置く米系子会社がキューバと交易を結ぶこと、またキューバと交易した船舶の入港を半年間拒むことが禁じられていた。ほかにも新たな規制措置として、キューバ糖を輸入した国家の砂糖輸入枠を削ること、そしてキューバ糖を購入した分だけ米国の援助を減らすことなども盛り込まれている。米国の同盟国は、こうした内容が国家主権の原則や国際法、そして交易の自由という理念に反していると批判した。しかし、マス・カノーサはカストロ政権の転覆を優先し、聞く耳を持たなかった。[147]

一方、「トラック2」では、キューバへの関与を深めることによって政治体制の変化を促すことが目指されていた。具体的には、国際機関を介して食糧を寄付すること、人道支援という名目で医薬品を限定的に輸出すること、そして合衆国とキューバを結ぶ郵便サービスを再開することが提案され、両国間の通信ケーブルを増設する際、必要最低限の費用をキューバ政府に支払うことも認めていた。いずれも連邦議会の広範な支持をとりつけるために、マス・カノーサの原案を拡張したものである。財団よりも強硬で融通の利かない態度をとったキューバ系連邦議員イレアナ・ロス・レイティネンがいなければ、さらに多くの項目が盛り込まれただろう。[148] それでもトリチェリの顧問たちは、「キューバにおける前向きな展開に応じ、慎重に調整された形で、経済制裁を緩和する」という文言を法案の中に忍び込ませていた。のちにクリントンは、この条項を用いて経済制裁を緩和していくことになる。[149]

しかし、マス・カノーサが最も重視したのは「トラック3」であった。驚くべきことに、ここではキューバの体制転換時に備え、米国政府が従うべき「ガイドライン」が定められていた。[150] それによると、キューバが米国政府からの食糧や医薬品、医療器具の提供を受けるためには、まず新政権が自由で公正な選挙を行い、基本的人権を尊重し、国外の反乱勢力への支援を停止する必要があった。その上で、合衆国においても、大統領がこうした改革を評価し、キューバの「体制転換」を議会に「認証」することが求められたのである。また、キューバが「民主化された」政府を発足させれば、米国政府はその正統性を認め、緊急支援を行い、経済制裁を解くことにもなっていた。そして米国大統領はこのときも、キューバが「国際社会の監視の下、自由かつ公正な選挙を経て民主的制度を築き、キューバ人民の多数派の意志を代表している」ことについて、米国議会に報告する義務を負うのである。[151]

要するに、トラック3は、米国の国内法においてキューバの「民主主義」を定義し、その判定に連邦議員たちの介入を認めたのである。これは下院外交委員会の公聴会で証言したアルフレド・デュランにとって、深刻な問題であった。弁護士である彼は、連邦議会で多大な影響力を有する反カストロ団体が、「何をもって政治的に正しいか否かを決定する」危険について警告した。仮にマイアミとハバナで民主化をめぐる路線対立が生じた場合、米国政府は半ば自動的にマイアミの肩を持つのではないか。だとすれば、トラック3は「新しいプラット修正条項」と呼ばれ、「キューバの将来的な政治、社会、経済の発展を人質にしている」と糾弾されてしまう。この論点の重要性は、法案支持派の連邦議員ファセルによっても認められた。しかし、その後の議論では概ね無視されている。[152]

「民主化法案」に反対したのは、デュランだけではない。同じく革命政権に反感を抱きながら、CANFとは一線を画した他の人々も様々な懸念を表明していた。国内反体制派のスポークスマンを自認するラモン・セルヌダは、経済制裁の強化が、「民主主義の理想の名の下に、人々を餓死させる」と主張した。彼によれば、米国政府はむしろキューバ政府と対話し、国際的緊張を和らげるよう努めるべきなのである。[153] 前上院議員ジョージ・マクガバンも法案が逆効果であると証言した。「独裁者」たるカストロは、「キューバの問題を合衆国のせいにするだろう」と予想している。[154] 国際世論の反対を嫌う声もあり、保守派の論客スーザン・カウフマン・パーセル（Susan Kaufman

Purcell）は、「キューバで政策目標を達成することには、重要な同盟国との関係を著しく損なうリスクを負うほどの価値が本当にあるのでしょうか」と問いただした[155]。

法案を支持するトリチェリやファセルたちは、こうした批判に反論を試みた。ところが弁明に窮すると、決まってキューバ系米国人の存在に言及している。東欧の民主化について立法しなかった米国議会が、なぜキューバについては対応を変えるのかとデュランが問うと、トリチェリは「キューバは違います」と答えた。「なぜならキューバ系米国人たちが違うものとしたいからです[156]」。ソ連や中国とは交易する合衆国が、なぜキューバとの交易を禁じるのかとマクガバンが問うと、今度はファセルが地理的な近さとキューバ系米国人の存在を示唆した。「ソ連は九〇マイル先にありませんし、（キューバ系移民と違って）フロリダ州マイアミやニュージャージー州に二〇〇万人のソ連人たちがいるわけでもありません[157]」。キューバ系有権者のためにキューバ問題を優先している、とパーセルが議員たちを非難すると、トリチェリは怒りを露わにした。しかし、ファセルは動じず、「政治家として、連邦議員として、そのことに間違いがあるとは思いません」と開き直っている[158]。

追い詰められた大統領

連邦議員たちが安易に外交政策を国内政治に従わせるなか、ブッシュ政権はその両立を試みていた。国務省は「民主化法案」に関し、草稿への「協力」を申し出ながら、マス・カノーサとの話し合いを続けている。ゲルバード筆頭国務副次官補によると、法案の主導者と呼ばれたトリチェリは、その中身に全く関心を示さなかった。「あなたとＣＡＮＦで上手くやったものであれば、何でも構いません」とさえ発言したらしい。こうして財団の幹部との直接交渉を強いられた国務省の幹部たちは、法案を「より柔軟に運用」できるようにするため、「あらゆる文言を和らげようとした[159]」。しかし、ある程度の成果をあげたとはいえ、交渉には限界があった。マス・カノーサが譲れない一線を引いたとき、政権も法案への反対を公にせざるをえなくなったのである[160]。

こうしてブッシュ政権と財団の対決は不可避となった。連邦議会の公聴会に招かれたゲルバードは、国際社会の反対を懸念する政権の見解を表明した。「私たちが意見を異にするのは目標ではなく、戦略の一部です」と説き、「キューバ民主化法案は、わが国と同様の政策をとるよう同盟国に要求しています」と述べた。「しかしわれわれは、彼らの国家主権を尊重するのです」。この発言はすぐに法案支持派からの反論を招いた。トリチェリは、「キューバ問題はやはりアメリカ合衆国の関心事です」と口火を切り、「キューバ系米国人にとって、そして合衆国の利益にとって重要な関心事なのです」と畳みかけた。ゲルバードも負けなかった。法案が通れば、カストロが「国内でナショナリズムに訴える」ことを許し、さらには「カストロの追放に賛同する他の同盟国まで、合衆国と対峙する立場へと追い込む」のである。[161] なお、米国世論が一応ながら支持したのは、政権側の見解である。一九九二年二月の世論調査では、回答者の六五％が、（トラック1にあたる）経済制裁の国際化に反対している。[162]

しかし、ブッシュ政権を悩ませたのは、実は「民主化法案」だけではなかった。マイアミではマス・カノーサ以上に性急な人々が、いまだにカストロとの武装闘争を唱え、騒いでいたのである。一九九一年一二月二九日、革命政権はコマンドLという組織のメンバー三名を拘束し、その後の即席裁判で彼らが政権転覆の意図を自白すると、一名を処刑し、二名を三〇年間の禁固刑に処している。[163] 翌月九日には、不法出国を試みた家族がハバナ港の警護員四名を殺害するという事件も起こり、革命政権と反革命勢力の緊張は一段と高まった。ハバナの革命広場ではラウル・カストロが一〇万人を前に演説し、（革命直後に反革命勢力を断罪するために設置された）「革命法廷」を再設置する可能性に言及した。一方、海を越えてマイアミでは、地元スペイン語ラジオ局のアルマンド・ペレス・ロウラ（Armando Pérez-Roura）の運動が勢いを得た。彼は、米国大統領に「交戦権」（belligerent rights）の承認を求め、一〇万人の署名を呼びかけていた。[164]

ここで「交戦権」とは何を意味したのか。ホワイトハウスのＮＳＣスタッフは、慌てて国際法ダイジェストを取り出し、マーカーを引きながら、交戦権の承認があくまで次の「事実」に従うことを確認している。すなわち、交戦権を要求する反乱勢力は、政府と軍事組織を有し、権利を主張する「領土内において」、兵力と資源を動員する能力を有さなければならない。外国政府はそのような状況においてのみ、該当勢力に現地政府と同等の地位を認め、交易や外交関係を結ぶわけである。[165]したがって、軍服も着ずに、国外のラジオ局に籠って「戦争」を唱え、実際に武力を行使する意図も能力も証明できない集団は、交戦権に値する勢力として認めようがないのである。彼らに交戦権を認めることは、国際法の愚弄に等しい。

国務省は、とうとうマイアミのキューバ人たちが制御不能になったのではないかと疑ったのだろう。武闘派を「テロリスト」と呼び、ＦＢＩの捜査を助ける一方、革命政権には情報の提供を求めた。中立法を根拠に、「キューバにおける暴力行為を準備、あるいは促進するために、合衆国の領土を使用することを非難する」という声明も出されている。[166]しかし、キューバ系米国人たちの反発は強まるばかりであった。連邦下院議員ロス・レイティネンは、公開書簡をベーカー国務長官に叩きつけ、合衆国はキューバと「平和状態」にないのだから、中立法は適用不能であると主張した。[167]米国政府による法解釈が恣意的であるという声もあった。米国政府によるニカラグア、ヴェトナム、グレナダ、アンゴラへの介入も、かつてのピッグズ湾侵攻も、「明らかに中立法に違反する」のだという。マイアミの反抗的態度は、一九七〇年の時点からほとんど変わっていなかったのである。[168]

守勢に立たされたブッシュ親子は、反革命勢力の懐柔へと動き始めている。『マイアミ・ヘラルド』紙に寄稿した大統領は、「カストロの独裁がつづくかぎり、キューバとの関係正常化は起こりません」と宣言した。キューバの「平和的な」民主化を推進し、「合衆国の法律が許す」範囲で、「できることをすべて」行うと誓ったのである。[169]ジェブも橋渡し役を名乗り出た。ペレス・ロウラが「二五万人以上の署名」を集めると、自らその情報を父親に伝え、「民主化法案」についても、「同盟国の懸念を乗り越え、カストロの締め縄をきつくする方法があるはずです」と翻意を促している。「それができればトリチェリの法案は消えるでしょう」。これに対し、「よくやった！　素晴らしい仕事だ」と応じたのは、大統領である。「国務省は（ペレス・ロウラとの）会談に異を唱えるかもしれない。

しかし、私はぜひこれをやりたい」[170]。

再選選挙を半年後に控え、ブッシュ親子は、マイアミのキューバ人たちを宥めなければならないと考えていた。四月一〇日、「民主化法案」に関する『マイアミ・ヘラルド』紙の記事を手にした大統領は、次の文章にマーカーを引いている。「トリチェリは大胆不敵にも、行き詰まりを見せている政策に目をつけた。そしてブッシュを辱めようと、風穴を開けたのである」。心象を悪くした大統領は、「この問題でトリチェリにやられては困る」とベーカーとスコウクロフトに伝えている[171]。ブッシュが行政指令を出し、法案に含まれていた二つの条項を先取りしたのは、その一週間後であった。ここで大統領は、キューバに寄港した船舶を半年間にわたって入港禁止とすること、および食料や医薬品を含む「人道的」品目を直接キューバへ輸送することを認め、他の内容についても「適切な変更がなされれば法案に署名できます」と明言している[172]。肝心の、第三国にある米系子会社の規制については言及されなかった。しかし、声明を歓迎したマス・カノーサは、この相違点も「すぐに解消するでしょう」と発言している[173]。

それもそのはずであった。マス・カノーサは、すでに民主党の大統領選候補ビル・クリントンと接触していたのである。クリントンが大口の献金を求めていることを耳にした財団は、これを絶好の機会と捉え、連邦議員スティーヴン・ソラーズ（Stephen Solarz）を介し、クリントン陣営に法案の支持を打診した。すると、突如マイアミの献金パーティーに姿を現したクリントンは、法案への支持を表明し、マス・カノーサとその支援者たちから二七万五千ドルの献金を受け取ったのである。ここからは思惑通りであった。数日後、ブッシュはクリントンに追随し、法案への反対を撤回した[174]。この態度転換について、アロンソン国務次官補は、「ビル・クリントンが法案を支持した途端に政治的計算が狂い、ホワイトハウスは（法案への）賛成に転ずるよう希望したのです」と証言している[175]。それまで国務省を支持していたにもかかわらず、ブッシュは結局、大統領選挙の重要州フロリダで勝つことを優先したわけである。

こうして、共和党と民主党を天秤にかけるＣＡＮＦの戦略が、大統領の立場を逆転させたのである。とはいえ、マイアミのキューバ人たちがブッシュにかけた政治的圧力は、クリントンがマイアミに到着する前から増していただろう。テレビ・マルティ放送を開始し、ソ連の軍事支援を断つことに成功したブッシュは、キューバ系有権者への働きかけを十分に行ったと信じていた。一方、カストロ政権の打倒を求めるマイアミのキューバ人たちは次から次へと要求を持ち出し、それはとうとうブッシュが容認できないところにまで至った。マス・カノーサがクリントンを迎え入れるころ、ブッシュは中立法の執行と「民主化法案」をめぐる論争の渦中にあった。それまでキューバ問題に相当な思い入れを見せていた大統領にとって、キューバ問題は選挙だけでなく、個人の威信にも関わっていた。マス・カノーサはそこを巧みにつき、ブッシュ政権を少しずつ追い込み、最終的に民主化法案への支持をとりつけたわけである。

もう一つの「プラヤ・ヒロン」

大統領選挙の直前にあたる一九九二年一〇月二三日、ブッシュはマイアミを訪れ、「キューバ民主化法案」に署名している。「自由で独立したキューバの地に降り立つ最初のアメリカ大統領となります」という宣言は、集まった聴衆から盛大な拍手喝采を集めた[176]（図7-1）。とはいえ、この約束も、三〇年前のケネディのものと同じく、破られる運命にあった。ブッシュは再選に失敗し、ホワイトハウスを去ったからである。ただ今回は、反革命勢力の反応が大分異なっていた。彼らは怒りを募らせるばかりか、逆に自分たちが歴史の正しい側にあるという自信を深めていた。マス・カノーサは一一月四日、クリントン次期大統領を祝福し、民主化法案への支持に謝意を伝えている。「このままいけば、あなたこそ解放されたハバナに降り立つ最初の大統領となるでしょう[177]」。

しかし、「民主化法案」の勝利は、マス・カノーサにとって、あまりに多くの代償を伴うものであった。法案支持を強いられたブッシュ政権は、そのあとCANFの要求をほとんど受けつけていない。たとえば、ラジオ・マルティの電波回線を増やし、テレビ・マルティの放送時間を早朝から日中に移すという要望は、キューバからの報復

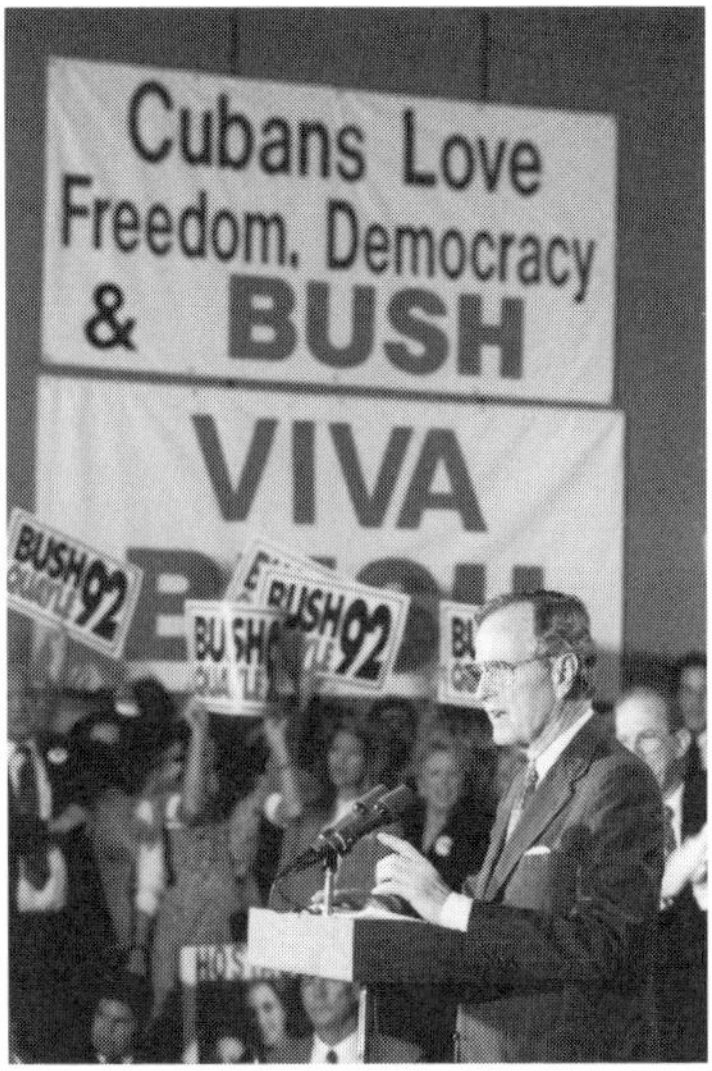

図 7-1　民主化法案への支持を表明するジョージ・ブッシュ

を懸念した国務省に阻まれた。「政権には強いコミットメントが欠ける」と不満を表明したマス・カノーサは、大統領への直談判を申し立てたが、これも叶えられていない。[178] また、マス・カノーサの支持者たちも、「反乱やそれ以外の暴力行為の煽動とみなされうる」内容の報道を禁じる、というラジオ・マルティの規約を変えようとした。マス・カノーサが、外遊先からカストロが戻れなくなるよう軍の蜂起を訴えると、その演説をキューバ国内で流そうと試みたのである。[179] 国務省はこの案も「悪いアイデア」として葬っている。[180]

また米国社会では、CANFに対する批判的報道が目立つようになった。全米各紙には財団に反対する勢力や元理事たちの話をもとに、マス・カノーサの野心を疑う記事が相次いで掲載された。[181]「民主化法案」に反対した『マイアミ・ヘラルド』紙への財団の対応も不評であった。財団がこの地元紙をキューバ政府の代弁者だと批判してボイコットを呼びかけると、真に受けた支持者たちが、新聞社の取締役たちを脅迫し、新聞の自販機を破壊した。人権団体アメリカズ・ウォッチなどが言論の自由の侵害を告発し、財団の責任を追及すると、財団は逆にキューバ政府の「中傷運動」を訴え、キューバ人中傷反対連盟を創設している。[182] 批判の嵐はそれでも止まなかった。数ヶ月後、米国公共放送サービスPBSは、財団が全米民主主義基金から受け取った九〇万ドルの助成をそのまま選挙献金に流用したという元政府高官ウェイン・スミスの証言を報道した。これは財団の理事たちを激怒させ、裁判沙汰となっている。[183]

一方、「民主化法案」はキューバでも強い反感を呼び起こした。社会主義圏から切り離されたキューバ経済は悪化の一途をたどり、数百万のキューバ国民は、食料不足や停電、困窮を耐え忍んでいた。栄養失調のため、数千もの人々が視神経の疾患にさえ苦しんだという。こうした状況では、米国が強化した対キューバ経済制裁は歓迎されるべくもなかった。それは多くの人々にとって、自らの命、尊厳、そして日常生活への脅威となったのである。[184] それに引き換え、キューバ政府は「革命の成果」である教育と公共福祉サービスを死守し、兵士たちには畑を耕させ、崩壊寸前の経済を支えるよう命じていた。外貨を稼ぐため、外国人観光客用のホテルや売店、ブティック、ナイトクラブが増設され、ほかにも「社会主義にふさわしいかどうかはともかく、あらゆること」が試行されている。そして政情不安の芽は、事前に摘み取られていた。[185]

同じく重要だったのは、経済制裁の「国際化」を目指すはずの「民主化法案」が、全く逆のことを達成したことである。一九九一年の秋、キューバは米国の経済封鎖を非難する動議を国連総会で起こしたものの、途中で撤回していた。「負けると思ったので、取りやめたのです」とカルロス・アルスガライは証言している。[186] ところが、合衆国で「民主化法案」成立の目処が立つと国際世論が急変し、一九九二年一一月には、経済封鎖を非難する決議が、史上初めて国連総会で可決されたのである。票決の結果は賛成五九、反対三、棄権七一であった。ブラジル、チリ、コロンビア、ベネズエラ、中国、インドネシアといった非同盟諸国だけが賛成に回ったのではない。米国の同盟国であるカナダ、メキシコ、フランス、スペインも賛成票を投じ、日本も棄権にまわっている。[187]

キューバ政府にとって、この外交的勝利の象徴的意義は重大であった。『グランマ』紙の論説はこれを「政治外交におけるプラヤ・ヒロン（ピッグズ湾）」と評している。民族自決、尊厳、生存を賭けた戦いにおいて、キューバは決して孤独ではない。世界がキューバ人民の側にある、と宣言したのである。[188]

おわりに

エルサルバドルの内戦が終結した一九九二年一月以後、中南米冷戦における最後の主要舞台となったのは、キューバをめぐる革命政権と反革命勢力の紛争であった。ここで中心的役割を担ったのがＣＡＮＦである。財団はカストロ政権打倒に燃えるマイアミのキューバ人たちの力を結集し、一九九〇年代初頭に最盛期を迎えていた。キューバの将来像を構想し、米国の政治家や企業家たちを動かし、革命政権への圧力をかけつづけた結果、米国政府はテレビ・マルティの放送を開始し、ソ連にキューバ支援を打ち切るよう要求し、やがて「民主化法案」への支持も表明した。経済制裁の強化（トラック1）、部分的な関与政策（トラック2）、そして革命崩壊後のキューバへの民主化支援の約束（トラック3）を三本柱とする「民主化法案」の可決は、革命政権を大いに苛立たせた。マイアミにおける反革命勢力の政治的台頭は、キューバの対米政策をも狂わせたのである。

このように、反革命勢力の政治的影響力が強大であったことは、当時のメディアが報じたとおりである。しかし水面下では、米国政府と反革命勢力の間に生じた亀裂も広がっていた。たしかに米国大統領ジョージ・ブッシュは、レーガンの政策を踏襲し、「自由」を唱え、体制転換をカストロに求めていた。また米ソ首脳会談において、フロリダのキューバ系米国人票の動向や実子ジェブの助言に気を配るブッシュの態度は、国務省が望む以上に強硬であった。とはいえ、テレビ・マルティの放送を開始し、ソ連を説得してキューバ支援を縮小させた後、大統領が静観の構えを見せたことは無視できない。革命政権との軍事衝突を避けつつ、移民問題やテロ対策、麻薬密輸の取り締まりなど、利害を共有する分野での協力にも前向きであった。革命政権の要求通りにテレビ・マルティを廃止することはなかったものの、反革命勢力の意向に沿って放送電波を拡張することもなかった。

したがって、マイアミの反革命勢力が、ブッシュが許容できる以上のことを要求していたことは明白である。機密指定が解除された文書からもうかがえるように、ブッシュが「民主化」を望んでいたところが、ブッシュが描いたのは「平和的」な体制転換であり、キューバの「民主化」を望んでいたのである。変化は原則としてキューバの内側から引き起こされるべきである、と考えたブッシュは、「交戦権」の承認を求めるマイアミの運動を最後まで承認しなかった。一九九二年五月、ペレス・ロウラから署名要望を受け取った大統領は、「役に立つかどうかは分からない」と難色を示し、「キューバにおける平和と繁栄を支持すると伝えていただきたい」と逆に説得を試みている。[189]政権の最重要目標は、第一にマリエル危機の再発防止であり、第二に平和的な体制移行であった。

冷戦終結という歴史の重要な分かれ目において、多くの人々が、米・キューバ関係を正しいと信じる方向へと動かそうとした。にもかかわらず、人の移動によって生み出された外交の膠着は、ついに打破されていない。米国の対キューバ政策は、革命政権と反革命勢力の間で矛盾に満ちたものとなり、フロリダ海峡をはさんで誰一人満足させなかった。とはいえ、この不人気な政策は、「現状維持」という最低限の役割だけは務め、米国政府が欧州やアジア、中東といった他の重要な地域や政策へと注意を向けることを可能にしたようである。結局、米・キューバの膠着は、バラク・オバマが「変化」を唱えるまで続いたのである。

終　章

クリントン政権期、国務次官補アレクサンダー・ワトソン（Alexander Watson）が最も恐れたのは、「キューバで何らかの劇的かつ急激な変化」が生じ、革命と反革命の「紛争」が勃発することであった。描かれたシナリオは最悪である。まずこの衝突は、望まれぬ争いに合衆国を巻き込む可能性があった。「米国籍の（キューバ系）志願兵がマイアミの辺りから出てきて、まるで化け物に餌をやるかのように状況を悪くしたでしょう」。また、キューバの動乱は第二のマリエルを引き起こしかねなかった。その場合、合衆国は再び「あまりに問題の多いキューバ人たちの巨大な移住の波」に曝されるのである。ワトソンは「こうしたことをどうやって管理するか」を「懸命に」考えさせられた。というのも、合衆国の対キューバ政策は「馬鹿げていて、逆効果で、何ら好ましい結果をもたらさないもの」であり、「避けようとしていたシナリオを（意図せずに）実現しかねなかった」からである(1)。

本書は旧来の外交史とは異なる視点から、米・キューバ関係の歩みを探究してきた。なぜ合衆国は中国やヴェトナム、他の共産主義国と違い、キューバとの国交正常化の前に「民主化」を要求したのか。ワトソンのような政府高官が「馬鹿げている」と評したこの政策は、どのように生まれ、なぜ継続されたのか。このような問いと向き合うとき、外交と人の移動が織りなす複雑な相互関係は、重要な分析対象として注目されるべきである。国家間外交はキューバから合衆国への人の移動の流れを導き、移民たちとその家族の生活に甚大な影響を及ぼしてきた。と同時に、人の移動とそれに伴う人口構成の長期的な変化も、国際関係とその展開に影響を及ぼしたはずである。本書はこのように人の移動と外交の連関を注視しつつ、冷戦期の米・キューバ関係について新たな解釈の提示を試みた。

その結果、米・キューバ関係において、国家間協力を促す「移民管理」と、その進展を阻む「移民政治」が果たした役割も明らかになった。すなわち、米国政府は冷戦の終結を前にしてマリエル危機の再発を恐れ、移民管理のために、革命政権との協力を模索していた。と同時に、その米国政府は、こうした政府間協議に抵抗する反革命勢力とも結託し、国交正常化の前提条件としてキューバの「自由」を求め、革命政権からの反発を招いていた。経済制裁が強化され、ラジオ・マルティやテレビ・マルティといった「民主化促進プログラム」が推進されたのはそのためである。このように人の移動は、移民管理と移民政治という二つの政策潮流を生み出し、米・キューバ関係の膠着に大きく関与することになった。ワトソンが示唆したように、米国政府はキューバの体制転換を追求しながらも、革命政権と反革命勢力の衝突によって、既存の秩序が崩壊し、移民危機が再発することを恐れたのである。

冷戦後の米・キューバ関係にも様々なドラマがあった。一九九四年にはバルセロ移民危機が勃発し、再び大規模な人の移動が発生した。ここでクリントン政権は反革命勢力と協議し、敵視政策を強化したものの、結局危機を収束させることができず、革命政権との交渉を強いられている。すると、交渉に強く反発した反革命勢力は、新たな経済制裁の強化策としてヘルムズ＝バートン法の起草に動き、大統領の反対を押し切って連邦議会で可決させた。その直前には、マイアミから飛び、ハバナ上空で宣伝活動を行っていたセスナ機をキューバ軍が撃墜するという事件も起きている。米国とキューバの関係改善はいっそう困難を極め、一九九九年にはエリアン君事件が世界的注目を集めた。六歳の少年の親権をめぐる争いは半年以上も長引き、二〇〇〇年米国大統領選挙の結果にも甚大な影響を及ぼした[2]。

とはいえ、こうした紆余曲折にもかかわらず、米・キューバ関係の基調はほとんど変わらなかった。二〇一四年一二月にバラク・オバマが「歴史的転換」を発表するまでは、冷戦下の米国政府、革命政権、そして移民社会の間で生じた平衡状態なるものが延々と継続されたのである。そのことは、本書が中心的に扱った冷戦という時代、そして人の移動と外交という主題の重要性を示している。以下では米・キューバ関係に関する本書の議論を振り返り、米国政府と革命政権の関係、米国政府と移民社会の関係、そして本国政府と移民社会の関係をそれぞれ考察する。このようにして国際関係史、北米研究、中南米研究という三つの学問領域の文脈において論点を整理した上で、簡潔ながら、二〇一六年三月に実現したオバマのキューバ訪問にも触れ、その歴史的意義について付記することにする。

グローバル冷戦時代の「移民管理」

冷戦下において、合衆国とキューバは相異なる世界観を提示し、利害を対立させ、敵対する同盟に与していた。キューバが革命統治を打ち立て、ソ連と手を結び、アフリカや中南米における民族解放運動を支援する一方、合衆国は国交を断ち、経済制裁を科し、反革命運動を助けた。米国政府は圧倒的な力の格差を背景に、革命政権に対して一方的な措置をとることが可能であった。米国政府がピッグズ湾事件を起こせば、革命政権は国内で戦うことを強いられ、米国政府が破壊工作を始めれば、革命政権は甚大な犠牲を払わされた。経済制裁は米国がキューバに科したものであり、その逆ではない。革命政権に言わせれば、米国政府の態度は帝国主義的であり、民族自決と主権の原則に反する。そして革命政権の反発は、米・キューバの対話を許容する空間をいっそう狭めたのだった。

こうした文脈において、キューバから合衆国への人の移動は、政策決定者たちの重大な関心事となった。対話の欠如は様々な分野で政府間の意思疎通を困難にしたのであり、なかでも人の移動に関わる両国の度重なる衝突は、重要な政治的帰結をもたらした。革命からしばらくの間、米国政府は外交政策の道具として、キューバからの人の移動を捉えていた。人道的な動機と政治的な意図が絡みあい、査証の発行やパロール（執行猶予）、特別立法を通して大量のキューバ人たちの入国が特別に認められたのである。彼ら「難民」は、ＣＩＡ主導の秘密軍事作戦に役立てられるだけでなく、キューバ革命の評判を貶め、「第二のキューバ」を防ぐための宣伝工作にも利用された。冷戦期において、共産主義国から資本主義国への人の流出には、多大なる象徴的意義が認められたのだった。

一方、人の移動に関し、革命政権の態度はより曖昧であった。たしかに米国政府の移民政策は、高学歴・高技能の市民たちを反革命勢力の策謀に加担させ、国に残った市民たちを「資本主義の害悪」へと誘惑するものであった。また革命政権に言わせれば、殺人犯や横領犯、不法出国者たちまで「亡命者」として歓迎する米国の移民政策は、いかなる道義にも反していた。ところが、こうした批判を展開する革命政権も、いわゆる「反社会的勢力」の出国それ自体には強く反対しなかった。両国の諜報員がすでに一九六〇年代半ばにおいて認めたように、キューバ人の大量出国は、米国の経済制裁が増幅させようとした革命政権への国内圧力を段階的に押し下げていたのである。言い換えれば、移民政策は諸刃の剣であった。結局、キューバから合衆国への人の移動は、合衆国の広報宣伝に資するとともに、経済制裁の効果を相殺したのである。

人の移動をめぐる政府間対話の欠如は、一九六五年のカマリオカ危機、および一九八〇年のマリエル危機の原因ともなっている。このうち社会的影響が断然に大きかったのは、マリエル危機であった。この事件はそもそも一九七〇年代後半に登場したカーター政権が、前政権のキッシンジャー国務長官が始めた国交正常化交渉を引き継ぎ、革命政権との対話を再開したことに由来する。冷戦のイデオロギー的思考に批判的なカーターは、人権やテロの問題など、反革命の遺産ともいえる問題の解決に努めた。ところがその彼でさえも、結果的に移民問題をめぐるキューバ政府との意思疎通を機能不全に陥らせ、移民危機を防げなかったのである。米・キューバ両政府は、マリエル危機の責任と解決策をめぐって鋭く対立した。そして、この外交闘争における米国政府の敗北は、その後の米・キューバ関係に重大な影響をもたらすことになる。

とりわけ、マリエル危機が「移民管理」の重要性を飛躍的に高めた点は、強調されて然るべきである。以後、「第二のマリエル」を防ぐことは、米国政府にとって至上命題となった。冷戦下においてさえ、キューバ移民の受け入れに伴う政治的・経済的コストを憂慮する声が高まり、彼らを反共主義の自由戦士として歓迎する声は弱まったのである。もう一つの問題は、数千名のマリエル「帰化不能者」の処遇であった。あれほどカストロを嫌悪していたレーガンが、この問題の解決のために、革命政権との秘密協議の開始を決断した。しかもそれは米・キューバ関係において最も緊張が高まっていた時期であり、革命政権はその政治的含意を見逃さなかった。移民交渉に臨む際には、不満分子を国外に放出するだけでなく、対話によって問題を解決する姿勢を強調し、米国政府の脅威を事前に封じ込めることも意図されたのである。

ところが、ここで革命政権の思惑を妨げたのが「移民政治」であった。米国政府は「移民管理」のために革命政権との協力を模索しながら、在米キューバ人社会で急速に政治的影響力を強めた全米キューバ系米国人財団（CANF）の意を酌み、ラジオ・マルティ、およびテレビ・マルティの放送を開始した。米中関係を分析したある歴史家によると、国家の政策決定者たちは個人や集団の国境横断的な移動を注視し、その象徴的な意味に敏感に反応するという(3)。しかし、米・キューバ関係において人の移動と外交を結びつけたのは、政策決定者たちだけではない。合衆国に渡った何万ものキューバ人移民たちが、積極的に政治活動に加わり、様々な社会勢力を巻き込みながら、国際関係の趨勢をより有利な方向へと導こうとしたのである。「移民管理」に加え、米・キューバ関係が膠着した謎を解く鍵は、この「移民政治」であった。

史料分析によって浮かび上がる「移民政治」

これまでアメリカ合衆国の移民政治について多くの研究成果を残してきたのは政治学者である。アイルランド系、ユダヤ系、ギリシャ系をはじめ、過去にも数百万もの移民たちが、米国外交に「重大な」政治的影響力を行使したことが認められてきた。ところが、外交史家たちは、こうした議論にやや懐疑的であった。エスニック集団の政治的影響力を正確に評価するためには膨大な政府史料を必要とし、細かな実証が求められる。また、移民集団の視点から分析を加えることも重要であり、そのためには移民団体の内部史料を読み解くことが欠かせない。加えて、エスニック・ロビーの存在意義については、各国政府の認識こそが重要なのであり、これについても史料に基づく探究が望まれる。新聞記事や連邦議会の公刊資料に依拠するだけでは、こうした要求を満たすことは困難である(4)。

こうした点を踏まえ、本書では、米国政府を分析の中心に据えながらも、移民社会や各国政府の観点を相互に参照してきた。以下では、このような史料分析の手法によって導かれ、かつ従来の研究ではあまり強調されていなかったと思われる点を三つ挙げたい。

第一に、政治学者が注目するロビー活動は、実は移民政治がとりうる様々な形態の一部にすぎないということである。当初、革命政権の打倒を目指したキューバ人移民の多くは、米国での政治参加を拒み、武力闘争に希望を託していた。ところが、冷戦の緊張緩和が進むと、一部の人間がテロ活動に走る一方で、革命政権との直接交渉に乗り出す人物や、マリエル港へと向かい移民危機に加担する人々も現れた。そして本書が明らかにしたように、こうした活動のいずれもが、米国外交への重大な政治的含意を有していた。移民政治は時代に応じてその形を変えるものである。この可変性ゆえに、移民政治の総合的な評価も難しくなるのである。

第二に、米国外交と移民政治の共振は、あくまで個人と個人の関係を通して生じるということである。たとえば国交正常化交渉を準備したカーターは、フロリダ民主党を率いるアルフレド・デュランと協働し、移民社会の反発を封じ込めようとした。テロを取り締まり、人権問題の解決を唱え、外交政策の転換を正当化したのである。そして彼らの試みが失敗すると、今度はホルヘ・マス・カノーサがＣＡＮＦを発足させ、レーガン共和党と提携した。レーガンが発した「自由」のメッセージは、キューバ人移民たちを米国政治へと誘い、移民社会におけるＣＡＮＦの指導的地位の確立を助けている。ほかにも財団幹部と父親とのパイプ役となったジェブ・ブッシュのこともある。米国外交は、票や献金、イデオロギーの表明だけを通して移民政治と結びつくのではない。表には出てこない個人的な関係も両者の疎通を助けたのである。

第三に強調すべきが、この個人的な関係を誘引する歴史的記憶の重要性である。キューバ系ロビーに加わった活動家の多くは、かつて武力による革命政権の打倒を目指し、合衆国に自らの運命を委ねた者たちであった。そして、その彼らが米国市民権を取得し、米国政府が過去に犯した「背信」を訴えたからこそ、米国の大統領も耳を傾けざるをえなくなったのである。カーターは何千ものキューバの政治囚たちの身を案じ、彼らに対する道義的責任を引き受けようとした。レーガンはピッグズ湾で取り残された男たちの「悲劇」を想い起こし、マイアミを訪れては「自由戦士」たちの功績を称えた。米ソ首脳会談に臨んだブッシュも、マイアミのキューバ人たちを「愛国者」と呼び、彼らの心境をくり返し代弁した。大統領たちが「自発的に」反革命勢力に注意を払ったことについては、選挙政治やイデオロギー上の必要性だけでなく、破られた約束に対する贖罪の意識も働いていただろう。

だとすれば、マイアミを訪れる米国大統領たちが過剰なほどに「自由」という言葉を口にしたことにも納得がいく。それは革命キューバに対する挑戦でありながら、過去におけるキューバ系米国人たちの労苦を「承認」する行為だったのではないか[5]。この特異な政治環境は、同様のレトリックを駆使する反カストロ・ロビーの台頭を助けたに違いない。「自由」の解釈が、移民社会で渦巻く多様な声を忠実に代弁していたかどうかは疑問の余地がある。またブッシュが「交戦権」の承認要求を拒否したように、特定の政策の是非については大統領が自ら判断を下すこともあった。とはいえ、たとえエスニック・ロビーの権威と力に限界があったとしても、マイアミの政治活動が「自由」という言葉で奨励される限り、革命政権が企図した政治的影響力の増進は困難となる。この意味で、反革命勢力の存在は、米・キューバ関係において決して軽視されるべきではない。

移民政治は国際政治の動向と共鳴しつつ、時を経るごとに変化の刻印を帯びる。このように区切られた時空間の地平において、移民たちは新しい機会を求め、新しい道を切り拓く。彼らの活動は国境を超えて影響を及ぼしうる。そしてあらゆる政治形態の例に漏れず、そのことが国際社会にとって必ずしも好ましいわけではなかったのである。

対立と紐帯――革命と反革命が彩る中南米の冷戦

米・キューバ関係を問う本書では、以上に見た米国政府と移民社会の関係、および米国政府と革命政権の関係が、革命政権（ハバナ）と反革命勢力（マイアミ）の関係と連環していたことにも着目してきた。この革命と反革命の対立を考察するにあたっては、政治学者ダミアン・フェルナンデスが用いた「情念の政治」（politics of passion）という概念も有用かもしれない。そこではキューバの将来をめぐり、目標のためにすべてを犠牲にすることが道義的に要求されていた。革命か反革命かの二者択一において、対立陣営はただの政敵ではなく、抹消されるべき邪悪な存在である。決断を先延ばしにすることも、味方に異議を申し立てることも困難なのである。革命勢力と反革命勢力は、相手を罵倒し、仲間の栄誉を称えながら、このような善悪二元論を展開したという[6]。

ところが、このようなキューバ人たちの「骨肉の争い」においても、ハバナとマイアミの間には「緊密な紐帯」なるものが残っていた。異なる世界観を有する二つの勢力の間で分断された家族たちの感情は、国境を越えて共振し、ときには政府間関係との連動も見せたのである。ここで特筆すべきは、一九七〇年代に始まった革命政権と移民社会の対話である。このときカストロは、数千人もの政治囚を釈放し、国外在住者による一時帰国も認めている。そしてこの移民政策の大転換は、家族再結合を求める人々の間に新しい力学を生み出し、大規模な移民危機を準備することになった。マリエル危機は、グローバル冷戦をめぐる米・キューバ関係の悪化だけでなく、フロリダ海峡をまたぐ家族再結合の欲求の高まりによっても不可避となったのである。

したがって、革命と反革命の争いは、このような対立と紐帯が織りなす越境的な人的環境のなかでくり広げられたのだった。ときには対立が前面に出ることもあっただろう。革命政権の政治的影響力増進プラン、およびその一環としての移民社会との対話政策に反発したマス・カノーサは、CANFを設立し、政権転覆の道具としてラジオ・マルティを推進した。すると、革命政権はラジオ・マルティを支持したという理由で、国外在住者たちの一時帰国を一律に禁じ、対話政策の成果を反古にしたのだった。しかしその一方で、紐帯が完全に途切れることもなかった。キューバに残る元政治囚やその家族たちの境遇を案じて送金する者もいれば、家族を代表して合衆国に渡り新しく生活を始める者も多かった。財団の影響力が絶頂期にあったときでさえ、経済危機に苦しむ家族への送金や物資の輸送は決して途絶えていない。

もちろん、革命政権と反革命勢力が全く異なるキューバの将来ビジョンを提示したこともある。自らを「唯一の反対勢力」とみなすＣＡＮＦは、革命を完全なる失敗だと説き、資本主義の拡張と一党指導体制の打破を柱とする再建計画を発表した。海をまたぎ、カストロはこうした財団の活動を批判し、「マイアミのマフィアたち」から社会主義を永久に防衛する決意を表明した。こうした二項対立の様相は、財団が影響力を低下させたあとも残り、反革命の伝統を引き継ぐ新しい人々が、米国連邦議会に次々と加わっている。キューバ系初の連邦上院議員となったのは、財団の再建計画を推進したメル・マルティネスである。そしてマルティネスが引退すると、キューバ系二世のマルコ・ルビオがその議席を占めた。[7] テッド・クルーズ（Ted Cruz）とロバート・メネンデス（Robert Menéndez）という他の二人のキューバ系上院議員と同様、このルビオもキューバの「自由」をしきりに唱えている。

革命政権は、在米キューバ人たちの「自由」の要求に強く反発した。キューバ副外相ラモン・サンチェス・パローディは一九九一年七月の内部文書において、反革命勢力が説く「複数政党主義」や「体制の民主化」という概念を徹底的に否定し、革命政権の「完全なる独立と主権」を強調している。そして彼によれば、そもそも国外在住の「移住者たちの代表者たちとのいかなる合意」も不必要なのであった。[8] 翌年八月、外相リカルド・アラルコンも国外すべての外交使節団に対し、「反革命勢力には一切の妥協を拒み、連中に正統性を与えうるいかなる行動も慎み、融和路線を模索しているのではないかという噂を立てられない」よう訓令した。「反革命勢力とその指導者たちの信用を失墜させること」、「彼ら（の影響力）が攻撃的な米国の対キューバ政策に依存することを強調すること」、そして「連中がわれわれの国家の政治に参加する可能性を完全に否定すること」を命じたのである。[9]

とはいえ、革命政権は反革命勢力との対決姿勢を堅持しつつも、長期的観点に立ち、新しい移民政策のあり方を模索している。政府官僚たちはマリエル危機のあとに出国したキューバ人たちが、必ずしも革命政権の転覆に興味を抱くわけではなく、むしろ自らとその家族の生活水準を上げることに関心を寄せていると判断した。それ以前に出国した移住者たちに比べ、こうした人々の多くは故国とのつながりをより重視し、外交関係の回復を望む傾向も見せていたからである。こうして対米関係に苦慮する革命政権も、徐々に移民政策を修正し、在米キューバ人社会との関係を再定義していく。二〇一四年一二月に米・キューバ両政府が発表した国交正常化への流れは、南北アメリカ関係の変わりゆく力学や両国首脳のリーダーシップにのみ由来するものではない。それは世代交代や新規移民の流入によって進んだ在米キューバ人社会の変容とも関わっていた。キューバの移民政策がどのようにこの状況を創り出したのかについては、史料が整い次第、あらためて考察する必要がある。(10)

要するにキューバの紛争は、革命と反革命を基軸に争われた中南米冷戦の一部であり、米ソ超大国の動向とは別に、それ自体が解決の難しい問題であった。ただし、この点が強調されたからといって、米国政府の役割が軽視されてはならない。米国政府は冷戦が終結する以前より、ハバナに共産主義政府が存在することを認め、移民管理などの分野では政府間協力も模索していた。ところが、革命政権の転覆を狙うマイアミのキューバ人たちが米国政治に加わると、合衆国の大統領たちはキューバの「解放」を彼らに約束し、自らの行動を縛ったのである。米国政府によるキューバへの内政干渉には誰も満足せず、革命政権は米国政府に抱く不信を強め、反革命勢力はカストロに弱腰であると批判した。それでも本章冒頭のワトソンの回想にもあるように、米国政府は革命と反革命の間に一定の均衡を作りあげることで精一杯であった。「現状維持」を望む米国外交の裏には、リーダーシップの欠如、そして「変化」への恐怖が潜んでいたのである。

おわりに——和解に向けて

冷戦の終結からさらに十数年の月日が流れた。革命政権は米国政府による内政干渉を斥けたものの、その経済状況は社会主義圏の崩壊、そして米国の経済制裁の強化によって悪化していた。ベネズエラや中国といった国々から支援を受けたとはいえ、長きにわたってつづく緊縮経済の弊害は山積みとなり、数百万人のキューバ国民は、教育と社会福祉を享受しつつも、日常生活の必要を満たすためにもがいていた。高齢を理由に第一線から退いたフィデル・カストロの後を継いだのは、弟ラウルであった。「社会主義」の刷新を説くラウルは、相次いで経済自由化策を発表し、限定的ながらも政治改革を断行した。しかし、彼が唱えた米国との対話は、キューバの国内体制の転換を要求する米国政府には相手にされなかった。米国政府による「自由」の要求は、依然として体制転換を望むマイアミの活動家たちの意見に同調するものであり、これについては革命政権も一切の譲歩を拒んでいた。

膠着する米・キューバ関係に変化の風を吹き入れたのは、アフリカ系初の米国大統領となったバラク・オバマである。オバマは旧来の外交を批判し、米・キューバ関係における新時代の到来を唱え、新しい政策を導入した。すなわち、経済制裁を緩め、キューバをテロ支援指定国家のリストから外し、政治、経済、文化の交流を拡張させる措置を相次いで打ち出したのである。こうして五五年ぶりに国交を回復させた米・キューバ両政府は、両国の首都に大使館を再び開く一方、移民、交易、環境、テロ、保健衛生、人権といった懸案についても協議を進めることになった。外交方針の転換は、変化を望む移民社会で過半数を超える支持を集めただけでなく、同じく現状からの脱却を望む圧倒的多数のキューバ国民からも歓迎された。二〇一六年三月、合衆国大統領としては八八年ぶりにキューバを訪問したオバマが、ハバナの革命広場に降り立ち、巨大なゲバラの肖像を背にしたことは、きわめて印象深い。(11)

しかし、この訪問で最大の目玉となったのは、キューバ国民に向けて発したオバマの演説であった。このときオバマは革命に忠誠を誓う人々の前に立ち、彼らの宿敵たるマイアミのキューバ人たちとの和解を促したのである。これがいかに政治的に難しい問題であるかは、オバマ自身がよく理解していた。むしろそれゆえに、国境をまたぐキューバの分裂は、「単なる政治の問題」としてではなく、「家族の問題」として提示されたのである。大統領は在米キューバ人社会の「失われた故郷の記憶、壊された絆を取り戻すことへの欲求、よりよい未来への希望、そして帰還と和解への期待」について語ったあと、フロリダ海峡の両岸にいるすべてのキューバ人たちが手を取り合い、互いに助け合うよう提案した。「キューバの人々が和解すること。革命の子どもたちと孫たちが、亡命者の子どもたちと孫たちと和解すること。それこそがキューバの将来にとって根本的に重要なのです[12]」。

とはいえ、和解は容易なことではない。オバマが演説の結びで、「過去を忘れて将来に目を向けよう」と発言したことは、革命政権の支持者たちを激怒させた。共産党機関紙『グランマ』は、内政干渉の過去を強調し、「自らが代表する国家の名において、全キューバ国民に謝罪するべきではなかったのか」と大統領の姿勢を問い詰めた[13]。数日後に寄稿したフィデル・カストロの意見も辛辣である。「容赦なき経済封鎖がほぼ六〇年も科された後で、合衆国の大統領からこのような言葉を聞かされました」と切り出し、「われわれは心臓発作のようなショックを受けました」と加えている。「（ＣＩＡの）傭兵たちによる船舶やキューバの港への攻撃によって亡くなった人々がいます。旅客機の爆破で犠牲になった人々がいます。軍事介入やたくさんの暴力、権力行使のために命を落とした人々がいます。彼らのことをどうしろというのでしょうか[14]」。

対話を訴えたオバマの演説は、二〇〇八年米国大統領選挙のスローガン（イエス・ウィー・キャン）のスペイン語訳「シ・セ・プエデ」（*Sí se puede*）で締めくくられている。和解への扉はようやく開かれた。演説への反応を見る限り、その道のりは長く、険しいものとならざるをえない。ときには政局の嵐に巻き込まれ、方向を失い、一進一退をくり返すかもしれない。それでも今日において求められるべきは、新しい変化への希望、和解に要する忍耐、そして過去に対する確固たる理解である。われわれが過去を顧み、未来を描くかぎり、対話の灯が消えることはない。米・キューバ関係を考察する本書が、両国の友好とその発展に少しでも貢献するのであれば幸いである。

あとがき

本書は二〇一八年六月にケンブリッジ大学出版会から出版された拙著 *Diplomacy Meets Migration : US Relations with Cuba during the Cold War* を基にしている。ただし、邦訳の過程で大幅な修正を加えた上、日本の読者の関心を想定して情報を整理し直し、全体の分量を三割程度削減している。注は必要最小限にとどめた。先行研究の議論や史料の扱いを含め、本書の議論をより精密に分析される際には、英語版もぜひ参照していただきたい。なお、本書の第3章と第6章については、それぞれ一部が *Journal of Cold War Studies* 第一九巻第三号、および『ラテンアメリカ研究年報』第三六号に掲載されている。

本書の刊行に至るまでには、実に多くの方々のお世話になった。英語版でも謝辞を著したとはいえ、特に日本でお世話になった方々については、あらためて日本語でお礼を述べさせていただく。

まず、山梨の片田舎から上京し、カルチャーショックに戸惑っていた私が、スペイン語を学び、ラテンアメリカという海の向こうの世界へと目を向けるようになったのは、東京大学教養学部地域文化研究学科ラテンアメリカ科の先生たちのおかげである。網野徹哉先生、石橋純先生、上田博人先生、ウリセス・グラナードス先生、齊藤文子先生、竹村文彦先生、恒川惠一先生、和田毅先生にお礼申し上げたい。ラテンアメリカからアメリカ合衆国へと移住する人々への関心は、高橋均先生に育んでいただいた。学生時代、先生の授業を何度も受講できたことは生涯の喜びである。このテーマを学ぶことの楽しさを教えてくださった高橋先生に感謝申し上げたい。

修士課程から所属した東京大学大学院総合文化研究科北米科の先生方にもお礼を申し上げたい。力もなく、やる気だけが空回りしているような私を門下生として受け入れて下さった古矢旬先生には、研究者としての生き方を忍耐強く教えてくださった。と同時に、先生は研究の外の世界においても、精神的かつ経済的に不安定になりがちな一大学院生に気を遣っていただいた。人生の節目においてたくさんのご助言をいただき、言葉に尽くせぬほど受けたご恩にどう報いればよいか分からない。今一度、深くお礼を申し上げたい。

アメリカ外交思想史を専門とする西崎文子先生からも格段のご厚情を賜ってきた。事あるごとに進路や将来のことに悩む私を諦めず、親身になって接してくださったことについて全く頭が上がらない。北米研究科に通い始めてからは、遠藤泰生先生、岡山裕先生、能登路雅子先生、橋川健竜先生、シーラ・ホーンズ先生、矢口祐人先生にも懇切にご指導いただいた。中南米研究と北米研究という二足のわらじを踏む私を心温かく見守って下った駒場のみなさまに感謝の気持ちを伝えたい。私にとってこれ以上の勉学環境はなかったように思う。

また、東京大学法学部の故五十嵐武士先生と久保文明先生にアメリカ政治を、立教大学法学部の佐々木卓也先生に冷戦研究を、東京大学総合文化研究科の石田淳先生に国際政治を学ぶ貴重な機会をいただいた。ラテンアメリカ研究についても、当時早稲田大学にご勤務されていたイサミ・ロメロさんが若手の勉強会を開いてくださった。このように日本で勉学を積む経験があったからこそ、アメリカ合衆国の大学院博士課程で外交・国際関係史、北米史、中南米史という三つのコースワークを同時に進めることができた。

留学先にオハイオ州立大学を選べたことは幸運であった。冷戦と第三世界の関係の専門家であるロバート・マクマン先生をご推薦くださった南山大学の藤本博先生、亜細亜大学の伊藤裕子先生、一橋大学の青野利彦先生、広島市立大学の倉科一希先生、そしてライス大学の清水さゆり先生にあらためてお礼を申し上げたい。留学にはトラブルがつきものであるが、フルブライト交流プログラムの岩田瑞穂さんには本当に助けられた。いただいた激励があったからこそ、何とか博士号を取得できた。

帰国後は、神奈川大学外国語学部英語英文学科の先生方に大変なお世話になった。教員そして人間としての未熟さにもかかわらず、同僚として迎えてくださった相原昌彦先生、石黒敏明先生、久保野雅史先生、郷健治先生、小松雅彦先生、佐藤裕美先生、高橋一幸先生、古屋耕平先生、ウィリアム・マコウミ先生、そして村井まや子先生にお礼の言葉を伝えたい。山口ヨシ子先生には日米の環境の違いに悩む私の背中を力強く後押ししてくださった。今後も「研究を第一に」という先生の言葉を胸に刻み、成長していく姿を少しずつ見せられたらと思う。

また、英語英文学科の共同研究室でいつもお世話になっている森やすみさん、安孫子崇恵さん、荒井奈津子さん、小茅愛子さんにもお礼を述べたい。研究支援課の阿部翠さん、椎野和也さん、正田絵美さん、冨士野督子さんには、研究費の申請から会計処理にいたるまで、本当にお世話になった。「アメリカと世界」に関する様々なテーマに取り組む上ゼミの学生たち、共に職場を同じくした中込幸子先生、ビクトリア・ソリス先生、エリック・ラーストロム先生、シャトノバ・オレシア先生、そして同じくアメリカをフィールドとして取り組む助教の遠藤寛文さんにも感謝したい。

米・キューバ関係の研究を進める上で、たくさんの方々から貴重なご助言とご助力をいただいた。本書執筆の際には、愛知県立大学の小池康弘先生、日本大学の細田晴子先生、ジェトロ・アジア経済研究所の山岡加奈子先生、広島市立大学の西田竜也先生からいただいたコメントを糧にさせていただいた。ほかにもアメリカ学会、ラテンアメリカ学会、国際政治学会、東京大学LAINACブラウンバッグ・シリーズ、慶應義塾大学ラテンアメリカ勉強会、神奈川大学人文学会、アメリカ政治研究会、立教大学アメリカ研究所などでの発表に際し、ご質問をくださった方々に謝意を表したい。米国でもキューバでも数多くの史料館にお世話になったが、日本の外務省史料館からも多くの有用な史料が見つかったことは驚きであった。度重なる利用請求を迅速に進めてくださった史料館スタッフの方々にお礼申し上げたい。

私が先輩と慕う小田悠生さんとイサミ・ロメロさんには事あるごとに悩み事を聞いていただいた。三牧聖子さんには元気を分けてくださり、いつも励まされた。土屋和代さんには研究と教育の両立について貴重なご助言をいただいた。梅川健さん、奥広啓太さん、川口悠子さん、小浜祥子さん、高野麻衣子さん、高良育代さん、戸田山祐さん、服部雅子さん、平松彩子さん、深澤晴奈さん、伏見岳志さん、山辺弦さん、鰐淵秀一さんにも様々な場面で背中を押してくださった。互いに励まし合った同期の梅川葉菜さんや大島由香子さん、下斗米秀之さん、そして数々の優秀な後輩の方々にも巡り会えて良かったと思う。語学交換のパートナーとなったブライアン・ベリーさん、調査地のフロリダ州タラハシーで歓待してくれた森山貴仁さん、そして本書の英語版を読み返してくれた日米文化史の専門家ウィリアム・チョーさんにも感謝の気持ちを伝えたい。

本書の執筆に至るまで、多くの日本の学術・研究助成機関から貴重なご支援をいただいた。学部時代には、財団法人布能育英会から学費と海外語学研修の援助をいただいた。修士課程在籍時には同志社大学アメリカ研究所から、博士課程在籍時には日本学術振興会から研究助成を受け、国外調査を行った。米国オハイオ州立大学への長期留学はフルブライト奨学金によって実現し、直近のキューバやアメリカ合衆国への調査渡航は、在籍する神奈川大学の教員研究費や日本学術振興会の研究支援（若手研究B、JP17K18190）によって可能となった。研究の成果として本書を刊行することが、少しでも社会への還元となれば嬉しい。

また、本書の出版にあたっては、公益財団法人アメリカ研究振興会より出版の助成を受けた。匿名ながら貴重なご助言をくださった審査委員の方々をはじめ、関係各位に心より感謝申し上げる。

しかし本書の刊行にあたっては、名古屋大学出版会の橘宗吾さんのお力添えがなければ、とうとう日の目を見ることはなかったに違いない。稚拙な訳文が並ぶ原稿に辛抱強く目を通してくださった上、校正に向けて多くの的確なご助言をくださった橘さんのおかげで、なんとか刊行までたどり着くことができた。海外と日本の出版事情の違いに戸惑う私を温かく見守ってくださったことに深く感謝申し上げたい。また懇切丁寧に、一字一句に目を通して下さった同出版会の三原大地さんにも心よりお礼申し上げたい。

このほかにもお礼を申し上げるべき方は数多い。しかし、紙幅の制限もあるので、どうか最後に私の家族に感謝の言葉を捧げることをお許しいただきたい。

研究者を志望していた私の亡き父優二は、院生時代の留学の夢が叶わず、県立高校に勤めながらも必死に研究を進めていたという。大変な苦労をしたからこそ、私が辛い経験をしたときに真摯に悩みを聞いてくれたのだろう。母けい子は、何かと手のかかる私を一生懸命に育ててくれた。本書を両親に捧げることで、一つの親孝行としたい。妻ちえみは出会って以来、苦楽を共に過ごしてきた。新たに産まれた長男凛之介の成長を楽しみに、互いに笑顔で励まし合いながら、今後も歩を進めていきたい。

二〇一九年三月

上　英明

《著者略歴》

上《かみ》　英《ひで》明《あき》

1984 年生まれ
2008 年　東京大学教養学部卒業
2010 年　東京大学大学院総合文化研究科修士課程修了
2015 年　オハイオ州立大学学術大学院博士課程修了
現　在　神奈川大学外国語学部准教授，Ph. D.（歴史学）
著　書　*Diplomacy Meets Migration : US Relations with Cuba during the Cold War*, Cambridge University Press, 2018
The Cold War at Home and Abroad : Domestic Politics and U.S. Foreign Policy since 1945（分担執筆）, University Press of Kentucky, 2018 他

外交と移民

2019 年 5 月 20 日　初版第 1 刷発行

定価はカバーに
表示しています

著　者　上　　英　明

発行者　金　山　弥　平

発行所　一般財団法人　名古屋大学出版会

〒 464-0814　名古屋市千種区不老町 1 名古屋大学構内
電話（052）781-5027/FAX（052）781-0697

印刷・製本 ㈱太洋社　ISBN978-4-8158-0948-5

乱丁・落丁はお取替えいたします。

索　引

ア 行

カ 行

タ　行

ナ　行

ハ　行

マ　行

ラ・ワ行

英数字

図版一覧

図 1-1 フィデル・カストロ（Wikimedia Commons より）……… 19

図 1-2 ピッグズ湾兵士帰還式典（Photograph by Cecil Stoughton. Courtesy of the John F. Kennedy Presidential Library and Museum, image ID number ST-19-3-62）……… 29

図 1-3 ピッグズ湾兵士帰還式典において第 2506 舞台の旗を受け取るケネディ大統領（Photograph by Cecil Stoughton. Courtesy of the John F. Kennedy Presidential Library and Museum, image ID number ST-C-75-8-62）……… 29

図 1-4 チェ・ゲバラ（Wikimedia Commons より）……… 32

図 1-5 フリーダム・フライト（Courtesy of State Archives of Florida, Florida Memory, image ID number PR04718）……… 35

図 2-1 フォードとキッシンジャー（Photograph by David Hume Kennerly. Courtesy of the Gerald R. Ford Library, image ID number A4241-30A）……… 64

図 3-1 カーターとデュラン（White House Staff Photographers Collection. Courtesy of Jimmy Carter Presidential Library and Museum, NLC00274, image 17）……… 86

図 4-1 マリエル移民たち（Photograph by Dale M. McDonald. Courtesy of the State Archives of Florida, image ID number DM1347）……… 124

図 4-2 マリエル移民の一時拘留所となったキーウェスト（Photograph by Dale M. McDonald. Courtesy of the State Archives of Florida, image ID number DM1358）……… 139

図 4-3 米軍基地に収監されたマリエル移民たち（Courtesy of the State Archives of Florida, image ID number PR04722）……… 139

図 5-1 レーガンとマス・カノーサ（White House Staff Photographers Collection. Courtesy of Ronald Reagan Presidential Library and Museum, image ID number C14740-8）……… 177

図 6-1 マリエル帰化不能者の強制追放をめざす機密軍事作戦の計画書の一部（Courtesy of Ronald Reagan Presidential Library and Museum. 著者撮影）……… 195

図 7-1 民主化法案への支持を表明するジョージ・ブッシュ（Photograph by Susan Biddle. Courtesy of George Bush Presidential Library and Museum, image ID number P37381-8）……… 262

文献一覧

紙幅の関係上，以下で挙げる文献は本書で直接に引用したものに限る。
当然のことながら，執筆の際には，より多くの文献に学ぶことがあった。
本来であれば掲載されるべき方々や書物への感謝の意を表したい。

⑴ データベース，およびマイクロフィルム

American Presidency Project, University of California at Santa Barbara（APP）
Castro Speech Data Base, Latin American Network Information Center, University of Texas, Austin（LANIC）
Central Foreign Policy Files, Record Group 59, Access to Archival Databases at the National Archives（DOS-CFP）
Cold War International History Project Bulletin（CWIHPB）
Cuban Information Archives（CUIA）
Declassified Documents Reference System（DDRS）
Digital National Security Archive（DNSA）
Discursos e intervenciones del Comandante en Jefe Fidel Castro Ruz, Presidente del Consejo de Estado de la República de Cuba. [Speeches and Interventions of the Commander in Chief Fidel Castro Ruz, President of the State Council of the Republic of Cuba]（Discursos）
Foreign Relations of the United States（FRUS）
U.S. Department of State, Freedom of Information Act Virtual Reading Room（DOS-FOIA）
Wilson Center Digital Archive, History and Public Policy Program（WCDA）

⑵ アーカイヴ所蔵の一次史料

カナダ

Library and Archives Canada, Ottawa（LAC）
Department of External Affairs（RG25）

キューバ

Archivo Central del Ministerio de Relaciones Exteriores de Cuba [Central Archive of Cuban Ministry of External Relations]（MINREX）, Havana
Fondo. Cuba-EE. UU.
Serie 1 : Asuntos Migratorios
Serie 3 : Agresiones
Serie 5 : Política Norteamericana
Serie 6 : Bilaterales
Serie 7 : Terrorismo
Serie 12 : Bloqueo
Biblioteca del Centro de Estudios Hemisféricos y sobre Estados Unidos, Universidad de la Habana [Library at the Center for Hemispheric and United States Studies, University of Havana]

日本
Diplomatic Archives of the Ministry of Foreign Affairs of Japan (MOFA)

メキシコ
Archivo General de la Nación [General Archive of the Nation], Mexico City (AGN)
Fondo Dirección Federal de Seguridad [Department of Federal Security] (DFS)
Archivo Histórico Genaro Estrada, Secretaría de Relaciones Exteriores [Genaro Estrada History Archive, Foreign Ministry], Mexico City (AHGE)

イギリス
National Archives, Public Record Office, Kew, Surrey (PRO)
Records of the Foreign Office and Commonwealth Office (FCO)
Records of the Prime Minister's Office (PREM)

アメリカ合衆国（フロリダ州を除く）
Federal Bureau of Investigation, Freedom of Information Act
Gerald Ford Library, Ann Arbor, Michigan (GFL)
Digital Collections
National Security Adviser's Files (NSA)
Office of Public Liaison Files (OPL)
Staff Secretary's Office Files
Jimmy Carter Library, Atlanta, Georgia (JCL)
Domestic Policy Staff Files (DPS)
National Security Adviser's Files (NSA)
Office of the Assistant for Public Liaison (OAPL)
Office of the Staff Secretary Records
Plains Files (PF)
Records of the Cuban-Haitian Task Force
Records of the Office of the National Security Advisor (RNSA)
Records retrieved through the RAC system (RAC)
Vertical Files (VF)
White House Central Files, Subject Files
Zbigniew Brzezinski Collection (ZBC)
Ronald Reagan Presidential Library, Simi Valley, CA (RRL)
National Security Council Files (NSC)
Ronald Reagan 1980 Campaign Papers
White House Staff and Office Files
White House Office of Records Management, Subject Files (WHORM)
George H. W. Bush Library, College Station, Texas (GHWBL)
Brent Scowcroft Collection (BSC)
Bush Vice Presidential Records (BVPR)
Memcons and Telcons

National Security Council Files (NSC)
Office of Public Liaison Files (OPL)
White House Office Files
White House Office of Records Management, Subject Files (WHORM)
U.S. National Archives and Records Administration, College Park, Maryland (NARA)
Central Intelligence Agency Records Search Tool (CREST)
JFK Assassination Records Collection (JFK)
Record Group 59 : State Department Records (RG59)
Record Group 60 : Justice Department Records (RG60)

アメリカ合衆国(フロリダ州)
Cuban American National Foundation Archive, Miami (CANF Archive)
Florida International University Libraries' Special Collections, Miami
The New Republic / Jorge Mas Canosa Collections
Florida State University Libraries, Tallahassee (FSUL)
Claude Pepper Papers
State Archives of Florida, Tallahassee (SAF)
Records of Governor Chiles's Office
University of Miami Libraries' Cuban Heritage Collection, Coral Gables (UM-CHC)
Alpha 66 Records
Antonio Arias Collection
Bernardo Benes Collection
Cuban Refugee Center Records
Diana Kirby Papers
Mirta Ojito Collection
University of Miami Libraries' Special Collections, Coral Gables (UM-SC)
Dante Fascell Papers (DFP)
Winter Park Public Library, Winter Park (WPPL)
Paula Hawkins Collection

(3) 公刊史料

米国政府公刊史料
U.S. STATE DEPARTMENT
Department of State Bulletin (*DOSB*)

U.S. CONGRESS
House. Committee on Foreign Affairs. *Consideration of the Cuban Democracy Act of 1992*. 102nd Cong., 2nd sess., March 18 and 25, April 2 and 8, May 21, June 4 and 5, 1992.
House. Committee on Foreign Affairs. Subcommittees on Europe and the Middle East and on Western Hemisphere Affairs. *Cuba in a Changing World : The United States-Soviet-Cuban Triangle*. 102nd Cong., 1st sess., April 30, July 11 and 31, 1991.
House. Committee on Foreign Affairs. Subcommittees on International Economic Policy and Trade

and the Subcommittee on Inter-American Affairs. *Issues in United States-Cuba Relations*. 97th Cong., 2nd sess., December 14, 1982.

House. Committee on Foreign Affairs. Subcommittee on Western Hemisphere Affairs. *Recent Development in the United States-Cuban Relations : Immigration and Nuclear Power*. 102nd Cong., 1st sess., June 5, 1991.

House, Committee on Judiciary. Subcommittee on Immigration, Refugees, and International Law. *Caribbean Migration*. 96th Cong., 2nd sess., May 13, June 4, 17, 1980.

————. *Cuban / Haitian Adjustment*. 98th Cong., 2nd sess., May 9, 1984.

House. Committee on Judiciary. Subcommittee on International Law, Immigration, and Refugees. *Cuban and Haitian Immigration*. 102nd Cong., 1st sess., November 20, 1991.

House and Senate. Committee on Foreign Affairs and Foreign Relations. Country Reports on Human Rights Practices for 1979. *Report*. 96th Cong., 2d sess., February 4, 1980.

Senate. Committee on Foreign Relations. *Cuba : a Staff Report*. 93rd Cong., 2nd sess., August 2, 1974.

Senate. Committee on Judiciary. *Annual Refugee Consultation for 1982*. 97th Cong., 1st sess., September 22, 1981.

————. *Caribbean Refugee Crisis : Cubans and Haitians*. 96th Cong., 2nd sess., May 12, 1980.

Senate. Committee on Judiciary. Subcommittee on Immigration and Refugee Policy. *Refugee Consultation*. 97th Cong., 1st sess., September 29, 1982.

Senate. Committee on Judiciary. Subcommittee to Investigate the Administration of the Internal Security Act and Other Internal Security Laws. *Terroristic Activity : Terrorism in the Miami Area*, 94th Cong., 2nd sess., May 6, 1976.

Senate. Select Committee to Study Governmental Operations with Respect to Intelligence Activities. *Alleged Assassination Plots Involving Foreign Leaders : An Interim Report of the Select Committee to Study Government Operations*. 94th Cong., 1st sess., November 18, 1975.

それ以外の政府公刊史料

City of Miami. *Blue Ribbon Committee Report on Miami Cuban Demonstration of January 16, 1982*. Miami, FL, July 28, 1982.

Elliston, Jon, ed. *Psywar on Cuba : The Declassified History of U.S. Anti-Castro Propaganda*. Melbourne : Ocean Press, 1999.

Presidential Commission on Broadcasting to Cuba. *Final Report*. September 30, 1982.

キューバ政府公刊史料

A Battle for Our Dignity and Sovereignty. Cuba : n.d., 1980?

Castro, Fidel. *Cuba : La situación internacional. Informe al 3er. Congreso del PCC. Febrero de 1986*. Buenos Aires : Editorial Anteo, 1986.

————. *Declaration of Santiago, July 26, 1964*. Toronto : Fair Play for Cuba Committee, 1964.

————. *An Encounter with Fidel : An Interview by Gianni Minà*. Translated by Mary Todd. Melbourne : Ocean Press, 1991.

————. "Fidel Castro's Address to the National People's Government Assembly." *World Affairs* 143, no.1 (Summer 1980) : 20–64.

Diálogo del gobierno cubano y personas representativas de la comunidad cubana en el exterior, 1978.

Havana : Editora Política, 1994.

El regreso de Fidel a Caracas, 1989. Caracas : Ediciones de la Biblioteca de la Universidad Central de Venezuela, 1989.

Entrevista Concedida por el Comandante en Jefe Fidel Castro a la Periodista Norteamericana Barbara Walters, 19 de Mayo de 1977. Havana : Oficina de Publicaciones del Consejo de Estado, 1977.

I Congreso del Partido Comunista de Cuba. *Informe Central : Presentados por el compañero Fidel Castro Ruz Primer Secretario del Comité Central del Partido Comunista de Cuba*. Havana : Comité Central del Partido Comunista de Cuba, 1975.

Mankiewicz, Frank, and Kirby Jones. *With Fidel : A Portrait of Castro and Cuba*. Chicago : Playboy Press, 1975.

Reed, Gail. *Island in the Storm : The Cuban Community Party's Fourth Congress*. Melbourne : Ocean Press, 1992.

Vázquez Raña, Mario. *Raúl Castro : Entrevista al periódico El Sol de México*. Havana : Editorial Capitán San Luis, 1993.

在米キューバ人社会の公刊史料

Cuban American National Foundation. *Bush on Cuba*. Washington, DC : CANF, 1991.

————. *Radio Martí ya es una realidad... !* Washington, DC : CANF, ca.1984.

————. *Towards a New U.S.-Cuba Policy*. Washington, DC : CANF, 1988.

Mas Canosa, Jorge. *Jorge Mas Canosa en busca de una Cuba libre : Edición completa de sus discursos, entrevistas y declaraciones, 1962–1997*, vols. 1–3. Coral Gables, FL : North-South Center Press, University of Miami, 2003.

Miró Cardona, José. *Exaltación de José Martí*. San Juan, Puerto Rico : Editora Horizontes de América, 1974.

上記に属さない公刊史料

Americas Watch. *Dangerous Dialogue : Attacks on Freedom of Expression in Miami's Cuban Exile Community*. New York : Americas Watch, August 1992.

Amnesty International. "Cuba : Silencing the Voices of Dissent," December 1992, http://www.amnesty.org/es/library/asset/AMR25/026/1992/es/ec33ae5f-ed96-11dd-95f6-0b268ecef84f/amr250261992en.html (accessed December 20, 2014).

Communist Threat to the United States through the Caribbean Committee of Santa Fe. *A New Inter-American Policy for the Eighties*. Washington, DC : Council for Inter-American Security, 1980.

Commission on United States-Latin American Relations. *The United States and Latin America : Next Steps*. New York : Center for Inter-American Relations, 1976.

National Security Archive. "Bush and Gorbachev at Malta : Previously Secret Documents from Soviet and U.S. Files on the 1989 Meeting, 20 Years Later," http://www2.gwu.edu/~nsarchiv/NSAEBB/NSAEBB298/ (accessed October 31, 2014).

Seabury, Paul, and Walter A. McDougall, eds. *The Grenada Papers*. San Francisco : Institute for Contemporary Studies, 1984.

Walters, Barbara. "An Interview with Fidel Castro." *Foreign Policy* 28 (Fall 1977) : 22–51.

(4) 新聞・雑誌など

キューバ（スペイン語）
Bohemia, Havana ; *Granma*, Havana

スペイン（スペイン語）
El País, Madrid

イギリス（英語）
Economist, London ; *Guardian*, Manchester ; *Times*, London

アメリカ合衆国（英語）
Chicago Tribune ; *Cuba Update*, New York ; *Esquire*, New York ; *Forbes*, Jersey City, New Jersey ; *Fort Worth Star Telegram*, Texas ; *Los Angeles Times* ; *Miami Herald* (*MH*) ; *Miami News* ; *National Review*, New York ; *Newsweek*, New York ; *New Yorker* ; *New York Review of Books* ; *New York Times* (*NYT*) ; *Tampa Tribune Times*, Florida ; *U.S. News and World Report*, Washington, DC ; *Wall Street Journal*, New York ; *Washington Monthly* ; *Washington Post* (*WP*)

アメリカ合衆国（スペイン語）
Abdala, Miami, Florida ; *Areíto*, New York ; *Diario Las Américas*, Miami, Florida (*DLA*) ; *La Nación*, Miami, Florida ; *El Nuevo Herald* (Miami, Florida) ; *Patria*, Miami, Florida ; *RECE*, Miami, Florida ; *Réplica*, Miami, Florida

(5) 回顧録・伝記

Baker, James A. III, with Thomas M. DeFrank. *The Politics of Diplomacy : Revolution, War and Peace, 1989–1992*. New York : Putnam's, 1995.
Bosch, Orlando. *Los años que he vivido*. Miami, FL : New Press, 2010.
————. *Reflexiones*. n.d., 2006?
Carter, Jimmy. *White House Diary*. New York : Farrar, Straus and Giroux, 2010.
Castro, Fidel, and Ignacio Ramonet. *My Life*. Translated by Andrew Hurley. London : Allen Lane, 2007.
Clinton, Bill. *My Life*. New York : Alfred A. Knopf, 2004.
García Iturbe, Néstor. *Diplomacia sin sombra*. Havana : Editorial de Ciencias Sociales, 2007.
Haig, Alexander M., Jr. *Caveat : Realism, Reagan, and Foreign Policy*. New York : Macmillan, 1984.
Kissinger, Henry. *White House Years*. Boston : Little, Brown, 1979.
————. *Years of Renewal*. New York : Simon and Schuster, 1999.
López Portillo, José. *Mis tiempos : Biografía y testimonio político*, 2 vols. Mexico City : Fernández Editores, 1988.
Matos, Huber. *Cómo llegó la noche*. Barcelona : Tusquets Editores, 2002.
Ojito, Mirta. *Finding Mañana : A Memoir of a Cuban Exodus*. New York : Penguin Press, 2005.
Pankin, Boris. *The Last Hundred Days of the Soviet Union*. Translated by Alexei Pankin. London : I. B. Tauris, 1996.
Posada Carriles, Luis. *Los caminos del guerrero*. n.p., 1994.

Reagan, Nancy, and William Novak. *My Turn : The Memoirs of Nancy Reagan*. New York : Random House, 1989.

Reagan, Ronald. *An American Life : Ronald Reagan, The Autobiography*. New York : Simon and Schuster, 1990.

————. *The Reagan Diaries Unabridged*. Edited by Douglas Brinkley. 2 vols. New York : HarperCollins, 2009.

Rodriguez, Felix I., and John Weisman. *Shadow Warrior*. New York : Simon and Schuster, 1989.

Rubio, Marco. *An American Son : A Memoir*. New York : Sentinel, 2012.

Shultz, George P. *Turmoil and Triumph : My Years as Secretary of State*. New York : Scribner, 1993.

Skoug, Kenneth N., Jr. *The United States and Cuba under Reagan and Shultz : A Foreign Service Officer Reports*. Westport, CT : Praeger, 1996.

Smith, Wayne S. *The Closest of Enemies : A Personal and Diplomatic Account of U.S.-Cuban Relations since 1957*. New York : Norton, 1987.

Valladares, Armando. *Against All Hope : Prison Memoirs*. New York : Knopf, 1986.

Vorotnikov, Vitaly. *Gavana—Moskva : pamiatnye gody*. Moscow : Fond imeni I. D. Sytina, 2001.

Walters, Vernon. *The Mighty and the Meek : Dispatches from the Front Line of Diplomacy*. London : St. Ermin's, 2001.

Weinberger, Caspar W. *Fighting for Peace : Seven Critical Years in the Pentagon*. New York : Warner Books, 1990.

(6) インタビュー，およびオーラル・ヒストリー

Alzugaray, Carlos. Deputy Director of Analysis Department, North American Affairs Directorate in Cuban Foreign Ministry, 1980–1983. Interviews with author, Havana, July 4, 2014, and September 14, 2015.

Arboleya, Jesús. Former Cuban diplomat and scholar. Interview with author via email, August 11, 2014.

Bosworth, Stephen. U.S. deputy assistant secretary of state for inter-American affairs, 1981–1982, Foreign Affairs Oral History Project, Association for Diplomatic Studies and Training, Library of Congress（以下 FAOH と略す）, February 24, 2003.

Durán, Alfredo. Chair of Democratic Party of Florida, 1977–1980. Interviews with author, Miami, Florida, September 18, 2013, and November 14, 2013.

Eidenberg, Eugene. Assistant to the President for inter-governmental affairs. Interview by David Engstrom, Cupertino, California, June 17, 1988, and telephone interview by David Engstrom, Las Vegas, Nevada, March 22, 1991.

Ferch, John. Chief of U.S. interests section in Havana, 1982–1984, FAOH, September 27, 1991.

Flanigan, Alan H. Chief of U.S. interests section in Havana, 1990–1993, FAOH, June 16, 1997.

Frechette, Myles. Cuban Desk Officer for U.S. State Department, 1979–1982. Interview with author, Washington, DC, July 18, 2014.

García Entenza, Alberto. Assistant for the First Vice Minister of the Interior（participant of the U.S.-Cuban migration negotiations in the 1980s）. Interview with author, Havana, September 22, 2015.

García Iturbe, Néstor. Counselor for the Cuban Missions to the United Nations, 1974–1988. Interviews with author, Havana, July 9, 2014, and September 10, 2016.

Gelbard, Robert S. Principal Deputy Assistant Secretary of State for inter-American Affairs, 1991–1993. Interview with author, Washington, DC, June 30, 2015.

Gillespie, Charles A. Executive assistant for Assistant Secretary of State for inter-American affairs, 1981–1985, FAOH, September 19, 1995.

Glassman, Jon David. U.S. State Department policy planning staff, 1981–1983, FAOH, December 19, 1997.

Hernández, Francisco "Pepe" J. Director and President of Cuban American National Foundation. Interviews with author, Miami, Florida, May 7, 2014, and April 9, 2015.

Hughes, G. Phillip. Deputy foreign policy adviser to George Bush, 1981–85, FAOH, August 21, 1997.

Mas Canosa, Irma Santos. Widow of Jorge Mas Canosa. Luis J. Botifoll Oral History Project, Cuban Heritage Collection, University of Miami, August 9, 2010.

Morley, Robert B. U.S. State Department' s coordinator of Cuban affairs, 1988–1991 ; and NSC specialist for Latin American affairs, 1991–1993, FAOH, July 1, 1997.

Newsom, David D. Under Secretary of State for political affairs, 1978–1980. Telephone interview by David Engstrom, Las Vegas, Nevada, July 17, 1987 ; also in FAOH, June 17, 1991.

Padrón González, José Luis. Senior aide to Fidel Castro in charge of Cuban policy toward the United States, 1977–1985. Interviews by Elier Ramírez Cañedo and author. Havana, February 10, 2010, November 4, 2013, December 6, 2013, and July 11, 2014.

Palmieri, Victor. U.S. coordinator for Refugee Affairs, 1979–1980. Telephone interview by David Engstrom, New York, February 22, 1988.

Pérez-Stable, Marifeli. Sociologist and former member of *Areíto* and Antonio Meceo Brigade. Interview with author, Miami, Florida, November 20, 2013.

Renfrew, Charles B. Deputy Attorney General. Interview by David Engstrom, San Francisco, California, June 17, 1988.

Sánchez-Parodi Montono, Ramón. Head of the Cuban Interests Section in Washington, D.C., 1977–1989, and Vice Foreign Minister, 1989–1993. Interviews with author, Havana, July 10, 2014, and September 14, 2015.

Skoug, Kenneth N. U.S. State Department's coordinator of Cuban affairs, 1982–1988, FAOH, August 22, 2000.

Tarnoff, Peter. Executive secretary of the State Department. Telephone interview by David Engstrom, Las Vegas, Nevada. July 20, 1988.

Taylor, John J. "Jay." Chief of the U.S. interests section in Havana, 1987–1990, FAOH, April 25, 2000.

Viera Linares, José Raúl. Vice Foreign Minister, 1976–1990. Interviews with author, Havana, July 1, 2014, September 8, 2015, September 6, 2016, and September 13, 2016.

Watson, Alexander F. Assistant Secretary of State for inter-American affairs, 1993–1996, FAOH, October 29, 1997.

Watson, Jack. Chief of Staff to the President, 1980. Interview by David Engstrom, Atlanta, Georgia, March 7, 1988.

Wick, Charles Z. Director for United States Information Agency, 1981–1989. Presidential Oral History, Miller Center, University of Virginia, April 24–25, 2003.

Wilson, David Michael. Executive assistant to deputy director of USIA, FAOH, January 11, 2001.

(7) 世論調査

FIU Cuban Research Institute. 2014 FIU Cuba Poll : How Cuban Americans in Miami Views U.S. Policies toward Cuba. https://cri.fiu.edu/research/cuba-poll/2014-fiu-cuba-poll.pdf (accessed December 31, 2015).

Gallup, George H. *The Gallup Poll : Public Opinion 1980*. Wilmington, DE : Scholarly Resources, 1981.

Grenier, Guillermo J., Hugh Gladwin and Douglas McLaughen. *The 1993 FIU Cuba Poll*. https://cri.fiu.edu/research/cuba-poll/1993-cuba-poll.pdf (accessed January 6, 2015).

Pew Research Poll. "Most Support Stronger U.S. Ties with Cuba." January 16, 2015, http://www.people-press.org/files/2015/01/1-15-15-Cuba-release.pdf (accessed October 25, 2015).

(8) 二次文献

Aja Díaz, Antonio. *Al cruzar las fronteras*. Havana : Molinos Trade S. A., 2009.

Allison, Graham, and Philip Zelikow. *Essence of Decision : Explaining the Cuban Missile Crisis*, 2nd ed. New York : Addison Wesley Longman, 1999.（グレアム・アリソン／フィリップ・ゼリコウ『決定の本質——キューバ・ミサイル危機の分析（第 2 版）』全 2 巻，日経 BP 社，2016 年）

Alzugaray, Carlos. "Cuban Revolutionary Diplomacy 1959–2009." In B. J. C. McKercher, ed., *Routledge Handbook of Diplomacy and Statecraft*, 169–180. New York : Routledge, 2012.

————, and Anthony C. E. Quainton. "Cuba-U.S. Relations : Terrorism Dimension." *Pensamiento Propio* 34 (July–December 2011): 71–84.

Arboleya, Jesús. *The Cuban Counterrevolution*. Translated by Rafael Betancourt. Athens : Ohio University Center for International Studies, 2000.

————. *Cuba y los cubanoamericanos : El fenómeno migratorio cubano*. Havana : Fondo Editorial Casa de las Américas, 2013.

Armony, Ariel C. *Argentina, the United States, and the Anti-Communist Crusade in Central America, 1977–1984*. Athens : Ohio University Center for International Studies, 1997.

Bain, Mervyn J. *Soviet-Cuban Relations, 1985 to 1991 : Changing Perceptions in Moscow and Havana*. Lanham, MD : Lexington, 2007.

Benson, Devyn Spence. *Antiracism in Cuba : The Unfinished Revolution*. Chapel Hill : University of North Carolina Press, 2016.

Blight, James G., and Philip Brenner. *Sad and Luminous Days : Cuba's Struggle with the Superpowers after the Missile Crisis*. Lanham, MD : Rowman and Littlefield, 2002.

Bohning, Don. *The Castro Obsession : U.S. Covert Operations against Cuba, 1959–1965*. Washington, DC : Potomac, 2005.

Bon Tempo, Carl J. *Americans at the Gate : The United States and Refugees during the Cold War*. Princeton, NJ : Princeton University Press, 2008.

Boswell, Thomas D., and James R. Curtis. *The Cuban-American Experience : Culture, Images, and Perspectives*. Totowa, NJ : Rowman and Allanheld, 1983.

Brands, Hal. *Latin America's Cold War*. Cambridge, MA : Harvard University Press, 2010.

Brenner, Philip, and Saul Landau. "Passive Aggressive." *NACLA Report on the Americas* 27, no. 3 (November 1990): 13–25.

Brown, Jonathan C. *Cuba's Revolutionary World*. Cambridge, MA : Harvard University Press, 2017.

Brutents, Karen. "A New Soviet Perspective." In Wayne S. Smith, ed., *The Russians Aren't Coming : New Soviet Policy in Latin America*, 66–80. Boulder, CO : Lynne Rienner, 1992.

Buajasán Marrawi, José, and José Luis Méndez. *La República de Miami*. Havana : Editorial de Ciencias Sociales, 2003.

Bustamante, Michael J. "Anti-Communist Anti-Imperialism ? : Agrupación Abdala and the Shifting Contours of Cuban Exile Politics, 1968–1986." *Journal of American Ethnic History* 35, no. 1 (Fall 2015) : 71–99.

Byrne, Malcolm. *Iran-Contra : Reagan's Scandal and the Unchecked Abuse of Presidential Power*. Lawrence : University Press of Kansas, 2014.

Capó, Julio, Jr. "Queering Mariel : Mediating Cold War Foreign Policy and U.S. Citizenship among Cuba's Homosexual Exile Community, 1978–1994." *Journal of American Ethnic History* 29, no. 4 (Summer 2010) : 78–106.

Chase, Michelle. *Revolution within the Revolution : Women and Gender Politics in Cuba, 1952–1962*. Chapel Hill : University of North Carolina Press, 2015.

Cobbs Hoffman, Elizabeth. "Diplomatic History and the Meaning of Life : Toward a Global American History." *Diplomatic History* 21 (Fall 1997) : 499–518.

Craig, Campbell, and Fredrik Logevall. *America's Cold War : The Politics of Insecurity*. Cambridge, MA : Harvard University Press, 2009.

Croucher, Sheila L. *Imagining Miami : Ethnic Politics in a Postmodern World*. Charlottesville : University of Virginia Press, 1997.

DeConde, Alexander. *Ethnicity, Race, and American Foreign Policy : A History*. Boston : Northeastern University Press, 1992.

de la Fuente, Alejandro. *A Nation for All : Race, Inequality, and Politics in Twentieth Century Cuba*. Chapel Hill : University of North Carolina Press, 2001.

de la Garza, Rodolfo O., and Harry P. Pachón, eds. *Latinos and U.S. Foreign Policy : Representing the "Homeland ?"* Lanham, MD : Rowman & Littlefield, 2000.

————, Louis DeSipio, P. Chris Garcia, and Angelo Falcon. *Latino Voices : Mexican, Puerto Rican, and Cuban Perspectives on American Politics*. Boulder, CO : Westview, 1992.

Didion, Joan. *Miami*. New York : Simon and Schuster, 1987.

Diez Acosta, Tomás. *October 1962 : The "Missile" Crisis as Seen from Cuba*. New York : Pathfinder, 2002.

Dinges, John, and Saul Landau. *Assassination on Embassy Row*. New York : Pantheon Books, 1980.

Dobbs, Michael. *One Minute to Midnight : Kennedy, Khrushchev, and Castro on the Brink of Nuclear War*. New York : Knopf, 2008.（マイケル・ドブズ（布施由紀子訳）『核時計零時 1 分前——キューバ危機 13 日間のカウントダウン』日本放送出版協会，2010 年）

Domínguez, Jorge I. "Cooperating with the Enemy ? U.S. Immigration Policies toward Cuba." In Christopher Mitchell, ed., *Western Hemisphere Immigration and United States Foreign Policy*, 31–88. University Park : Pennsylvania State University Press, 1992.

————. "The Political Impact on Cuba of the Reform and Collapse of Communist Regimes." In Carmelo Mesa-Lago, ed., *Cuba after the Cold War*, 99–132. Pittsburgh, PA : University of Pittsburgh Press, 1993.

———. *To Make a World Safe for Revolution : Cuba's Foreign Policy*. Cambridge, MA : Harvard University Press, 1989.

———. "U.S. Policy toward Cuba in the 1980s and 1990s." *The Annals of the American Academy of Political and Social Sciences* 533 (May 1994) : 165–176.

———, and Rafael Hernández, eds. *U.S.-Cuban Relations in the 1990s*. Boulder, CO : Westview, 1989.

Eckstein, Susan E. *The Immigrant Divide : How Cuban Americans Changed the US and Their Homeland*. New York : Routledge, 2009.

Engstrom, David W. *Presidential Decision Making Adrift : The Carter Administration and the Mariel Boatlift*. Lanham, MD : Rowman and Littlefield, 1997.

Erisman, H. Michael. *Cuba's Foreign Relations in a Post-Soviet World*. Gainesville : University Press of Florida, 2000.

Escalante, Fabían. *The Secret War : CIA Covert Operations against Cuba 1959–1962*. Translated by Maxine Shaw. Melbourne : Ocean Press, 1995.

Espino, María Dolores. "Tourism in Cuba : A Development Strategy for the 1990s ?" In Jorge F. Pérez-López, ed., *Cuba at a Crossroads : Politics and Economics after the Fourth Party Congress*, 147–166. Gainesville : University Press of Florida, 1994.

Fagen, Richard R., Richard A. Brody, and Thomas J. O'Leary. *Cubans in Exile : Disaffection and the Revolution*. Stanford, CA : Stanford University Press, 1968.

Feinsilver, Julie M. *Healing the Masses : Cuban Health Politics at Home and Abroad*. Berkley : University of California Press, 1993.

Fernández, Damián J. *Cuba and the Politics of Passion*. Austin : University of Texas Press, 2000.

Fernández, Gastón. *The Mariel Exodus Twenty Years Later : A Study on the Politics of Stigma and a Research Bibliography*. Miami, FL : Ediciones Universal, 2002.

Foner, Eric. *The Story of American Freedom*. New York : Norton, 1998.

Forment, Carlos A. "Political Practice and the Rise of an Ethnic Enclave : The Cuban American Case, 1959–1979." *Theory and Society* 18 (1989) : 47–81.

Franklin, Jane. *Cuba and the United States : A Chronological History*. Melbourne : Ocean Press, 1997.

Frederick, Howard H. *Cuban-American Radio Wars : Ideology in International Telecommunications*. Norwood, NJ : Ablex, 1986.

Fursenko, Alexander, and Timothy Naftali. *"One Hell of a Gamble": Khrushchev, Castro, and Kennedy, 1958–1964*. New York : Norton, 1997.

Gabaccia, Donna R. *Foreign Relations : American Immigration in Global Perspective*. Princeton, NJ : Princeton University Press, 2012.

García Iturbe, Nestor. *De Ford a Bush*. Havana : Editora Política, 2008.

García, María Cristina. *Havana USA : Cuban Exiles and Cuban Americans in South Florida, 1959–1994*. Berkeley : University of California Press, 1996.

Glad, Betty. *An Outsider in the White House : Jimmy Carter, His Advisers, and the Making of American Foreign Policy*. Ithaca, NY : Cornell University Press, 2009.

Glazer, Nathan, and Daniel P. Moynihan, eds. *Ethnicity : Theory and Experience*. Cambridge, MA : Harvard University Press, 1975.

Gleijeses, Piero. *Conflicting Missions : Havana, Washington, and Africa, 1959–1976*. Chapel Hill :

University of North Carolina Press, 2002.

———. *Shattered Hope : The Guatemalan Revolution and the United States, 1944–1954*. Princeton, NJ : Princeton University Press, 1991.

———. *Visions of Freedom : Havana, Washington, Pretoria, and the Struggle for Southern Africa, 1976–1991*. Chapel Hill : University of North Carolina Press, 2013.

Gott, Richard. *Cuba : A New History*. New Haven, CT : Yale University Press, 2004.

Grandin, Greg, and Gilbert M. Joseph, eds. *A Century of Revolution : Insurgent and Counterinsurgent Violence during Latin America's Long Cold War*. Durham, NC : Duke University Press, 2010.

Greenhill, Kelly M. *Weapons of Mass Migration : Forced Displacement, Coercion, and Foreign Policy*. Ithaca, NY : Cornell University Press, 2010.

Grow, Michael. *U.S. Presidents and Latin American Interventions : Pursuing Regime Change in the Cold War*. Lawrence : University Press of Kansas, 2008.

Guerra, Lillian. *Visions of Power in Cuba : Revolution, Redemption, and Resistance, 1959–1971*. Chapel Hill : University of North Carolina Press, 2012.

Hahn, Peter L. *Caught in the Middle East : U.S. Policy toward the Arab-Israeli Conflict, 1945–1961*. Chapel Hill : University of North Carolina Press, 2004.

———. "Terrorism." In Akira Iriye and Pierre-Yves Saunier, eds., *The Palgrave Dictionary of Transnational History*, 1011–1014. London : Palgrave Macmillan, 2009.

Haney, Patrick J., and Walt Vanderbush. *The Cuban Embargo : The Domestic Politics of an American Foreign Policy*. Pittsburgh, PA : University of Pittsburgh Press, 2005.

Harmer, Tanya. *Allende's Chile and the Inter-American Cold War*. Chapel Hill : University of North Carolina Press, 2011.

Hernández, Rafael, and Redi Gomis. "Retrato del Mariel : el ángulo socioeconómico." *Cuadernos de Nuestra América* 3, no. 5 (January–June 1986) : 124–151.

Hoganson, Kristin. "Hop off the Bandwagon ! It's a Mass Movement, Not a Parade." *Journal of American History* 95 (March 2009) : 1087–1091.

Hull, Christopher. *British Diplomacy and US Hegemony in Cuba, 1898–1964*. New York : Palgrave Macmillan, 2013.

Huntington, Samuel. "The Erosion of American National Interests." *Foreign Affairs* 76, no. 5 (1997) : 28–49.

Immerman, Richard H. *The CIA in Guatemala : The Foreign Policy of Intervention*. Austin : University of Texas Press, 1982.

Jacobson, Matthew Frye. *Special Sorrows : The Diasporic Imagination of Irish, Polish, and Jewish Immigrants in the United States*. Cambridge, MA : Harvard University Press, 1995.

Jones, Howard. *The Bay of Pigs*. New York : Oxford University Press, 2008.

Joseph, Gilbert M., and Daniela Spenser, eds. *In From the Cold : Latin America's New Encounter with the Cold War*. Durham, NC : Duke University Press, 2008.

Kagan, Robert. *A Twilight Struggle : American Power and Nicaragua, 1977–1990*. New York : Free Press, 1996.

Kami, Hideaki. "Creating an Ethnic Lobby : Ronald Reagan, Jorge Mas Canosa, and the Birth of the Foundation." In Andrew L. Johns and Mitchell Lerner, eds., *The Cold War at Home and Abroad : Domestic Politics and U.S. Foreign Policy since 1945*. 173–194. Lexington : University Press of

Kentucky, 2018.

————. "Ethnic Community, Party Politics, and the Cold War : The Political Ascendancy of Miami Cubans, 1980–2000." *Japanese Journal of American Studies* 23 (2012) : 185–208.

————. "Migrant Politics and U.S. Foreign Policy," in "Domestic Politics and U.S. Foreign Relations : A Roundtable." *Passport* 46, no. 3 (January 2016) : 48–50.

Keller, Renata. *Mexico's Cold War : Cuba, the United States, and the Legacy of the Mexican Revolution*. New York : Cambridge University Press, 2015.

Kennan, George F. *The Cloud of Danger : Current Realities of American Foreign Policy*. Boston : Little, Brown and Company, 1977.

Kirk, John M., and Peter McKenna. *Canada-Cuba Relations : The Other Good Neighbor Policy*. Tallahassee : University Press of Florida, 1997.

Klepak, Hal. *Cuba's Military 1990–2005 : Revolutionary Soldiers during Counter-Revolutionary Times*. New York : Palgrave, 2005.

Knapp, Laurence F., ed. *Brian de Palma Interviews*. Jackson : University Press of Mississippi, 2003.

Krinsky, Michael, and David Golove, eds. *United States Economic Measures against Cuba : Proceedings in the United Nations and International Law Issues*. Northampton, MA : Aletheia Press, 1993.

Kruijt, Dirk. *Cuba and Revolutionary Latin America : An Oral History*. London : Zed Books, 2017.

Larzelere, Alex. *The 1980 Cuban Boatlift : Castro's Ploy—America's Dilemma*. Washington, DC : National Defense University Press, 1988.

LeoGrande, William M. *Our Own Backyard : The United States in Central America, 1977–1992*. Chapel Hill : University of North Carolina Press, 1998.

————, and Peter Kornbluh. *Back Channel to Cuba : The Hidden History of Negotiations between Washington and Havana*. Chapel Hill : University of North Carolina Press, 2014.

León Cotayo, Nicanor. *Crimen en Barbados*, 5ta ed. Havana : Editorial de Ciencias Sociales, 2006.

Levine, Barry B. "Miami : The Capital of Latin America." *Wilson Quarterly* 9, no. 5 (1985) : 47–69.

Levine, Robert M. *Secret Missions to Cuba : Fidel Castro, Bernardo Benes, and Cuban Miami*. New York : Palgrave Macmillan, 2001.

Lindskoog, Carl. *Detain and Punish : Haitian Refugees and the Rise of the World's Largest Immigration Detention System*. Gainesville : University of Florida Press, 2018.

Lipman, Jana K. "A Refugee Camp in America : Fort Chaffee and Vietnamese and Cuban Refugees, 1975–1982." *Journal of American Ethnic History* 33, no. 2 (Winter 2014) : 57–82.

Martín, Consuelo, and Guadalupe Pérez. *Familia, emigración y vida cotidiana en Cuba*. Havana : Editora Política, 1998.

Masud-Piloto, Felix. *From Welcomed Exiles to Illegal Immigrants : Cuban Migration to the U.S., 1959–1995*. Lanham, MD : Rowman and Littlefield, 1996.

McMahon, Robert J., ed. *The Cold War in the Third World*. New York : Oxford University Press, 2013.

McPherson, Alan. *Intimate Ties, Bitter Struggles : The United States and Latin America since 1945*. Washington, DC : Potomac Books, 2006.

Mearsheimer, John J., and Stephen M. Walt. *The Israel Lobby and U.S. Foreign Policy*. New York : Farrar, Straus and Giroux, 2007.

Méndez Méndez, José Luis. *Los años del terror (1974–1976)*. Havana : Editorial de Ciencias Sociales, 2006.

Mesa-Lago, Carmelo. *The Economy of Socialist Cuba : A Two-Decade Appraisal*. Albuquerque : University of New Mexico Press, 1981.

———, and Jorge F. Pérez-López. *Cuba's Aborted Reform : Socioeconomic Effects, International Comparisons, and Transition Politics*. Gainesville : University Press of Florida, 2005.

Mitchell, Nancy. *Jimmy Carter in Africa : Race and the Cold War*. Stanford, CA : Stanford University Press, 2016.

Moreno, Dario, and Christopher Warren. "The Conservative Enclave : Cubans in Florida." In de la Garza and DeSipio, eds., *From Rhetoric to Reality : Latino Politics and the 1988 Elections*, 127–146. Boulder, CO : Westview, 1992.

Morley, Morris H. *Washington, Somoza, and the Sandinistas : State and Regime in U.S. Policy toward Nicaragua, 1969–1981*. Cambridge, UK : Cambridge University Press, 1994.

———, and Chris McGillion. *Unfinished Business : America and Cuba after the Cold War, 1989–2001*. Cambridge, UK : Cambridge University Press, 2002.

Ngai, Mae E. "Immigration and Ethnic History." In Eric Foner and Lisa McGirr, eds., *American History Now*, 358–375. Philadelphia : Temple University Press, 2011.

Oñate, Andrea. "The Red Affairs : FMLN-Cuban relations during the Salvadoran Civil War, 1981–1992." *Cold War History* 11, no. 2 (May 2011) : 133–154.

Parker, Jason C. *Brother's Keeper : The United States, Race, and Empire in the British Caribbean, 1937–1962*. New York : Oxford University Press, 2008.

Paterson, Thomas G. *Contesting Castro : The United States and the Triumph of the Cuban Revolution*. New York : Oxford University Press, 1994.

Paul Friedman, Max. "Retiring the Puppets, Bringing Latin America Back In : Recent Scholarship on United States-Latin American Relations." *Diplomatic History* 27 (November 2003) : 621–636.

Pavlov, Yuri. *The Soviet-Cuban Alliance, 1959–1991*. New Brunswick, NY : Transaction, 1993.

Pedraza, Silvia. *Political Disaffection in Cuba's Revolution and Exodus*. New York : Cambridge University Press, 2007.

Pedraza-Bailey, Silvia. *Political and Economic Migrants in America : Cubans and Mexicans*. Austin : University of Texas Press, 1985.

Pérez, Lisandro. "The Cuban Population of the United States : The Results of the 1980 U.S. Census of Population." *Cuban Studies / Estudios Cubanos* 15, no. 2 (Summer 1985) : 1–18.

Pérez, Louis A., Jr. *Cuba : Between Reform and Revolution*, 4th ed. New York : Oxford University Press, 2011.

———. *Cuba in the American Imagination : Metaphor and the Imperial Ethos*. Chapel Hill : University of North Carolina Press, 2008.

———. *On Becoming Cuban : Identity, Nationality and Culture*. New York : Ecco, Harper Collins, 1999.

———. "The Personal is Political : Animus and Malice in the U.S. Policy toward Cuba, 1959–2009." In Soraya M. Castro Mariño and Ronald W. Pruessen, eds., *Fifty Years of Revolution : Perspectives on Cuba, the United States, and the World*, 137–166. Gainesville : University Press of Florida, 2012.

———. *The Structure of Cuban History : Meanings and Purpose of the Past*. Chapel Hill : University of North Carolina Press, 2013.

———. *The War of 1898 : The United States and Cuba in History and Historiography*. Chapel Hill : University of North Carolina Press, 1998.

Pérez-López, Jorge F. *Cuba's Second Economy*. New Brunswick, NJ : Transaction, 1995.

Portes, Alejandro, and Robert L. Bach. *Latin Journey : Cuban and Mexican Immigrants in the United States*. Berkeley : University of California Press, 1985.

———, and Alex Stepick. *City on the Edge : The Transformation of Miami*. Berkeley : University of California Press, 1993.

Poyo, Gerald E. *Cuban Catholics in the United States, 1960–1980 : Exile and Integration*. Notre Dame, IN : University of Notre Dame Press, 2007.

Prieto, Yolanda. *The Cubans of Union City : Immigrants and Exiles in a New Jersey Community*. Philadelphia, PA : Temple University Press, 2009.

Rabe, Stephen G. *The Killing Zone : The United States Wages Cold War in Latin America*. New York : Oxford University Press, 2012.

Ramírez Cañedo, Elier, y Esteban Morales Domínguez. *De la confrontación a los intentos de "normalización": La política de los Estados Unidos hacia Cuba*. Havana : Editorial de Ciencias Sociales, 2011.

———. *De la confrontación a los intentos de "normalización": La política de los Estados Unidos hacia Cuba*. 2da edición ampliada. Havana : Editorial de Ciencias Sociales, 2014.

Rivera, Mario Antonio. *Decision and Structure : U.S. Refugee Policy in the Mariel Crisis*. Lanham, MD : University Press of America, 1991.

Rivero Collado, Carlos. *Los sobrinos del Tío Sam*. Havana : Editorial de Ciencias Sociales, 1976.

Robbins, Carla Anne. "Dateline Washington : Cuban-American Clout." *Foreign Policy* 88 (Fall 1992) : 162–182.

Sánchez-Parodi, Ramón. *Cuba-USA : diez tiempos de una relación*. México, DF : Ocean Sur, 2011.

———. "The Reagan-Castro Years : The New Right and Its Anti-Cuban Obsession." In Soraya M. Castro Mariño and Ronald W. Pruessen, eds., *Fifty Years of Revolution : Perspectives on Cuba, the United States, and the World*, 261–278. Gainesville : University Press of Florida, 2012.

Schoultz, Lars. *That Infernal Little Cuban Republic : The United States and the Cuban Revolution*. Chapel Hill : University of North Carolina Press, 2009.

Shain, Yossi. "Multicultural Foreign Policy." *Foreign Policy* 95, no. 100 (1995) : 69–87.

Small, Melvin. *Democracy and Diplomacy : The Impact of Domestic Politics on U.S. Foreign Policy, 1789–1994*. Baltimore, MD : Johns Hopkins University Press, 1996.

Smith, Gaddis. *The Last Years of the Monroe Doctrine, 1945–1993*. New York : Hill and Wang, 1994.

Smith, Peter H. *Talons of the Eagle : Dynamics of U.S.-Latin American Relations*. New York : Oxford University Press, 2000.

Smith, Tony. *Foreign Attachments : The Power of Ethnic Groups in the Making of American Foreign Policy*. Cambridge, MA : Harvard University Press, 2000.

Stepick, Alex, Guillermo Grenier, Max Castro, and Marvin Dunn. *This Land Is Our Land : Immigrant and Power in Miami*. Berkeley : University of California Press, 2003.

Suárez Feliú, Nestor. *El Rescate de una Nación*. Miami, FL : Fundación Nacional Cubano Americana,

1997.
Sweig, Julia A. *Cuban Revolution : Fidel Castro and the Urban Underground*. Cambridge, MA : Harvard University Press, 2002.
Szulc, Tad. *Fidel : A Critical Portrait*. New York : William Morrow, 1986.
Talleda, Miguel L. *Alpha 66 y su histórica tarea*. Miami, FL : Ediciones Universal, 1995.
Torres, María de los Angeles. *In the Land of Mirrors : Cuban Exile Politics in the United States*. Ann Arbor : University of Michigan Press, 1999.
Vargas Llosa, Álvaro. *El exilio indomable : historia de la disidencia cubana en el destierro*. Madrid : Espasa, 1998.
Westad, Odd Arne. *The Global Cold War : Third World Interventions and the Making of Our Times*. Cambridge, UK : Cambridge University Press, 2007.（O・A・ウェスタッド（佐々木雄太監訳）『グローバル冷戦史——第三世界への介入と現代世界の形成』名古屋大学出版会，2010 年）
Wilson, James Graham. *The Triumph of Improvisation : Gorbachev's Adaptability, Reagan's Engagement, and the End of the Cold War*. Ithaca, NY : Cornell University Press, 2014.
Wright, Thomas C. *Latin America in the Era of the Cuban Revolution*, rev. ed. Westport, CT : Praeger, 2001.
Ziegler, Melanie M. *U.S.-Cuban Cooperation : Past, Present, and Future*. Gainesville : University Press of Florida, 2007.

イングリッシュ，T・J（伊藤孝訳）『マフィア帝国ハバナの夜——ランスキー・カストロ・ケネディの時代』さくら舎，2016 年。

上　英明「1898 年戦争の記憶——米・キューバ国交正常化交渉におけるプエルトリコ独立問題を事例に」『国際政治』第 187 号（2017 年），16-29 頁。

————「米・キューバ関係の国交正常化について——オバマ外交を問う」『歴史学研究』第 943 号（2016 年 4 月），50-56 頁。

グールド，イリジャ・H（森丈夫監訳）『アメリカ帝国の胎動——ヨーロッパ国際秩序とアメリカ独立』彩流社，2016 年。

後藤政子『キューバ現代史——革命から対米関係改善まで』明石書店，2016 年。

古矢　旬『アメリカニズム——「普遍国家」のナショナリズム』東京大学出版会，2002 年。

注

序　章

（1）Pew Research Poll (online), "Most Support Stronger U.S. Ties with Cuba," January 16, 2015 ; and *Washington Post*（以下 *WP* と略す）(online), "Poll shows vast majority of Cubans welcome closer ties with U.S.," April 8, 2015.

（2）Rubio's statement, http://video.foxnews.com/v/3947931342001/sen-rubio-blasts-white-houses-absurd-cuba-concessions/?playlist_id=2114913880001#sp=show-clips/daytime (accessed September 1, 2015).

（3）Obama's remarks, January 20, 2015, American Presidency Project（以下 APP と略す）.

（4）対キューバ経済制裁の有効性を疑問視する米側の分析としては，たとえば以下を参照されたい。CIA はすでに冷戦終結を前にして，経済制裁は逆にカストロ政権の支持基盤を強化してきたと結論づけている。Appendix F "US and OAS Sanctions against Cuba (1962–Present)," in CIA Research Paper, "Economic Sanctions : A Historical Analysis," March 1989, in folder "Cuba (General) January–June 1990 [4]," NSC : William T. Pryce Files, George H. W. Bush Library（以下 GHWBL と略す）.

（5）Morris Morley and Chris McGillion, *Unfinished Business : America and Cuba after the Cold War, 1989–2001* (Cambridge, UK : Cambridge University Press, 2002); Patrick J. Haney and Walt Vanderbush, *The Cuban Embargo : The Domestic Politics of an American Foreign Policy* (Pittsburgh, PA : University of Pittsburgh Press, 2005); and Susan E. Eckstein, *The Immigrant Divide : How Cuban Americans Changed the US and Their Homeland* (New York : Routledge, 2009).

（6）Nathan Glazer and Daniel P. Moynihan, eds., *Ethnicity : Theory and Experience* (Cambridge, MA : Harvard University Press, 1975), 23–24.

（7）米国のナショナリズム編成における人の移動の重要性については，古矢旬『アメリカニズム――「普遍国家」のナショナリズム』（東京大学出版会，2002 年）を参照されたい。

（8）Robert J. McMahon, ed., *The Cold War in the Third World* (New York : Oxford University Press, 2013), 3–4 ; and Odd Arne Westad, *The Global Cold War : Third World Interventions and the Making of Our Times* (Cambridge, UK : Cambridge University Press, 2007).

（9）Piero Gleijeses, *Conflicting Missions : Havana, Washington, and Africa, 1959–1976* (Chapel Hill : University of North Carolina Press, 2002); Gleijeses, *Visions of Freedom : Havana, Washington, Pretoria, and the Struggle for Southern Africa, 1976–1991* (Chapel Hill : University of North Carolina Press, 2013); and Tanya Harmer, *Allende's Chile and the Inter-American Cold War* (Chapel Hill : University of North Carolina Press, 2011).

（10）Louis A. Pérez, Jr., *Cuba in the American Imagination : Metaphor and the Imperial Ethos* (Chapel Hill : University of North Carolina Press, 2008); Pérez, *Cuba : Between Reform and Revolution*, 4th ed. (New York : Oxford University Press, 2011); and Lars Schoultz, *That Infernal Little Cuban Republic : The United States and the Cuban Revolution* (Chapel Hill : University of

North Carolina Press, 2009).

(11) たとえば，以下を参照されたい。Morley and McGillion, *Unfinished Business* ; Haney and Vanderbush, *Embargo* ; and Schoultz, *Infernal*.

(12) Elizabeth Cobbs Hoffman, “Diplomatic History and the Meaning of Life : Toward a Global American History,” *Diplomatic History* 21 (Fall 1997): 499–518. 外交史家クリスティン・ホーガンソンは，移民史が外交史や国際関係史において今まであまり注目を集めなかった理由として，人の移動が「伝統的な外交関係史の土台」を揺さぶることを挙げる。移民を扱うことによってワシントンの意志決定が関心の枠から外れ，ついには「国際関係史の基本単位」である国家を解体するのではないかと恐れられたという。Christine Hoganson, “Hop off the Bandwagon ! It’s a Mass Movement, Not a Parade,” *Journal of American History* 95 (March 2009): 1089.

(13) 北米移民史の動向については，以下が詳しい。Mae E. Ngai, “Immigration and Ethnic History,” in Eric Foner and Lisa McGirr, eds., *American History Now* (Philadelphia, PA : Temple University Press, 2011), 358–375. トランスナショナリズムを強調した移民史家による代表的著作としては，以下がある。Donna R. Gabaccia, *Foreign Relations : American Immigration in Global Perspective* (Princeton, NJ : Princeton University Press, 2012); and Matthew Frye Jacobson, *Special Sorrows : The Diasporic Imagination of Irish, Polish, and Jewish Immigrants in the United States* (Cambridge, MA : Harvard University Press, 1995). ただし，こうした移民研究が第一義的に目指すのは，あくまで国際政治による人の移動や生活様式への影響を明らかにすることである。手法の類似性があるとはいえ，人の移動による国際関係の変容に注目する本書とは，目的が根本的に異なるといえる。

(14) なお，これまで米国外交史の分野において，例外的に人の移動に注目した著作には以下がある。Jason C. Parker, *Brother’s Keeper : The United States, Race, and Empire in the British Caribbean, 1937–1962* (New York : Oxford University Press, 2008); and Alexander DeConde, *Ethnicity, Race, and American Foreign Policy : A History* (Boston : Northeastern University Press, 1992). 外交政策の道具として人の移動が使用されることを指摘したものには以下があるが，政府の視点に偏りすぎている点には注意が必要である。Kelly M. Greenhill, *Weapons of Mass Migration : Forced Displacement, Coercion, and Foreign Policy* (Ithaca, NY : Cornell University Press, 2010); and Meredith Oyen, *The Diplomacy of Migration : Transnational Lives and the Making of U.S.-Chinese Relations in the Cold War* (Ithaca, NY : Cornell University Press, 2015).

(15) キューバ系移民に関する代表的な初期の研究として，以下を挙げる。Richard R. Fagen, Richard A. Brody, and Thomas J. O’Leary, *Cubans in Exile : Disaffection and the Revolution* (Stanford, CA : Stanford University Press, 1968); Thomas D. Boswell and James R. Curtis, *The Cuban-American Experience : Culture, Images, and Perspectives* (Totowa, NJ : Rowman and Allanheld, 1983); and Felix Masud-Piloto, *From Welcomed Exiles to Illegal Immigrants : Cuban Migration to the U.S., 1959–1995* (Lanham, MD : Rowman and Littlefield, 1996).

(16) Alejandro Portes and Alex Stepick, *City on the Edge : The Transformation of Miami* (Berkeley : University of California Press, 1993); Sheila L. Croucher, *Imagining Miami : Ethnic Politics in a Postmodern World* (Charlottesville : University of Virginia Press, 1997); and Alex Stepick et al., *This Land Is Our Land : Immigrant and Power in Miami* (Berkeley : University of California Press, 2003).

(17) María Cristina García, *Havana USA : Cuban Exiles and Cuban Americans in South Florida, 1959–1994* (Berkeley : University of California Press, 1996). その他，以下も参照されたい。María de los Angeles Torres, *In the Land of Mirrors : Cuban Exile Politics in the Unites States* (Ann Arbor : University of Michigan Press, 1999) ; Gerald E. Poyo, *Cuban Catholics in the United States, 1960–1980 : Exile and Integration* (Notre Dame, IN : University of Notre Dame Press, 2007) ; and Silvia Pedraza, *Political Disaffection in Cuba's Revolution and Exodus* (New York : Cambridge University Press, 2007). マイアミ以外の地域については，以下が詳しい。Yolanda Prieto, *The Cubans of Union City : Immigrants and Exiles in a New Jersey Community* (Philadelphia, PA : Temple University Press, 2009).

(18) Max Paul Friedman, "Retiring the Puppets, Bringing Latin America Back In : Recent Scholarship on United States-Latin American Relations," *Diplomatic History* 27 (November 2003) : 621–636. 米国中心史観として後に批判されることになったものとしては，以下がある。Peter H. Smith, *Talons of the Eagle : Dynamics of U.S.-Latin American Relations* (New York : Oxford University Press, 2000) ; and Gaddis Smith, *The Last Years of the Monroe Doctrine, 1945–1993* (New York : Hill and Wang, 1994).

(19) Gilbert M. Joseph and Daniela Spenser, eds., *In From the Cold : Latin America's New Encounter with the Cold War* (Durham, NC : Duke University Press, 2008) ; and Greg Grandin and Gilbert M. Joseph, eds., *A Century of Revolution : Insurgent and Counterinsurgent Violence during Latin America's Long Cold War* (Durham, NC : Duke University Press, 2010).

(20) 反革命については以下を見よ。Jesús Arboleya, *The Cuban Counterrevolution*, trans. Rafael Betancourt (Athens : Ohio University Center for International Studies, 2000). スペイン語の原書は 1997 年，*La contrarrevolución cubana* という題で出版されている。

(21) 北米の覇権と中南米の主体性をめぐる論争については，以下を参照されたい。Hal Brands, *Latin America's Cold War* (Cambridge, MA : Harvard University Press, 2010) ; and Stephen G. Rabe, *The Killing Zone : The United States Wages Cold War in Latin America* (New York : Oxford University Press, 2012).

(22) Damián J. Fernández, *Cuba and the Politics of Passion* (Austin : University of Texas Press, 2000).

(23) 本書では「革命」と「反革命」という用語を価値中立的に用いる。なお，反革命は必ずしもバティスタ独裁の復権を意味するものではない。反革命勢力の多くはかつて革命を支持したことがあり，むしろフィデル・カストロが具体的に政策を遂行する過程で，反旗を翻したようである。なお，彼らのなかには，フィデルが「革命」を裏切ったとさえ言う者がいるが，こうした人々の多くが，ニカラグアのコントラをはじめ，アジア，アフリカ，ラテンアメリカの各地で他の反革命勢力を支持した点は重要である。

(24) ハバナの移住者政策を分析したものは少ないが，近年では以下が刊行されている。Jesús Arboleya, *Cuba y los cubanoamericanos : El fenómeno migratorio cubano* (Havana : Fondo Editorial Casa de las Américas, 2013), esp. chap. 4. ほかにもキューバにおける代表的な移民研究の成果として，以下を挙げる。Antonio Aja Díaz, *Al cruzar las fronteras* (Havana : Molinos Trade S.A., 2009) ; José Buajasán Marrawi and José Luis Méndez, *La República de Miami* (Havana : Editorial de Ciencias Sociales, 2003) ; and Consuelo Martín and Guadalupe Pérez, *Familia, emigración y vida cotidiana en Cuba* (Havana : Editora Política, 1998).

(25) 北米史と自民族中心主義の関係について，著者の見解に近いものとして以下を挙げる。

イリジャ・H・グールド（森丈夫監訳）『アメリカ帝国の胎動——ヨーロッパ国際秩序とアメリカ独立』（彩流社，2016 年），特に 35-36 頁。

(26) Schoultz, *Infernal* ; and William M. LeoGrande and Peter Kornbluh, *Back Channel to Cuba : The Hidden History of Negotiations between Washington and Havana* (Chapel Hill : University of North Carolina Press, 2014).

(27) エリエル・ラミレス・カニェード氏は私の研究協力者であり，米側の史料を提供させていただいた。氏は，特にカーター期における米・キューバ関係の対話の試みについて優れた博士論文を執筆し，のちに著書を発表している。なお，モラレスは氏の指導教官にあたる。Elier Ramírez Cañedo and Esteban Morales Domínguez, *De la confrontación a los intentos de "normalización" : La política de los Estados Unidos hacia Cuba* (Havana : Editorial de Ciencias Sociales, 2011) ; ibid., 2da edición ampliada (Havana : Editorial de Ciencias Sociales, 2014). ほかにもキューバ外交について示唆に富む議論としては，以下がある。Carlos Alzugaray, "Cuban Revolutionary Diplomacy 1959–2009," in B. J. C. McKercher, ed., *Routledge Handbook of Diplomacy and Statecraft* (New York : Routledge, 2012), 169–180 ; and Jorge I. Domínguez, *To Make a World Safe for Revolution : Cuba's Foreign Policy* (Cambridge, MA : Harvard University Press, 1989).

(28) この論争については，以下を参照されたい。Yossi Shain, "Multicultural Foreign Policy," *Foreign Policy* 95, no. 100 (1995) : 69–87 ; and Samuel Huntington, "The Erosion of American National Interests," *Foreign Affairs* 76, no. 5 (1997) : 28–49. 論争はその後も断続的に続いている。Tony Smith, *Foreign Attachments : The Power of Ethnic Groups in the Making of American Foreign Policy* (Cambridge, MA : Harvard University Press, 2000) ; and John J. Mearsheimer and Stephen M. Walt, *The Israel Lobby and U.S. Foreign Policy* (New York : Farrar, Straus and Giroux, 2007). エスニック集団と外交政策の関係について，より実証的な研究を試みたものとしては，以下がある。Louis L. Gerson, *The Hyphenate in Recent American Politics and Diplomacy* (Lawrence : University of Kansas Press, 1964) ; and David M. Paul and Rachel A. Paul, *Ethnic Lobbies and U.S. Foreign Policy* (Boulder, CO : Lynne Rienner, 2009).

(29) 例外的に，米国外交とエスニック・ロビーの関係について，米国政府，およびそれ以外の政府の史料を用いて分析を行った著作として，以下を挙げる。Peter L. Hahn, *Caught in the Middle East : U.S. Policy toward the Arab-Israeli Conflict, 1945–1961* (Chapel Hill : University of North Carolina Press, 2004). なお，国内政治と米国外交の相関を論じた概説的な歴史書としては，以下がある。Campbell Craig and Fredrik Logevall, *America's Cold War : The Politics of Insecurity* (Cambridge, MA : Harvard University Press, 2009) ; and Melvin Small, *Democracy and Diplomacy : The Impact of Domestic Politics on U.S. Foreign Policy, 1789–1994* (Baltimore, MD : Johns Hopkins University Press, 1996).

(30) 本書の刊行以前において，米・キューバ関係に特に重要な役割を果たした在米キューバ系米国人財団 CANF は，わずか二名の人物に所蔵史料の使用を許可している。Nestor Suárez Feliú, *El Rescate de una Nación* (Miami, FL : Fundación Nacional Cubano Americana, 1997) ; and Álvaro Vargas Llosa, *El exilio indomable : historia de la disidencia cubana en el destierro* (Madrid : Espasa, 1998). しかし，いずれの著作も引用のルールに従って論拠を示すものではなく，提示された議論についても，米国政府やキューバ政府の史料を用いた裏付けを行っていない。

（31）キューバに対するメキシコ，カナダ，イギリス，日本の態度については，以下を参照されたい。Renata Keller, *Mexico's Cold War : Cuba, the United States, and the Legacy of the Mexican Revolution*（New York : Cambridge University Press, 2015）; John M. Kirk and Peter McKenna, *Canada-Cuba Relations : The Other Good Neighbor Policy*（Tallahassee : University Press of Florida, 1997）; Christopher Hull, *British Diplomacy and US Hegemony in Cuba, 1898–1964*（New York : Palgrave Macmillan, 2013）; and Kanako Yamaoka, "Cuban-Japanese Relations in Japanese Perspective : Economic Pragmatism and Political Distance," in Donna Rich Kaplowitz, ed., *Cuba's Ties to a Changing World*（Boulder : Lynne Rienner, 1993）.

第1章　革命と反革命

（1）George F. Kennan, *The Cloud of Danger : Current Realities of American Foreign Policy*（Boston : Little, Brown, 1977）, 59–66.

（2）Louis A. Pérez, Jr., *The Structure of Cuban History : Meanings and Purpose of the Past*（Chapel Hill : University of North Carolina Press, 2013）.

（3）Louis A. Pérez, Jr., *Cuba in the American Imagination : Metaphor and the Imperial Ethos*（Chapel Hill : University of North Carolina Press, 2008）; and Schoultz, *Infernal*, chap. 1.

（4）拙稿「1898年戦争の記憶——米・キューバ国交正常化交渉におけるプエルトリコ独立問題を事例に」『国際政治』第187号（2017年），16–29頁。

（5）Gott, *Cuba*, chaps. 4–5 ; Schoultz, *Infernal*, chaps. 1–2 ; and Louis A. Pérez, Jr., *On Becoming Cuban : Identity, Nationality and Culture*（New York : Ecco, Harper Collins, 1999）, chap. 6.

（6）Pérez, *Cuba*, 210–236, 252–256. 後藤政子『キューバ現代史——革命から対米関係改善まで』（明石書店，2016年），36-39頁が特に詳しい。

（7）T・J・イングリッシュ（伊藤孝訳）『マフィア帝国ハバナの夜——ランスキー・カストロ・ケネディの時代』（さくら舎，2016年）。

（8）詳しくは以下を参照されたい。Julia A. Sweig, *Cuban Revolution : Fidel Castro and the Urban Underground*（Cambridge, MA : Harvard University Press, 2002）; and Thomas G. Paterson, *Contesting Castro : The United States and the Triumph of the Cuban Revolution*（New York : Oxford University Press, 1994）.

（9）Paterson, *Contesting Castro* ; and Schoultz, *Infernal*, chaps. 2–3.

（10）Cited in Gott, *Cuba*, 165.

（11）Pérez, *Cuba*, 238–243.

（12）Pérez, *Cuba*, 239, 242–243 ; Pérez, *Structure*, 206–207 ; and Lillian Guerra, *Visions of Power in Cuba : Revolution, Redemption, and Resistance, 1959–1971*（Chapel Hill : University of North Carolina Press, 2012）, esp. chap. 4. 黒人については，以下を参照されたい。Alejandro de la Fuente, *A Nation for All : Race, Inequality, and Politics in Twentieth Century Cuba*（Chapel Hill : University of North Carolina Press, 2001）; and Devyn Spence Benson, *Antiracism in Cuba : The Unfinished Revolution*（Chapel Hill : University of North Carolina Press, 2016）. 女性については，Michelle Chase, *Revolution within the Revolution : Women and Gender Politics in Cuba, 1952–1962*（Chapel Hill : University of North Carolina Press, 2015）.

（13）Schoultz, *Infernal*, 88–100 ; and LeoGrande and Kornbluh, *Back Channel*, 23–24.

（14）Arboleya, *Cuban Counterrevolution*, 40–43 ; and Fabían Escalante, *The Secret War : CIA Covert Operations against Cuba 1959–1962*, trans. Maxine Shaw (Melbourne : Ocean Press,

1995), chap. 2.

(15) Pérez, *Cuba*, 240-246 ; Guerra, *Visions of Power*, 77-84 ; and Schoultz, *Infernal*, 104, 110-112.

(16) Pérez, *Structure*, 242-255.

(17) Speech by Castro, October 26, 1959, Castro Speech Data Base, Latin American Network Information Center (以下 LANIC と略す).

(18) Schoultz, *Infernal*, 103-104 ; and Guerra, *Visions of Power*, 84-87, 91-92.

(19) Schoultz, *Infernal*, 87-92, 104-105, 112-116 ; Howard Jones, *The Bay of Pigs* (New York : Oxford University Press, 2008), 13, 18-19, 21 ; and Escalante, *Secret War*, 42, 50, 62-63. ラ・クーブル号爆破事件の真相は未だに解明されていない。カストロ本人も後年,「百年後までには記録が公開されるだろう」と述べている。James G. Blight, Bruce J. Allyn, and David A. Welch, *Cuba on the Brink : Castro, the Missile Crisis, and the Soviet Collapse*, rev. ed. (Lanham, MD : Rowman and Littlefield, 2002), 180.

(20) Alexander Fursenko and Timothy Naftali, *"One Hell of a Gamble": Khrushchev, Castro, and Kennedy, 1958-1964* (New York : Norton, 1997), 22-31.

(21) Schoultz, *Infernal*, 117-139. 以後はハバナのスイス大使館が米国の利益を，ワシントンのチェコ大使館がキューバの利益をそれぞれ代表した。

(22) グアテマラ革命への CIA の介入を目の当たりにしたチェ・ゲバラは，カストロらに当時の様子を伝えていたという。Fidel Castro and Ignacio Ramonet, *My Life*, trans. Andrew Hurley (London : Allen Lane, 2007), 173.

(23) Castro's speech, September 2, 1960, LANIC.

(24) Thomas C. Wright, *Latin America in the Era of the Cuban Revolution*, rev. ed. (Westport, CT : Praeger, 2001), chap. 3 ; Rabe, *Killing Zone*, chaps. 4-5 ; and Brands, *Latin America's*, chaps. 1-2.

(25) Masud-Piloto, *From Welcomed Exiles*, 1-6, 35-41, 48-54.

(26) García, *Havana USA*, 123-26 ; and Arboleya, *Counterrevolution*, chap. 2.

(27) Jones, *Bay of Pigs* ; and Escalante, *Secret War*, 78-83. 以下も参照されたい。James G. Blight and Peter Kornbluh, eds., *Politics of Illusion : The Bay of Pigs Invasion Reexamined* (Boulder, CO : Lynne Rienner, 1998).

(28) Schoultz, *Infernal*, 171-183 ; and Escalante, *Secret War*, 116.

(29) U.S. Senate, Select Committee to Study Governmental Operations with Respect to Intelligence Activities, *Alleged Assassination Plots Involving Foreign Leaders : An Interim Report of the Select Committee to Study Government Operations*, 94th Cong., 1st sess., November 18, 1975, 72-73, 86.

(30) Tomás Diez Acosta, *October 1962 : The "Missile" Crisis as Seen from Cuba* (New York : Pathfinder, 2002), chap. 2.

(31) Graham Allison and Philip Zelikow, *Essence of Decision : Explaining the Cuban Missile Crisis*, 2nd ed. (New York : Addison Wesley Longman, 1999).

(32) Fursenko and Naftali, *"One Hell of a Gamble"* ; and Michael Dobbs, *One Minute to Midnight : Kennedy, Khrushchev, and Castro on the Brink of Nuclear War* (New York : Knopf, 2008).

(33) James G. Blight and Philip Brenner, *Sad and Luminous Days : Cuba's Struggle with the Superpowers after the Missile Crisis* (Lanham, MD : Rowman and Littlefield, 2002); and Blight, et al., *Cuba on the Brink*.

(34) Varona, Mas Canosa, and Vargas Gómez to Reagan, November 12, 1985, ID #351318, FO

006-09, White House Office of Records Management : Subject Files（以下 WHORM と略す）, Ronald Reagan Library（以下 RRL と略す）.

（35）Speech by Kennedy, December 29, 1962, APP.

（36）Foreign Relations of the United States（以下 FRUS と略す）, 1961-1963, XI : doc. 346.

（37）Schoultz, *Infernal*, 211 ; and LeoGrande and Kornbluh, *Back Channel*, 60-80.

（38）Rabe, *Killing Zone*, 96-108.

（39）FRUS, 1961-1963, XI : doc. 346.

（40）Don Bohning, *The Castro Obsession : U.S. Covert Operations against Cuba, 1959-1965*（Washington, DC : Potomac, 2005）, chap. 13.

（41）"IV. Las actividades subversivas después de la crisis de octubre," n.d.（ca. 1973）, Caja "Bilateral 27," Fondo. Cuba-EE. UU., Archivo Central del Ministerio de Relaciones Exteriores de Cuba（以下 MINREX と略す。なお，本書で使用する同史料館のすべての史料は「キューバ・米国ファイル」に収蔵されたものである）.

（42）"V. La esperanza en los cambios internos," n.d.（ca. 1973）, 1-2, Caja "Bilateral 27," MINREX. より批判的な分析については，以下を参照されたい。Guerra, *Visions of Power*, 228-229.

（43）Dirk Kruijt, *Cuba and Revolutionary Latin America : An Oral History*（London : Zed Books, 2017）, 79-94 ; and Speech by Castro, February 4, 1962, Discursos e intervenciones del Comandante en Jefe Fidel Castro Ruz（以下 Discursos と略す）.

（44）Brown, *Cuba's*, esp. chaps. 7-9, 13-14 ; and Kruijt, *Cuba*, 99-121.

（45）Gleijeses, *Conflicting Missions* ; and Gleijeses, *Visions of Freedom*.

（46）Mervyn J. Bain, *Soviet-Cuban Relations, 1985 to 1991 : Changing Perceptions in Moscow and Havana*（Lanham, MD : Lexington, 2007）, 21-26 ; and H. Michael Erisman, *Cuba's Foreign Relations in a Post-Soviet World*（Gainesville : University Press of Florida, 2000）, 68-73.

（47）いずれの数字も以下の重要文献を参照した。Pérez, *Cuba*, 272-277.

（48）Julie Feinsilver, *Healing the Masses : Cuban Health Politics at Home and Abroad*（Berkley : University of California Press, 1993）.

（49）Carmelo Mesa-Lago, *The Economy of Socialist Cuba : A Two-Decade Appraisal*（Albuquerque : University of New Mexico Press, 1981）, 1-18.

（50）Arboleya, *Cuba y cubanoamericanos*, 227-228.

（51）Masud-Piloto, *From Welcomed Exiles*, 64-68.

（52）Louis A. Pérez, Jr., "The Personal is Political : Animus and Malice in the U.S. Policy toward Cuba, 1959-2009," in Castro Mariño and Pruessen, eds., *Fifty Years of Revolution*, 137-166.

（53）"IV. Las actividades subversivas..."

（54）Portes and Stepick, *City on the Edge*.

（55）Boswell and Curtis, *Experience*, 71.

（56）García, *Havana USA*, 118.

（57）García, *Havana USA*, 43-44 ; and Pérez, *Cuba*, 259-260.

（58）García, *Havana USA*, 20-23, 26-28, 44-45 ; and Silvia Pedraza-Bailey, *Political and Economic Migrants in America : Cubans and Mexicans*（Austin : University of Texas Press, 1985）, 41.

（59）Masud-Piloto, *From Welcomed Exiles*, 62-64 ; García, *Havana USA*, 20, 28-30, 40-41 ; and Croucher, *Imagining Miami*, chap. 4.

（60）Boswell and Curtis, *Experience*, chaps. 7-9 ; and García, *Havana USA*, 86-99, 171-198.

(61) Alejandro Portes and Robert L. Bach, *Latin Journey : Cuban and Mexican Immigrants in the United States* (Berkeley : University of California Press, 1985) ; and Barry B. Levine, "Miami : The Capital of Latin America," *Wilson Quarterly* 9, no. 5 (1985) : 47–69.
(62) Boswell and Curtis, *Experience*, 104, 107.
(63) García, *Havana USA*, 143 ; and Arboleya, *Cuba y cubanoamericanos*, 118–119.
(64) Portes and Stepick, *City on the Edge*, 107 ; and García, *Havana USA*, 99–108.
(65) García, *Havana USA*, 113.
(66) Benes to Fascell, May 8, 1972, in folder "Groups-Cubans, Campaign '72," box 1838, Dante B. Fascell Papers（以下 DFP と略す）, University of Miami's Special Collections（以下 UM-SC と略す）.
(67) *Miami News*, June 14, 1976, 5A ; and *New York Times*（以下 *NYT* と略す）, July 4, 1976, 19.
(68) 詳しくは次章を参照されたい。
(69) John Dinges and Saul Landau, *Assassination on Embassy Row* (New York : Pantheon Books, 1980), 145–147.
(70) U.S. Justice Department, Office of the Associate Attorney General, "In the Matters of Orlando Bosch-Avila," June 23, 1989, in folder "Cuban Americans-Florida / Orlando Bosch," Office of Public Liaison（以下 OPL と略す）: James Schaefer Files, GHWBL. 以下も参照されたい。Orlando Bosch, *Los años que he vivido* (Miami, FL : New Press, 2010), 122–128.
(71) Cited in Dinges and Landau, *Assassination*, 248. 以下も参照されたい。Bosch, *Reflexiones* (n.d., 2006?), 39–40.
(72) García, *Havana USA*, 143–144.
(73) DFS, "Explosivos Localizados en el Estado de Tamulipas," May 4, 1967, Versiones Públicas（以下 VP と略す）, Fondo Dirección Federal de Seguridad（以下 DFS と略す）, Archivo General de la Nación de México（以下 AGN と略す）.
(74) María A. Crespi to Lady Bird Johnson, April 2, 1967, in folder "POL 30," box 2020, Subject Numerical Files（以下 SNF と略す）, Record Group 59 : Department of State Records（以下 RG59 と略す）, National Archives and Records Administration（以下 NARA と略す）.
(75) Michael J. Bustamante, "Anti-Communist Anti-Imperialism ? : Agrupación Abdala and the Shifting Contours of Cuban Exile Politics, 1968–1986," *Journal of American Ethnic History* 35, no. 1 (Fall 2015) : 71–99.
(76) Editorial, *Areíto* 1, no. 1 (April 1974), 1 ; and Marifeli Pérez-Stable, interview with author, November 20, 2013.
(77) Quoted in García, *Havana USA*, 138–139.
(78) *Miami Herald*（以下 *MH* と略す）, September 3, 1975, 1A, 2A. 抗議の手紙については，box 5, OPL : Fernando De Baca Files, Gerald Ford Library（以下 GFL と略す）に収められた folder "U.S.-Cuban Relations (1)" と folder "U.S.-Cuban Relations—Correspondence" を参照されたい。
(79) "Detailed Chronological List of Terrorist Acts and Actions Committed against Cuba from 1959 to the Present (English)," 2001, Caja "Terrorismo Chronología 1959–1999," MINREX.
(80) "IV. La esperanza en los cambios internos," n.d. (ca. 1973), 8–9, in Caja "Bilateral 27," MINREX.

第 2 章　暴力の遺産

（1）テロリズムについて，ここでは「特定の政治的目標を達成する手段として暴力，および脅迫行為に訴えること」と捉えたい。詳しい学術的議論については，以下を参照されたい。Peter L. Hahn, “Terrorism,” in Akira Iriye and Pierre-Yves Saunier, eds., *The Palgrave Dictionary of Transnational History* (London : Palgrave Macmillan, 2009), 1011–1014.

（2）José Miró Cardona, *Exaltación de José Martí* (San Juan, Puerto Rico : Editora Horizontes de América, 1974).

（3）*Miami News*, March 22, 1974, in U.S. Senate, Committee on Judiciary, Subcommittee to Investigate the Administration of the Internal Security Act and Other Internal Security Laws, *Terroristic Activity : Terrorism in the Miami Area*, 94th Cong., 2nd sess., May 6, 1976. 件数については，以下を参照した。José Luis Méndez Méndez, *Los años del terror (1974–1976)* (Havana : Editorial de Ciencias Sociales, 2006), 2.

（4）ボッシュとポサダは爆破事件の直後にベネズエラで逮捕された。ボッシュは 10 年間拘束されたのち，裁判が成立せずに釈放された。ポサダは看守を買収し，逃亡した。両者とも余生を送るために合衆国に戻っている。

（5）Schoultz, *Infernal* ; and LeoGrande and Kornbluh, *Back Channel*.

（6）Carlos Rivero Collado, *Los sobrinos del Tío Sam* (Havana : Editorial de Ciencias Sociales, 1976) ; Méndez Méndez, *Los años del terror* ; and Nicanor León Cotayo, *Crimen en Barbados*, 5th ed. (Havana : Editorial de Ciencias Sociales, 2006). よりニュアンスに富む解釈としては，以下がある。Carlos Alzugaray and Anthony C. E. Quainton, “Cuba-U.S. Relations : Terrorism Dimension,” *Pensamiento Propio* 34 (July–December 2011) : 71–84.

（7）García, *Havana USA* ; Torres, *Mirrors* ; and Prieto, *Union City*, 120–125. いずれも 1970 年のキューバ侵攻計画をめぐる論争には全く触れていない。

（8）Blight and Brenner, *Sad and Luminous Days*.

（9）Mesa-Lago, *Economy*, 18–24 ; and Pérez, *Cuba*, 261–263.

（10）I Congreso del Partido Comunista de Cuba, *Informe Central*, 104.

（11）Gott, *Cuba*, 245.

（12）Pérez, *Cuba*, 268–271 ; and Bain, *Soviet-Cuban*, 26–32.

（13）この時期のキューバとカナダ，イギリスの関係ついては，以下が参考になる。“Canada /Cuba Relations and U.S. / Cuba Relations,” October 6, 1975, vol. 10851, file 20–Cuba–1–3–USA, part 4, Record Group 25 : Department of External Affairs（以下 RG25 と略す）, Library and Archives Canada（以下 LAC と略す）; and Hugh Carless to J. E. Jackson, January 13, 1976, Records of the Foreign Office and Commonwealth Office（以下 FCO と略す）7/3125, Public Records Office（以下 PRO と略す）.

（14）Gott, *Cuba*, 246–248.

（15）Pérez, *Cuba*, 272–285. なお，カナダやイギリス以外にも，メキシコの見方も参考になる。Informe político, attached to Mexican embassy in Havana to Mexico City, April 15, 1974, Leg. III–3256–2, Archivo Histórico Genaro Estrada, Secretaría de Relaciones Exteriores（以下 AHGE と略す）.

（16）FRUS, 1964–1968, XXXII : doc. 314, 318, 322.

（17）Cited in LeoGrande and Kornbluh, *Back Channel*, 120–123.

（18）レボーソはニクソンの数少ない友人であった。Henry Kissinger, *White House Years*

(Boston : Little, Brown, 1979), 633–634, 641.
(19) Schoultz, *Infernal*, 251–255.
(20) Schoultz, *Infernal*, 255–260 ; and LeoGrande and Kornbluh, *Back Channel*, 123–126.
(21) FRUS, 1969–1976, E–10 : doc. 200.
(22) U.S. embassy in Panama to Washington, January 22, 1970, in folder "POL 33–6 Cuba / Plataforma 1," box 2221, SNF, RG59, NARA.
(23) Memcon (Torriente, Smith), April 1, 1970, in folder "POL 33–6 Cuba / Plataforma 1," box 2221, SNF, RG59, NARA.
(24) FRUS, 1969–1976, E–10 : doc. 223.
(25) "The Story of Alpha 66," n.d. ; and "Alpha 66," n.d., both in folder "History," box 18, Alpha 66 Records, University of Miami Libraries' Cuban Heritage Collection（以下 UM-CHC と略す）.
(26) FRUS, 1969–1976, E–10 : doc. 212.
(27) Speech by Fidel Castro, April 19, 1970, Discursos. アルファ 66 側の話としては，以下を参照されたい。Miguel L. Talleda, *Alpha 66 y su histórica tarea* (Miami, FL : Ediciones Universal, 1995), chaps. 10–11.
(28) FRUS, 1969–1976, E–10 : docs. 216 and 217.
(29) Speech by Fidel Castro, May 20, 1970, LANIC. 誘拐事件へのキューバの反応を単なるプロパガンダとして見る向きは，合衆国では現在でも有力である。たとえば，Guerra, *Visions of Power*, 308–315.
(30) Speech by Fidel Castro, May 19, 1970, Discursos.
(31) British embassy in Havana to London, May 20, 1970, FCO 7/1603, PRO.
(32) British embassy in Havana to Hayman, May 20, 1970, FCO 7/1603, PRO.
(33) Governor of the Bahamas to London, May 29, 1970, June 6, 1970, June 12, 1970, all in FCO 44/372, PRO.
(34) Governor of the Bahamas to London, October 16, 1970, October 22, 1970, and October 26, 1970, all in FCO 44/373, PRO.
(35) British embassy in Havana to London, June 16, 1970, FCO 44/372, PRO.
(36) British embassy in Havana to London, May 14, 1970, and May 26, 1970 ; Wiggin to Hankey and Renwick, June 2, 1970 ; London to British embassy in Havana, June 3, 1970, and June 8, 1970, all in FCO 7/1603, PRO.
(37) British embassy in Havana to London, August 5, 1970 ; British embassy in Havana to London, August 12, 1970, both in FCO 44/372, PRO.
(38) FRUS, 1969–1976, XII : doc. 240.
(39) "Taking Points Paper...," May 13–15, 1970, in folder "POL 30–2 Cuba," box 2221, SNF, RG59, NARA.
(40) Talleda, *Alpha 66*, 101.
(41) Memcon (Smith, Mas Canosa), May 19, 1970, in folder "POL 30–2 Cuba," box 2221, SNF, RG59, NARA.
(42) FRUS, 1969–1976, E–10 : doc. 223.
(43) Memcon (Torriente, Smith), August 31, 1970, in folder "POL 33–6 Cuba / Plataforma 1," box 2221, SNF, RG59, NARA.
(44) Kissinger, *White House Years*, 632–633.

(45) Soviet note, attached to Memcon (Kissinger, Vorontsov), August 4, 1970, Digital National Security Archive (以下 DNSA と略す); FRUS, 1969-1976, XII : doc. 224 ; and Memcon (Kissinger, Dobrynin), October 23, 1970, 3-4, DNSA.
(46) FRUS, 1969-1976, XII : doc. 233.
(47) Text of the agreement, in folder "Cuba-Hijacking," box 2, National Security Adviser (以下 NSA と略す): NSC-Latin American Affairs Staff Files (以下 NSC-LAASF と略す), GFL.
(48) FRUS, 1969-1976, XII : doc. 266.
(49) Speech by Fidel Castro, April 19, 1976, Discursos.
(50) Brands, *Latin America's*, chap. 5 ; and Kruijt, *Cuba*, 128-129.
(51) Harmer, *Allende's Chile*.
(52) Krujit, *Cuba*, 129-131.
(53) British embassy in Washington to London, February 12, 1974, and May 7, 1974, FCO 7/2650, PRO.
(54) U.S. Senate, Committee on Foreign Relations, *Cuba : A Staff Report*, 93rd Cong., 2nd sess., August 2, 1974 ; and idem., *A Report by Senators Jacob Javits and Claiborne Pell visited Cuba*, 93rd Cong., 2nd sess., October 1974.
(55) Pendleton to Spacil, September 17, 1974, Caja "Bilateral 19," MINREX.
(56) "Actividad de influencia sobre los sectores políticos de Estados Unidos, August 30, 1977, Caja "Bilateral 19," MINREX.
(57) Mankiewicz and Jones, *With Fidel*.
(58) State Department Staff Meeting Minutes, April 25, 1974, 46-51, DNSA.
(59) Telcon (Kissinger, Mankiewicz), April 22, 1974, DNSA.
(60) National Security Decision Memorandum 257, June 10, 1974, http://www.fas.org/irp/offdocs/nsdm-nixon/nsdm_257.pdf (accessed February 26, 2015).
(61) Telcon (Rabasa, Kissinger), March 13, 1974, DNSA.
(62) Secretary's Staff Conference Minutes, April 10, 1974, 1-13, DNSA.
(63) State Department Staff Meeting Minutes, July 16, 1974, 17-23, DNSA.
(64) Speech by Kissinger, *Department of State Bulletin* (以下 *DOSB* と略す), March 24, 1975, 361-369.
(65) Ramírez Cañedo and Morales, *De la confrontación*, chap. 3 ; and LeoGrande and Kornbluh, *Back Channel*, 126-143. 以下も参照されたい。Néstor García Iturbe, *Diplomacia sin sombra* (Havana : Editorial de Ciencias Sociales, 2007).
(66) Henry Kissinger, *Years of Renewal* (New York : Simon and Schuster, 1999), 770, 787. 以下の記録も参照されたい。Memcon, July 9, 1975, in Pastor to Brzezinski, March 7, 1977, in folder "Cuba 2/78-4/78," box 10, Geographical Files (以下 GF と略す), Zbigniew Brzezinski Collection (以下 ZBC と略す), JCL.
(67) Ramírez Cañedo and Morales, *De la confrontación*, 76 ; and LeoGrande and Kornbluh, *Back Channel*, 151.
(68) 従来の研究は，キューバ側の要求を正確に特定してこなかった。ただし，近年開示された史料では，より明確な主張を読み取ることが可能である。Eagleburger to Kissinger, January 11, 1975, in Pastor to Brzezinski, March 7, 1977, in folder "Cuba 2/78-4/78," box 10, GF, ZBC, JCL. 特使サンチェス・パローディは，「合衆国の覇権システム（法，利益，規範，

態度）が変わるとは信じ難かったのです」と振り返っている。「それゆえに（キューバ政府は）経済封鎖の撤廃ではなく緩和を対話開始の条件として設定したのです」。Sánchez-Parodi, interview with author, July 10, 2014. 以下の記録も参照されたい。García Iturbe, interview with author, July 9, 2014.

(69) カストロはこの点についてキューバ代表団に指示を出していた。“Chronología (junio de 1974–febrero de 1977),” 7–8, cited in Ramírez Cañedo and Morales, *De la confrontación*, 2da edición ampliada, 95–96.

(70) Gleijeses, *Conflicting Missions*. プエルトリコについては，拙稿「1898年戦争の記憶——米・キューバ国交正常化交渉におけるプエルトリコ独立問題を事例に」『国際政治』第187号（2017年），16–29頁を参照されたい。

(71) Gleijeses, *Conflicting Missions*.

(72) LeoGrande and Kornbluh, *Back Channel*, 148–150 ; and Nancy Mitchell, *Jimmy Carter in Africa : Race and the Cold War* (Stanford, CA : Stanford University Press, 2016), 25–44.

(73) Scowcroft to Ford, February 19, 1976, in folder “February 16–25, 1976—Latin America HAK Messages for the President,” box 30, NSA : Trip Briefing Books and Cables for Henry Kissinger, GFL.

(74) Quoted in Washington to U.S. embassy in Georgetown, February 16, 1976, Central Foreign Policy Files, RG59, Access to Archival Databases at the National Archives（以下 DOS-CFP と略す）. ベネズエラについては，U.S. embassy in Caracas to Kissinger, January 2, 1976, DOS-CFP.

(75) Giberga to Ford, April 6, 1976, in folder “Cuba Policy (3),” box 3, OPL : Thomas Aranda Files, GFL.

(76) *NYT*, March 10, 1976, 1, 19.

(77) たとえば以下を参照されたい。Memcon, February 26, 1975 ; and Memcon, April 14, 1975, both in folder “U.S.-Cuban Relations (2),” box 5, OPL : Fernando De Baca Files, GFL.

(78) Hromádka to Urrutia Rodríguez, March 10, 1975, Caja “Migratorios 4,” MINREX.

(79) Prío, Castro, Mas Canosa, et al., July 18, 1975, in folder “RECE-JMC,” box 1.76, Cuban American National Foundation Archive（以下 CANF Archive と略す）.

(80) *NYT*, December 14, 1975, attached to Stephen Low to Scowcroft, December 16, 1975, in folder “12/13/75–12/18/75,” box 3, NSA : Outside the System Chronological Files, GFPL.

(81) FRUS, 1969–1976, E-11, part 1 : docs. 306 and 307. 1976年1月，ウィリアム・ロジャーズはネストル・ガルシアに対し，家族訪問はフロリダ予備選の前に実現しなければならないと発言したという。なおキューバは人道的措置として，毎週60名程度に10日間の滞在を認めている。García, *Diplomacia sin sombra*, 69–75.

(82) Speech by Ford, February 28, 1976, APP.

(83) British embassy in Washington to London, March 8, 1976, FCO 7/3124, PRO.

(84) *NYT*, March 28, 1976, 53.

(85) Giberga to Ford, April 6, 1976.

(86) *MH*, February 29, 1976, 3D.

(87) Miami to FBI Director, August 25, 1976, in Miscellaneous Box 2A, HSCA Subject Files : Orlando Bosch Avila（以下 HSCA-Bosch と略す）, JFK Assassination Records Collection（以下 JFK と略す）, NARA.

(88) FLNC, Mensaje, June 21, 1974, in folder “FLNC,” box 1, Antonio Arias Collection, UM-CHC.

（89） FLNC, Mensaje al Pueblo Cubano, December 1974, with its attachment, in folder "FLNC," box 1, Antonio Arias Collection, UM-CHC.

（90） Bosch, "Terrorism cubano," January 1977, in folder "Orlando Bosch," box 1, Antonio Arias Collection, UM-CHC.

（91） Dinges and Landau, *Assassination*, 149, 265.

（92） De la Barrera Moreno, "FLNC," April 15, 1974, expediente 76-3-74, legajo 6, hoja 3-5, DFS, AGN.

（93） FLNC, Comunicado #10, May 14, 1974, in folder "FLNC," box 1, Antonio Arias Collection, UM-CHC.

（94） DFS's report, November 25, 1975, expediente 76-3-75, legajo 6, hoja 58-63 ; DFS's report, November 28, 1975, expediente 76-3-75, legajo 6, hoja 225-226, DFS, AGN ; and DFS's report on AC, December 26, 1975, VP, all in DFS, AGN.

（95） *MH*, September 7, 1976, 1B, 8B ; and Dinges and Landau, *Assassination*, 293-294.

（96） U.S. Senate, *Terroristic Activity*, 612-614, 631-632.

（97） Lake to Christopher, July 7, 1977, in folder "7/1-15, 1977," box 2, Records of Anthony Lake, 1977-1981, RG59, NARA.

（98） MINREX, "Detailed Chronological List of Terrorist Acts" ; and Franklin, *Cuba*, 99, 104-115, 126.

（99） Speech by Castro, June 6, 1976, LANIC.

（100） Ibid.

（101） Evening Report, July 22, 1976, in folder "July 22, 1976," box 1, NSA : White House Situation Room（以下 WHSR と略す）: Evening Reports from the NSC Staff Files, GFL ; Robinson to U.S. embassy in Georgetown, September 17, 1976, DOS-CFP ; and U.S. embassy in Port of Spain to U.S. embassy in Georgetown, September 8, 1976, DOS-CFP.

（102） DFS's report on Gaspar Jiménez, July 24, 1976, VP, DFS, AGN.

（103） FBI in Miami to FBI Director, March 9, 1977, in folder "4/4," Miscellaneous Box 4, HSCA-Bosch, JFK, NARA.

（104） U.S. embassy in Georgetown to Kissinger, September 3, September 6-8, and September 10, 1976, all in DOS-CFP. 以下も参照されたい。Information note for Scowcroft, September 6, 1976, in folder "9/6/1976," box 17, NSA : WHSR : Presidential Daily Briefings Files（以下 PDB と略す）, GFL.

（105） Robinson to U.S. embassy in Georgetown, September 13, 1976, DOS-CFP.

（106） ポサダ・カリレスについては，以下の回顧録を参照されたい。*Los caminos del guerrero* (n.p., 1994).

（107） Castro's speech in *Granma*, October 15, 1976, 1-3.

（108） Kissinger's News Conference, October 15, in *DOSB*, November 8, 1976.

（109） Transcript of Kissinger's Staff Meeting, October 12, 1976, 33-34, in folder "October 12, 1976," box 11, Record of Transcripts of Kissinger's Staff Meetings, RG59, NARA.

（110） Situation Room for Scowcroft, October 14, 1976, in folder "10/14/1976," box 10, NSA : WHSR : Noon and Evening Notes Files, GFL.

（111） Transcript of Kissinger's Staff Meeting, October 18, 1976, 23-24, in folder "October 18, 1976," box 11, Record of Transcripts of Kissinger's Staff Meetings, RG59, NARA.

(112) Speech by Burnham, cited in U.S. embassy in Georgetown to Washington, October 18, 1976, DOS-CFP.

(113) U.S. embassy in Port of Spain to Washington, October 20, 1976, in folder "Serial 196," box 1A, HSCA-Bosch, JFK, NARA.

(114) Kissinger to Vaky, October 28, 1976, in folder "Cuba-Cubana Airlines Crash," box 2, NSA : NSC-LAASF, GFL ; and U.S. embassy in Caracas to Washington, October 23, 1976, in folder "Cuba-Cubana Airlines Crash," box 2, NSA : NSC-LAASF, GFL. なお，ボッシュの身柄引き渡しは，過去に執行猶予の規定を破って出国したにもかかわらず，事実上この人物を野放しにしてきたことを反省した米国政府が申し出たものである。ペレスが陰謀説を口にしたことについて，米側には，ベネズエラ側が自らの関与を隠蔽するために合衆国に責任を押しつけているという見方も浮上した。FRUS, 1969–1976, E–11, part 1 : doc. 323.

(115) Adams to Held, November 1, 1976, in folder "Serial 128–154," box 1, HSCA-Bosch, JFK, NARA.

(116) U.S. embassy in Bridgetown to Washington, December 4, 1976, DOS-CFP.

(117) Comments by Thyden in Minutes of the 112th Meeting of the Working Group / Cabinet Committee to Combat Terrorism, October 27, 1976, in folder "Minutes (7)," box 17, Bobbie Green Kilberg Files, GFL.

(118) この点，ガイアナ外相ウィルズの後日談が特に興味深い。U.S. embassy in Georgetown to Washington, February 11, 1977, DOS-CFP.

(119) Schoultz, *Infernal*, 289–290 ; and LeoGrande and Kornbluh, *Back Channel*, 153–154.

(120) Memcon (Palme, Kissinger), May 24, 1976, DNSA. 戦況については，Gleijeses, *Visions of Freedom*, 34–35.

(121) Speech by Castro, September 28, 1976, Discursos.

(122) Japanese embassy in Havana to Tokyo, October 17, 1976, 2010–0894 : Cuban foreign policy, Diplomatic Archives of the Ministry of Foreign Affairs of Japan (以下 MOFA と略す); and Mexican embassy in Havana to Mexico City, October 6, 1976, III–3293–1, 2da parte, AHGE.

(123) Japanese embassy in Havana to Tokyo, October 29, 1979, 2012–1112 : J. C. E. C., MOFA.

(124) II Congreso del Partido Comunista de Cuba, *Informe Central : Presentados por el compañero Fidel Castro Ruz Primer Secretario del Comité Central del Partido Comunista de Cuba* (Havana : Editora Política, 1980), 6.

(125) Quoted in Canadian embassy in Havana to Ottawa, June 28, 1976, vol. 10851, file 20–Cuba–1–3–USA, part 4, RG25, LAC.

(126) Ibid.

(127) ただし，このメッセージはカナダ側の都合で米側には伝えられなかった。詳しくは以下を参照されたい。Director General of the Bureau of Western Hemisphere, June 30, 1976, vol. 10851 ; and Canadian embassy in Havana to Ottawa, July 29, 1976, vol. 16019, both in file 20–Cuba–1–3–USA, part 4, RG25, LAC.

(128) Information note for Scowcroft, October 28, 1976, in folder "10/28/1976," box 18, NSA : WHSR : PDB, GFL.

(129) INR Afternoon Summary, November 23, 1976, 4, in folder "November 23, 1976," box 3, NSA : WHSR : Evening Reports from the NSC Staff Files, GFL.

(130) Message from Swiss embassy in Havana, "Hijacking Agreement," November 15, 1976, in folder

"Cuba-Hijacking," box 2, NSA : NSC-LAASF, GFL.

第3章　対話の機会

（1）El Group Pro Reunificación Familiar to Ricardo Alarcón, February 3, 1977, Caja "Bloqueo," MINREX.

（2）Schoultz, *Infernal*, chap. 10 ; and LeoGrande and Kornbluh, *Back Channel*, chap. 5.

（3）García, *Havana USA* ; and Torres, *Mirrors*.

（4）An unpublished memoir by Benes, *Mis conversaciones secretas con Fidel Castro*, in folder "In his own words," box 2, Mirta Ojito Papers, UM-CHC. このベネスの回顧録を基に執筆されたのが，Robert Levin, *Secret Missions to Cuba : Fidel Castro, Bernardo Benes, and Cuban Miami* (New York : Palgrave Macmillan, 2001) である。しかし，同書は米・キューバ関係よりも，ベネスの活動に焦点を置いている。また，当事者のパドロンはこの本について「不正確なところと嘘が多い」と評している。Padrón, interview transcript, Havana, November 4, 2013, 8.

（5）Moyers's handwritten notes on conversations with Castro and Rodríguez, in Vance to Carter, February 8, 1977, NLC-128-12-5-16-4, Records retrieved through the RAC system（以下 RAC と略す), JCL.

（6）Ibid.

（7）Ibid.

（8）Ibid.

（9）Vance to Carter, March 11, 1977, NLC-128-12-6-11-8, RAC, JCL ; and Memcon（Todman, Torras), March 24, 1977, NLC-24-10-8-2-3, RAC, JCL.

（10）Vance to Carter, February 8, 1977, NLC-128-12-5-16-4, RAC, JCL.

（11）Quoted in Pastor to Brzezinski and Aaron, January 16, 1979, 4, NLC-24-79-8-3-9, RAC, JCL.

（12）Jimmy Carter, *White House Diary*（New York : Farrar, Straus and Giroux, 2010), 27.

（13）Commission on United States-Latin American Relations, *The United States and Latin America : Next Steps*（New York : Center for Inter-American Relations, 1976). 同報告書の内容は，政権移行時に国務省と国防総省が用意した政策分析書の提言と近似している。State and Defense Option Paper, November 3, 1976, in folder "Transition," boxes 41-42, Plains Files（以下 PF と略す), JCL.

（14）Memcon（Carter, Trudeau), February 22, 1977, 25-26, NLC-23-16-4-5-0, RAC, JCL.

（15）Mitchell, *Carter*, 123-129.

（16）Minutes of PRC Meeting, March 9, 1977, NLC-24-61-4-4-0, RAC, JCL.

（17）Paper, PRM17, 9-10, attached to Habib to Vance, March 7, 1977, in folder "3/1-3/15/77," box 2, Anthony Lake Papers, RG59, NARA.

（18）PD6, March 15, 1977, http://www.jimmycarterlibrary.gov/documents/pddirectives/pd06.pdf (accessed February 15, 2012).

（19）キューバ系集団の人口動態のデータについては，Pérez, "The Cuban Population."

（20）武闘派と強硬派については，『ディアリオ・ラス・アメリカス』（*DLA*），『パトリア』（*Patria*），『ラ・ナシオン』（*La Nación*）の記事や論説を参照されたい。中間派と急進派については，『レプリカ』（*Réplica*）と『アレイト』（*Areíto*）が詳しい。

（21）Durán, interview with author, Miami, November 14, 2013.

(22) カーターは15ヶ月間のうちにフロリダ州を34度も訪れている。Mitchell, *Carter*, 20–25.
(23) *Réplica*, February 4, 1976, 18 ; and *Réplica*, July 28, 1976, 9.
(24) Handwritten note on Vance to Carter, February 5, 1977, NLC-128-12-5-14-6, RAC, JCL ; Memcon (Carter, Durán), February 5, 1977, NLC-24-10-7-9-7, RAC, JCL ; and Carter, *White House Diary*, 62.
(25) 国務省によると，米国政府が政策方針を決める前に移民社会の意見を求めたことは，史上初めてであった。FRUS, 1977–1980, XXIII : doc. 4 ; and Pastor to Brzezinski, February 25, 1977, NLC-10-1-4-24-8, RAC, JCL.
(26) Carter's remarks, February 23, 1977, APP. 以下も参照されたい。Carter's remarks, February 16, 1977, and May 20, 1977, APP.
(27) Inderfurth to Brzezinski, March 1, 1977, NLC-24-10-8-4-1, RAC, JCL.
(28) Memcon (Todman, Torras), March 24, 1977, 18.
(29) Memcon (Malmierca, Todman), April 27, 1977, 3, NLC-24-11-1-2-9, RAC, JCL.
(30) Ibid., 7.
(31) Todman to Vance, May 2, 1977, NLC-24-11-1-1-0, RAC, JCL.
(32) Minutes of PRC Meeting, March 9, 1977, 3.
(33) Pastor to Schecter, January 12, 1978, NLC-24-75-1-1-1, RAC, JCL.
(34) Handwritten note by Carter, in Vance to Carter, March 7, 1977, in folder "State Department Evening Reports, 3/77," box 37, PF, JCL.
(35) CIA, "International Issues," February 16, 1977, 18, 22, CREST.
(36) Bell to Brzezinski, April 8, 1977, NLC-24-10-9-2-3, RAC, JCL.
(37) Pastor to Brzezinski and Aaron, April 15, 1977, NLC-24-69-6-6-8, RAC, JCL.
(38) Brzezinski to Carter, July 20, 1977, in folder "Cuba, 5–10/77," box 13, Records of the Office of the National Security Advisor (以下 RNSA と略す), JCL.
(39) Memcon (Todman, Torras), March 24, 1977, 19–20, NLC-24-10-8-2-3, RAC, JCL.
(40) Memcon (Malmierca, Todman), April 27, 1977, 2, 5, 7–8, NLC-24-11-1-2-9, RAC, JCL.
(41) Christopher to Carter, June 23, 1977, NLC-128-12-9-16-0, RAC, JCL ; Vance to Carter, July 13, 1977, NLC-7-18-5-4-6, RAC, JCL ; and Carter to Brzezinski, July 14, 1977, Brzezinski to Carter, July 20, 1977, Pastor to Brzezinski, July 20, 1977, all in folder "Cuba, 5–10/77," box 13, RNSA, JCL.
(42) Memcon, July 22, 1977, NLC-24-65-11-3-9, RAC, JCL ; and García, *Diplomacia*, 100–110.
(43) Church to Carter, Vance, and Brzezinski, August 12, 1977, in folder "Cuba, 5–10/77," box 13, RNSA, JCL.
(44) Cited in Adams to Aaron, April 13, 1978, NLC-17-61-1-7-8, RAC, JCL.
(45) Vance to Carter, August 15, 1977, NLC-128-12-11-12-1, RAC, JCL. 以下も参照されたい。*MH*, August 16, 1977, 1A, 12A.
(46) FBI Director to Bell, November 29, 1977, NLC-24-11-4-5-4, RAC, JCL ; and Kelly to Brzezinski, Christopher, Turner, December 2, 1977, in folder "Cuba 10–12/77," box 11, NSA : Pastor Files, JCL. CIA の動向については，Turner to Bell, January 28, 1978, and other documents, in folder "CIA Secret Army," box 60, Griffin Bell Records, Justice Department Records (以下 RG60 と略す), NARA.
(47) "Resumen del informe sobre los resultados de las conversaciones guardacostas-

guardafronteras," May 8–10, 1978, Caja "Agresiones 3," MINREX.

（48） *DLA*, August 5–7, 1977, 1.

（49） Ferrer to Carter, August 8, 1977, in folder "Cubans," box 2287, DFP, UM-SC.

（50） Pastor to Brzezinski, October 26, 1977, NLC-24-11-4-2-8, RAC, JCL ; and Pastor to Brzezinski, October 7, 1977, NLC-24-19-7-20-5, RAC, JCL.

（51） Brzezinski to Carter, October 28, 1977, NLC-1-4-2-58-1, RAC, JCL.

（52） Wayne S. Smith, *The Closest of Enemies : A Personal and Diplomatic Account of US-Cuban Relations Since 1957* (New York : Norton, 1987), 114.

（53） Gleijeses, *Visions of Freedom*, 39–44.

（54） Talks with Deputy Assistant Secretary Luers, cited in Canadian embassy in Washington to Ottawa, April 7, 1977, vol. 16019, file 20-Cuba-1-3-USA, part 5, LAC.

（55） The State Department's Policy Paper, n.d., NLC-24-17-6-7-4, RAC, JCL.

（56） Minutes, PRC Meeting, August 3, 1977, 2–8, NLC-15-8-1-10-5, JCL.

（57） ヴァンスはこの会議に出席していない。Ibid., 8–10.

（58） Brzezinski to Carter, August 18, 1977, Declassified Documents Reference System（以下 DDRS と略す）; and Memcon (Carter, Nyerere), August 4, 1977, NLC-133-42-3-20-2, RAC, JCL.

（59） Memcon (Castro, Neto), March 23, 1977, WCDA.

（60） Memcon (Castro, Turner, Pastor), December 3–4, 1978, 13, DDRS.

（61） Smith, *Closest*, 122–127 ; and Canadian embassy in Havana to Ottawa, November 25, 1977, vol. 12614, file 20-Cuba-1-3, part 13, LAC.

（62） Memcon (Castro, Turner, Pastor), December 3–4, 1978, 3, DDRS.

（63） Castro's Speech, December 24, 1977, Discursos.

（64） Mitchell, *Carter*, 175–202, 253–302.

（65） ヴァンスは会談の場でロドリゲスが追及するまで，ブレジンスキーの動きに気づいていなかった。Gleijeses, *Visions of Freedom*, 55–60.

（66） Smith, *Closest*, 142.

（67） *Entrevista Concedida por el Comandante en Jefe Fidel Castro a la Periodista Norteamericana Barbara Walters, 19 de Mayo de 1977* (Havana : Oficina de Publicaciones del Consejo de Estado, 1977).

（68） SICW to Havana, Informe de apreciación sobre la política de Estados Unidos hacia Cuba, June 6, 1978, 3–4, 21, Caja "Bilateral 22," MINREX.

（69） Ibid., 9–14, 22.

（70） Ibid., 24–31.

（71） Ibid., 15–16, 24–25.

（72） SICW to Havana, Informe de apreciación sobre la política de Estados Unidos hacia Cuba—del 6 al 30 de junio de 1978, 5–6, Caja "Bilateral 22," MINREX.

（73） SICW to Havana, Informe de apreciación sobre la política de Estados Unidos hacia Cuba—del 5 de diciembre de 1978 al 12 de febrero de 1979, February 20, 1979, 3–4, 10–11, Caja "Bilateral 22," MINREX.

（74） Manuel Piñeiro to Castro, February 23, 1979, Caja "Bilateral 22," MINREX.

（75） Torres, *Mirrors*, 93. 訪問の様子については，*Areíto* 4, nos. 3–4 (Spring 1978).

（76） Padrón, interview transcript, February 10, 2010.

（77） Levine, *Secret Missions*, xiii.
（78） Cited in Ramírez Cañedo and Morales, *De la confrontación*, 154–155.
（79） Memoir by Benes, 12–19 ; and Benes' note, "First Meeting of Bernardo Benes with Fidel Castro in Havana, Cuba," in folder "Dialogue," box 2, Mirta Ojito Papers, UM-CHC.
（80） Benes, "First Meeting."「ネップ」とは，1921年にレーニンが始めた資本主義寄りの経済改革を指す。大規模国営企業の運営を継続しながらも製造，貿易，経済成長のために部分的に民営化を促した。なお，この政策は1928年にスターリンによって中止されている。
（81） Padrón, interview transcript, November 4, 2013, 8.
（82） Memoir by Benes, 42–44. この話の真偽を問われたパドロンは，正直に事実であることを認めている。Padrón, interview transcript, November 4, 2013, 2, 6.
（83） Padrón, interview transcript, November 4, 2013, 4.
（84） FBI Memorandum, November 8, 1978, NLC-6-13-5-6-0, JCL.
（85） Memoir by Benes, 113–114. 以下も参照されたい。Memcon（Padrón, Newsom）, July 5, 1978, 11, in folder "Cuba, 5/78–8/78," box 10, GF, ZBC, JCL.
（86） Aaron to Brzezinski, April 13, 1978, DDRS.
（87） Memcon（Padrón, Aaron）, April 14, 1978, in folder "Cuba 2/78–4/78," box 10, GF, ZBC, JCL.
（88） LeoGrande and Kornbluh, *Back Channel*, 184–185.
（89） Tarnoff, interview transcript, July 20, 1988, 4.
（90） Cited in Memcon（Padrón, Newsom）, June 15, 1978, 4–6, DDRS.
（91） Cited in Memcon（Padrón, Newsom）, July 5, 1978, 1–2, DDRS.
（92） Newsom, interview transcript, July 17, 1987, 6 ; and Brzezinski to Carter, July 7, 1978, in folder "Cuba—Alpha Channel [6/78–10/78]," box 10, GF, ZBC, JCL. ブレジンスキーとヴァンスの対立については，Gleijeses, *Visions of Freedom*, 120–122.
（93） Memoirs by Benes, 122.
（94） カストロはほかにも日本への原爆投下や中南米における軍事介入，ヴェトナム戦争を合衆国による人権侵害の例として挙げている。Speech by Castro, July 26, 1978, Discursos.
（95） Memoir by Benes, 126–28 ; and Tarnoff to Vance, August 3, 1978, DDRS.
（96） Memcon（Aaron, Newsom, Padrón）, August 8, 1978, NLC-24-12-2-9-1, RAC, JCL.
（97） Memoir by Benes, 134–136, 141–142, 144.
（98） Levine, *Secret Missions*, 103–104.
（99） Gleijeses, *Visions of Freedom*, 113. 以下も参照されたい。Memcon（Aaron, Newsom, Padrón）, November 1, 1978, in folder "Cuba—Alpha Channel [11/78]," box 10, GF, ZBC, JCL.
（100） Press conference by Castro, September 6, 1978, in *Diálogo del gobierno cubano y personas representativas de la comunidad cubana en el exterior*（Havana : Editora Política, 1994）, 12–23.
（101） Ibid., 14, 22, 25.
（102） Memoir by Benes, 144–146 ; and Tarnoff to Brzezinski, September 13, 1978, DDRS.
（103） Padrón, interview transcript, November 4, 2013, 2.
（104） Quoted in Ramírez Cañedo and Morales, *De la confrontación*, 171.
（105） Memcon, August 23, 1978, 3, NLC-15-60-2-2-5, RAC, JCL. カーター本人も多忙を極め，翌月にはキャンプ・デービッドにイスラエルとエジプトの首脳を招き，仲介に乗り出している。

(106) García, *Havana USA*, 47–48 ; and Torres, *Mirrors*, 94–95.
(107) Tarnoff to Brzezinski, September 13, 1978, DDRS.
(108) Memcon (Aaron, Padrón), November 1, 1978.
(109) Aaron to Carter, October 30, 1978, in folder "Cuba—Alpha Channel 6/78–10/78," GF, ZBC, JCL.
(110) Mitchell, *Carter*, 489–493.
(111) Schoultz, *Infernal*, 328–330.
(112) Carter, *White House Diary*, 262.
(113) Vance to Carter, n.d., in folder "State Department Evening Report, 1/79," box 39, PF, JCL.
(114) Vance to Carter, March 22, 1979, in folder "State Department Evening Report, 3/79," box 39, PF, JCL.
(115) Memoir by Benes, 151 ; and *Miami News*, November 6, 1978, 1A.
(116) Acta Final, December 8, 1978, in *Diálogo*, 112–117 ; and Levine, *Secret Missions*, 111.
(117) Pastor to Brzezinski, May 4, 1979, DDRS. 移民社会の訴えについては，*NYT*, November 19, 1978, 13 ; Benes and Durán to Wise, September 21, 1979, DDRS.
(118) CIA, "The Cuban Foreign Policy," June 21, 1979, NLC-6-14-1-2-7, RAC, JCL.
(119) Memcon (Castro, Turner, Pastor), Havana, December 3–4, 1978, 12–13, 25, DDRS.
(120) Tarnoff and Pastor to Carter, "Our Trip to Cuba, December 2–4, 1978," n.d., DDRS.
(121) Memcon, December 3–4, 1978, 32–33.
(122) Ibid., 36, 39.
(123) SICW to Havana, Informe de apreciación sobre la política de Estados Unidos hacia Cuba—del 5 de diciembre de 1978 al 12 de febrero de 1979, February 20, 1979, 12, Caja "Bilateral 22," MINREX.
(124) García, *Havana USA*, 51–54.
(125) Mirta Ojito, *Finding Mañana : A Memoir of a Cuban Exodus* (New York : Penguin Press, 2005), 62.
(126) Torres, *Mirrors*, 97–98 ; and Ojito, *Finding Mañana*, 55–56.
(127) Arboleya, *Counterrevolution*, 172–173.
(128) Soviet embassy in Havana, April 26, 1979, WCDA. 以下も参照されたい。A report prepared by the Cuba section of the Soviet Institute of Economics of the World Socialist System, January 2, 1980, TsKhSD, f. 5, op. 77, d. 639, l. 1–9, WCDA.
(129) British embassy in Havana to London, May 18, 1979, FCO 99/309, PRO.
(130) *MH*, May 27, 1979, 1B.
(131) Cited in Wayne Smith to Haig, February 12, 1981, in folder "Cuba (01/04/1981–02/21/1981)," box 29, NSC : Executive Secretariat, Country File (以下 NSC-ES-CF と略す), RRL.
(132) Cited in *Granma*, December 1, 1979, 2–3.
(133) Canadian embassy in Havana to Ottawa, December 4, 1979, December 17, 1979, January 23, 1980, and February 1, 1980, all in vol. 18508, file 20-Cuba-1-4, part 9, RG25, LAC.
(134) Cuban American Committee for the Normalization of Relations with Cuba to Vance, May 16, 1979, in folder "96th-1st-1979 International Relations, Cuba," box 2480, DFP, UM-SC.
(135) *NYT*, March 3, 1980, A1 ; and Torres, *Mirrors*, 98–102.
(136) たとえば，Huber Matos, *Cómo llegó la noche* (Barcelona : Tusquets Editores, 2002), 555–

556, 577-579.

(137) すべての訪問者には宿泊料込みのパッケージ旅行（週 850 ドル）に申し込むことが義務づけられていた。親類の家に泊まる場合も例外ではなかったという。Torres, *Mirrors*, 97, 112 ; *MH*, August 31, 1979, 8D ; and *WP*, December 21, 1978, A30.

(138) Hernández to Miranda, November 17, 1980, in Caja "Migratorios 7," MINREX.

(139) Ojito, *Finding Mañana*, 168 ; *Abdala*, December 1978, 1 ; and *Abdala*, February-March 1979, 1-3.

(140) British embassy in Havana to Carrick, March 3, 1980, FCO 99/511, PRO.

(141) この演説は以下に掲載されている。*World Affairs* 143, no. 1 (Summer 1980) : 20-64.

(142) Rabe, *Killing Zone*, 149-155 ; and Brands, *Latin America's*, chap. 6.

(143) Memcon (Castro, Zhivkov), April 9, 1979, WCDA. キューバは革命ゲリラ勢力を統合させるなど，ニカラグア内戦できわめて重要な役割を果たしている。Kruijt, *Cuba*, 158-161.

(144) Draft Memcon (Carter, Brezhnev), June 17, 1979, NLC-133-234-1-2-1, RAC, JCL.

(145) Handwritten note on Brzezinski to Carter, July 12, 1979 ; Brzezinski to Vance, Turner, and Reinhardt, July 12, 1979, both in folder "Cuba 7-8/79," box 14, RNSA, JCL.

(146) Civiletti to Carter, August 16, 1979 ; and Brzezinski to Carter, August 17, 1979, all in folder "Cuba 7-8/79," box 14, RNSA, JCL.

(147) Pastor to Brzezinski, July 19,1979, NLC-12-19-3-17-7, RAC, JCL.

(148) Brzezinski to Carter, July 27, 1979, in folder "Weekly Reports 102-120," box 42, Subject Files, ZBC, JCL.

(149) Chronology, "Soviet Military Activities in Cuba and Intelligence Deficiencies relating to Cuba," n.d. (ca. August 29, 1979), NLC-23-53-3-2-3, RAC, JCL.

(150) Gleijeses, *Visions of Freedom*, 126-133. 日誌については，Carter, *White House Diary*, 354.

(151) PD52, October 4, 1979, Vertical Files (以下 VF と略す), JCL ; and Vance to U.S. embassy in London, et al., October 12, 1979, NLC-16-118-3-24-5, RAC, JCL.

(152) Theriot to Pastor, August 14, 1979, NLC-12-19-3-14-0, RAC, JCL. ただし，同盟国の反応は冷淡であった。Memo to the Prime Minister, November 8, 1979, vol. 16019, file 20-Cuba-1-3-USA, part 5, RG25, LAC.

(153) Daily Report Item for Carter, drafted by Pastor, February 12, 1980, NLC-24-86-5-5-1, RAC, JCL ; and Turner to Brzezinski, February 28, 1980, NLC-132-22-10-9-0, RAC, JCL.

(154) CIA, "The Cuban Economy," February 15, 1980, NLC-17-39-10-7-3, RAC, JCL.

(155) Pastor to Brzezinski, March 22, 1980, NLC-132-22-10-5-4, RAC, JCL.

(156) Gleijeses, *Visions of Freedom*, 133-135.

(157) *MH*, October 25, 1979, 2C ; *MH*, February 17, 1980, 1A, 4A ; and Smith, *Closest*, 200-204.

(158) Cited in *Granma*, March 10, 1980, 1-4.

(159) Vance to Carter, February 25, 1980, NLC-7-22-8-18-3, RAC, JCL.

(160) Handwritten note in Vance to Carter, March 5, 1980, NLC-128-15-3-3-8, RAC, JCL ; and Smith, *Closest*, 204-206.

(161) Tarnoff, interview transcript, 7.

(162) Memcon (Castro, Tarnoff, Pastor), January 16-17, 1980, 9, 41, in folder "Cuba—Carter's Trip, May 12-17, 2002 [2]," VF, JCL.

(163) Tarnoff and Pastor to Carter, in Pastor to Brzezinski, January 17, 1980, NLC-128-1-18-6-3,

RAC, JCL.

(164) Memcon (Castro, Tarnoff, Pastor), January 16-17, 1980, 72-74.

(165) Ibid.

(166) 1979年末までに，パスターは度々キューバ系米国人による故国訪問を政治的に利用するよう勧告している。Pastor to Brzezinski, August 2, 1979, NLC-24-83-5-1-7 ; and Pastor to Brzezinski, October 12, 1979, NLC-24-84-6-2-5, both RAC, JCL.

(167) Vitaly Vorotnikov, *Gavana—Moskva : pamiatnye gody* (Moscow : Fond imeni I. D. Sytina, 2001), 117. この解釈はのちにキューバ政府の代表団によって米側に提示されている。Memcon (Padrón, Tarnoff), June 17-18, 1980, DDRS.

(168) Padrón, interview transcript, November 4, 2013, 5.

(169) *Granma*, April 8, 1980, 1-2, April 9, 1980, 2-4, and April 10, 1980, 1-4.

(170) *MH*, April 8, 1980, 1A, 8A ; and *MH*, April 9, 1980, 20A.

(171) Discussion Paper, Mini-PRC Meeting on Cuban-Peruvian Situation, April 8, 1980, DDRS ; and David W. Engstrom, *Presidential Decision Making Adrift : The Carter Administration and the Mariel Boatlift* (Lanham, MD : Rowman and Littlefield, 1997), 138-139, 144-148.

(172) Carter, April 9, 1980, APP.

(173) パスターはカーターが演説を行うまで，国務省が「キューバ・モデルの失敗」を強調することを怠ったと不平を述べていた。Pastor to Brzezinski and Aaron, April 10, 1980, NLC-24-87-6-4-9, RAC, JCL. 演説後，パスターは大使館危機の様子とカーターの演説をラジオ放送で特集するよう米国広報・文化交流庁に要請している。Pastor to Brzezinski, April 15, 1980, NLC-24-55-1-15-8, RAC, JCL.

(174) Vance to U.S. embassies in Nassau, et al., April 1, 1980, NLC-24-57-6-14-1, RAC, JCL. 4月16日，カーターはCIAに対し，「対外的な冒険主義を阻む」ため，「あらゆる類いのプロパガンダをキューバに流し入れるよう」命じている。FRUS, 1977-1980, XXIII : doc. 91.

(175) *WP*, April 10, 1980, A3 ; and British embassy in Washington to London, April 11, 1980, FCO 99/500, PRO.

(176) Editorial, *Granma*, April 14, 1980, 1. 醜いカーターの風刺画は，*Granma*, April 10, 1980, 5で登場したあと，しばらく『グランマ』紙に登場し続けている。

(177) Padrón, interview transcript, November 4, 2013, 5.

(178) Vorotnikov, *Gavana*, 119 ; and Ojito, *Finding Mañana*, chap. 7.

(179) Summary of the Conclusions, April 22, 1980, NLC-17-40-7-7-5, RAC, JCL ; and Brzezinski to Carter, April 23, 1980, NLC-24-87-7-6-7, RAC, JCL.

(180) Brzezinski to Carter, April 25, 1980, NLC-41-14-11-8, RAC, JCL.

(181) Talking Points, n.d., in author's possession.

(182) Newsom, interview transcript, FAOH.

(183) Frechette, interview, July 28, 2014.

(184) Gleijeses, *Visions of Freedom*, 119.

(185) Schoultz, *Infernal* ; and LeoGrande and Kornbluh, *Back Channel*, 223-224.

第4章　危機の年

(1) Oral history records, in folder "#594 6-6-80," box 3, Diana Kirby Papers (以下DKPと略す), UM-CHC. 以下，この口述史料に登場するキューバ人移民については仮名を用いている。

（2）Carter's remarks, October 1, 1980, APP.
（3）Schoultz, *Infernal*, 356–361 ; and LeoGrande and Kornbluh, *Back Channel*, 214–224.
（4）大方の研究書は，カーターがより迅速に行動し，政策決定過程を整え，適切なメッセージを送るべきであったと主張している。たとえば以下を参照されたい。Alex Larzelere, *The 1980 Cuban Boatlift : Castro's Ploy—America's Dilemma*（Washington, DC : National Defense University Press, 1988); and Mario Antonio Rivera, *Decision and Structure : U.S. Refugee Policy in the Mariel Crisis*（Lanham, MD : University Press of America, 1991）.
（5）特に以下を参照されたい。García, *Havana USA*, chap. 2.
（6）Engstrom, *Adrift*, 114–121. マリエル危機を扱う国際政治学者の研究は，断片的な米側の資料に依拠するばかりで，議論が一方的である。たとえば，Greenhill, *Weapons*, chap. 2.
（7）Summary, Mini-PRC Meeting, April 22, 1980, NLC–17–40–7–7–5, RAC, JCL ; Brzezinski to Carter, April 25, 1980, NLC–41–14–11–8, RAC, JCL ; and Admiral John Costello, interview transcript by Eizenstat, 3, 18, in folder "Coast Guard," box 1, Mirta Ojito Papers, UM-CHC. 法的権限に関しては，Engstrom, *Adrift*, 83–84 ; and Larzelere, *Boatlift*, 238–244.
（8）Watson, interview transcript, March 7, 1988, 23–24 ; and Victor Palmieri, interview transcript, February 22, 1988, 13.
（9）Eidenberg, interview transcript, June 17, 1988, 4–12. 以下も参照されたい。Renfrew, interview transcript, June 17, 1988, 2, 9.
（10）Eidenberg, interview transcript, June 17, 1988, 14.
（11）*NYT*, April 25, 1980, A1 and A10.
（12）Call memo, BB to file, April 29, 1980, in folder "Pending-State Correspondence, 1980," box 2394, DFP, UM-SC.
（13）Frechette, interview with author, July 28, 2014.
（14）Statement by Mondale, April 27, 1980, in *DOSB* 80（June 1980）, 68. 以下も参照されたい。Brzezinski to Carter, April 27, 1980, NLC–133–218–4–37–8, RAC, JCL.
（15）Reinhardt to Brzezinski, April 25, 1980, and Pastor to Brzezinski, May 17, 1980, both in folder "Broadcasting to Cuba," Carnes Lord Files, RRL ; and Reinhardt to Brzezinski, May 16, 1980, in folder "5/1/80–6/30/80," FG 298–1, WHCF, JCL.
（16）Carazo to Carter, April 23, 1980, NLC–24–10–6–1–6, RAC, JCL.
（17）Brzezinski to Carter, April 28, 1980, NLC–7–41–5–5–9, RAC, JCL ; and Brzezinski to Carter, April 29, 1980, NLC–24–57–6–2–5, RAC, JCL.
（18）Christopher to U.S. embassy in San José, May 1, 1980, NLC–16–105–5–3–0, RAC, JCL.
（19）Christopher to U.S. embassies in Caracas, Bogota, Lima, May 7, 1980, NLC–16–105–5–3–0, RAC, JCL.
（20）Aaron to Carter, "NSC Weekly Report 140," May 9, 1980, DDRS.
（21）Eidenberg, interview transcript, June 17, 1988, 24.
（22）CIA, "Cuba : Implications of Refugee Situations," April 29, 1980, NLC–24–18–1–1–4, RAC, JCL.
（23）Handwritten note by Carter, in Deneno to Holm, May 27, 1980, NLC–15–9–2–5–9, RAC, JCL. レーガンとケネディについては，それぞれ以下を参照されたい。*NYT*, May 17, 1980, 10 ; and Press Release by Kennedy, May 8, 1980.
（24）Brzezinski to Carter, "NSC Weekly Report 143," May 30, 1980, NLC–128–10–3–2–4, RAC,

JCL.

（25） FRUS, 1977–1980, XXIII : doc. 106.

（26） Editorial, *Granma*, April 14, 1980, 1.

（27） Reprinted in *A Battle for Our Dignity and Sovereignty* (Cuba : n.d., 1980?), 35.

（28） Speech by Fidel Castro, in ibid., 87.

（29） Smith, *Closest*, 217–231 ; and Schoultz, *Infernal*, 356–357.

（30） Ramírez Cañedo and Morales, *De la confrontación*, 231–232.

（31） Christopher to Carter, May 6, 1980, NLC-7-23-3-4-2, RAC, JCL.

（32） *Granma*, April 27, 1980, 1.

（33） Smith, *Closest*, 212–213. 以下も参照されたい。Ojito, *Finding Mañana*, 170–174.

（34） Arboleya, *Cuba y cubanoamericanos*, 52 ; and Arboleya, interview with author, August 11, 2014.

（35） Jorge I. Domínguez, "Cooperating with the Enemy ? U.S. Immigration Policies toward Cuba," in Christopher Mitchell, ed., *Western Hemisphere Immigration and United States Foreign Policy* (University Park : Pennsylvania State University Press, 1992), 57. 以下も参照されたい。Rafael Hernández and Redi Gomis, "Retrato del Mariel : el ángulo socioeconómico," *Cuadernos de Nuestra América* 3, no. 5 (January–June 1986) : 124–151.

（36） U.S. State Department to SICW, June 7, 1980, Caja "Migratorios 7," MINREX.

（37） MINREX note to USINT in Havana, June 11, 1980, Caja "Migratorios 7," MINREX.

（38） MINREX's Legal Department, "Análisis...," June 11, 1980, Caja "Migratorios 5," MINREX.

（39） Watson to Carter, May 2, 1980, in folder "Cuban Refugees," box 178, Domestic Policy Staff Files（以下 DPS と略す）: Eizenstat, JCL.

（40） Watson, interview transcript, 12.

（41） Speech by Carter, May 5, 1980, APP.

（42） ワトソンは当時を振り返り，「質問に対する答えとして大統領の言葉を注意深く読めば，発言はそれほど的外れであったわけではない」と述べている。Watson, interview transcript, 10. なお，カーター本人も，メディアが「両手を広げて」という部分を強調しすぎていると愚痴をこぼしていたらしい。Case Study Paper of Eizenstat, 15.

（43） たとえば，以下の世論調査を参照されたい。Gallup Poll, May 16–19, 1980, in George H. Gallup, *The Gallup Poll : Public Opinion 1980* (Wilmington, DE : Scholarly Resources, 1981), 120–122.

（44） Speech by Carter, May 14, 1980, APP. 以下も参照されたい。Eizenstat, Watson, and Brzezinski to Carter, May 13, 1980, in folder "Refugees—Cuban and Haitian [5]," box 22, DPS : Civil Rights and Justice-White, JCL.

（45） *MH*, May 16, 1980, 1A, 23A ; and Editorial, *Patria*, May 16, 1980, 2.

（46） Turner for the record, "Conversation with Jack Watson," May 19, 1980, CREST, NARA.

（47） Cuban Refugee Task Force, SITREP 25, May 30, 1980, in folder "Pending—State Cubans Work File, April-June, 1980," box 2394, DFP, UM-SC.

（48） *Granma*, May 16, 1980, 1. 以下も参照されたい。*Granma*, May 15–18, 1980, all pages.

（49） Margot Hornblower, "Death in the Flotilla," *WP* (Online), May 19, 1980.

（50） Watson, interview transcript, 16.

（51） *Granma*, May 19, 1980, 1.

(52) Vorotnikov, *Gavana*, 122–123.
(53) British embassy in San José to London (Telegrams 106, 107, 108), May 9, 1980, FCO 99/501, PRO.
(54) Cuban embassy in London, May 13, 1980, FCO 99/502, PRO.
(55) たとえば，British embassy in Havana to London, May 9, 1980, FCO 99/501, PRO.
(56) British embassy in Washington to London, May 17, 1980, FCO 99/502, PRO ; and Memcon (Loy, Ridley, Aguilar), May 18, 1980, FCO 99/503, PRO.
(57) Carrington to British embassy in Washington, May 28, 1980, FCO 99/503, PRO ; Payne to Maitland, May 28, 1980, FCO 99/503, PRO ; and British embassy in Washington to London, June 23, 1980, FCO 99/504, PRO.
(58) Carrington to British embassy in Vienna, May 15, 1980, FCO 99/502, PRO.
(59) British embassy in Washington to London, June 17, 1980, FCO 99/503, PRO.
(60) Robert L. Bowen, ed., Report of the Cuban-Haitian Task Force (以下 CHTF と略す), November 1, 1980, in folder "CHTF Documents," 55, 70, box 24, Cuban Refugee Center Records, UM-CHC ; and CHTF Data Book, 75, in folder "Briefing Materials, Senate Appropriations 3/16/81 [1]," box 11, Records of the CHTF, JCL.
(61) CIA Special Analyses, "Cuba : Profile of the Refugees," July 7, 1980, in folder "Cuba : Refugees, 7/6–21/80," NSA : Pastor Files, JCL.
(62) Quoted in Pedraza, *Political Disaffection*, 165. 以下も参照されたい。Julio Capó, Jr., "Queering Mariel : Mediating Cold War Foreign Policy and U.S. Citizenship among Cuba's Homosexual Exile Community, 1978–1994," *Journal of American Ethnic History* 29, no. 4 (Summer 2010) : 78–106. 人種構成については，CHTF Data Book, 58.
(63) Oral history records, in folder "#195 12–19–80," box 5, DKP, UM-CHC. 移民女性を対象に，ストレスの軽減を目的とする薬の処方を研究していたマイアミ大学の研究者ディアナ・カービーは，マリエル危機に加わった 29 名を含む，135 名のキューバ系女性を対象とするオーラル・ヒストリー記録を残している。これは研究者の政治的動機がきわめて薄いがゆえに，大変貴重である。
(64) Oral history records, in folder "#823 1–5–81," box 7, DKP, UM-CHC.
(65) Oral history records, in folder "#289 10–28–80," box 5, DKP, UM-CHC. 兵役義務があるのは男性のみであり，対象年齢は 16 歳から 27 歳とされていた。
(66) U.S. Senate, Committee on Judiciary, *Caribbean Refugee Crisis : Cubans and Haitians*, 96th Cong., 2nd sess., May 12, 1980, 14.
(67) *MH*, May 18, 1980, 23A.
(68) "Emigrados por Mariel que han sido libertados después de cumplir sanción," "Emigrados por Mariel que se encuentran en prisiones," and "Emigrados por Mariel que fueron libertados sin procesar," all attached to Filiberto Noa to Malmierca, June 29, 1984, Caja "Migratorios 11," MINREX.
(69) Statement by Renfrew, in U.S. House, Committee on Judiciary, Subcommittee on Immigration, Refugees, and International Law, *Caribbean Migration*, 96th Cong., 2nd sess., May 13, June 4, 17, 1980, 28–30.
(70) Ibid. ; and Bowen, ed., Report of the CHTF, 32–33. 軍隊の役割については，Jana K. Lipman, "A Refugee Camp in America : Fort Chaffee and Vietnamese and Cuban Refugees, 1975–1982,"

Journal of American Ethnic History 33, no. 2（Winter 2014）: 57–82.

（71）ケーシーはこの件で周囲に怒鳴り散らしていた。AC to Fascell, May 22, 1980, in folder "Refugee and FEMA," box 2408, DFP, UM-SC. マイアミの連邦下院議員ダンティ・ファセルは，FEMA の会議にスタッフを派遣し，逐次報告を受けていた。

（72）AC to Fascell, May 9, 1980, in folder "Pending-State Cubans Work File, April–June, 1980," box 2394, DFP, UM-SC. 以下も参照されたい。Rivera, *Decision*, 179–180.

（73）Bill Clinton, *My Life*（New York : Alfred A. Knopf, 2004）, 276.

（74）Gastón A. Fernández, *The Mariel Exodus Twenty Years Later : A Study on the Politics of Stigma and a Research Bibliography*（Miami, FL : Ediciones Universal, 2002）, 48, 65–66.

（75）引用した世論調査は，folder "Attitudes on Immigration Prepared by Reagan-Bush '84（July 26, 1984）," OA11586, Michael Deaver Files, RRL にある。

（76）Moore, Schule, and Straub to Carter, June 6, 1980, in folder "Cuban Refugees," box 178, DPS : Eizenstat, JCL.

（77）Carter, *White House Diary*, 434.

（78）Vorotnikov, *Gavana*, 123–124.

（79）Memcon（Padrón, Tarnoff）, June 17–18, 1980, 1–11, DDRS.

（80）Smith, *Closest*, 216.

（81）Memcon（Padrón, Tarnoff）, June 17–18, 1980, esp. 15, 21, 24, 27, 44.

（82）Tarnoff and Pastor to Carter, June 18, 1980, DDRS.

（83）Tarnoff, interview transcript, 16. なお，ターノフは，スミスの見解は必ずしも国務省全体を代表していなかったと述べている。

（84）Brzezinski to Carter, June 30, 1980, NLC–133–219–1–35–2, RAC, JCL.

（85）SCC Summary of Conclusions, July 1, 1980, NLC–17–22–4–4–1, RAC, JCL.

（86）Brzezinski to Carter, July 3, 1980, NLC–133–219–2–6–3, RAC, JCL.

（87）Pastor, interview, cited in Larzelere, *Boatlift*, 270.

（88）FRUS, 1977–1980, XXIII : docs. 112 and 113. 以下も参照されたい。Smith, *Closest*, 232–233.

（89）Pastor to Brzezinski and Aaron, August 6, 1980, in folder "Cuba 1980–7 to 8," box 15, RNSA Country Files, JCL.

（90）Padrón, interview transcript, November 14, 2013, 5.

（91）Castro's speech, July 19, 1980, and July 26, 1980, both in LANIC. ニカラグア革命に対するカーターの対応については，以下も参照されたい。Morris H. Morley, *Washington, Somoza, and the Sandinistas : State and Regime in U.S. Policy toward Nicaragua, 1969–1981*（Cambridge, UK : Cambridge University Press, 1994）; and Robert Kagan, *A Twilight Struggle : American Power and Nicaragua, 1977–1990*（New York : Free Press, 1996）.

（92）Schoultz, *Infernal*, 361 ; and LeoGrande and Kornbluh, *Back Channel*, 222–223.

（93）Civiletti to Carter, June 9, 1980, DDRS.

（94）Christopher to USINT in Havana, July 12, 1980, NLC–24–18–6–1–8, RAC, JCL. 以下も参照されたい。Brzezinski to Muskie and Civiletti, July 15, 1980, NLC–24–18–6–4–5, RAC, JCL.

（95）State Department Options Paper, "Negotiating with Cuba," n.d.（ca. July 31, 1980）, 1–7, in folder "Cuba-Refugees, 7/22–31/80," box 18, NSA : Staff Material-Pastor, JCL.

（96）Ibid., 8–16.

(97) Summary of Conclusions, August 7, 1980, NLC-126-22-12-1-3, RAC, JCL.
(98) Aaron to Brzezinski, August 4, 1980, NLC-133-219-3-2-6, RAC, JCL.
(99) Brzezinski to Carter, NSC Weekly Report 149, August 7, 1980, DDRS.
(100) Bowen, ed., Report of the CHTF, 90.
(101) *NYT*, August 7, 1980, A26 ; and Nick Nichols, “Castro’s Revenge,” *Washington Monthly* 14 (1982) : 38-42.
(102) Brzezinski to Carter, August 21, 1980, NLC-128-12-3-2-2, RAC, JCL.
(103) John Bushnell, interview transcript, 332, FAOH.
(104) Handwritten note by Carter, in Brzezinski to Carter, August 21, 1980.
(105) Carter to Brzezinski and Watson, August 26, 1980, in folder “Cuba 1980-7 to 8,” box 15, RNSA Country Files, JCL.
(106) Brzezinski to Carter, August 27, 1980, in folder “Cuba 1980-7 to 8,” box 15, RNSA Country Files, JCL.
(107) SCC Summary of Conclusion, August 28, 1980, NLC-24-18-8-7-1, RAC, JCL.
(108) Carter, *White House Diary*, 62.
(109) Ramírez Cañedo and Morales, *De la confrontación*, 2da edición, 225-227.
(110) Talking Points, n.d., NLC-128-1-18-7-2, RAC, JCL.
(111) Memo for the record by Tarnoff, September 8, 1980, NLC-128-1-18-7-2, RAC, JCL.
(112) Ibid.
(113) LeoGrande and Kornbluh, *Back Channel*, 177-178.
(114) Ramírez Cañedo and Morales, *De la confrontación*, 2da edición, 360-363.
(115) José López Portillo, *Mis tiempos : Biografía y testimonio político*, 2 vols. (Mexico City : Fernández Editores, 1988) , 1002.
(116) Muskie to Carter, September 8, 1980, NLC-128-1-18-7-2, RAC, JCL.
(117) Muskie to Carter, September 8, 1980 ; and “Talking Points and Responses to be Made for Peter Tarnoff,” n.d., both in folder “Cuba—Alpha Channel 6/79-9/80,” box 11, GF, ZBC, JCL.
(118) Tarnoff to Carter, September 12, 1980, NLC-6-15-2-17-9, RAC, JCL. この極秘報告には，カーター，ブレジンスキー，マスキー，そしてウォーレン・クリストファー国務副長官だけが目を通している。
(119) “Talking Points and Responses to be Made for Peter Tarnoff.”
(120) Memcon (Castro, Tarnoff) , September 17, 1980, NLC-15-60-5-14-9, RAC, JCL. 以下も参照されたい。Ramírez Cañedo and Morales, *De la confrontación*, 2da edición, 363-368.
(121) Tarnoff to Carter, September 12, 1980.
(122) Padrón, interview transcript, November 4, 2013, 6. パドロンによると，キューバ側はブレジンスキーが対キューバ政策の決定過程から外されたと考えていたという。Ibid., 9.
(123) Holms to Harris, October 11, 1980, in Bowen, ed., Report of the CHTF.
(124) Cited in Howard H. Frederick, *Cuban-American Radio Wars : Ideology in International Telecommunications* (Norwood, NJ : Ablex, 1986) , 40.
(125) Carter, October 13, 1980, APP.
(126) Carter’s remarks, November 5, 1980, APP. なお，アーカンソー州知事クリントンも，チャフィー基地暴動の件で対立候補に激しく攻め立てされ，落選している。
(127) “Breve reseña de los aspectos básicos discutidos...,” December 29, 1980, Caja “Migratorios 10,”

MINREX.

(128) Muskie to Carter, January 9, 1981, in folder "Cuba 11/80-1/81," box 15, RNSA-Country Files, JCL.

(129) "Síntesis de los aspectos esenciales discutidos...," n.d., Caja "Migratorios 10," MINREX.

(130) Smith, *Closest*, 236 ; and Frechete, interview with author, July 18, 2014.

(131) Viera, interview with author, July 1, 2014 ; and García Entenza, interview with author, September 22, 2015.

(132) "Síntesis de los aspectos esenciales," 8-10.

(133) Ibid., 10-11.

(134) Castro's speech, in *Granma*, June 16, 1980, 2-3.

第5章　反転攻勢

(1) Speech by Reagan, May 20, 1983, APP. 聴衆は総立ちの拍手喝采で32度もこの演説を止めている。

(2) オバマは「あらゆる瞬間が重要です」と続けている。「今こそ，われわれが手にした瞬間なのです。自由，機会，尊厳。これらは合衆国だけの価値観ではありません。これらは南北アメリカの価値観なのです」。Speech by Obama, May 23, 2008, APP.

(3) この時期の米・キューバ関係について，一次史料を用いた研究書はほぼ皆無である。ただし本章の執筆において，以下の文献は特に参考になった。Schoultz, *Infernal*, chap. 11 ; LeoGrande and Kornbluh, *Back Channel*, chap. 6 ; and Ramón Sánchez-Parodi, "The Reagan-Castro Years : The New Right and Its Anti-Cuban Obsession," in Castro Mariño and Pruessen, eds., *Fifty Years*, 261-278. これまでの研究でキューバ系ロビーについて最も詳しかったのは，Haney and Vanderbush, *Embargo*, chaps. 3-4 である。ただし，他の文献と同様，米国政府と移民社会の間の利害対立をあまり重視していない。

(4) Schoutlz, *Infernal*, 362-366 ; and James Graham Wilson, *The Triumph of Improvisation : Gorbachev's Adaptability, Reagan's Engagement, and the End of the Cold War* (Ithaca : Cornell University Press, 2014), chap. 1. 軍拡は5年間で1.6兆ドルの支出を伴っている。

(5) Minutes, February 10, 1982, 1-2, in folder "NSC 40," box 91283, Executive Secretariat, NSC : Meeting File (以下 NSC-ES-MF と略す), RRL.

(6) Gleijeses, *Visions of Freedom*, 175. 以下も参照されたい。Vorotnikov, *Gavana—Moskva*, 121, 262.

(7) Mario Vázquez Raña, *Raúl Castro : Entrevista al periódico El Sol de México* (Havana : Editorial Capitán San Luis, 1993), 34-37.

(8) Karen Brutents, "A New Soviet Perspective," in Wayne S. Smith, ed., *The Russians Aren't Coming : New Soviet Policy in Latin America* (Boulder, CO : Lynne Rienner, 1992), 72-73 ; and Yuri Pavlov, *The Soviet-Cuban Alliance, 1959-1991* (New Brunswick, NY : Transaction, 1993), 100-101.

(9) Andrea Oñate, "The Red Affairs : FMLN-Cuban Relations during the Salvadoran Civil War, 1981-1992," *Cold War History* 11, no. 2 (May 2011): 133-154 ; and Kruijt, *Cuba*, 161-165.

(10) Haig to Reagan, January 26, 1981, in folder "NSC 3," box 91282, NSC-ES-MF, RRL.

(11) Minutes, NSC 2, February 11, 1981, 5, in folder "NSC 2," box 91282, NSC-ES-MF, RRL.

(12) Minutes, NSC 24, November 10, 1981, 6, in folder "NSC 24," box 91283, NSC-ES-MF, RRL.

（13）Ronald Reagan, *An American Life : Ronald Reagan, The Autobiography* (New York : Simon and Schuster, 1990), 239. 以下も参照されたい。Minutes, NSC 24, 5–6.

（14）レーガンは似たような考えをくり返し表明している。たとえば，Minutes, NSC 24, 5–6 ; Minutes, February 6, 1981, 3, in folder "NSC 1," box 91282, NSC-ES-MF, RRL ; and Ronald Reagan, *The Reagan Diaries Unabridged*, ed. Douglas Brinkley（New York : HarperCollins, 2009）, vol. 1, 176–177.

（15）Strategy Paper for the NSC and its Executive Summary, n.d. (ca. March 23, 1981), in folder "NSC 6," box 91282, NSC-ES-MF, RRL. レーガンは当初，FMLN へのニカラグアの支援を断ち切るために反革命勢力（コントラ）の活動を支持していた。ところが，これはやがてニカラグア政府の転覆を目指すものとなる。

（16）Haig to Reagan, January 26, 1981, in folder "Cuba（01/04/1981–02/21/1981）," box 29, Executive Secretariat, NSC : Country File（以下 NSC-ES-CF と略す）, RRL.

（17）Handwritten note on Allen to Reagan, January 30, 1981, in folder "Cuba（01/04/1981–02/21/1981）," box 29, NSC-ES-CF, RRL.

（18）Gillespie, interview transcript, 236–237, 243, FAOH.

（19）Nancy Reagan and William Novak, *My Turn : The Memoirs of Nancy Reagan*（New York : Random House, 1989）, 242.

（20）Allen's Briefing Book for NSC Meeting on February 6, 1981, in folder "NSC1," box 91282, NSC-ES-MF, RRL.

（21）Smith, *Closest*, 245.

（22）Haig to Reagan, September 18, 1981, in folder "USSR : General Secretary Brezhnev–8105567–8105658," box 37, NSC : Executive Secretariat, Head of State Files（以下 NSC-ES-HS と略す）, RRL.

（23）ウェイン・スミスとの会談において，ホセ・ルイス・パドロンはくり返しエルサルバドルへの武器輸送の停止に言及し，キューバ政府の対話意欲を示す動きとして説明していた。Wayne Smith to Haig, March 21, 1981, in folder "Cuba（02/14/1981–04/17/1981）" ; Wayne Smith to Haig, July 22, 1981, in folder "Cuba（6/11/81–7/22/81）" ; Wayne Smith to Haig, August 20, 1981, in folder "Cuba（7/31/81–8/12/81）," all in box 29, NSC-ES-CF, RRL.

（24）Alexander M. Haig, Jr., *Caveat : Realism, Reagan, and Foreign Policy*（New York : Macmillan, 1984）, 131.

（25）Wayne Smith to Haig, February 12, 1981, in folder "Cuba（01/04/1981–02/21/1981）" ; and Wayne Smith to Haig, February 19, 1981, in folder "Cuba（02/14/1981–04/17/1981）," both in box 29, NSC-ES-CF, RRL.

（26）Portillo, *Mis tiempos*, 1063–1065.

（27）Haig, *Caveat*, 132 ; and Smith, *Closest*, 242, 244.

（28）Dobriansky to Allen, March 25, 1981, in folder "Cuba（02/14/1981–04/17/1981）," box 29, NSC-ES-CF, RRL.

（29）Informe, attached to the Mexican embassy in Havana to Mexico City, October 12, 1982, III–3552–1, AHGE.

（30）Speech by Castro, July 26, 1981, Discursos. デング熱の死者は 158 名にのぼり，うち 101 名が未成年であった。米国政府は責任を完全に否定している。

（31）Speech by Castro, September 15, 1981, LANIC.

（32）Hyndman to Derwinski and Danielson, "Castro meeting," September 28, 1981, in folder "Cuba (9/30/1981-10/8/1981)," box 29, NSC-ES-CF, RRL. アレン大統領補佐官は，週末に目を通す資料として，この報告書をレーガンに渡している。
（33）*WP*, October 19, 1981, A15.
（34）Speech by Castro, October 24, 1981, LANIC.
（35）Quoted in "Your Presentation to Gromyko," January 15, 1982, DOS-FOIA.
（36）Vorotnikov, *Gavana—Moskva*, 262-263.
（37）*WP*, October 30, 1981, A9.
（38）Brezhnev to Reagan, October 15, 1981, in folder "USSR 8106115"; and Brezhnev to Reagan, December 1, 1981, in folder "USSR 8190038, 8190057," both in box 37, NSC-ES-HS, RRL.
（39）Vorotnikov, *Gavana—Moskva*, 264; and Canadian embassy in Havana to Ottawa, November 26, 1981, vol. 22007, 20-Cuba-1-3-USA, part 6, RG25, LAC.
（40）López Portillo, *Mis tiempos*, 1047, 1053-1054, 1063-1065, 1082, 1094.
（41）Reagan, *Diaries Unabridged*, vol. 1, 101.
（42）Memcon（Haig, Rodríguez）, November 23, 1981, 209, in *Cold War International History Project Bulletin* 8-9（Winter 1996）: 207-215.
（43）Ibid., 212-213. 以下も参照されたい。Gleijeses, *Visions of Freedom*, 170-172; and Schoultz, *Infernal*, 379-380.
（44）Vernon Walters, *The Mighty and the Meek: Dispatches from the Front Line of Diplomacy*（London: St. Ermin's, 2001）, 152-156.
（45）Canadian embassy in Havana to Ottawa, November 27, 1981, vol. 22007, 20-Cuba-1-3-USA, part 6, RG25, LAC.
（46）Canadian embassy in Havana to Ottawa, November 30, 1981, vol. 22007, 20-Cuba-1-3-USA, part 6, RG25, LAC. キューバのビエラ元副外相もこの提案の重要性を認めている。「あるときフィデルはエルサルバドルについて『名誉ある撤退』という言葉をカナダ人の前で口にしたのです。カナダが（和平交渉の開始において）建設的な役割を果たすことを期待していたのでしょう。エルサルバドルで勝つ見込みがないことを内々に認めたのです」。Viera, interview with author, July 1, 2014.
（47）Smith, *Closest*, 65-66.
（48）NSDD17, January 4, 1982; and Follow-up Note, January 13, 1982, in folder, "January 13, 1982," box 2, William Clark Files, RRL.
（49）レーガンはキューバ産ニッケルを含む鉄鋼産品の輸入を禁じるなど，ほかにも多くの措置をとっている。1977年漁業協定の再延長交渉も拒否している。Draft Memo for Reagan, in Godard to Admiral Inman, et al., January 20, 1982, in folder "Cuba（12/15/1981-1/20/1982）," box 29, NSC-ES-CF, RRL.
（50）Speech by Castro, May 17, 1982, LANIC. キューバ側については，以下も参照されたい。Canadian embassy in Havana to Ottawa, May 25, 1982, vol. 22004, 20-Cuba-1-3-USA, part 7, RG25, LAC.
（51）CIA, "Cuba: Tactics and Strategy for Central America," August 1982, DDRS; and CIA, "Cuban Actions Inimical to U.S. Interests," November 9, 1982, CREST, NARA.
（52）García, *Havana USA*, 146.
（53）María Perera to Reagan with Brochure, July 29, 1981, #034899, Federal Government

Organizations 006–01, WHORM : Subject File, RRL.

(54) たとえば，Felix I. Rodriguez and John Weisman, *Shadow Warrior* (New York : Simon and Schuster, 1989).

(55) García, *Havana USA*, 155–156 ; and Nita Rous Manitzas, “Letter from Miami,” *Cuba Update* 2, no. 4 (December 1981) : 5.

(56) Ariel C. Armony, *Argentina, the United States, and the Anti-Communist Crusade in Central America, 1977–1984* (Athens : Ohio University Center for International Studies, 1997), 146–166, 187.

(57) Rodolfo O. de la Garza, et al., *Latino Voices : Mexican, Puerto Rican, and Cuban Perspectives on American Politics* (Boulder, CO : Westview, 1992), 2–4.

(58) Dario Moreno and Christopher Warren, “The Conservative Enclave : Cubans in Florida,” in de la Garza and DeSipio, eds., *From Rhetoric to Reality : Latino Politics and the 1988 Elections* (Boulder, CO : Westview, 1992), 132.

(59) Jay Nordlinger, “Meet the Diaz-Balarts : A Couple of Castro's ‘Nephews’ — in Congress,” *National Review*, March 10, 2003, 33–35.

(60) Marco Rubio, *An American Son : A Memoir* (New York : Sentinel, 2012), 45.

(61) Masud-Piloto, *From Welcomed Exiles*, 94–95.

(62) 1982 Roper Reports, quoted in Portes and Stepick, *City on the Edge*, 31.

(63) Laurence F. Knapp, ed., *Brian de Palma Interviews* (Jackson : University Press of Mississippi, 2003), 89. この作品は 1983 年にユニバーサル・スタジオから公開上映されている。

(64) Reagan, *American Life*, 472. ピッグズ湾事件については，本書第 1 章を参照されたい。

(65) Reagan's Statement, September 22, 1980, in folder “Speech Files-Miami, 9/22/1980,” box 433, Ronald Reagan 1980 Campaign Papers, RRL.

(66) Muskie to Carter, November 10, 1980, NLC–12–13–1–31–9, RAC, JCL.

(67) Allen Briefing Book for 6 Feb NSC Meeting, in folder “NSC1,” box 91282, NSC-ES-MF, RRL.

(68) Resúmen de los hechos más importantes de la situación política de los EE. UU., no. 101, 11, October 9, 1981, MINREX ; and Resúmen de los hechos más importantes de la situación política de los EE. UU., no. 102, 11–12, October 16, 1981, MINREX.

(69) Castro's announcement, December 14, 1984, printed in *Bohemia*, December 21, 1984, 42 ; and *WP*, February 3, 1985, A1, A24.

(70) 本節と次節については，以下の拙稿がより詳しい。Hideaki Kami, “Creating an Ethnic Lobby : Ronald Reagan, Jorge Mas Canosa, and the Birth of the Foundation,” in Andrew L. Johns and Mitchell Lerner, eds., *The Cold War at Home and Abroad : Domestic Politics and U.S. Foreign Policy since 1945* (Lexington : University Press of Kentucky, 2018).

(71) Torres, *Mirrors*, 115 ; Haney and Vanderbush, *Embargo*, 32–36 ; and Arboleya, *Cuba y los cubanoamericanos*, 178–179.

(72) Memorandum to Enerido Oliva, et al., June 28, 1964, in folder “RECE-JMC,” box 1.76, CANF Archive.

(73) *RECE*, December 1974, 6–8.

(74) WQBA (La Cubanísima) — Programa *Actualidad*, November 2, 1975, in *Jorge Mas Canosa*, 258, 262.

(75) *DLA*, September 14, 1978, in *Jorge Mas Canosa*, 333–334.

(76) *RECE*, Mensaje, December 1978, in *Jorge Mas Canosa*, 338-340.
(77) Kami, “Creating an Ethnic Lobby.”
(78) Ibid.
(79) たとえば，*Jerusalem Post*, June 19-25, 1983, 4 ; Richard Araujo, “The Sandinista War on Human Rights,” July 19, 1983, *Heritage Foundation Backgrounder* ; and “PLO in Central America,” *White House Digest*, July 20, 1983, 3. All in folder “AIPAC,” box 6.04, CANF Archive.
(80) Barnett to Mas Canosa, June 14, 1982 ; and Dine, Action Memorandum, June 3, 1982, both in folder “AIPAC,” box 6.04, CANF Archive.
(81) Quoted in *MH*, December 12, 1987, 3C.
(82) Articles of Incorporation, July 6, 1981, in folder “Incorporation and By-Laws,” box 1.04, CANF Archive.
(83) Quoted in *Jorge Mas Canosa*, 1481.
(84) Quoted in *MH*, August 11, 1986, 1A.
(85) Quoted in *Jorge Mas Canosa*, 382-387.
(86) ラジオ放送については，本章で後述する。Mas Canosa, Back-Up Paper, November 10, 1980, folder “Radio Free Cuba (5),” box OA 90051, Carnes Lord Files, RRL.
(87) Minutes of the Meeting of the Board of Directors, April 20, 1982, and CANF Financial Report, August 11, 1982, both in folder “Minutes, 1981-1985,” box 1.04, CANF Archive. その後，理事，評議員，後援者それぞれの年会費は度々変更されている。なかには年会費を上回る資金提供もあった。
(88) 1981年7月までに，マス・カノーサはすでにワシントンを周り，ヘルムズやファセル，ホーキンズと会談し，財団の設立について相談している。Mas Canosa to Hawkins, July 10, 1981, in folder “Old Docs,” box 4, CANF ; and Minutes of the Meeting, July 24, 1981, in folder “Minutes, 1981-1985,” box 1.04, CANF Archive.
(89) Hernández, interview, in *Jorge Mas Canosa*, 1473-1474.
(90) Irma Santos de Mas Canosa, interview, Luis J. Botifoll Oral History Project（以下LBOHPと略す）, UM-CHC.
(91) Metzenbaum to Mas Canosa, October 12, 1982, in folder “Old Docs,” box 4, CANF Archive ; and Hernández, interview, in *Jorge Mas Canosa*, 1473-1474.
(92) Heinz to Mas Canosa, December 21, 1982, in folder “Old Docs,” box 4, CANF Archive.
(93) Kami, “Creating an Ethnic Lobby.”
(94) *MH*, May 21, 1983, 1A, 9A.
(95) Editorial, *Patria*, May 20, 1983, 2 ; and Editorial, *La Nación*, May 20, 1983, 1.
(96) Committee of Santa Fe, *A New Inter-American Policy for the Eighties* (Washington, DC : Council for Inter-American Security, 1980), 46-47.
(97) Mas Canosa, Radio Free Cuba “Project,” November 10, 1980, in folder “Cuba (5/22/1981),” box 29, NSC-ES-CF, RRL.
(98) 冷戦が終わると，フォンテーンは対キューバ経済制裁の解除を支持している。William Ratliff and Fontaine, “Foil Castro,” *WP* (online), June 30, 1993.
(99) Fontaine and Lord to Allen, March 24, 1981, in folder “Radio Free Cuba (5),” box 90125, Roger Fontaine Files, RRL ; and Allen to Haig, June 2, 1981, in folder “Cuba (5/22/81-6/2/81),” in box 29, NSC-ES-CF, RRL.

(100) Executive Order 12323, September 22, 1981, APP.

(101) Lord and Fontaine, "Suggested Initiative : Radio Free Cuba," in Allen to Haig, June 2, 1981, in folder "Radio Free Cuba (4)," box 90125, Roger Fontaine Files, RRL ; and Memo, "Proposed Radio Free Cuba," September 25, 1981, in file "Cuban Affairs," box 321A, Claude Pepper Collection, FSUL.

(102) この人選は，ホーキンズ上院議員からも強力に推されていた。Hawkins to Allen, September 25, 1981, in folder "Radio Martí (2)," Hawkins to Allen, October 23, 1981, in folder "Radio Martí (1)," both in box 90125, Roger Fontaine Files, RRL.

(103) Presidential Commission on Broadcasting to Cuba, *Final Report* (Washington, DC : Government Printing Office, 1982). 放送の名称は，もともと国務省キューバ担当局長マイルズ・フレチェッテの発案であったという。

(104) Fredrick, *Radio Wars*, 31-37. CANF の支出金額については，Tillman to McFarlane, January 16, 1985, in folder "Cuba (12/7/1984-1/16/1985)," box 30, NSC-ES-CF, RRL

(105) CANF, *Radio Martí ya es una realidad... !* (Washington, DC : CANF, ca.1984).

(106) Hideaki Kami, "Ethnic Community, Party Politics, and the Cold War : The Political Ascendancy of Miami Cubans, 1980-2000," *Japanese Journal of American Studies* 23 (2012): 185-208.

(107) NSC の専門家ウォルター・レイモンドは，放送開始の約束として捉えられることを懸念し，マス・カノーサの人選に強く反対していた。Raymond to McFarlane, February 14, 1984, in folder "Radio Martí (2/4/1984-3/14/1984)," box 8, Walter Raymond Files, RRL. しかし，この意見は顧みられていない。

(108) CIA, "Cuba : The Mariel Experience," October 31, 1980, CREST, NARA.

(109) Bushnell, interview transcript, 507, FAOH.

(110) Carl J. Bon Tempo, *Americans at the Gate : The United States and Refugees during the Cold War* (Princeton, NJ : Princeton University Press, 2008), chap. 7.

(111) 以上の調査結果は，folder "Attitudes on Immigration Prepared by Reagan-Bush '84 (July 26, 1984)," Michael Deaver Files, RRL で閲覧可能である。

(112) U.S. Senate Committee on Judiciary, *Annual Refugee Consultation for 1982*, 97th Cong., 1st sess., September 22, 1981, 296. 以下も参照されたい。Reagan, July 30, 1981, APP.

(113) Cited in U.S. Senate Committee on Judiciary, Subcommittee on Immigration and Refugee Policy, *Refugee Consultation*, 97th Cong., 1st sess., September 29, 1982, 33-52.

(114) Cited in U.S. Senate, *Annual Refugee Consultation for 1982*, 179. 以下も参照されたい。Graham to Bush, April 15, 1981, in folder "Pending-State Cubans Work File #5, January-December 1981," box 2394, DFP, UM-SC.

(115) Schmults to Baker, et al., March 10, 1982, in folder "Immigration Policy : Cubans and Haitians," box 10, James W. Cicconi Files, RRL.

(116) Reagan to Smith, et al., March 6, 1981, in folder "Pending-State Cubans Work File #5, January-December 1981," box 2394, DFP, UM-SC. ハイチ難民については，以下を参照されたい。Carl Lindskoog, *Detain and Punish : Haitian Refugees and the Rise of the World's Largest Immigration Detention System* (Gainesville : University of Florida Press, 2018), chap. 3.

(117) Smith to Reagan, June 26, 1981, in folder "Immigration and Refugee Matters (3)," OA6518 ; and Fuller for the Cabinet, July 10, 1981, in folder "Immigration and Refugee Matters," OA9945, both in Edwin Meese Papers, RRL.

(118) Chronology in Nelson to Smith, January 22, 1982, in folder "Immigration : Cubans/Haitians," OA11593, Michael Uhlmann Files, RRL ; and Memo for Clark, January 29, 1982, in folder "Cuba (1/23/1982-2/1/1982)," box 29, NSC-ES-CF, RRL.

(119) *MH*, January 21, 1982, A1.

(120) City of Miami, Blue Ribbon Committee Report on Miami Cuban Demonstration of January 16, 1982, Miami, July 28, 1982.

(121) Dole to Baker, January 21, 1982, in folder "Immigration : Cubans / Haitians," OA11593, Michael Uhlmann Files, RRL.

(122) Smith to Fuller, February 5, 1982, in folder "Immigration Policy : Cubans and Haitians," box 10, James W. Cicconi Files, RRL.

(123) Clark to Reagan, January 30, 1982, DDRS.

(124) Kami, "Creating an Ethnic Lobby."

(125) Clark and Smith to Reagan, January 20, 1982, in folder "Cuba (2/8/1982-2/11/1982)," box 29, NSC-ES-CF, RRL.

(126) State of Florida, Background : Mass Immigration Contingency Plan, in folder "Mass Immigration Emergency Plan," box 7, Governor Chiles's Office of General Counsel's Immigration Policy Files, State Archive of Florida（以下 SAF と略す）.

(127) Kenneth N. Skoug, Jr., *The United States and Cuba under Reagan and Shultz : A Foreign Service Officer Reports* (Westport, CT : Praeger, 1996), 15.

(128) Reagan, *Diaries Unabridged*, vol. 1, 40.

(129) たとえば，Reagan, *Diaries Unabridged*, vol. 1, 54-56 ; and Portillo, *Mis tiempos*, 1063.

(130) Minutes, NSC 17, July 7, 1981, 12, in folder "NSC 17," box 91282, NSC-ES-MF, RRL.

(131) Paper by Siro del Castillo, "Cubans of 1980," 9, in folder, "Facts, 1983," box 1, Mirta Ojito Papers, UM-CHC.

(132) U.S. House Committee on Foreign Affairs, Subcommittees on International Economic Policy and Trade and the Subcommittee on Inter-American Affairs, *Issues in United States-Cuba Relations*, 97th Cong., 2nd sess., December 14, 1982, 19-20.

(133) Gillespie, interview transcript, 237-238, FAOH.

(134) Bosworth, interview transcript, 65, FAOH.

(135) Working Paper, "Cuban Detainee Repatriation," n.d., attached to Wickham to Weinberger, November 2, 1983 ; and Working Paper, "Cuban Excludables," n.d., attached to Wickham to Weinberger, November 4, 1983, both in folder "Cuba (11/5/1983)," box 29, NSC-ES-CF, RRL.

(136) Discussion Paper for NSPG meeting on Cuban Excludables, February 25, 1982, CREST, NARA.

(137) Rivera, *Decision*, 138.

(138) Reagan, *Diaries Unabridged*, vol. 1, 113.

(139) SICW, "Informe ... del 24 de diciembre de 1982 al 24 de enero de 1983," n.d., Caja "Bilateral 25," MINREX.

(140) ただし，米国市民と永住者の近親者については，査証発給が続けられている。The State Department, "U.S. Efforts to Negotiate the Return to Cuba of the Mariel excludables," June 14, 1984, in folder "Cuba (4/27/1984-6/26/1984)," box 30, NSC-ES-CF, RRL.

(141) Cable from Washington to Havana, attached to Viera to Castro, May 25, 1983, MINREX ; and

U.S. note, May 25, 1983, Caja "Migratorios 11," MINREX.

(142) Comment by José Arbesú, in Canadian embassy in Havana to Ottawa, June 2, 1983, vol. 22004, 20-Cuba-1-3-USA, part 7, RG25, LAC.

(143) Draft response, attached to Viera to Rodríguez, May 31, 1983, MINREX ; and Diplomatic note, July 7, 1983, Caja "Migratorios 11," MINREX.

(144) Translated Note from Ferch to Shultz, September 22, 1983, in folder "Cuba（11/25/1983）," box 29, NSC-ES-CF, RRL. 以下も参照されたい。Viera, interview with author, July 1, 2014.

第 6 章　共存と対立

(1) Informe, June 29, 1983, Caja "Bilateral 25," MINREX.

(2) これまで米側でもキューバ側でも歴史文書の入手が不可能であったため，この時代の米・キューバ関係を扱う研究は，ほとんど進んでいない。先行研究としては，Schoultz, *Infernal*, 390-404 ; and LeoGrande and Kornbluh, *Back Channel*, 236-246 があるが，いずれも表面的な動きを追うだけで，分析を伴うものではない。

(3) シュルツは，ワインバーガー国防長官やケーシー CIA 長官，カークパトリック国連大使など，政権内の強硬タカ派と激しく争っている。Shultz, *Turmoil and Triumph : My Years as Secretary of State*（New York : Scribner, 1993）, esp. 310-317 ; and Wilson, *Improvisation*, chap. 3.

(4) アフリカ情勢をめぐる米・キューバの対立については，Gleijeses, *Visions of Freedom* が詳しい。中米については，より精緻な実証研究が待たれるが、それまでは LeoGrande, *Backyard*, chap. 8 ; and Kagan, *Twilight* を参照されたい。

(5) Shultz to Reagan, October 20, 1983, in folder "Cuba（10/20/1983-10/25/1983）," box 29, NSC-ES-CF, RRL. Memcon（Raúl Castro, Andropov）, December 29, 1982, 3-7, WCDA. なお，以下も参照されたい。Speech by Reagan, September 14, 1983, APP.

(6) Memcon（Raúl Castro, Andropov）, December 29, 1982, 3-7, 9-12, WCDA. ただし，ソ連は後日，米側との連絡において，ひきつづきケネディ＝フルシチョフ了解に言及することをフィデルに約束している。Memcon（Fidel Castro, Demichev）, January 8, 1984, Consejo de Estado, 23-26, WCDA.

(7) Speech by Reagan, March 22, 1983, APP.

(8) Michael Grow, *U.S. Presidents and Latin American Interventions : Pursuing Regime Change in the Cold War*（Lawrence : University Press of Kansas, 2008）, 139-145.

(9) グローによると，米国市民の誘拐計画は実際には存在せず，「もう一つのテヘラン」への懸念は「全くの憶測」にすぎなかったという。Grow, *U.S. Presidents*, 149-153.

(10) Grow, *U.S. Presidents*, 158 ; and Franklin, *Cuba*, 194-196. 以下の回顧録も参照されたい。Reagan, *American Life*, 457, 473 ; Shultz, *Turmoil*, 340-345 ; and Caspar W. Weinberger, *Fighting for Peace : Seven Critical Years in the Pentagon*（New York : Warner Books, 1990）, 133-134.

(11) この件についてはブラジルも一役買っている。Shultz, *Turmoil*, 344 ; and Skoug, *United States*, 51. スリナムに関するレーガンの考えについては，以下を参照されたい。Reagan, *Diaries Unabridged*, vol. 1, 184, 186, 195, 212-214.

(12) McCollum, et al. to Reagan, October 26, 1983, in folder "CO038（180000-182499）," WHORM, RRL.

(13) JCS Working Paper, "Cuban Detainee Repatriation," n.d., attached to Wickham to Weinberger, November 2, 1983, in folder "Cuba (11/5/1983)," box 29, NSC-ES-CF, RRL.

(14) Michel to Eagleburger, October 28, 1983, in folder "CO038 (180000-182499)," WHORM, RRL ; and Tab A, November 1, 1983, attached to JCS Working Paper, "Cuban Detainee Repatriation," in folder "Cuba (11/5/1983)," box 29, NSC-ES-CF, RRL.

(15) McFarlane to Reagan, November 5, 1983, in folder "Cuba (11/5/1983)," box 29, NSC-ES-CF, RRL.

(16) "Plan for Returning Mariel excludables to Cuba," attached to Hill to McFarlane, November 25, 1983, in folder "Cuba (11/25/1983)," box 29, NSC-ES-CF, RRL.

(17) McFarlane to Reagan, November 5, 1983.

(18) Weinberger to McFarlane, n.d., in folder "Cuba (11/25/1983)," box 29, NSC-ES-CF, RRL.

(19) U.S. House Committee on the Judiciary, Subcommittee on Immigration, Refugees, and International Law, *Cuban / Haitian Adjustment*, 98th Cong. 2nd sess., May 9, 1984, 32-34, 37.

(20) Motley to Shultz, March 19, 1984, in folder "Cuba (7/16/1984-7/23/1984)," box 30, NSC-ES-CF, RRL.

(21) Castro's address, November 14, 1983, printed in *Bohemia*, November 18, 1983, 50-56.

(22) Speech by Castro, February 24, 1984, in *Bohemia*, March 2, 1984, 50-59.

(23) Memcon (Fidel Castro, Shevardnadze), October 28, 1985, 14, WCDA.

(24) Diplomatic note, May 22, 1984, MINREX.

(25) "Mission for Peace in Central America," in folder "Cuba-US (11/29/1983-8/15/1984)," box 90507, Latin American Affairs Directorate, NSC（以下 NSC-LAAD と略す）, RRL.

(26) Press Conference, June 26, 1984, in *Bohemia*, July 6, 1984, 53-57 ; and Hill to McFarlane, June 17, 1984, in folder "Cuba (6/27/1984-7/14/1984)," box 30, NSC-ES-CF, RRL.

(27) Diplomatic note, July 6, 1984, MINREX.

(28) Castro's announcement, December 14, 1984, printed in *Bohemia*, December 21, 1984, 39.

(29) 数日後，カナダの外交官たちと面談したビエラ副外相とマルミエルカ外相も，副大統領と似た見解を示している。Canadian embassy in Havana to Ottawa, September 20, 1984, vol. 24967, 20-Cuba-1-3-USA, part 8, RG25, LAC.

(30) Canadian embassy in Havana to Ottawa, August 13, 1984, vol. 24967, 20-Cuba-1-3-USA, part 8, RG25, LAC ; and Japanese embassy in Havana to Tokyo, January 24, 1985, 2016-0056 : Cuba-U.S. Relations, MOFA. メキシコの外交官たちもキューバの防衛準備の様子を伝えている。Mexican embassy in Havana to Mexico City, September 7, 1984, III-3793-1, AHGE.

(31) Skoug, *United States*, 70. このときパナマの有力者マヌエル・ノリエガも，自身がカストロ本人と会談したことに触れ，同様の解釈を米側に伝えている。North and Burghardt to McFarlane, July 23, 1984, in folder "Cuba (7/16/1984-7/23/1984)," box 30, NSC-ES-CF, RRL.

(32) Mexican embassy in Havana to Mexico City, August 29, 1984, August 31, 1984, September 3, 1984, and November 13, 1984, all in III-3793-1, AHGE.

(33) Canadian embassy in Havana to Ottawa, April 17, 1984, vol. 24967, 20-Cuba-1-3-USA, part 8, RG25, LAC.

(34) パドロンは「フィデルは刑務所を空にしたかったのです」と述懐している。「問題は，すべての人間とその家族を米側に受け入れさせることでした」。Padrón, interview transcript, December 6, 2013, 5.

(35) State Department Scope Paper, n.d., in folder "Cuba (3/19/1984–4/18/1984)," box 29, NSC-ES-CF, RRL.
(36) Hill to McFarlane, July 10, 1984, in folder "Cuba (6/27/84–7/14/84)," box 30, NSC-ES-CF, RRL.
(37) Opening Statement by Kozak, July 12, 1984, DOS-FOIA.
(38) Palabras iniciales del Ricardo Alarcón, July 12, 1984, MINREX.
(39) Memcon (Alarcón, Kozak), July 12, 1984, (por la tarde), Caja "Migratorios 12," MINREX ; and Memcon (Alarcón, Kozak), July 13, 1984, (part 2), Caja "Migratorios 10," MINREX.
(40) Hill to McFarlane, July 14, 1984, in folder "Cuba (6/27/84–7/14/84)," box 30, NSC-ES-CF, RRL.
(41) "Síntesis de las Conversaciones entre Cuba y Estados Unidos sobre Materia Migratoria," July 16, 1984, MINREX.
(42) Alarcón to Kozak, July 18, 1984, Caja "Migratorios 12," MINREX ; and Hill to McFarlane, July 20, 1984, in folder "Cuba (7/16/1984–7/23/1984)," box 30, NSC-ES-CF, RRL.
(43) "Síntesis de las Conversaciones," August 2, 1984, MINREX. 以下も参照されたい。Memcon (Alarcón, Kozak), July 31, 1984, August 1 [part 1], August 1 [part 2], and August 2, all in Caja "Migratorios 12," MINREX.
(44) USINT in Havana to Washington, August 15, 1984, and USINT in Havana to Washington, August 23, 1984, both in folder "Cuba (9/5/1984–9/17/1984)," box 30, NSC-ES-CF, RRL.
(45) Hill to McFarlane, August 31, 1984 ; and Kimmitt to Hill, September 7, 1984, in folder "Cuba (9/5/1984–9/17/1984)," box 30, NSC-ES-CF, RRL. この偵察飛行は，国防総省が国務省の同意なく行ったという。Skoug to Reich, August 16, 1984, DOS-FOIA.
(46) Burghardt to McFarlane, October 24, 1984, in folder "Cuba (10/2/1984–10/18/1984)," box 30, NSC-ES-CF, RRL.
(47) Memcon (Alarcón, Kozak), December 5, 1984, Caja "Migratorios 12," MINREX ; and Hill to McFarlane, December 7, 1984, in folder "Cuba (12/7/1984–1/16/1985)," box 30, NSC-ES-CF, RRL.
(48) Ibid. 司法省と移民帰化局は合意を拒否するようレーガンに勧告していた。しかし，レーガンは国務省と NSC の要請に従い，不完全な内容でも合意を結ぶことを優先している。Hill to McFarlane, December 7, 1984 ; McFarlane to Reagan, December 11, 1984 ; and Kimmitt to Hill, December 11, 1984, all in folder "Cuba (12/7/1984–1/16/1985)," box 30, NSC-ES-CF, RRL.
(49) この点については，本書第 7 章を参照されたい。
(50) Comunicado, December 14, 1984, Caja "Migratorios 12," MINREX.
(51) Castro's announcement, December 14, 1984, printed in *Bohemia*, December 21, 1984, 38–43.
(52) Talking Points for use with Congressional and Cuban Community Leaders ; and Raymond to Kimmitt, December 13, 1984, both in folder "Cuba (11/1/1984–11/27/1984)," box 30, NSC-ES-CF, RRL.
(53) Skoug to Ferch, December 29, 1984, DOS-FOIA ; and *MH*, December 19, 1984, 14A.
(54) Skoug to Michel, March 20, 1985, DOS-FOIA.
(55) Wick to McFarlane, July 30, 1984, in folder "Radio Martí (7/21/1984–10/3/1984)," box 8, Walter Raymond Files, RRL. ただし，放送番組の内容は時代とともに異なるものとなっていく。ニュース番組を例にとると，当初は報道の中立が守られ，キューバ政府でさえコ

ストのかかる電波妨害を一時的にとりやめたこともあった。とりあえずNSCの当初の思惑としては，以下を参照されたい。Fontaine and Lord to Allen, March 24, 1981 ; Allen to Haig, "Suggested Initiative : Radio Free Cuba," June 2, 1981, both in folder "Cuba (5/22/81–6/2/81)," in box 29, NSC-ES-CF, RRL.

(56) Speech by Castro, September 15, 1981, LANIC.

(57) McFarlane to Reagan, n.d., in folder "NSPG 0107 (2) [Radio Martí]," box 91307, Executive Secretariat, NSC : National Security Planning Group（以下NSC-ES-NSPGと略す), RRL.

(58) Hill to McFarlane, April 11, 1984, in folder "8490463," Executive Secretariat, NSC : System Files（以下NSC-ES-SFと略す), RRL.

(59) Hawkins to Reagan, December 12, 1984, in folder "Radio Martí (3/9/1985–3/31/1985)," box 8, Walter Raymond Files, RRL.

(60) Wick, interview transcript, 38–39, Presidential Oral History, University of Virginia's Miller Center.

(61) Minutes, December 14, 1984, in folder "NSPG 0107 (1) [Radio Martí]," box 91307, NSC-ES-NSPG, RRL.

(62) Reagan, *Diaries Unabridged*, vol. 1, 407–408.

(63) McFarlane to NSPG principals, January 17, 1985, in folder "NSPG 0103 (1) [Radio Martí]," box 91307, NSC-ES-NSPG, RRL ; and McFarlane to NSPG principals, May 16, 1985, in folder "NSPG 0107 (1) [Radio Martí]," box 91307, NSC-ES-NSPG, RRL.

(64) Wilson, *Improvisation*.

(65) Bush, Handwritten note on Gregg and Hughes to Bush, January 15, 1985 ; Hughes to Bush, January 18, 1985, both in folder "Cuba (Safe 3) 3/27/1985–5/23/1985," box 90510, NSC-LAAD, RRL ; and Tillman to McFarlane, January 16, 1985, in folder "Cuba (12/7/1984–1/16/1985)," box 30, NSC-ES-CF, RRL.

(66) Reagan's Statement, January 28, 1985, APP.

(67) News from Hawkins, January 29, 1985, in folder "Radio Martí (1/23/1985–1/29/1985)," box 8, Walter Raymond Files, RRL ; Raymond to Poindexter, January 31, 1985, in folder "8590108," NSC-ES-SF, RRL ; and Handwritten note on McFarlane to Reagan, March 19, 1985, in folder "8502186," NSC-ES-SF, RRL.

(68) Raymond to McFarlane, March 19, 1985, in folder "Radio Martí (3/9/1985–3/31/1985)," box 8, Walter Raymond Files, RRL ; and Handwritten note by Reagan on Recommended Telephone Call to Hawkins, March 18, 1985, in folder "Radio Martí (3/9/1985–3/31/1985)," box 8, Walter Raymond Files, RRL.

(69) Raymond to McFarlane, January 30, 1985, in folder "8590106," NSC-ES-SF, RRL.

(70) Mas Canosa, interview, in *Jorge Mas Canosa*, vol. 2, 1479–1480.

(71) Raymond to McFarlane, March 4, 1985, in folder "8501679," NSC-ES-SF, RRL.

(72) Pérez to Alarcón, September 22, 1984, Caja "Bilateral 31," MINREX ; and Mexican embassy in Havana to Mexico City, September 7, 1984, III-3793-1, AHGE.

(73) Ramírez to Alarcón, November 14, 1984, Caja "Bilateral 31," MINREX.

(74) Stenographic Minutes of U.S. House, Committee on Foreign Affairs, Subcommittee on Western Hemisphere Affairs, Briefing—Cuban Trip, February 6, 1985, 25, in folder "Cuban Affairs," box 353, Claude Pepper Papers, Florida State University Libraries. 以下も参照されたい。*NYT*,

February 14, 1985, A31.

(75) ただし，この75名の多くは司教が求めていた人々ではなかった。Skoug, *United States*, 86.

(76) Castro, interview quoted in *El País* (Madrid), January 20, 1985, 1-4.

(77) Franklin, *Cuba*, 210-211 ; and *WP*, February 3, 1985, A1, A24.

(78) Skoug, *United States*, 84-93, 97 ; and Reagan, interview, February 11, 1985, APP.

(79) Skoug, *United States*, 97.

(80) Alarcón, cited in *MH*, March 29, 1985, 14A ; and Alarcón, cited in *MH*, March 31, 1985, 3A.

(81) Burghardt to McFarlane, May 8, 1985, in folder "NSPG 0107 (1) [Radio Marti]," box 91307, NSC-ES-NSPG, RRL. この文書を作成した人物は，1980年から1982年までヴェトナム，ラオス，カンボジアを担当する国務省の部署に所属していた。

(82) 当時，シュルツはキューバ問題への関心を強めていたという。Skoug, *United States*, 96-98.

(83) Fidel Castro, *Cuba : La situación internacional. Informe al 3er. Congreso del PCC. Febrero de 1986* (Buenos Aires : Editorial Anteo, 1986), 31-46 ; and Castro's Speech, December 4, 1984, Discursos.

(84) Canadian embassy in Havana to Ottawa (Canadian Eyes Only), February 7, 1985, vol. 24967, 20-Cuba-1-3-USA, part 8, RG25, LAC.

(85) Memcon (Gorbachev, Raúl Castro), March 20, 1985, 18-19, WCDA.

(86) Cuba's note, May 19, 1985, printed in *Bohemia*, May 24, 1985, 48-49.

(87) Minutes, NSPG Meeting, May 17, 1985, in folder "NSPG 0107 (1) [Radio Martí]," box 91307, NSC-ES-NSPG, RRL. 連邦議会の抵抗については，Raymond to McFarlane, April 17, 1985, in folder "8590418," NSC-ES-SF, RRL. マクファーレンの考えについては，McFarlane to Poindexter, May 14, 1985, in John Elliston, *Psywar on Cuba : The Declassified History of U.S. Anti-Castro Propaganda* (Melbourne : Ocean Press, 1999), 226.

(88) Wick, interview transcript, 39-40, 46-47.

(89) Minutes, NSPG Meeting, May 17, 1985.

(90) Handwritten memo, Reagan to McFarlane, May 18, 1985, in folder "NSDD 170 (1)," box 91296, Executive Secretariat, NSC : National Security Decision Directives, RRL.

(91) Frederick, *Radio Wars*, 37-41.

(92) Mas Canosa to Reagan, April 25, 1985, attached to McFarlane to Reagan, May 15, 1985, in folder "8590466," NSC-ES-SF, RRL. 前述の *MH*, March 31, 1985, 3A を含め，マス・カノーサは『マイアミ・ヘラルド』紙の記事2点をレーガンに送っている。これらの史料は，folder "Radio Martí-Classified," box 1.61, CANF Archive においても存在が確認されている。

(93) Reagan, *Diaries Unabridged*, vol. 1, 460.

(94) Quoted in *MH*, May 26, 1985, 24A. なお，レーガンには1週間後にホーキンズを応援するため，マイアミを訪れる予定があった。仮にラジオ・マルティを開始していなければ，大統領の面目は丸つぶれであったから，このことも意思決定に影響を及ぼした可能性がある。Raymond to Poindexter, May 14, 1985, in folder "8590507," NSC-ES-SF, RRL.

(95) Quoted in *NYT*, May 22, 1985, A11.

(96) Mas Canosa, interview, in *Jorge Mas Canosa*, vol. 2, 1484.

(97) Quoted in *MH*, April 11, 1988, 1A.

(98) Viera, interview with author, July 1, 2014 ; and Japanese embassy in Havana to Tokyo, May 22, 1985, 2016-0058 : Cuban foreign policy, MOFA.

(99) Japanese embassy in Havana to Tokyo, May 27, 1985, 2016-0058 : Cuban foreign policy, MOFA.

(100) Hyndman to Derwinski and Danielson, September 28, 1981.

(101) Canadian embassy in Havana to Ottawa (Canadian Eyes Only), January 4, 1985, vol. 24967, 20-Cuba-1-3-USA, part 8, RG25, LAC.

(102) Pérez-López, *Second Economy*, 120-123 ; and Mesa-Lago and Pérez-López, *Aborted Reform*, 13-15.

(103) Pepper et al. to Reagan, November 25, 1985 ; Jeb to Meese, June 25, 1986 ; Calzón to Buchanan, July 8, 1986 ; and Calzón to Abrams, July 9, 1986, all in #400828, Immigration / Naturalization, WHORM : Subject File, RRL.

(104) Skoug, *United States*, 167-168.

(105) U.S. House Committee on Foreign Affairs, Subcommittee on Western Hemisphere Affairs, *Recent Development in the United States-Cuban Relations : Immigration and Nuclear Power*, 102nd Cong., 1st sess., June 5, 1991, 12, 23, 39, 46.

(106) Malcolm Byrne, *Iran-Contra : Reagan's Scandal and the Unchecked Abuse of Presidential Power* (Lawrence : University Press of Kansas, 2014).

(107) 紙幅の都合上，アフリカ南部をめぐる動きは本書では割愛する。これについては，以下を特に参照されたい。Gleijeses, *Visions of Freedom*, chaps. 15-19.

(108) Hal Klepak, *Cuba's Military 1990-2005 : Revolutionary Soldiers during Counter-Revolutionary Times* (New York : Palgrave, 2005), chap. 5 ; and Melanie M. Ziegler, *U.S.-Cuban Cooperation : Past, Present, and Future* (Gainesville : University Press of Florida, 2007).

(109) Skoug, *United States*, 186-190.

(110) 1988年，国連人権委員会は調査チームをキューバに派遣し，市民的自由の欠如を批判しながらも，失踪や秘密処刑が行われている証拠はないとする報告書を提出している。García, *Havana USA*, 161-162.

(111) たとえば，メディアにリークされた "U.S. Policy in Central America and Cuba through F. Y. '84, Summary Paper" と題された NSC の文書が参考になる。ここではキューバの人権状況に対する批判は，中米において「キューバをモデルとする国家が増えること」を阻むための政策として想起されていた。*NYT*, April 7, 1983, 16A.

(112) Reagan's Speech, May 20, 1988, APP.

(113) *NYT*, June 18, 1988, 1.

(114) Skoug, *United States*, 201-203.

(115) Speech to the CANF Annual Congress, June 13, 1988, in CANF, *Bush on Cuba* (Washington, DC : CANF, 1991), 34.

(116) *MH*, May 21, 1982, 4C.

(117) Gregg and Watson to Bush, May 24, 1988, in folder "Cuba 1988," Donald P. Gregg Files : Country Files (以下 DPGF-CF と略す), Bush Vice Presidential Records (以下 BVPR と略す), GHWBL. この報告には，次の文章があった。「ジェブは，まもなくフロリダ（民主党）の連邦議員団がキューバ向けテレビ局を設置するための予算案を提出すると考えています。このままでは現政権の先を越されてしまうということです」。ここから察するに，ジ

ェブ本人は自身の政治キャリアのことにも関心を向けていたようにも見える。興味深いことに，1994年のフロリダ州知事選では，テレビ・マルティ法案を提出したチャイルズがジェブを僅差で破っている。ジェブの動きについては，以下も参照されたい。Gregg to Bush, May 6, 1988, in folder “Cuba 1988,” DPGF-CF, BVPR, GHWBL.

(118) 強調は原文のままである。Bush to Fuller, June 2, 1988, in folder “Cuba 1988,” DPGF-CF, BVPR, GHWBL.

(119) Bush to Fuller, June 3, 1988, in folder “Cuba 1988,” DPGF-CF, BVPR, GHWBL.

(120) García, *Havana USA*, 156.

(121) MINREX, Dirección de Prensa, Divulgación y Relaciones Culturales, “Cronología televisión Martí (I),” June 1988, La Biblioteca del Centro de Estudios Hemisféricos y sobre Estados Unidos, Universidad de la Habana.

第7章　膠着の継続

(1) Minutes of the Special Board Meeting, July 29–30, 1989, 2–3, box 1.04, CANF Archive.

(2) Ibid., 3–5.

(3) LeoGrande and Kornbluh, *Back Channel*, 225 ; and Morley and McGillion, *Unfinished.*

(4) Quoted in Schoultz, *Infernal*, 448 ; and Philip Brenner and Saul Landau, “Passive Aggressive,” *NACLA Report on the Americans* 27, no. 3 (November 1990), 20. キューバ系米国人の政治的影響力に懐疑的な研究としては以下があるが，史料分析を欠く。Haney and Vanderbush, *Embargo*.

(5) Schoultz, *Infernal*, 419–420 ; Morley and McGillion, *Unfinished*, 22.

(6) Memcon (Bush, Gorbachev), December 2, 1989, part I (10:00–11:55 a.m.), 5, GHWBL Website (以下 GHWBL-Web と略す).

(7) Memcon (Bush, Pérez), March 3, 1989 ; Huges to Melvyn Levitsky (on Bush’s call to Virgilio Barco), March 9, 1989 ; and Memcon (Bush, Fernarndo Solana), March 20, 1989, GHWBL-Web.

(8) Bush’s remarks, May 22, 1989, APP. ヴァジャダレスはマス・カノーサの支援を得て回顧録を出版している。Armando Valladares, *Against All Hope : Prison Memoirs* (New York : Knopf, 1986). キューバ政府は彼の体験を偽りのものとして批判している。

(9) たとえば，*El regreso de Fidel a Caracas, 1989* (Caracas : Ediciones de la Biblioteca de la Universidad Central de Venezuela, 1989), 10–11 に収録された演説を参照されたい。

(10) Carlos Alzugaray, interview with author, September 14, 2015.

(11) LeoGrande and Kornbluh, *Back Channel*, 260.

(12) Editorial, May 24, 1989, *Granma*, 1.

(13) Quoted in Taylor, interview transcript, FAOH, 146–147 ; and USINT in Havana to Washington, June 20, 1989, in author’s possession.

(14) Taylor, interview transcript, FAOH, 165–166.

(15) Ziegler, *Cooperation*, 67–68 ; and Gleijeses, *Visions of Freedom*, 493–494.

(16) Morley, interview transcript, 91–92, FAOH.

(17) Gorbachev to Bush, May 6, 1989, in folder “Gorbachev Correspondence-Outgoing [2],” NSC : Condoleezza Rice Files-USSR Subject Files (以下 NSC-CRF-USSR と略す), GHWBL ; and Memcon (Gorbachev, Baker), May 11, 1989, in folder “FM Shevardnadze-USSR [3],” NSC-CRF-USSR, GHWBL.

(18) Soviet Transcript of the Malta Summit, December 2, 1989, 14-15, http://nsarchive.gwu.edu/NSAEBB/NSAEBB298/Document%2010.pdf (accessed April 23, 2017). 米側の議事録としては，以下がある。Memcon (Bush, Gorbachev), December 2, 1989, part II (12:00-1:00 p.m.), 1-2, GHWBL-Web. アリアスの見解については，以下も参照されたい。Telcon (Bush, Arias), November 28, 1989, GHWBL-Web.
(19) Soviet Transcript of the Malta Summit, 15.
(20) Ibid., 17.
(21) Memcon (Bush, Gorbachev), December 2, 1989, part II, 4.
(22) Report on a Conversation with Fidel Castro, from the Diary of Yu.V. Petrov, June 20, 1990, TsKhSD. F. 89, op. 8, d. 62, l. 1-6, WCDA.
(23) Vázquez Raña, *Raúl Castro*, 61-62.
(24) Malmierca to Amara, January 17, 1990, Caja "Agresión Radio TV Martí 34," MINREX.
(25) Vicki Huddleston, interview, cited in Morley and McGillion, *Unfinished*, 32.
(26) MINREX's Declaration, March 27, 1990, Caja "Agresión Radio TV Martí 34," MINREX.
(27) Kami, "Ethnic Community."
(28) 連邦政府の役人たちは違法性がないことを確認した上で，押収したすべての絵画をセルヌダに返却した。John Newhouse, "A Reporter at Large : Socialism or Death," *New Yorker*, April 27, 1992, 81-82.
(29) *Los Angeles Times Magazine*, May 3, 1992, 23.
(30) *MH*, March 31, 1991, 1B and 2B ; and Guillermo J. Grenier, Hugh Gladwin, and Douglas McLaughen, *The 1993 FIU Cuba Poll*, https://cri.fiu.edu/research/cuba-poll/1993-cuba-poll.pdf (accessed January 6, 2015).
(31) *MH*, May 5, 1992, 2B ; and *MH*, May 9, 1991, 1B.
(32) Cited in CANF Special Board Meeting Minutes, July 29-30, 1989, 3 ; and Minutes of the Board of Directors Meeting, September 6, 1990, 2, both in box 1.04, CANF Archive. 財団の財務・会計記録については，Financial and accounting data of CANF, in folder "*CANF v. Wayne Smith*, 93-21852 CA (11), Florida, Plantiff's Exhibits," box 1.06, CANF Archive が参考になる。
(33) CANF の理事たちが個人名で出した献金の額については，不明なところもある。The Center for Responsive Politics, "The Cuban Connection : Cuban-American Money in U.S. Elections, 1979-2000," http://www.opensecrets.org/pubs/cubareport/index.asp (accessed May 20, 2007).
(34) バーリンは1988年上院選挙において全国民主党の資金調達も担当していた。取材に応じたフロリダ州選出の上院議員ボブ・グラムの報道官は，「誰もが勝利を収めます」と述べている。「財団は民主党主流派に近づき，ジェリー（・バーリン）が資金を回すのです」。Quoted in *MH*, April 11, 1988, 1A.
(35) トリチェリの側近によると，トリチェリとマス・カノーサは，「ほとんど親子関係」のように緊密であった。Nuccio, interview, quoted in Morley and McGillion, *Unfinished*, 16. ペルとトリチェリについては，以下も参照されたい。Brenner and Landau, "Passive Aggressive," 18-19.
(36) Minutes of the Board of Directors Meeting, December 8, 1989, 2, box 1.04, CANF Archive.
(37) Handwritten note by Bush to Scowcroft, June 25, 1991, attached to Jeb to George Bush, June 12, 1991, in folder "Cuba : TV Martí [1]," NSC : Charles Gillespie Files（以下 NSC-CGF と略す),

GHWBL.

(38) U.S. Justice Department, “In the Matters of Orlando Bosch-Avila,” June 23, 1989, and Sichan Siv and Shiree Sánchez to Bush, June 30, 1989, both in folder “Cuban Americans-Florida / Orlando Bosch,” OPL : James Schaefer Files, GHWBL. この報告でも，大統領の渉外担当顧問たちは，ジェブの参加をことさら強調している。

(39) Editorial, *NYT*, July 20, 1990, A26.

(40) Mensaje al Pueblo Cubano, n.d. [1989], box 9.25, CANF Archive. 以下も参照されたい。Minutes of the Special Board Meeting, July 29–30, 1989, 6, and September 7, 1989, 2, both in box 1.04, CANF Archive.

(41) Mensaje al Pueblo Cubano. のちにマス・カノーサは，「キューバのキューバ人たちは将来を準備することはできません」と主張していた。「しかし，自由な国家に暮らすキューバ人たちであれば，民主主義のキューバを計画することができるのです」。Cited in Huddleston to Mas Canosa, October 24, 1991, in folder “Cuba, General—October-December 1991 (2),” NSC-CGF, GHWBL.

(42) Minutes of the Board of Directors Meeting, December 8, 1989, 4, box 1.04, CANF Archive.

(43) Minutes of CANF Congress, June 22–24, 1990, 2, box 1.04, CANF Archive.

(44) *Forbes*, September 17, 1990, 19–20. フォーブズは後日，「あなたのリーダーシップのおかげでキューバの将来は明るいのです」とマス・カノーサを称えている。Forbes to Mas Canosa, August 28, 1990, in folder “Forbes,” box 9.62, CANF Archive.

(45) Paper, “Cuban Democracy Act,” attached to Mas Canosa to Sununu, March 6, 1990, #120195, CO038, WHORM, GHWBL.

(46) この面談を仲介したのは，もちろんジェブである。Ibid. ; Bush to Sununu, February 13, 1990, #129424, FG001-07, WHORM, GHWBL ; and Mas Canosa to Bush, March 5, 1990, in folder “Cuba, General—January-June 1990 (3),” NSC : William Pryce Files, GHWBL.

(47) たとえば，Haney and Vanderbush, *Embargo*, 90–100 を参照されたい。CANF の会長ペペ・エルナンデスは，「トラック 2」がラジオ・マルティやテレビ・マルティの延長上に位置づけられていたことを認めている。「財団については多くの誤った情報が流されていました。われわれは（発足）当初から，カストロ（体制）が存続する秘訣は，キューバの人民が世界から隔離されていたことにあると考えていたのです。島に情報を流し込むことが，キューバ民主化の鍵になると信じていたのです」。Hernández, interview with author, April 9, 2015.

(48) Speech by Castro, July 26, 1989, LANIC.

(49) Sánchez-Parodi, interview with author, September 14, 2015.

(50) Canadian embassy in Havana to Ottawa, December 29, 1989, vol. 28301, 20-Cuba-1-3, part 23, RG25, LAC.

(51) María Dolores Espino, “Tourism in Cuba : A Development Strategy for the 1990s ?,” in Jorge F. Pérez-López, ed., *Cuba at a Crossroads : Politics and Economics after the Fourth Party Congress* (Gainesville : University Press of Florida, 1994), 147–166.

(52) Krinsky to Banco Nacional de Cuba, “Combined Quarterly Reports for the Periods ending September 30 and December 31, 1989,” February 5, 1990, 4–5, 12–16, 20–26, as well as other reports, in Caja “Bloqueo 1990–1992,” MINREX.

(53) Blight, et al., *Cuba on the Brink*, 279–280.

(54) *NYT*, October 19, 1989, A19.

(55) "Estrategia para proporcionar distención Cuba y Estados Unidos," February 26, 1990, III-4520-1, AHGE ; and Mexico City to Mexican embassy in Havana, February 27, 1990, III-4520-1, AHGE.

(56) Memorandum para Información Superior, April 11, 1990, III-4520-1, AHGE ; and Sánchez-Parodi to Malmierca, March 20, 1990, Caja "Agresión Radio TV Martí 34," MINREX.

(57) Ottawa to Canadian embassy in Havana, December 7, 1989 ; Briefing Note for Cuba Strategy Roundtable, December 18, 1989 ; and Ottawa to Canadian embassy in Havana, February 19, 1990, all in vol. 14500, 20-1-2-Cuba, part 37, RG25, LAC.

(58) Ottawa to Canadian embassy in Washington, May 9, 1990, vol. 16002, 20-1-2-Cuba, part 38, RG25, LAC.

(59) Canadian embassy in Havana to Ottawa, November 2, 1990, vol. 16002, 20-1-2-Cuba, part 38, RG25, LAC.

(60) Memcon (Bush, Mulroney), May 31, 1990, 1, GHWBL-Web.

(61) Pavlov, *Soviet-Cuban Alliance*, 179-180, 216-217 ; and Canadian embassy in Moscow to Ottawa, June 1, 1990, vol. 16002, 20-1-2-Cuba, part 38, RG25, LAC.

(62) Memcon (Gorbachev, Baker), May 18, 1990, 9-10, in folder "Gorbachev (Dobrynin) Sensitive 1989-June 1990 [4]," Special Separate USSR Notes Files : Gorbachev Files, Brent Scowcroft Collection (以下 BSC と略す), GHWBL.

(63) Memcon [Draft] (Bush, Gorbachev), June 2, 1990 (11:15 a.m.-12:59 p.m.), 6-7, in folder "Gorbachev (Dobrynin) Sensitive July-December 1990 [2]," Special Separate USSR Notes Files : Gorbachev Files, BSC, GHWBL.

(64) Ibid., 7-8. キューバによる合意遵守とは，端的には FMLN への支援停止を意味する。

(65) Ibid., 8.

(66) Pavlov, *Soviet-Cuban Alliance*, 161-162.

(67) 引用したすべての箇所にブッシュは自ら下線を引いている。Bush to Sununu, April 23, 1990, attached to Geyer, "Taxpayers support illusions about Cuba," *Fort Worth Star Telegram*, 45B, in #310079, FG434, WHORM, GHWBL.

(68) Canadian embassy in Washington to Ottawa, May 15, 1990, vol. 28651, 20-Cuba-1-3-USA, part 12, RG25, LAC. 国務省キューバ問題担当局長ロバート・モーリーも同様の見解を示している。Canadian embassy in Washington to Ottawa, June 28, 1990, vol. 28651, 20-Cuba-1-3-USA, part 12, RG25, LAC.

(69) Memcon (Kozak, Alarcón), June 20, 1990, Caja "Migratorios 18," MINREX. 1984 年移民交渉とその合意内容については，本書第 6 章を参照されたい。

(70) Report on a Conversation with Fidel Castro, from the Diary of Yu.V. Petrov, June 20, 1990, 3-4, TsKhSD. F. 89, op. 8, d. 62, l. 1-6, WCDA.

(71) Cited in *An Encounter with Fidel : An Interview by Gianni Minà*, trans. Mary Todd (Melbourne : Ocean Press, 1991), 257.

(72) "TV Martí : PCC Recommendations," n.d., in folder "Cuba : TV Marti [7]," NSC : NSC-CGF, GHWBL. 米国利益代表部のテイラー部長は，この有様に憤っている。「まさかキューバでテレビ・マルティの電波が届いていたと本気で信じていた人はいなかったでしょう。これはまるでカフカ的瞬間であり，真にオーウェル的経験でした。立派に教育を受けた

男女が自らの保身に走るあまり，そのような茶番を演じたのです」。Taylor, interview transcript, 155, FAOH. マス・カノーサの影響力については，以下も参照されたい。David Michael Wilson, interview transcript, 67-69, FAOH.

(73) アルダナの部下は，27分間の週間ニュース番組をハバナ市のテレビ局で流すことも検討していた。もちろんその実施については，米側が米国最大のスペイン語テレビ放送局ウニビシオンでキューバ側の放送を認めることが前提とされた。Aldana to Castro, August 18, 1990, Caja "Agresión Radio TV Martí 34," MINREX.

(74) Aldana to Manuel Davis, August 20, 1990, Caja "Agresión Radio TV Martí 34," MINREX ; and Aldana to Malmierca, August 2, 1990, Caja "Bilateral 21," MINREX.

(75) *NYT*, August 28, 1990, 2A ; and Pro-Memoria, September 3, 1990, attached to Viera to Rodríguez, September 3, 1990, Caja "Agresión Radio TV Martí 34," MINREX.

(76) Pavlov, *Soviet-Cuban Alliance*, 185-190 ; and Canadian embassy in Havana to Ottawa, October 5, 1990, vol. 16002, 20-1-2-Cuba, part 38, RG25, LAC.

(77) Report on a Conversation with Rodríguez, from the Diary of Yu. V. Petrov, August 31, 1990, TsKhSD. F. 89, op. 8, d. 61, l. 1-3, WCDA.

(78) Speech by Castro, September 28, 1990, LANIC.

(79) Baker to Bush, October 15, 1990, DDRS.

(80) Diplomatic note handed by Soviet ambassador in Mexico to Mexican foreign ministry, October 1, 1990, III-4520-1, AHGE.

(81) Franklin, *Cuba*, 276.

(82) Memcon (Bush, Pérez), May 3, 1991, 8, GHWBL-Web.

(83) U.S. embassy in Moscow to Washington, June 23, 1990, DOS-FOIA ; Pavlov, *Soviet-Cuban Alliance*, 213-216, 223 ; and Canadian embassy in Moscow to Ottawa, March 15, 1991, and Ottawa to Canadian embassy in Moscow, June 13, 1991, both in vol. 16002, 20-1-2-Cuba, part 38, RG25, LAC.

(84) Fact Sheet "Central America/Cuba," n.d., in folder "POTUS Trip to Moscow and Kiev, July 29-August 1, 1991 [2]," box 1, NSC : Nicholas Burns Files : Subject Files, GHWBL.

(85) Speech by Bush, May 20, 1991, APP.

(86) Aronson's Remarks, May 20, 1991, in folder "Cuba (General) July 1991-October 1991 [1]," NSC-CGF, GHWBL.

(87) LeoGrande and Kornbluh, *Back Channel*, 266 ; and Morris and McGillion, *Unfinished*, 37. 例外として以下を挙げる。Jorge I. Domínguez, "U.S. Policy toward Cuba in the 1980s and 1990s," *Annals of the American Academy of Political and Social Sciences* 533 (May 1994): 171-172.

(88) Speech by Bush, May 20, 1991.

(89) Quoted in Morley to Aronson, May 29, 1990, DOS-FOIA.

(90) Aronson's testimony in U.S. House, Committee on Foreign Affairs, Subcommittees on Europe and the Middle East and on Western Hemisphere Affairs, *Cuba in a Changing World : The United States-Soviet-Cuban Triangle*, 102nd Cong., 1st sess., April 30, July 11 and 31, 1991, 105-106.

(91) このときサリーナスは，「それは違います」と応じている。Memcon (Bush, Salinas), July 11, 1991, GHWBL-Web.

(92) CANF Press Release, May 17, 1991, in folder "Blue Ribbon Commission," box 1.82, CANF Archive.

(93) Quoted in *MH*, September 29, 1991, 1A.

(94) Memorandums by Tom Cox, August 13, 1991, in folder "Blue Ribbon Commission-Incoming Correspondence," box 1.82, CANF Archive.

(95) *Chicago Tribune*, October 29, 1992, A1, A2.

(96) CANF, Transition Paper, May 1993, in folder "Blue Ribbon Commission-Incoming Correspondence," box 1.82, CANF Archive.

(97) Jorge Mas Canosa, *Toward a Future without Castro : Cuba's Transition to Democracy* (Washington, DC : Heritage Foundation, 1992), 7-8.

(98) Martínez to Hernández, November 27, 1990, in folder "Germany," box 1.10, CANF Archive.

(99) Informe sobre Cuba (3), December 7, 1990, III-4806-1, AHGE.

(100) Torres to Bush, June 29, 1990, in folder "Cuban American Committee," OPL : Shiree Sanchez Files, GHWBL.

(101) U.S. House, *Cuba in a Changing World*, 213.

(102) *MH*, March 31, 1991, 1B, 2B ; and 1993 FIU Cuba Poll.

(103) *MH*, May 9, 1991, 1B.

(104) Aldana, interview for *Areíto*, September 10, 1989, in *Granma Weekly Review*, in Canadian embassy in Havana to Ottawa, September 13, 1989, vol. 28310, 20-Cuba-1-3-USA, part 10, RG25, LAC.

(105) Kozak's Statement, June 5, 1991, in folder "Cuba (General) January 1991-June 1991 [2]," NSC-CGF, GHWBL.

(106) Alan H. Flanigan, interview transcript, 54, FAOH.

(107) たとえば，*El Nuevo Herald*, January 13, 1991, February 24, 1991, February 28, 1991 ; and *DLA*, January 13, 1991 に掲載されている広告を参照されたい。

(108) *MH*, December 10, 1989, 1M, 4M.

(109) CANF はこの例外条項によって，キューバ政府が年間約 2.35 億ドルの収益を得ていると見積もっていた。Mas Canosa to Pacelli, with a CANF's report, March 1, 1991, in folder "Cuba (General) July 1991-October 1991 [2]," NSC-CGF, GHWBL.

(110) 国務省はこの問題の調査について，CANF に謝意を伝えている。Huddleston to Mas Canosa, October 24, 1991, in folder "Cuba, General—October-December 1991 (2)," NSC-CGF, GHWBL.

(111) Boris Pankin, *The Last Hundred Days of the Soviet Union*, trans. Alexei Pankin (London : I. B. Tauris, 1996), 105-107, 114-116 ; and James A. Baker III with Thomas M. DeFrank, *The Politics of Diplomacy : Revolution, War and Peace, 1989-1992* (New York : Putnam's, 1995), 528-529.

(112) Minutes of the Board of Directors Meeting, January 17, 1992, 5, box 1.04, CANF Archive.

(113) Pérez, *Cuba*, 293.

(114) Jorge I. Domínguez, "The Political Impact on Cuba of the Reform and Collapse of Communist Regimes," in Carmelo Mesa-Lago, ed., *Cuba after the Cold War* (Pittsburgh, PA : University of Pittsburgh Press, 1993), 119-125.

(115) Cited in *Granma*, June 23, 1990, 4-5.

(116) Gail Reed, *Island in the Storm : The Cuban Community Party's Fourth Congress* (Melbourne : Ocean Press, 1992), 15-18.

(117) Speech by Castro, in Reed, *Island in the Storm*, 196.

(118) Mexican embassy in Havana to Mexico City, September 2, 1991, and September 5, 1991, both in III-4806-1, AHGE.

(119) Informe, February 1990, attached to Mexican embassy in Havana to Mexico City, February 20, 1990, III-4520-1, AHGE. 西側諸国の人権団体の報告書については，以下を参照されたい。News from Americas Watch, "Cuba," August 11, 1991 ; and Amnesty International, "Cuba : Silencing the Voices of Dissent," December 1992.

(120) Quoted in Schlesinger, "Four Days with Fidel : A Havana Diary," *New York Review of Books*, March 26, 1992, http: //www. nybooks. com/articles/1992/03/26/four-days-with-fidel-a-havana-diary/ (accessed September 2, 2016).

(121) Cited in Blight, et al., *Cuba on the Brink*, 397-399.

(122) Report on a Conversation with Fidel Castro, from the Diary of Yu.V. Petrov, June 20, 1990, 4. 米側の言い分については，Canadian embassy in Havana to Ottawa, May 31, 1989, vol. 28310, 20-Cuba-1-3-USA, part 10, RG25, LAC.

(123) U.S. House, *Cuba in a Changing World*, 173-174.

(124) Bienvenido García to Robaina, July 6, 1993, Caja "Bilateral 36," MINREX. 米国当局はこの現象を「マリエルのスローモーション」と呼んでいた。U.S. House, *Cuba in a Changing World*, 15-16, 130.

(125) Cuban Arrival by Boat / Raft, May 23, 1991, in folder "Mass Migration Immigration Plan (2)," box 9, Governor Lawton Chiles : Chief of Staff Subject Files（以下 GLC-COS-SF と略す）, SAF.

(126) U.S. House, *Cuba in a Changing World*, 6.

(127) *Ibid.*, 129-130.

(128) INS, "Mass Immigration Emergency Plan—Florida," October 30, 1987 (revised on May 14, 1990), in folder "Mass Migration Immigration Emergency Plan," box 9, GLC-COS-SF, SAF.

(129) Sadowski to Krog, June 3, 1991, in folder "Mass Migration Immigration Emergency Plan," box 9, GLC-COS-SF, SAF.

(130) U.S. House, Committee on the Judiciary, Subcommittee on International Law, Immigration, and Refugees, *Cuban and Haitian Immigration*, 102nd Cong., 1st sess., November 20, 1991.

(131) Speech by Bush, November 20, 1991, APP. ただし，実際にはハイチ人とキューバ人の間において，待遇の差は様々な面で残されていた。

(132) Gelbard, interview with author, June 30, 2015.

(133) Alzugaray, interview with author, September 14, 2015.

(134) Chiles to Bush, March 3, 1992, in folder "Cuba : Mariel [2]," NSC-CGF, GHWBL.

(135) Bush to Chiles, March 26, 1992, in folder "Cuba : Mariel [2]," NSC-CGF, GHWBL. 引用された箇所は，司法省が準備した文書に NSC スタッフが意図的に挿入した部分である。

(136) 以下も参照されたい。Morley, interview transcript, 108, FAOH.

(137) "Informe sobre las conversaciones ... los días 25 y 26 de noviembre de 1991," December 9, 1991, Caja "Migratorios 18," MINREX. 以下も参照されたい。"Cronología," n.d. (ca. August 1994), Caja "Migratorios 18," MINREX.

(138) "Informe sobre las conversaciones ... los días 17 y 18 de marzo de 1992," n.d., 1-5, Caja "Migratorios 18," MINREX.

(139) "Cronología."

(140) "Informe ... los días 17 y 18 de marzo de 1992," 6-7.

(141) Decismosexto breve informe, October 1, 1991, III-4806-1, AHGE.

(142) Memcon (Scowcroft, Córdoba), October 18, 1991, 5, GHWBL-Web.

(143) コルドバがキューバを訪ねたとき，ロドリゲス副大統領はキューバが石油不足にあることを伝え，メキシコにソ連に代わる供給者となれるか否かを問い合わせている。Decimosexto breve informe, October 1, 1991. このときメキシコの在キューバ大使館は，キューバとの交易拡大に意欲的であった。しかし米側の史料によると，のちにブッシュが介入し，メキシコの「石油支援を止めた」という。Scowcroft's comment in Memcon, "Meeting with Cuban-American Community Leaders," May 6, 1992, 2, in folder "Presidential Meetings-Memorandum of Conversations 5/1/92-6/17/92," Presidential Correspondence Series, BSC, GHWBL.

(144) Memcon (Bush, Menem), November 14, 1991, GHWBL-Web.

(145) "U.S. Foreign Subsidiary Trade with Cuba," attached to Nancy Bearg Dyke to Tim Deal, et al., August 29, 1991, in folder "Cuba (General) July 1991-October 1991 [1]," NSC-CGF, GHWBL.

(146) Cited in *Jorge Mas Canosa*, 785.

(147) Bill Text, http: //thomas. loc. gov/cgi-bin/query/z? c102: H. R. 4168: (accessed December 15, 2014).

(148) *MH*, April 14, 1992, 16A.

(149) LeoGrande and Kornbluh, *Back Channel*, 275-276.

(150) Minutes of the Board of Directors Meeting, January 17, 1992, 6.

(151) Bill Text of CDA.

(152) Testimony by Durán, in U.S. House, Committee on Foreign Affairs, *Consideration of the Cuban Democracy Act of 1992*, 102nd Cong., 2nd sess., March 18, 25, April 2, 8, May 21, June 4, 5, 1992, 99, 126, 132-133. プラット修正条項については，本書第 1 章を参照されたい。

(153) Testimony by Cernuda, in *ibid.*, 87-88.

(154) Testimony by McGovern, in *ibid.*, 151.

(155) Testimony by Purcell, in *ibid.*, 184.

(156) Comment by Torricelli, in *ibid.*, 126-127.

(157) Comment by Fascell, in *ibid.*, 167-168.

(158) Ibid., 194-195.

(159) ゲルバードは，マス・カノーサの草案には「われわれが好まない文言があまりに多くありました」と振り返っている。「連邦議会に『こうすべき』とか『こうしろ』と言われるのは本当に嫌でした。そこで『こうすべき』を『こうできる』に，『こうする』を『こうもできる』に替えたのです」。Gelbard, interview with author, June 30, 2015.

(160) Huddleston to Distribution, January 16, 1992, in folder "H. R. 4168," box 2828, DFP, UM-SC.

(161) Quoted in U.S. House, *Cuban Democracy Act*, 359, 402-403. なおゲルバードは，「憲法で賦与された大統領の外交権限に抵触すること」にも触れている。国務省の反対については，以下も参照されたい。Non-paper, attached to Huddleston to Distribution, January 16, 1992.

(162) *MH*, February 11, 1992, 1A, 9A. 米国の主要紙の多くも法案に反対した。たとえば，*MH*, January 18, 1992, 24A ; *WP*, April 3, 1992, A20 ; and *NYT*, June 15, 1992, A18.

(163) *MH*, January 14, 1992, 1A.

(164) Mexican embassy in Havana to Mexico City, January 20, 1992, III-4929-1, AHGE ; and el Departamento del Caribe to Raúl Valdés, February 18, 1992, III-4929-1, AHGE.

(165) Digest of International Law, prepared by Marjorie M. Whiteman, in folder "Cuba (General) January 1992-June 1992 [2]," NSC-CGF, GHWBL.

(166) *MH*, January 24, 1992, 1A, 6A ; *MH*, January 25, 1992, 1A ; and Sánchez-Parodi to Malmierca, January 26, 1992, Caja "Bilateral 36," MINREX.

(167) Ros-Lehtinen to Baker, January 24, 1992, in *DLA*, January 29, 1992, 1B.

(168) Andres Vargas Gómez, "Exiled Cubans' Right to Fight for their Country's Freedom," *MH*, March 9, 1992, in folder "Cuba (General) January 1992-June 1992 [2]," NSC-CGF, GHWBL.

(169) Bush, "A Challenge to Hold Free Elections," *MH*, February 27, 1992, 19A ; and Bush's Declaration, *DLA*, February 28, 5A. この記事を手にしたブッシュは，「大変良い」「大きな反響があった」と書き残している。Handwritten note by Bush (March 8, 1992) on a report from Dorrance Smith and Maria Eitel Sheehan, March 5, 1992, #313072SS, PR013-08, WHORM, GHWBL.

(170) Pérez Roura and Vargas Gómez to Bush, March 6, 1992 ; Jeb to George Bush, March 9, 1992 ; George Bush to Jeb, March 10, 1992 ; George Bush to Scowcroft, March 11, 1992, all in folder "Cuba (General) January 1992-June 1992 [2]," NSC-CGF, GHWBL.

(171) Bush to Baker and Scowcroft, "Torricelli and Cuba," April 10, 1992, in folder "Cuba : Torricelli Bill [2]," NSC-CGF, GHWBL.

(172) Bush's statement, April 18, 1992, APP.

(173) Mas Canosa, quoted in *MH*, April 19, 1992, 1A, 10A.

(174) *MH*, April 24, 1992, 1A, 15A ; and Mas Canosa, *Jorge Mas Canosa*, 1579.

(175) Aronson, interview, cited in Morley and McGillion, *Unfinished*, 51. 結局，フロリダではブッシュが終盤に巻き返しを見せ，クリントンはキューバ系票の2割程度しか獲得していない。Haney and Vanderbush, *Embargo*, 88-89.

(176) Bush's remarks, October 23, 1992, APP.

(177) Mas Canosa and Hernández to Clinton, November 4, 1992, folder "Letter 1992," box 7, The New Republic / Jorge Mas Canosa Collections, Special Collections, Florida International University Libraries.

(178) Minutes of Advisory Board for Cuba Broadcasting, June 30, 1992, 1-8, in folder "Minutes," box 1.61, CANF Archive.

(179) Bonachea to Untermeyer, June 26, 1992, in folder "Cuba : Radio Marti 1992 [2]," NSC-CGF, GHWBL. 以下も参照されたい。Mas Canosa's remarks, June 12, 1992, in folder "La Voz de la Fundación," box 8.15, CANF Archive.

(180) Gelbard, interview with author, June 30, 2015.

(181) たとえば，*Economist*, March 28, 1992, A24 ; *MH*, October 11, 1992, 21A ; *Time*, October 26, 1992, 56-57 ; *NYT*, October 29, 1992, 18A ; and Gaeton Fonzi, "Who is Jorge Mas Canosa ?" *Esquire*, January 1993, 86-89, 119.

(182) Americas Watch, *Dangerous Dialogue : Attacks on Freedom of Expression in Miami's Cuban Exile Community* (New York : Americas Watch, August 1992); and Minutes of the Board of Directors Meeting, December 13, 1991, box 1.04, CANF Archive.

(183) CANF会長ペペ・エルナンデスは，PBSの番組を「嘘だらけ」と酷評していた。Minutes of the Board of Directors Meeting, October 10, 1992, 4, box 1.04, CANF Archive. 裁判については，folder "*CANF v. Wayne Smith*, 93-21852 CA (11), Florida, Plantiff's Exhibits" にある

資料も参照されたい。

(184) Pérez-López, *Second Economy*, 137–142 ; and Pérez, *Cuba*, 293–298, 315–317.

(185) Canadian embassy in Havana to Ottawa, February 1, 1993, vol. 24993, 20–1–2–Cuba, part 39, RG25, LAC. ほかにも Klepak, *Cuba's Military*, 96–97 ; and Feinsilver, *Healing the Masses*, 40–47.

(186) Alzugaray, interview with author, September 14, 2015.

(187) Transcript of the General Assembly Debate, November 24, 1992, cited in Michael Krinsky and David Golove, eds., *United States Economic Measures against Cuba : Proceedings in the United Nations and International Law Issues* (Northampton, MA : Aletheia Press, 1993), 52–84, 366–377.

(188) "La victoria de los principios," *Granma*, November 26, 1992, 1.

(189) Memcon, "Meeting with Cuban-American Community Leaders," May 6, 1992. ブッシュはここでキューバが早期に崩壊する可能性も指摘したが，おそらく訪問客を宥めたかっただけのように見える。

終　章

(1) Watson, interview transcript, 251–252, FAOH.

(2) 1993 年から 2008 年の米・キューバ関係については，たとえば以下を参照されたい。LeoGrande and Kornbluh, *Back Channel*, chaps. 7–8 ; and Schoutlz, *Infernal*, chaps. 13–14.

(3) Greenhill, *Weapons of Mass Migration* ; and Oyen, *Diplomacy of Migration*.

(4) Hideaki Kami, "Migrant Politics and U.S. Foreign Policy," in "Domestic Politics and U.S. Foreign Relations : A Roundtable," *Passport* 46, no. 3 (January 2016) : 48–50.

(5) たとえば 2008 年，大統領候補としてマイアミを訪れたオバマは，「自由」という言葉を 25 回も使っている。Speech by Obama, May 20, 2008, APP. アメリカ合衆国史における「自由」の意味については，Eric Foner, *The Story of American Freedom* (New York : Norton, 1998).

(6) Fernández, *Cuba*, 19–20.

(7) Kami, "Ethnic Community," 196–201.

(8) Sánchez-Parodi to Malmierca, March 25, 1991, Caja "Migratorias 18," MINREX.

(9) Alarcón to all Cuban embassies and missions, August 22, 1992, Caja "Migratorias 19," MINREX.

(10) 2014 年においても，米国の対キューバ経済制裁に関するキューバ系米国人の意見は割れている。2014 FIU Cuba Poll : How Cuban Americans in Miami Views U.S. Policies toward Cuba, https://cri.fiu.edu/research/cuba-poll/2014-fiu-cuba-poll.pdf (accessed December 31, 2015).

(11) 拙稿「米・キューバ関係の国交正常化について——オバマ外交を問う」『歴史学研究』第 943 号（2016 年 4 月），50–56 頁。

(12) Obama's remarks, March 22, 2016, https://www.youtube.com/watch?v=tc_lNz5nPQU (accessed July 4, 2016).

(13) Editorial, "Lo que dice y no dice Obama," *Granma* (online), March 23, 2016.

(14) Fidel Castro, "El hermano Obama," *Granma* (online), March 28, 2016.